开幕式合影

分会场

分会场

开幕式合影

分会场

分会场

分会场

闭幕式

闭幕式发言

闭幕式发言

分会场

闭幕式

闭幕式发言

闭幕式发言

转型时代的生态·生活·生命

——2013全国历史学研究生论文发表会论文集

赵兴胜　崔华杰　主编

山东大学出版社

图书在版编目(CIP)数据

转型时代的生态·生活·生命:2013全国历史学研究生论文发表会论文集/赵兴胜,崔华杰主编.—济南:山东大学出版社,2017.12
ISBN 978-7-5607-5951-7

Ⅰ.①转… Ⅱ.①赵…②崔… Ⅲ.①史学—文集 Ⅳ.K0-53①

中国版本图书馆CIP数据核字(2018)第002369号

责任编辑:王桂琴　肖淑辉
封面设计:张　荔

出版发行:山东大学出版社
社　址　山东省济南市山大南路20号
邮　编　250100
电　话　发行部(0531)88363008
经　销:新华书店
印　刷:济南龙玺印刷有限公司
规　格:787毫米×1092毫米　1/16
19.5印张　2插页　449千字
版　次:2017年12月第1版
印　次:2017年12月第1次印刷
定　价:58.00元

序一

第十四届两岸四地历史学研究生论文发表会，是在2013年10月12日在山东省的泉城济南市举行的，是由山东大学历史学院、香港珠海学院亚洲研究中心、台北的政治大学历史系联合举办的。但真正负全责筹划的却是山东大学历史文化学院的赵兴胜副院长与崔华杰博士，当然山东大学的其他教授与领导，也都尽力做好了他们地主的责任。我本人及政大刘祥光主任，虽然也是主办者之一，但只能说是坐享其成。这次有近百位两岸四地博硕士研究生(也包括了来自日本的教授与研究生)共同组成的学术交流活动，应当算是十分成功的。这些史学界青年精英们在发表会上，你一言我一语的，不但交换了研究心得，也建立了个人间的浓厚情感，甚而彼此也相互惺惺相惜的珍重希望再见。这是我十五年前与陈胜麟、林家有、周惠民教授来筹划这一活动的初衷，看来这一初衷现在基本上已经一步步地在实现了。因为纵使两岸四地分割已有半世纪之久，以往那些政治上的意识形态，虽确曾腐蚀过将近一代人的心灵。但如今两岸知识分子、特别是年轻的一代，只要让他们能近距离地接触交流，他们的同理心在几天的切磋中，便坚韧地把他们塑造成不分你我了。

本次报名要求与会的两岸四地博、硕士生原先是十分踊跃的，但因条件限制，大陆各大学原则上只能每校邀请一名，所以赵教授来电话告诉我过程中有这一困扰时，当时我内心是感到十分难过的，对于那些无缘与会的同学，不免感到有些歉疚。这也使我想起我早年求学过程中，那些曾经对我有过滴水之恩的人，那些对我有过稍加辞色的师长长辈们，迄今每一念及，仍有不胜感激之情。现在也常有年轻人为了找工作找上我，我也因常帮不上忙，而感到惋惜与遗憾。也因此常引起我想到昔日杜甫那句“安得广厦千万间，大庇天下寒士俱欢颜”诗句。所以我非常祝愿这一个年轻人所寄望的学术论坛，在更多学界朋友的爱护与支持下，能够一届接一届地办下去，让未来更多的两岸三地或四地甚而东亚三国或四国的博、硕士生，均能在这一交流平台上继续展显身手，达到他/她们同声相应、同气相求之目的。

现在河南省郑州大学已热情地表示，他们愿来接办下届两岸四地历史学研究生论文发表会了，长沙的湖南大学也有同样的愿望。而且为了办好下一次第十五届的会议，郑州大学吴宏亮书记等四位教授，还特别抽空到济南山东大学去观摩第十四届会议的过程，因而我们可以预期第十五届会议，在中原大地河洛文化原乡的郑州市举行，必然会一是另一次的成功。

人们常说，历史是一个民族文明程度的指标，我们中华民族是世界四大文明古国之一。若把中国的二十五史看作非物质文化的万里长城的话，那么我们每一个历史工作者，便都应是文化长城修建的小工，而且每一代的小工，在工程进行中都要发挥作用、做出贡献。那么在这一前提下，会看我们十五年来办理历史学研究生会议的成绩，似乎也颇值得安慰。政治大学历史系和香港的珠海学院亚洲研究中心的老师们，东拼西凑地筹集经费，设法把以往每一届会议研究生的论文，择优印为论文集出版。除了分赠作者之外，也免费寄赠世界各大学图书馆，供其永久庋藏，一来表示不辜负青年学子努力撰写之辛苦，同时也可以将这些成果与同道们分享。现在这十四大本的论文集，放在一起已有相当厚度，所选的近千篇论文，虽不能说字字珠玑，但多少也算是中国史学史上的一项小工程。倘若这个研究生论文发表会能接连力下去，论文集能一本本出版下去，中国的文化长城岂不更宏伟可观。

现在第十四届两岸四地历史学研究生论文集之简体字本，将由山东大学择吉出版，而由台湾政治大学与香港珠海学院业责之繁体版，也即将付梓。此时我正在台北度暑假，今年的夏天特别热，在酷热之中承命作序，只得缀言如上，以明本论文集刊印之缘由与梗概。

香港珠海学院亚洲研究中心主任　胡春惠
2014 年 8 月 24 日

序二

在新媒体时代，人们交流的形式多种多样，日新月异，但在我看来，最为有效的交流方式无疑仍然是亲历者同台面对面的陈述、问答乃至辩驳，这样的形式不仅仅是交流学术，也是一种以文会友，增进参与各方相互了解的机会。港、澳、台及大陆两岸四地历史学研究生论文发表会就是这样一个学术平台。发表会以往已经成功举行了十三届，山东大学历史文化学院有幸成为第十四届发表会的主办方，实在是一件十分荣幸之事！

此次论文发表会提交论文所涉内容之丰富，给人留下了深刻的印象。从时间跨度来看，大多数文章讨论近现代、中古历史，但少量论文涉及了先秦时期西周王朝，下限甚至到了现当代；从空间范围来看，以涉及本国历史为主，但有的内容涉及东亚、西亚乃至欧洲。研究的内容则具有多样化特点，其中不乏讨论制度史、经济史、文化史和思想史的传统题目，而更多的则是以区域为单位的各种专题式研讨，以及中外历史的比较研究。

大陆高校在本世纪初经历了扩招，业界总在抱怨生源质量大不如前。实际上应当客观来看这个问题，高等教育由精英教育向大众教育是社会发展的一个必然。如何做到有教无类，因材施教，是大众化背景下高等教育义不容辞的责任。从这批年轻的历史学研究生提交的论文来看，其学术视野之开阔，问题意识之浓厚，实乃出乎我们的意料。长江后浪推前浪，这无疑是我们乐意看到的。可以预期，他们之中肯定会产生若干未来的历史学家，我们的事业后继有人！

是为序。

山东大学历史文化学院　方辉
2014 年 8 月 31 日

序三

如胡春惠院长在前序中所说，两岸四地历史研究生论文发表会已进行有年。累积下来的明显成果是，参与发表会的各大学研究生越来越多，质量俱大为提升。2013 年 10 月有幸前往济南山东大学与会，我所参与的几个场次中，都看到发表论文的研究生发表论文的水平极高，相互间问难、交流的情形甚为热络，印象很深刻。现在能将论文出版，对于这种交流更形具体。奉胡院长之命作序，谨赘撰数语，实属续貂也。

台湾政治大学历史系主任　刘祥光

2014 年 8 月 27 日

目　录

释“南冈士大夫”…………………………………………………………………… 孙　齐(1)

莲胎中的帝王:宋太祖诞生神话与宋初的政权合法性问题 …………………… 尹　承(7)

一个南宋士人眼中的“蛮”

——以周去非《岭外代答》为中心的考察 ………………………………… 李　凯(19)

一个江西移民后裔的医事实践

——以明代名医万全为例 ……………………………………………… 严忠良(29)

明清民间宗教之观音信仰概观 ………………………………………………… 隋爱国(38)

甲午时期荣禄一翁同龢政争考 ………………………………………………… 冬烘刚(49)

正风俗以治天下

——15世纪明朝知识分子教育改革的行动与思考 …………………… 陈冠华(61)

论近代中国本土企业与外商在华企业的优先股 ……………………………… 郭岩伟(76)

太平天国时期江南社会慈善事业述评 ……………………………………… 刘　晨(88)

身体与政治的分离与联系

——以清末民初剪辫主张的推行与反响为视角 ……………………… 周增光(97)

从《吴昌硕八十大寿像》看清末民初上海艺坛的文化风潮………………… 陈　怡(108)

从《朱峙三日记》看清末“排满”思想在湖北青年学生中的传播………… 章霈琳(131)

香港百年(1841～1941)人口变迁之探究………………………………… 江怡萱(146)

试论康德黎与近现代香港的关系…………………………………………… 罗　慧(156)

上海租界巡捕房组织发展及其作用………………………………………… 谢志良(166)

祸兮?福兮?

——“九一八”事变之于蒋介石………………………………………… 钟　健(180)

国民经济建设运动委员会的成立及其组织探讨…………………………… 刘得佑(192)

1949年台币改革过程

——陈诚在李宗仁、蒋中正权力竞逐下的肆应 ……………………… 余庆俊(206)

1940年代浙江省记者群体的重组

——战后中国的新闻记者公会新建、重建的背景 ………………… [日]铃木航(217)

转型时代下武术家的关怀

——以孙禄堂的武术理论为例………………………………………… 刘继尧(225)

试论华北乡村家族文化的变迁
——以近代以来山东台头村为例…………………………………………… 高思峰(238)
环境史研究中的人与自然对象性关系………………………………………… 房小捷(248)
从老庄思想看台湾的生态旅游发展…………………………………………… 吴家炬(263)
清代以来台湾旅游名胜动向之探讨…………………………………………… 周育贤(273)

附一:"第十四届两岸四地历史学研究生论文发表会"与会学者及论文目录 ……… (285)
附二:"第十四届两岸四地历史学研究生论文发表会"大会综述 …………………… (291)

后 记…………………………………………………………………………………… (300)

释“南冈士大夫”

孙 齐

《易》云:“方以类聚,居必求其类。”在社会学中,这种社区居民逐步向同一社会阶层集中的过程,被称为“社区阶层化”。本文则想通过对一个名词的讨论,来说明在六朝时期的都城建康,就存在着这种社区阶层化的现象。

一

周一良先生在《南朝境内之各种人及政府对待之政策》一文中提道:

> 梁袁昂《古今书评》谓:“徐淮南书如南江士大夫,徒好尚风轨,终不免寒乞。”(原注:《太平御览》卷七八四《工艺部》五引)“南江士大夫”是指湘广诸州人而言,于时文化较低落,社会地位更不如吴人,故虽仕宦而被“寒乞”之讥。①

按,周先生的这段论述,实有不妥。其所引《太平御览》当是清嘉庆鲍刻本。② 但宋本(四部丛刊本)《太平御览》此句作:

> 徐淮南书如南冈士大夫,徒好尚风轨,终不免寒乞。③

与《法书要录》卷二所载袁昂《古今书评》文字相同。④ 因此,从版本来看,“南江士大夫”当做“南冈士大夫”为是。

徐淮南即徐希秀,为刘宋名臣徐爰之子,在齐代位至骁骑将军、淮南太守。希秀颇号能书,闲于篆隶,“正觉、禅灵二寺碑”即出其手。⑤ 唐窦臮《述书赋》称其书:

---

① 周一良:《魏晋南北朝史论集》,北京大学出版社 1997 年版,第 83 页。

② 参见严可均辑:《全梁文》卷四八。据《太平御览》所录同,当亦据鲍本。

③ 《太平御览》卷七四八《工艺部五》,中华书局影印本 1960 年版,第 3319 页。

④ 《法书要录》作:“徐淮南书,如南冈士大夫,徒好尚风范,终不免寒乞。”(范祥雍点校,人民美术出版社 1986 年版,第 74 页)此句《淳化阁帖》卷五《隋僧智果书》录作:“徐淮南书,如南岗士大夫,徒尚风轨,然不寒乞。”(见《宋拓淳化阁帖》,中国书店 1988 年版,第 235 页)

⑤ 参见《南史》卷七七《恩幸传・徐爰传附子希秀传》,中华书局 1975 年版,第 1919 页。《梁书》卷二一《王志传》亦称:“齐游击将军徐希秀亦号能书。”(中华书局 1973 年版,第 320 页)

> 正则谨促有度，草则拘捡靡伸。如俭德君子，清朝士人。[①]

这是说徐希秀的书法正体严谨有法度，草书则拘拘谨谨，伸展不开，如同节俭而清高的士人。这种评价与袁昂所谓“徒好尚风轨，终不免寒乞”如出一辙。

南冈，是指建康城南的石子岗附近（今南京市雨花台附近）。所谓“南冈士大夫”，也就是指居住在南冈的士人群体。按，建康城北朝南市，秦淮河的两岸及以南在孙吴以来就是传统的居住区和市场。[②] 其地民庶杂居，商旅往来，喧嚣异常。左思《吴都赋》描写了当时的盛况：

> 横塘、查下，邑屋隆夸。长干延属，飞甍舛互。其居则高门鼎贵，魁岸豪杰。虞魏之昆，顾陆之裔。……其邻则有任侠之靡，轻訬之客。缔交翩翩，傧从奕奕。出蹑珠履，动以千百。里宴巷饮，飞觞举白。翘关扛鼎，拚射壶博。鄱阳暴谑，中酒而作。于是乐只衎而欢饫无匮，都辇殷而四奥来暨。水浮陆行，方舟结驷。唱棹转毂，昧旦永日。开市朝而并纳，横阛阓而流溢。混品物而同廛，并都鄙而为一。士女伫眙，商贾骈坒。纻衣絺服，杂沓傱萃。轻舆按辔以经隧，楼船举颿而过肆。……富中之甿，货殖之选。乘时射利，财丰巨万。竞其区宇，则并疆兼巷；矜其宴居，则珠服玉馔。[③]

这里描述的横塘、查下，是秦淮河南岸的缘水居处。李善注云：“横塘在淮水南，近家渚缘江筑长堤，谓之横塘。”“查下，查浦，在横塘西。”长干也在秦淮南岸，《建康实录》注引《丹阳记》云：“其长干是里巷名，江东谓山陇之间曰干。建康南五里有山冈，其间平地，民庶杂居，有大长干、小长干、东长干，并是地里名。”[④]这些地方相距不甚远，都属于“南冈”的范围。

从《吴都赋》可知，直到西晋时期，南冈附近一直是包括虞、魏、顾、陆等南人著姓——所谓“高门鼎贵，魁岸豪杰”在内的民庶聚居区。而这与徐昂所谓“南冈士大夫，徒好尚风轨，终不免寒乞”的说法形成了鲜明的对照。这一区别背后反映出的历史变迁，颇值得玩味。

二

在永嘉之乱后，大量南下的北人首先面临的即是“求田问舍”，居住地和田产是亟待解决的首要问题。而作为已经充分发展的“旧城区”的南冈地区，已经很难容纳数量庞大的南渡侨民。再者，对于北来大族而言，其经济基础在于大土地所有制及庄园经营上，这又对田地有着大量需求，而首都建康及吴郡、义兴、吴兴这些吴人势力强盛的地方显然难以满足这样的要求。在这种境况的约束之下，正如陈寅恪先生点出的，当时的北方移民出现了两种动向：北来上层社会阶级虽在首都建康进行政治活动，但殖产兴利，进行经济的开

---

① （唐）张彦远辑，洪丕谟点校：《法书要录》卷五，中国书画出版社 1986 年版，第 155 页。

② 参见卢海鸣：《六朝都城》，南京出版社 2002 年版，第 40～42 页。

③ 《文选》卷五，中华书局影印本 1977 年版，第 88～89 页。

④ （唐）许嵩撰，张忱石点校：《建康实录》卷二，中华书局 1986 年版，第 44 页。

发则在会稽、临海之间的地域，故此一带区域也是北来上层社会阶级居住之地；而中层阶级或次等士族，则选择居于地广人稀的京口、晋陵一带。[①]

活跃于建康中央政府的北来大族，确实出现了陈寅恪先生指出的这种在建康与会稽两地分头进行政治和经济活动的情况。据刘淑芬先生的统计，东晋时期在建康拥有住宅的北来士族有如下诸例[②]：

所有者	籍贯	地点	位置	出处
王导	琅琊	乌衣巷	秦淮南岸	《景定建康志》卷四二
谢安	陈郡	乌衣巷	秦淮南岸	同上
谢尚	陈郡	唐县东南	秦淮北岸	同上
谢万	陈郡	长乐桥东，傍丹阳郡城	秦淮南岸	同上
王坦之	太原	唐县城二里	秦淮北岸	《高僧传》卷一二
吴隐之	濮阳	秦淮南	秦淮南岸	《景定建康志》卷四二
郗鉴	高平	青溪	青溪	同上

很显然，有能力在建康拥有住宅者，几乎都是当时社会上最高等级的贵族。同时，除了以清廉著称的吴隐之外，上表中的这些士族，无一例外都在会稽地区拥有田产。[③]

我们还能注意到，这些在建康拥有住宅的高等士族中，其住宅绝大多数都位于秦淮河的两岸，也即孙吴以来传统的居住区。其中最著名的当属“乌衣巷”，其地在秦淮南岸，长干的西北处。《景定建康志》卷一六引《旧志》云：“乌衣巷在秦淮南。晋南渡，王、谢诸名族居此，时谓子弟为乌衣诸郎。”山谦之《丹阳记》云：“乌衣之起，吴时乌衣营处所也。”《晋记》：“江左初立，琅邪诸王居。”[④]可知乌衣巷在孙吴时尚是军营驻地，处在南冈聚居区的边缘地带，作为一流高门的琅琊王氏、陈郡谢氏，在这里拥有园宅亦是足以夸耀之事。

然而，这种情况在东晋之后发生了很大的变化。东晋以后，秦淮北岸及宫城以东地区开始成为高等士族置业的首选。宋齐梁陈四代，可考的士族园宅位置可归纳为下表[⑤]：

朝　代	秦淮北岸	秦淮南岸	位置不明
宋	12	0	1
齐	9	1	1
梁	13	4	0
陈	2	0	0

① 参见陈寅恪：《魏晋南北朝史讲演录》，黄山书社 1987 年版，第 118～122 页。唐长孺：《魏晋南北朝隋唐史三论》，中华书局 2011 年版，第 100～102 页。

② 刘淑芬：《六朝建康的园宅》，载《六朝的城市与社会》，（台北）台湾学生书局 1992 年版，第 123～124 页。

③ 参见王志邦：《东晋朝流寓会稽的北方士人》，载《六朝江东史论》，中国青年出版社 1989 年版，第 51～59 页。

④ 《景定建康志》卷一六，载《宋元方志丛刊》第 2 册，中华书局 1990 年版，第 1532～1533 页。

⑤ 刘淑芬：《六朝建康的园宅》，载《六朝的城市与社会》，中国青年出版社 1989 年版，第 127 页。

从上表中明显可见，刘宋以后，贵族园宅明显趋于集中于秦淮北岸，特别是原来的郊区——青溪沿岸及潮沟附近。《建康实录》引陶季直《京都记》所谓："京师鼎族，多在青溪左及潮沟北。"[①]尤其是青溪，被称为"京师甲里，爽垲通博，朝市之中途，川陆之显要"[②]。

而与此同时，"旧城区"秦淮南岸则渐趋衰落。史称"市鄽居民，并在南路"，而北岸"御道左右，莫非富室"[③]。南岸与北岸渐渐成为贵族和平民的区别：南岸为平民居室；北岸御道左右是富人居室；城东潮沟、青溪、钟山、东府城一线为贵族达官园宅所在；宫城北鸡笼山附近、台城周围为皇族宗室所在。[④] 这样，住宅也就开始成为身份的象征。没有能力在青溪等地附近置办宅院，也就说明了其家不够贵势。

以琅琊王氏为例，能够清晰地看出这一变化。《南史·王僧虔传》载：

> 后为御史中丞，领骁骑将军。甲族由来不居宪台。王氏分枝居乌衣者，位宦微减。僧虔为此官，乃曰："此是乌衣诸郎坐处，我亦可试为耳。"[⑤]

这里"宪台"一词包括御史中丞及尚书郎(吏部郎除外)等职，在南朝时被认为是"浊官"，为高门士族所不齿。[⑥] 这段记载无疑显示在琅琊王氏中已经出现了社会阶层的分化，并明确体现到住宅的不同上。从史料来看，除乌衣巷外，南朝的琅琊王氏还集中居住于"禁中里马粪巷"和钟山西。如《南史·王志传》称：

> (王)志家居建康禁中里马粪巷。……兄弟子侄皆笃实谦和，时人号马粪诸王为长者。[⑦]

又《南史·王骞传》：

> (骞)不事产业，有旧墅在钟山八十余顷，与诸宅及故旧共佃之。……武帝于钟山西造大爱敬寺，骞旧墅在寺侧者，即王导赐田也。[⑧]

王志乃王僧虔子，王骞则为僧虔兄僧绰之孙、王俭之子，他们都属于南朝王氏中最显赫的王昙首一支，亦是王导之裔孙，被称为"马粪诸王"。而"乌衣诸王"则很可能是指王导群从兄弟之后人。"乌衣诸王"不仅在仕宦方面与"马粪诸王"出现了明显的区别，在体现门第高卑极为重要的"国婚"上也有了很大差异：在南朝时期史籍所见王氏数十例"国婚"中，"乌衣诸王"仅有两例。[⑨]

由此可见，仍旧居住在乌衣巷附近的王氏分支，至晚在南齐时就已经被认为是同族中

---

① (唐)许嵩撰，张忱石点校：《建康实录》卷二，中华书局1986年版，第50页。

② 《续高僧传》卷一，中华电子佛典协会(CBETA)，T50，No. 426。

③ 《陈书》卷一二《徐度传》，中华书局1972年版，第189页。《梁书》卷九《曹景宗传》，第179页。

④ 参见刘淑芬：《六朝建康的园宅》，载《六朝的城市与社会》，中国青年出版社1989年版，第127页。

⑤ 《南史》卷二二，中华书局1975年版，第601页。

⑥ 参见蒙思明：《魏晋南北朝的社会》，上海人民出版社2007年版，第57页。

⑦ 《南史》卷二二，中华书局1975年版，第608页。《宋书·王僧绰传》称僧绰买宅于"太社西空地"，当亦属"禁中里马粪巷"。

⑧ 《南史》卷二二，中华书局1975年版，第596～597页。

⑨ 参见何德章：《读〈南齐书·王融传〉论南朝时期的琅琊王氏》，载武汉大学历史系魏晋南北朝隋唐史研究室编：《魏晋南北朝隋唐史资料》第13辑，武汉大学出版社1994年版，第93页。

衰落的一支。琅琊王氏尚且如此，那么其他类似的居于南冈附近的士族群体，亦可推知是没有能力在北岸置宅。在当时寒人兴起，门阀士族地位摇摇欲坠的境况之下，旧门的衰落成为普遍的现象。[①] 而居住在“旧城区”的所谓“南冈士大夫”，也就成为衰落士族的象征。

三

以上，我们指出了“南冈士大夫”一语背后显示的南朝时期士人居住地的变迁及其反映出的士族地位的分化。那么，什么样的原因导致了高门士族在东晋之后开始大量地在秦淮河北岸置办园宅呢?

当然，首先是秦淮河北岸的自然条件更为优越。其地地势较高，比较干爽，所谓“京师甲里，爽垲通博”。还有即是北岸处于宫廷与南岸市场之间，交通方便，所谓“朝市之中途，川陆之显要”。特别是在东晋成帝时，修建建康城，在都城东面新开两门(建阳门、清明门)，改变了建康城原来仅有正南面一门的旧况，使得东郊青溪附近与宫廷的交通更为方便。[②]

再者，进入东晋之后，内战频仍，而秦淮河则成为兵家必争之地。史称:“大抵六朝都邑，以秦淮为固，有事则沿淮拒守。”[③]河上的浮桥朱雀航，每遇突发事件，便遭焚毁。[④] 南冈附近更是兵冲之地。如刘邵之乱时刘义恭进言:

> 割弃南岸，栅断石头，此先朝旧法，以逸待劳，不忧不破也。[⑤]

而邵亦“亲督都水治船舰，焚南岸，驱百姓家悉渡水北”[⑥]。再如齐末萧衍起兵进攻建康，东昏侯则“烧南岸邑屋以开战场。自大航以西、新亭以北，荡然矣”[⑦]。从安全性来说，秦淮南岸显然远不如北岸东郊一带。

最后，正如胡宝国先生最近指出的，从东晋中期之后，在皇权复苏的趋势下，士人出现了重新向建康集中的现象。[⑧] 胡先生也提到，这种情形与东晋太元时期的经济好转与政治安定不无关系。实际上，这背后还应当牵涉到士人经济来源的变化。因为在东晋朝初创时期，无论是政府组织形式还是国家控制能力都远未真正成立，高等士族无法仅仅依靠俸禄以维持其家族的生活。因而需要在会稽等地区“封山占田”，从事农业或商业活动;或者出为地方守令，以期获得“送故”等灰色收入。[⑨] 而在国家控制力和财政状况恢复的情

---

① 参见唐长孺:《士人荫族特权和士族队伍的扩大》，载《魏晋南北朝史论拾遗》，中华书局 1983 年版，第 64～78 页。

② 参见刘淑芬:《六朝建康城的兴盛与衰落》，载《六朝的城市与社会》，中国青年出版社 1989 年版，第 51 页。

③ 《景定建康志》卷一八，中华书局 1990 年版，第 1585 页。

④ 参见卢海鸣:《六朝都城》，南京出版社 2002 年版，第 159～167 页。

⑤ 《宋书》卷六一《江夏文献王义恭传》，中华书局 1974 年版，第 1645 页。

⑥ 《宋书》卷九九《二凶传・元凶劭传》，中华书局 1975 年版，第 2432 页。

⑦ 《梁书》卷一《武帝纪上》，中华书局 1973 年版，第 12 页。

⑧ 参见胡宝国:《从会稽到建康——江左士人与皇权》，载《文史》2013 年第 3 期。

⑨ 关于送故，参见周一良:《魏晋南北朝史札记・〈晋书〉札记》“送故”条，辽宁教育出版社 1998 年版，第 125～128 页。

况下，伴随着南朝货币经济的发展，在贵族的收入中，俸禄所占比重逐渐增大，成为贵族们最为重要的财源，以至颜之推《颜氏家训·涉务》篇论及梁代江南朝士时称“未有力田，悉资俸禄而食耳”[①]。换句话说，只要皇权得以恢复，都城就仍是最有吸引力的地方。

士人向建康的集中带来的一个结果就是“常患官少才多，无地自处”，出现了大量“学于京邑，积年不归”的“京邑贫士”。[②]“京邑贫士”的存在，与宋齐时代寒人冒取士族身份的行为，一同构成了宋齐时代士族地位不稳的两个面相。而宋齐时代正因此成为“士庶区分最严格的时代”。正如唐长孺先生所言：“士庶区别在宋齐时代的严格化，也正因为此时士庶有混淆的危险。”[③]聚集于建康的这些“贫士”，在发迹之前最可能的居处无疑是民庶杂居、列肆纵横的秦淮南岸。这样，他们与滞居在此的没落贵族一起构成高门士族眼中“徒好尚风轨，终不免寒乞”的“南冈士大夫”形象。

总之，在东晋之后，建康城南冈地区居住者身份所发生的这种变化，正是一种“社区阶层化”的现象。而导致这一现象在东晋中期之后出现的根本原因，或者说历史背景，则无疑是六朝贵族制社会的进一步发展。在孙吴时期，虞、魏、顾、陆等南人著姓与普通民众同样居住在南冈地区，与他们需要亲自从事农业或商业活动不无关系，他们可被称为“豪族”，而不可谓之“贵族”。而一旦脱离具体的生产活动，转而依靠国家权力来获得收入，如同那些累世清华的北来士族，他们就很难容忍与作为被统治者的庶民杂居一处，并要在一切可能的形式上营造身份的区别，从而使“社区阶层化”成为可能。[④]

（孙齐，山东大学历史文化学院博士生）

---

① [日]川胜义雄：《六朝贵族制社会研究》，徐谷梵等译，上海古籍出版社2007年版，第291～310页。

② 参见胡宝国：《从会稽到建康——江左士人与皇权》，载《文史》2013年第3期。

③ 唐长孺：《魏晋南北朝隋唐史三论》，中华书局2011年版，第154～158页。

④ 关于士族对于与庶民杂居的态度，可以参考朱绍侯《魏晋南北朝土地制度与阶级关系》，中州古籍出版社1988年版，第277～315页。

莲胎中的帝王：宋太祖诞生神话与宋初的政权合法性问题

尹　承

中国史上各王朝的史书中，不乏与开国帝王相关的奇异现象的记载，它们一般被视为人为造作的政治神话，是历代政治上宣传帝王“天命”神授的身份、获取政治合法性的重要资源。其中，帝王诞生神话①往往是王朝开国神话中的必有之物。最有名的例子，如《史记·殷本纪》记载，殷商始祖契之母简狄“见玄鸟堕其卵，简狄取吞之，因孕生契”。《搜神记》记载，孙坚夫人吴氏“孕而梦月入怀，已而生策。及权在孕，又梦日入怀”。像这一类的诞生神话，古人已有所解释，对于梦见日月而孕者，《魏书·皇后·孝文昭皇后高氏传》云：“夫日者，君人之德，帝王之象也……昔有梦月入怀，犹生天子，况日照之征。……诞育人君之象也。”

今人的“理性”认识，足以勘破此等杜撰的政治神话，但问题在于对这些超现实、超自然言说的理解，并不仅仅有真伪的判断这一个层面。政治神话的元素，往往是在特定的社会政治文化语境中，按照当时的习俗、文化观念建构出来的。帝王诞生神话之间内容各不相同，反映的是其出现背景的差异。不同的背景中，不同于以往面貌的帝王诞生神话出现，使得揭示其历史性的内涵成为可能。由此可见，历史上所建立的知识体系，仍别有天地可以借此拓展。

此前帝王诞生神话的研究，以上古帝王为内容者占到很大的比重。中古已降的开国帝王诞生神话，也逐渐受到研究者的关注。如日本学者塚本善隆对隋文帝诞生传说的研究指出，隋初对该传说的传布，消解了北周灭佛的氛围，收揽人心，佛教得以迅速复兴。②

---

① 诞生神话也可称作“出生传说”，关于神话与传说的分别，神话的叙述常常涉及事物的起源和宇宙秩序的建立，传说往往包含神话的要素，但存在论的影响已经不那么重要。两者的区别只是相对的，并不可以判然分明。本文对“神话”概念的使用，仅是一个泛称，目的是考察其功能与意义，并不涉及概念本身的详细界定。关于传说与神话的分殊，参见［日］祖父江孝男等：《文化人类学百科辞典》（山东大学日本研究中心译，青岛出版社1989年版，第254～255页）、［英］比埃尔（Anne Birrell）：《〈中国神话〉绪论》，载姚平主编《当代西方汉学研究集萃·宗教史卷》（上海古籍出版社2012年版，第6页）

② 参见［日］塚本善隆：《隋仏教史序说——隋文帝诞生说话の仏教化と宣布》，载《塚本善隆著作集》第3卷，（日本）大东出版社1975年版，第137～143页。

藤善真澄则认为,北齐系统的官僚欲借佛教为中介,为其保持在隋朝中的地位。[①] 王小甫则揭出了契丹阿保机降生神话的摩尼教背景,认为9世纪中叶以摩尼教为国教的回鹘汗国崩溃,给契丹传统社会带来新的激励因素,阿保机从而得以突破传统,建立国家。[②] 钟焓则分别考释了安禄山、李继迁、努尔哈赤的出生传说,认为它们均不同程度地凸现出历史上北方民族对于成就帝业的正统因素——天命佑助、神裔血统和超常体貌等——的模仿与回应,其中蕴含了汉文化因素并映照出少数民族对于汉文化的吸收改造以及与自身传统相整饬的轨迹。[③] 这些研究,往往针对某一位帝王的诞生神话,作出各个情节的具体的解释,来考察不同的王朝对政权合法性有怎样的诉求,以及它们是如何来塑造这一合法性的,是相当有意义的尝试。

宋太祖的诞生神话近来也受到关注,《文史知识》2010年第8期发表了王育济、范学辉《宋太祖出生传言未揭之底蕴》一文,率先看到宋太祖诞生神话可能蕴含的历史信息,认为该神话折射了时代的特征,并以其为宋初良性政教关系实现的象征。尽管该文对神话情节尚未展开具体的考证和解释,但已就宋代政教关系作出了一些富有启发意义的宏观论析。在此基础上,笔者则试图对宋太祖诞生神话的构成情节进行具体的解析,并对其在宋初政治史上的意义试做考察,敬祈方家指正。

一、宋太祖诞生神话的情节组织

现存的两宋载籍中,关于太祖诞生神话的记载有20余处,文字表述略有异同,笔者将各处记载所含情节略为析别,表列如下。

情节	出处	时代
感生(母梦日入怀而娠)	《太祖皇帝纪》	南宋陈模《东宫备览》引,应出自《国史》,修纂于宋太宗、真宗时代
	《东都事略》	《东都事略》采自《国史》
	《续资治通鉴长编》	明陈堦《日涉编》引《长编》
	《锦绣万花谷》	南宋
	明陈曜文纂《天中记》引《受命录》	南宋。《受命录》《皇朝景命录》《太祖受命录》疑是一书[④]

① 参见[日]藤善真澄:《北齐系官僚的一个动向——以隋文帝的诞生说话为线索》,载《鹰陵史学》3、4合刊号。转引自[日]气贺泽保规:《〈大唐创业起居注〉的性格特点》,载宋金文等译《日本中青年学者论中国史·六朝隋唐卷》,上海古籍出版社1995年版,第217页。

② 参见王小甫:《契丹建国与回鹘文化》,载《中国社会科学》2004年第4期。

③ 参见钟焓:《失败的僭伪者与成功的开国之君——以三位北族人物传奇性事迹为中心》,载《历史研究》2012年第4期。

④ 参见顾宏义:《宋初政治研究:以皇位授受为中心》,华东师范大学出版社2010年版,第41页。

续表

情 节	出 处	时 代
神光(光照室中)	《太祖皇帝纪》	
	《东都事略》	
	明陈堦《日涉编》引《长编》	
	《太平治迹统类》	改编自《长编》
	何俌《龟鉴》	南宋
	《佛祖统纪》卷四三引《皇朝景命录》	南宋末
	《锦绣万花谷》	
	佚名《新编翰苑新书》引《太祖受命录》	
	《天中记》	
金体(体被金色)	《东都事略》	
	《朱子语类》	南宋
	明陈堦《日涉编》引《长编》	
	《佛祖统纪》	
	《天中记》	
胞衣如菡萏	《续资治通鉴长编》《宋会要辑稿·运历》《宋史·律历志》	天禧四年(1020)光禄寺丞谢绛奏疏
	《朱子语类》	
	曹勋《松隐文集》卷二三《上皇帝书十四事》	南宋初
	《东都事略》	
	《天中记》	
异香经宿/香孩儿	《太祖皇帝纪》	
	江邻幾《杂志》	宋仁宗朝
	《东都事略》	
	《太平治迹统类》	
	《群书考索》	南宋
	《佛祖统纪》	
	《新编翰苑新书》	
	《天中记》	

相关记载有两点需要说明:一是宋太祖诞生神话的五个情节,流传较为稳定,并未出现愈到后来神话情节愈多的“层累”现象;二是记载出现的时代可以上溯到宋太宗、真宗时期。《国史》的记载,可能出自宋太宗时代所修《太祖实录》。《朱子语类》所载朱熹曾对学

生批判“五德终始”之说时，说本朝诸公“引太祖初生时，胞衣如菡萏，遍体如真金色，以为此真土德之瑞。一时煞争议，后来卒用火德”[①]。这一记载与真宗时谢绛奏疏“臣闻太祖生而包络黄”[②]可以对应起来。按宋代自开国以来，讨论德运问题，共有三次。首次在太宗太平兴国九年(984)四月，布衣赵垂庆建言当从金德。第二是真宗大中祥符三年(1010)九月，开封府参军张君房言当用金德。前两次都没有激起多少波澜，也未提议改土德。十年后，即天禧四年(1020)，谢绛等人言当用土德，即为第三次。[③] 此事被诏下“两制”集议，当时参与讨论者大都不同意谢氏的意见，所以“一时煞争议”，恰与朱熹所言相合。不过，“包络惟黄”也还不等于“胞衣如菡萏，遍体如真金色”，除却朱熹口语的因素外，宋初的集议制度规定，参与讨论者对所议话题，反对者可以“别状论列”[④]。朱熹所见的公私文献，自然较今日丰富许多。这样的话，“胞衣如菡萏，遍体如真金色”的说法，完全有可能出自当时那场争论的奏议之中。

以下将具体解说四个情节，以考察宋太祖诞生神话是如何被组织出来的。

(一)感生(母梦日入怀而娠)

母梦日而孕的情节，属于感生的一种方式。历史上著名的商、周始祖的感生神话，已见于《诗经》。上古帝王、英雄的感生故事，到了汉代大量涌现。至少自汉代起，梦日而孕就成为帝王感生神话中的常有情节。[⑤] 检汉人所记汉武帝、王政君的诞生神话以及孙策、孙权、晋孝武帝、梁元帝等人的出生，都有母亲日月入怀的神迹。将梦日而孕作为一个神话母题，再次出现于宋太祖诞生神话时，因袭的痕迹即非常明显。

(二)神光

《佛祖统纪》在开列宋太祖诞生时的种种神异后，作者志磐解释道：

> 神光、金体，佛、大士之瑞相也。[⑥]

并以之为“佛、大士之示生”。这大概可看作关于宋太祖诞生神话的最早解释。这一解释，亦有所本，且是佛教的一般认识。《大智度论》云：

> 佛初生时、初成佛时、初转法轮时，皆放无量光明满十方。

又云：

---

① (宋)黎靖德编，王星贤点校：《朱子语类》卷八七，中华书局 1986 年版，第 2239 页。

② (宋)李焘：《续资治通鉴长编》卷九五，天禧四年五月己卯条，中华书局 2004 年版，第 2194 页。

③ 关于宋初这三次对德运的讨论，见陈学霖《大宋“国号”与“德运”论辩述义》，载氏著《宋史论集》，(台北)东大图书股份有限公司 1993 年版，第 1～6 页。

④ (宋)田况：《儒林公议》卷下，大象出版社 2003 年版，第 121～122 页。

⑤ 详见吕宗力：《感生神话与汉代皇权正当性的论证》，载《秦汉史研究论丛》第 8 辑，云南大学出版社 2001 年版，第 415～434 页。

⑥ (宋)释志磐，释道法校注：《佛祖统纪校注》卷四四《法运通塞志》，上海古籍出版社 2012 年版，第 1016 页。

菩萨初生时，放大光明，普遍十方。[①]

《景德传灯录》引《普耀经》云：

佛初生刹利王家，放大智光明，照十方世界。

《佛本行集经》云：

菩萨初生，放大光明，障蔽一切所有光明。[②]

出生时的"神光"之异，并不专属佛、菩萨，南北朝以来佛教高僧的传记中，多有这样的记载，如北魏玄高，南朝梁慧超，隋智脱、智顗，唐法恭、石头和尚、汾州和尚、弘忍，后周澄楚，宋仪晏[③]，等等。这自是追拟佛、菩萨而人为造作的言论。

不过，关于宋太祖诞生神光的记载，有充分的政治上的传统资源，实不必然假手佛教。神光是帝王诞生神话中经常出现的，如汉光武帝已然，后来如东晋元帝、南朝宋高祖、隋文帝，等等，古人即已有总结。[④] 且宋人所记宋太祖生时的"神光"，亦尚无必与火德相应的迹象，到元修《宋史·太祖本纪》记为"赤光绕室"，则是为了与宋朝德运——"火德"相合。

(三)金体(体被金色)

《佛祖统纪》对"金体"的解释，大概是没有问题的。《法苑珠林》引《涅槃经》云：

菩萨初生之时……金色晃曜，弥满虚空。

又引《智度论》：

问曰："何故佛作金色？"[⑤]

直到此处，我们方可以说宋太祖诞生神话开始出现佛教的因素。

(四)胞衣如菡萏与异香

这里将最后两个情节合并来说，是因为二者具有极大的关联。"胞衣如菡萏"的情节，大概只有宋太祖的诞生神话中方始出现。它具有典型的佛教色彩。

胞衣即"胎衣"，胎盘与胞膜的统称，是孕妇胞宫内包裹胎儿的器官。胎儿娩出后，整个胞衣一同排出体外。菡萏，即荷花或莲花的花瓣。宋太祖胞衣如同莲花，也就是说他出生之前一直被"莲花"包裹，"莲花"也就是其降生的场所。这反映的是佛教的"莲花化生"信仰。在佛教中，莲花化生就是指不经由生物的胞胎，而由莲花中出生，是往生阿弥陀佛

---

① 龙树菩萨造、鸠摩罗什译：《大智度论》卷七《释初品第一·释放光》，上海古籍出版社 1991 年版，第 48 页；同书卷一《释初品第一·缘起论》，第 2 页。

② 阇那崛多译：《佛本行集经》卷八《树下诞生品》，载《中华大藏经》第 35 册，中华书局 1989 年版，第 645 页。

③ 详见历代僧传中他们的传记，此不一一开列出处。

④ 如清人王希廉的《孪史·祥瑞》部分即专列"诞生赤光满室"一条进行总结，见氏著《孪史》，大达图书供应社 1935 年版，第 191 页。此前各种类书也有专门记载帝王诞生瑞异的篇章，今特取专门辑录"赤光"或"神光"者。

⑤ (唐)释道世撰，周叔迦、苏晋仁校注：《法苑珠林校注》卷九《出胎部》，中华书局 2003 年版，第 307～308、309 页。

极乐净土(佛国)的一种方式。莲花即是胞胎(如母胎),所谓莲胎或莲胞(Lotus-womb)。[①]"往生"就是去往净土世界,去极乐净土谓之"往",化生于彼土莲花内谓之"生"。[②]《佛说大阿弥陀经》云:

> 佛言十方无央数世界诸天人民,以至蜎飞蠕动之类,往生阿弥陀佛刹者,皆于七宝池莲华中化生,自然长大,亦无乳养之者。皆食自然之食。其容貌形色端正净好,固非世人可比,亦非天人可比,皆受自然清虚之身、无极之寿。[③]

《菩萨处胎经》云:

> 不由四胞胎,自然莲化生。无我无彼想,寿命不可量。[④]

《佛说弥勒下生成佛经》云:

> 出母右胁已。如日出云翳。普放大光明。不染触胞胎,如莲花出水。[⑤]

又《观世音菩萨授记经》云:

> 二莲华从地涌出,杂色庄严,其香芬馥,如天栴檀。有二童子化生其中,加趺而坐……二童子,今观世音及得大势菩萨摩诃萨是也。[⑥]

根据这些经文,弥勒以及观世音和得大势二菩萨等,就是以莲花化生的方式出生的。

我们再来看关于异香的记载,僧传中高僧圆寂时室生异香的记载非常多。《往生净土传》记载唐代高僧灌顶圆寂时,

> 室有异香。顶喜曰:"此宝莲之香气,吾其乘之而去矣。"[⑦]

《大方便佛报恩经》云,如果教徒始终虔诚地供养诸菩萨,修身善行,那么,

> 命终即得往生有佛国土,莲华化生,远离淫欲;不处胞胎,离诸臭秽;其身清净,有妙香气;众所恭敬,人所爱念。[⑧]

在佛教看来,他们圆寂的同时也就是往生净土,在净土中莲花化生。在人世间完全相反的两种状态,对于佛国净土来讲,恰是一事。也就是说此土所见之死就是彼土所见之生。那么高僧圆寂时的异香,就是莲花化生之香。这样的话,再来看宋太祖的诞生异香,分明就是莲花化生时的"妙香气"了。

---

① 明释真可(莲池大师)有《净土偈》云:"莲花为胞胎,永不作众生。"参见丁福保:《佛学大辞典》"莲胎"条,文物出版社1984年版,第1277页。

② 依净土教理,往生的方式有化生与胎生两种,不经由莲花的胎宫而直接往生阿弥陀佛净土,称为"化生"。[见吴汝钧:《佛教思想大辞典》"化生"条,(台北)台湾商务印书馆1992年版,第156页]

③ (宋)王日休校辑:《佛说大阿弥陀经》卷上《莲花化生分》第一八,《中华大藏经》第18册,中华书局1986年版,第686页。

④ (后秦)竺佛念译:《菩萨处胎经》卷三《八种身品》第八,载《中华大藏经》第22册,中华书局1987年版,第809页。

⑤ (唐)义净译:《佛说弥勒下生成佛经》,载《中华大藏经》第18册,中华书局1986年版,第739页。

⑥ (南朝宋)昙无竭译:《观世音菩萨授记经》,载《中华大藏经》第20册,中华书局1986年版,第759~760页。

⑦ (宋)戒珠叙:《往生净土传》卷中《唐天台释灌顶》,载《大正新修大藏经》第51册,第118页。

⑧ 佚名译:《大方便佛报恩经》卷二《对治品》第三,《中华大藏经》第22册,中华书局1987年版,第583页。

二、宋太祖诞生神话的独特性格与时代

由以上四个情节来观察，宋太祖诞生神话的成立情况相当特别，它含有浓厚的佛教色彩，并出现了前代帝王诞生神话中从来没有过的佛教净土“莲花化生”信仰。新的因素的出现，基本没有切近的承袭迹象可寻。五代帝王的诞生神话，大概可以自成单元。后梁朱温，史载其“山庭月角，舜目尧眉，龙凤之姿”，又说他出生时，屋舍间“赤气上腾”如火灾，邻人皆被吓到；李克用出生时则“虹光烛室，白气充庭，井水暴溢”；后唐庄宗则是“紫气出于窗户”；后晋石敬瑭出生“白气充庭”；后周郭威出生，赤光照室，星火四迸。[①] 这些情况与自汉代以来的帝王出生神话并无太大差异，与宋太祖的情况却有很明显的差异。

那么新的因素是怎样加入帝王诞生神话中的？“莲花化生”信仰，本是极为普遍的一种民俗信仰，它在中国南北朝至宋元时代的北方广泛流行，表现形式非常多元，如石窟造像、壁画、绢本画等图像资料中，常常会出现化生童子半身长出于莲花之中的形象；或化生童子手持莲花或鼓乐，站立或坐于莲花之上。各种文学作品如诗、文、俗讲中的“化生”，风俗节物如七夕放荷花灯、摩睺罗人偶、家具以及建筑装饰上的化生童子形象，都含有这一信仰的因素。[②] “莲花化生”在中古时期多种面貌的呈现，恰与净土信仰本身简便易行相匹配，普通人无需通解教理，只需常常口诵佛号，便可往生净土，所以“净土之发达以至于几独占中华之释氏信仰”[③]。

包含莲花化生的净土信仰如此发达，我们完全可以借此推求宋太祖诞生神话的最初坯形：胞衣如菡萏以及异香的情节，应该是以一个禁军中下级军官家庭为赵匡胤出生祈福的信仰活动为原型的。与当时的普通民众一样，赵匡胤家族与佛教也颇有渊源。《清异录》载：

> 太祖陈桥时，太后方饭僧于寺，惧不测，寺主僧誓以身蔽。上受禅，赐“的乳三神仙”。[④]

饭僧是当时佛教信仰的一般形式。太祖本人在“微时”也颇与僧人有所往来。[⑤]

关于化生的类似记载，可举北宋名臣张方平（1007～1091）之父为例。张父生于宋太宗时，其父母“相与精祷久之，夫人梦天人乘空而降，捧一婴儿授之……因妊生公”，由此梦

---

① 参见孙广德：《我国正史中的政治神话》一文的总结，载《中国史学论文选集》第 6 辑，（台北）幼狮文化事业公司 1986 年版，第 59～60 页。

② 参见杨雄：《莫高窟壁画中的化生童子》，载《敦煌研究》1988 年第 3 期；姚潇鸫：《试论中古时期“莲花化生”形象及观念的演变——兼论民间摩睺罗形象之起源》，载《敦煌吐鲁番研究》第 12 卷，上海古籍出版社 2011 年版，第 381～397 页。

③ 汤用彤：《隋唐佛教史稿》第四章《隋唐之宗派》，中华书局 1982 年版，第 194 页。

④ （宋）陶穀：《清异录》卷上，大象出版社 2003 年版，第 29 页。

⑤ 参见［日］竺沙雅章：《宋朝的太祖和太宗：变革时期的帝王》，方建新译，浙江大学出版社 2006 年版，第 167 页。

而出生，故张父被取字“化生”。[①] 因化生信仰而祈祷生子，固多有之。在此情况下，“香孩”或“香儿”应当就是宋太祖乳名。江休复（1005～1060）《杂志》云：“至今洛中人呼应天禅院为‘香孩儿营’。”[②]章如愚《群书考索》则云：“今俗呼为‘香儿营’。”[③]从当地人对地名的惯称可以看出，由化生信仰所主导的宋太祖出生的原始景况，自一开始即广为人知。类似的情况是唐代僧人道林，因初生之香，家人为取乳名“香光”[④]。从现有记载来看，宋太祖乳名“香孩儿”或“香儿”，可以确定。

由此更可以确定宋太祖诞生神话的成立时代。首先，该神话成立的时间上限是宋代开国。因为在此之前，周世宗末年已流行的“点检作天子”谶言，已导致时任殿前都点检的张永德去位失势，赵匡胤才得以被提拔成为禁军的高级将领。[⑤] 紧接着的赵匡胤密谋策划夺权之际，他尤需韬光养晦，不会释放这样的政治信号，无需赘言。其次，有关开国帝王的政治神话，往往是在其尚未得天下时即已产生，以作为其身膺“天命”的预兆，特别是那些马上得天下的帝王。中古时代帝王的诞生神话，一般会出现于帝王在位之时，也就是生前出现，而不待于身后修史始为造作。曹魏高贵乡公已有“自叙始生祯祥”[⑥]之文，身死国灭的梁元帝，同样在生前即有“出生之异”的传闻。[⑦] 隋文帝则于登位之后，命史官造作以记载其诞生神话为主体的《皇隋灵感志》；辽太祖的诞生神话在其登位前就已广为流布。[⑧]宋太祖由臣而君的政变时间很短，之前不可能有预兆其得位的诞生神话广为流传，唯有在其登位之后才有流布的环境和需要。第三，从五个情节中具有民俗信仰因素的莲花化生来观察，宋太祖诞生神话的公布机制，不可能由史臣或是宋太祖及其家庭之外的臣僚一手制造；诞生神话的原始形态中民俗信仰因素出现，其中必然有宋太祖本人或其家人、亲随者的贡献。因为其信仰的普遍与一般，反而成就了帝王诞生神话的特殊性格，一般的史臣或儒生是不可能将这样的民俗因素加入帝王诞生神话中的。因此，宋太祖诞生神话的公布契机，只能在其登位之初。这一政治神话的传布，有一个迫切的现实政治需求作为动力。这就是王朝开创所必不可少的“天命”的依据。建隆元年（960）正月初四，赵匡胤政变上台，到是月十八日，宰臣即奏请以皇帝生日（二月十六日）设立“长春节”，表文云：

> 伏闻轩帝生于寿丘，发绕枢之异；夏禹诞于石纽，流贯昴之祥。莫不炳焕灵符，延长宝历。谅惟圣德，允叶昌符。[⑨]

这是借用黄帝、大禹的典故，喻指太祖也如上古圣君，诞生具有神迹。尽管这些都是唐代

---

① 参见（宋）张方平著，郑涵点校：《张方平集》卷四〇《皇考金紫光禄大夫太子少师墓志铭》，中州古籍出版社1992年版，第723～725页。

② （宋）孔平仲：《谈苑》卷一“香孩儿营”条，大象出版社2006年版，第303页。

③ （宋）章如愚：《群书考索》前集卷五七《律历门》，明正德刘氏慎独斋刻本。

④ “香光”二字或有教义的背景，唐宋时代流行的《楞严经》云：“如染香人身有香气，此则名曰香光庄严。”

⑤ 参见杨洪权、丁鼎：《漫议后周“都点检”之职与“点检作天子”之谶》，载《烟台大学学报》（哲学社会科学版）1997年第4期。

⑥ （晋）陈寿：《三国志》卷四《三少帝纪》，岳麓书社1990年版，第112页。

⑦ 参见《南史》卷八《梁本纪》，中华书局1975年版，第234页。

⑧ 参看前引塚本善隆、王小甫论文。

⑨ 佚名辑：《宋大诏令集》卷一《宰臣等请立长春节表》（建隆元年正月己未），中华书局1962年版，第3页。

以来帝王诞节时的套话,但这正足说明宋太祖并不例外于帝王生前即存在诞生神话的传统。这样的话,以赵匡胤身膺天命为内容的诞生神话,其主体很可能在这半个月内已为朝野所闻知。

三、宋太祖诞生神话与合法性信仰的重建

众所周知,帝王诞生神话的出现,总是与王朝合法性(Legitimacy)信仰的建立或建设密切相关,这一点宋太祖也不例外。一般来说,合法性就是政权、权威或统治者被认为是正当的,从而获得被统治者自愿服从与认可。对合法性的诉求,任何政权都存在,只不过当它面对不同的情况时,这种诉求的形式会有所不同。

(一)宋初政权的合法性危机

宋初的情形,与此前的各个朝代都已不同。

首先,宋初承受了五代以来的合法性危机。五代乱世,政权频繁更迭,人们已不再轻易相信"天命所归"之类的合法性言说。其表现就是士大夫安于不断轮替的政权的统治,为之服务,但实际上又并没有多少认同感,陶穀《清异录》中的一段话颇能说明这一点:

> 五代五十年间,易姓告代,如翻鏊上饼然。官爵益滥,小人乘君子之器,富贵出于非意,视国家安危如秦越不相谋,故将相大臣得以窃享燕安。当时贵势,以筵具更相尚,陆珍水异,毕集于前。[①]

相应的,"五代以来,节度使富强者,辄怀跋扈之志"[②],所以他们才有"天子者,兵强马壮者为之"这类的赤裸裸的功利性的认知。其实就连宋太祖本人,对于"皇帝"也曾是一种机会主义的态度。在其登位之初,北方爆发昭义节度使李筠的叛乱,宋太祖派人传话说:"我未为天子时,任汝自为之,我既为天子,汝独不能小让我耶?"[③]这等于承认有使相级别的李筠本也可以有同样的机会得到皇位。

其次,五代以来统治者所掌握的合法性资源到了宋初也已寥寥无几。统治集团核心的认知上,对作为传统合法性资源的礼已相当隔膜。《邵氏闻见录》载:

> 太祖初即位,朝太庙,见其所陈笾豆簠簋,则曰:"此何等物也?"侍臣以礼器为对。帝曰:"我之祖宗宁曾识此!"命撤去。亟令进常膳。[④]

这一点已甚于五代之初的后梁与后唐,后梁、后唐的君主需要面对唐代三百年所积淀的文化传统,不断努力于为自己的登位正名,为缔造"正统王朝"进行多方面的努力,他们在礼仪上的动作要远超宋太祖。[⑤]

---

① (宋)陶穀:《清异录》卷下,大象出版社 2003 年版,第 78 页。

② (宋)李焘:《续资治通鉴长编》卷五,乾德二年六月辛亥,第 127 页。

③ (宋)李焘:《续资治通鉴长编》卷一,建隆元年四月,第 12 页。

④ (宋)邵伯温撰,李剑雄、刘德权点校:《邵氏闻见录》卷一,中华书局 1983 年版,第 5 页。

⑤ 参见方震华:"The Price of Orthodoxy: Issues of Legitimacy in the Later Liang and Later Tang",载《台大历史学报》第 35 期。

此外，从客观上来说，宋初的情形极为特殊，作为开国之君的赵匡胤本人，于建立或维系其统治合法性的资本很是缺乏。王夫之《宋论》的开头，对此有一段精彩的论述：

> 帝王之受命，其上以德，商、周是已；其次以功，汉、唐是已。《诗》曰："鉴观四方，求民之莫。"德足以绥万邦，功足以戡大乱，皆莫民者也。得莫民之主而授之，授之而民以莫，天之事毕矣。乃若宋，非鉴观于下，见可授而授之者也。何也？赵氏起家什伍，两世为裨将，与乱世相浮沉，姓字且不闻于人间，况能以惠泽下流系邱民之企慕乎！其事柴氏也，西征河东，北拒契丹，未尝有一矢之勋；滁关之捷，无当安危，酬以节镇而已逾其分。以德之无积也如彼，而功之仅成也如此，微论汉、唐底定之鸿烈，即以曹操之扫黄巾、诛董卓、出献帝于阽危、夷二袁之僭逆，刘裕之俘姚泓、馘慕容超、诛桓玄、走死卢循以定江介者，百不逮一。乃乘如狂之乱卒，控扶以起，弋获大宝，终以保世滋大，而天下胥蒙其安……商、周之德，汉、唐之功，宜为天下君者，皆在未有天下之前，因而授之，而天之佑之也逸。宋无积累之仁，无拨乱之绩，乃载考其临御之方，则固宜为天下君矣；而凡所降德于民以靖祸乱，一在既有天下之后。①

王夫之对获得"天命"而开创政权的条件，有非常清醒的认识。"天命"的内涵中，像三代那样的以"德"立国，建立合法性信仰的情况，已渺不可及；实际上那也仅仅存在于想象之中。对于实实在在历史之中可以看到的合法性成立的基本条件，其实就是一种保证它的能力，这种能力的体现就是功业。宋代开国以前的各王朝无不如此，即便采用"禅让"形式而得国的君主，也都无不在前期取得了极大的功业。而宋太祖仅仅数天之间，就成功登上皇帝宝座，可谓中国历史上的一大奇局，而其当时情况当然是于功于德两无所就，这是极为特殊的。

（二）"显德毁法"余波中的政教关系

关于宋太祖诞生神话的周边，还有一个特殊的背景，即"显德毁法"余波在宋初的政教关系上造成的紧张氛围。今天我们仍能从一些当时的佛教石刻文献中读出这种氛围。显德二年周世宗的限佛令颁布后，当年就进行了疾风骤雨般的废寺汰僧运动。显德三年(956)的《阳城龙泉院记》记下了佛教界发出的哀叹：

> 大周……垂制曰：梵宇悉去无名，故九州四海之中，设像栖真之所，并扫地矣！②

显德二年(955)，废毁寺院的数量即已超过 3 万余所。到宋初，大规模的破坏虽然告一段落，但新建佛寺和广度僧尼几不可能。由此造成的紧张氛围一直延续，如汤用彤所说，"虽世宗未敕禁绝，然僧纪荡然，典籍散失(宋初天台求经于日本，华严宗求经于高丽)，五代之世实六朝以来佛法极衰之候也"③。

---

① (清)王夫之：《宋论》卷一，中华书局 1964 年版，第 1～2 页。

② (清)陆增祥：《八琼室金石补正》卷八一，民国十四年(1925)刘氏希古楼刻本。

③ 汤用彤：《隋唐佛教史稿》附录二《五代宋元明佛教事略》，中华书局 1982 年版，第 295 页。

(三)宋代重建合法性信仰的起点

政治上传统合法性信仰的崩坏，与政教关系的紧张氛围并存，构成了宋初政权合法性诉求的特殊背景。正是基于这种背景，宋太祖受命符谶在宋初不断出现，其主体则都带有浓厚的佛教色彩。其中最为著名的当属赵普在北宋开国之初所撰《皇朝龙飞记》的记载：

> 先是，民间有得梁志公铜牌记云："有一真人起冀州，开口张弓在左边，子子孙孙保永年。"……及上受禅，而宣祖之讳正当之。[①]

《曲洧旧闻》卷一：

> 五代割据，干戈相侵，不胜其苦。有一僧虽佯狂，而言多奇中。尝谓人曰："汝等望太平甚切，若要太平，须待定光佛出世始得。"至太祖一天下，皆以为定光佛后身者。[②]

从政教关系的"教"的一方面看去，这些谶言对宋初政教关系的重建起过特殊的作用，为良性政教关系的恢复提供了契机，"表明了佛教方面对宋朝的期待"[③]。一系列的开国神话，造成赵匡胤"天命所归"的逻辑。同时开国君主"命中注定"者，自然也就是王朝所必然尊奉者。太祖诞生的佛教背景被纳入官方文献，就是代表良性政教关系的基调的扎根，即在王朝之初就为宋代政权与佛教关系的和洽注入了"命定"的因素。更为重要的是，从政治的视角来观察，谶言的造作，首先并非是为了达到政教和谐的目的，而是反映了新登场的政治人物与政治集团的合法性诉求。这些谶言的流传，本未出自佛教界的努力，而很大程度上都有官方的色彩，尤其赵普《龙飞记》的记载，更等于是官方公布的谶言。宋太祖诞生神话同样具有这种色彩。在宋太祖得国之初，即成为政治上的共识。宋初公布这一诞生神话，反映政权最初在合法性方面的诉求主要就是依靠佛教信仰来表达。

为什么宋代最初的合法性信仰重建的努力，要靠佛教的话语来表达？因为政治上的各种合法性资源纷纷失效时，当时维系人们精神世界的因素，主要的就是佛教。宋太祖诞生神话以及与之相关的宋太祖受禅谶言，不但带有佛教色彩，更将宋太祖塑造成"定光佛"，成为净土佛国来统治人间、结束战乱的佛、菩萨的化身，如同莲花化生信仰，"定光佛"同样是也是10世纪极为流行的民间信仰之一。与以宋太祖为定光佛后身的传说相匹配的，是欧阳修《归田录》中那则著名的"见在佛不拜过去佛"的故事[④]，就是说宋太祖本人成为了信仰的一部分，加入了人们共同的精神世界。这就使赵宋政权在没有巨大功业、传统与统治者个人魅力的情况下，可以重新唤起并维持了人们对政权合法性的信仰。

宋初以佛教信仰为重塑合法性努力的开端，随后宋太宗大兴文教礼乐，继以宋真宗天书圣祖、东封西祀，直到宋徽宗在以传统的礼乐塑造合法性方面达到了登峰造极的地步，但与之相伴随的是传统合法性资源的衰落，五德终始、二王三恪、谶纬、封禅、传国玺等传

---

① (宋)释志磐，释道法校注：《佛祖统纪校注》卷四四《法运通塞志》，上海古籍出版社2012年版，第1016页。

② (宋)朱弁：《曲洧旧闻》卷一《定光佛出世得太平》，中华书局2002年版，第85～86页。

③ 竺沙雅章：《宋朝的太祖和太宗》，方建新译，浙江大学出版社2006年版，第167页。

④ 杨梅：《中国古代的定光佛信仰——兼论唐宋以来的民间"造佛运动"》，载《世界宗教研究》2006年第4期。

统政治文化、政治符号都走向了末路，祥瑞灾异说在宋代遭到了强烈的质疑①，而由宋朝官方公布的以论证合法性为目标的太祖诞生神话，却因其被广为接受的信仰成分，在两宋间被多次反复叙说，成为王朝必有的合法性资源的一个底线。

（尹承，山东大学历史文化学院博士研究生）

① 参见刘浦江：《五德终始说之终结——宋代以降传统政治文化的嬗变》，载陈苏镇主编《中国古代政治文化研究》，北京大学出版社 2009 年版，第 377 页；吕博：《唐代德运之争与正统问题——以“二王三恪”为线索》，载《中国史研究》2012 年第 4 期。

一个南宋士人眼中的“蛮”

——以周去非《岭外代答》为中心的考察

李　凯

周去非(1135～1189)，字直夫，温州永嘉(今温州)人，南宋隆兴元年(1163)进士，曾两次任官广西。《岭外代答》是周去非唯一传世的著作，从《自序》可知此书是周去非依据任职广西时的笔记而成“盖尝随事笔记”[①]，计294条，共10卷，20门，在《四库全书》中被归入史部地理类。

既往的研究多是从其史料价值出发，忽视了其翔实记录背后所蕴藏的周去非等士大夫的文化观念。《岭外代答》中对于“蛮”的考察、记录、描画、叙述、观感，不仅把这些内容当作史料，从中去伪存真，得到有关历史事实，而且把这些著述当作一种对文化空间的建构。分析南宋士人从自身文化观念和心态出发对“蛮”的建构想象，可以更加清晰地反映出南宋士大夫具体可感、细节丰富的文化心态。

一、“外国”从“蛮”中的分离

“蛮”作为中国传统中对于南方非华夏民族的一种泛称，“南方曰蛮”[②]，不仅在不同时期所指称的对象是变化的，而且在这种变化中存在着我者“华夏”，从自身视角出发，对他者“蛮”的构建与想象。

唐宋时期正史中“蛮”的指称对象在悄然发生着变化。在成书于贞观十年(636)的《隋书·南蛮传》中，“蛮”所包含的全部是域外国家，没有境内的少数民族。到了《旧唐书》《新唐书》的《南蛮传》中，境内的少数民族开始增加，如《旧唐书》中新添了“东谢蛮、西赵蛮、牂牁蛮、南平獠”，《新唐书》中则为“两爨蛮、南平獠、西原蛮”，但新、旧《唐书》之《南蛮传》中的“蛮”主体还是境外国家。

成书于淳熙二年(1175)的《桂海虞衡志》中，《志蛮》所体现的“蛮”的观念，与传统正史中《南蛮传》的体例类似。在《桂海虞衡志·志蛮》中用“蛮”来统称南方境内的少数民族和域外国家。在《志蛮》的自注中范成大自述《志蛮》内容为：“曰羁縻州洞，曰瑶，曰僚，曰黎，

---

① (宋)周去非著，杨武泉校注：《岭外代答校注》，中华书局1999年版(下引此书，版本同此)，“前言”第7页。

② 《十三经注疏》整理委员会整理：《礼记正义》卷一二《王制》，北京大学出版社2000年版，第467页。

曰蜑，通谓之蛮。”[①]这五部分其实是作为境内的少数民族而加以叙述的，但在正文中还增加了一部分，其同样称之为“蛮”，叙述了交趾、大理等域外国家。这一看似混淆的名称，其实表明了在范成大的观念中，“蛮”仍然作为境内少数民族与域外国家的泛称，在狭义上其指代域外国家的意味要浓的多，“今郡县之外，羁縻州洞，虽故皆蛮地，犹近省，民供税役，故不以蛮命之，过羁縻，则谓之化外真蛮”[②]。这里范成大所述“蛮”的广义与狭义的内涵，是与传统《南蛮传》中“蛮”的含义没有太多区别的。

写成于淳熙五年(1178)的《岭外代答》中，“蛮”的内涵发生了重要变化。《岭外代答》在成书的过程中，其内容大量地借鉴甚至照抄《桂海虞衡志》，但体例上则创新地设立《蛮俗门》和《外国门》。《岭外代答·蛮俗门》多是对于《桂海虞衡志》涉及南方少数民族内容的剪裁与抄录，其内容基本上是关于境内少数民族的。《蛮俗门》中的“蛮俗”“僚俗”“入僚”“挂剑”“飞驼”“踏摇”等内容，与《桂海虞衡志·志蛮》的相关记录相差无几。“鼻饮”据杨武泉考证袭自《桂海虞衡志·志杂》，今本所无。“款塞”“抵鸦”“卷伴”则是对《桂海虞衡志》相关内容的添改。“木契”“打髢”“十妻”是周去非不同于范成大的记录，主要涉及境内的“溪峒”“僚”“黎”“瑶”，以及钦州周边的风俗习惯。相较《桂海虞衡志》，周去非对域外国家的内容大为扩充，详细叙述了安南国、占城国等 23 个国家的情况，涉及的国家和地区则达 40 多个，而且从体例上把其独立出来，与境内少数民族相分离，产生了“外国”的观念。

周去非《岭外代答》在体例上基本上完成了“外国”与“蛮”的区分，但这一分离尚不彻底。如“海外诸黎”“疍蛮”“瑶人”等境内少数民族也归入《外国门》，杨武泉认为这是《岭外代答》的不足之一，“诸族隶属如此，岂能视为外国？但黎、蜑、瑶等条，却均列入外国门”[③]。这虽然并非《外国门》叙述的主体，但表明其仍然受到《桂海虞衡志·志蛮》中“蛮”的概念的影响，周去非所残留的境内民族，即《桂海虞衡志·志蛮》所记的“黎”“疍”“瑶”。不过相较《蛮俗门》中的照录，这里不仅在顺序上而且在内容上，周去非都做了创新性记录。同时这一残存的痕迹与体例的不足，反而证明了周去非的“外国”概念脱胎于传统的“蛮”，并在叙述的过程中逐渐清晰起来。

赵汝适继承和发展了《外国门》的体例。其《诸蕃志》成书于宝庆元年(1225)，分为《志国》和《志物》两部分，在《志国》中其不仅参考了《岭外代答·外国门》的体例，而且内容也大量地袭自《岭外代答》。在《诸蕃志·志国》中进一步排除了境内少数民族，凸现了其叙述域外国家的体例，并且所涉及的范围在扩大。《岭外代答·外国门》涉及的国家和地区，基本上是传统《南蛮传》的范围，而《诸蕃志·志国》则把范围进一步扩展，把传统《东夷传》中的“流求国”“新罗国”和“倭国”补充进来。而有意思的是，赵汝适对这部分原属《东夷

---

① (宋)范成大撰，严沛校注:《桂海虞衡志校注》，广西人民出版社 1986 年版(下引此书，版本同此)，第 115 页。

② (宋)范成大撰:《桂海虞衡志校注》，第 117 页。

③ (宋)周去非著，杨武泉校注:《岭外代答校注》，“前言”第 11 页。

传》的国家，用难以亲闻的方式载录信息[①]，其主要是抄录史书，记录的内容史料价值不高，且多与实际情况不符。不过，这一历史记忆有意识的选择，反而突显了作者主观上增加和完善《外国门》体例的意图。“外国”的观念不仅从“蛮”中独立出来，而且其所指称的范围在逐渐扩大，有从“蛮”中脱离进一步涵盖“四夷”的趋势。

周去非《岭外代答》所体现出的“外国”从“蛮”中的分离，也在一定程度上影响了《宋史》的体例和内容。《宋史》不再设立《四夷传》，传统《南蛮传》中占多数的境外部分则以排斥的方式被归入到了《宋史·外国传》，而《宋史·蛮夷传》的构成则基本是境内的少数民族。以《宋史·外国传》比较《岭外代答·外国门》与《诸蕃志·志国》，其同样叙述的有：高丽、交趾、大理、占城、真腊、蒲甘、三佛齐、阇婆、南毗、渤泥、注辇、丹眉流、天竺、大食、层檀、流求国、日本国、吐蕃，其中大理、吐蕃提及而未详细叙述。《宋史·外国传》有，而《岭外代答·外国门》《诸蕃志·志国》无的有：夏国（党项）、邈黎、于阗、高昌、回鹘、龟兹、沙洲、拂菻、安定国。《宋史·外国传》在范围上向北方与西北方向进行了扩充，而在记录的国家数量上则不及《岭外代答》记录的40余国与《诸蕃志》的58国，在内容上《宋史·外国传》也多抄录《诸蕃志》，如在占城、真腊、三佛齐、阇婆、南毗、渤泥、注辇、流求国等条中就采纳了《诸蕃志》的记录。传统《四夷传》的消亡与《外国传》的形成，这表明了“外国”的概念逐渐从“南蛮”中分离出来，并逐渐成为域外国家的统称。

二、权力关系的疏远

在“南蛮”这一名称的历史叙述背后，存在着一种权力关系。“东夷、南蛮、西戎、北狄”是传统中国对周边非华夏民族的称呼。其中方位、名称都体现着一种权力话语的表达。

东南西北与中所构建的权力关系，可以追溯到一个遥远的源头——殷商时期。据葛兆光研究：“殷商人不但对四方有确切的认识，对四方神有固定的祭祀，而且对四方有固定的顺序，即东南西北，像《甲》622的四戈、《粹》907的四土都可以为证，而《鹖冠子》《淮南子》以及纬书中记载的东南西北的斗柄转向、春夏秋冬的四季顺序，则说明这种观念的源远流长。”[②]东南西北不仅是宇宙天象的反映——天道左旋，并且与时间发生联系——春夏秋冬，于是人们就把这种永恒的宇宙天象与空间分布、时间流转发生了联系，进而认为自身的文明的突显与来源都源于此。这样宇宙天象下空间分布的中央与东南西北便与人间秩序的尊卑高下联系起来，形成一种中央辐射四方——中国统辖四夷的和谐统一的权力秩序观念。在理学诞生前，这种观念也因儒家所倡导的天理观，而更加赋予了一种理论上的合理性。“道学，从广义上是在自然—政治—道德—自然这一循环构图中，把其重点置于道德部分之上，把以往的天—政治—道德—天的循环构图中天的重点置换到人的道

---

① 由于当时与高丽、日本贸易的主要港口为明州（今宁波），虽然也时有这些地区的贸易船舶至泉州。但如“新罗国……故兴贩必先至四明，而后再发，或曰泉之水势渐低，故必经由四明”[（宋）赵汝适原著，杨博文校释：《诸蕃志校释》卷上《志国》，中华书局1996年版，第151页]。高丽至泉州由于地理上的阻隔，必须经转明州。如日本“泉人罕至其国”，赵汝适原著，杨博文校释：《诸蕃志校释》卷上《志国》，155页。流求国则“商贾不通”（赵汝适原著，杨博文校释：《诸蕃志校释》，第147页）。这使得赵汝适难以通过《自序》中所称的“遍询贾胡”的亲闻方式来获得这些地区的信息。

② 葛兆光：《中国思想史》第1卷，复旦大学出版社1998年版，第93页。

德方面。”[①]《通典·边防序》中杜佑“覆载之内，日月所临，华夏居土中，生物受气正”[②]与石介《中国论》“夫天处乎上，地处乎下，居天地之中者曰中国，居天地之偏者曰四夷”[③]，在论述与四夷的关系时，突出中国的中心位置，都是这一方位观念的体现。而“蛮”不仅是“华夏”所比较下的蛮荒“雕题交趾，有不火食者矣”[④]，同时也是华夏所构建的理想权力关系中的一环，“夫先王之制，邦内甸服，邦外侯服。侯卫宾服，蛮夷要服，戎狄荒服。甸服者祭。侯服者祀，宾服者享，要服者贡，荒服者王”[⑤]。因而这一东夷、南蛮、西戎、北狄的历史叙述背后，体现着一种权力秩序的观念。

然而这一东夷、南蛮、西戎、北狄的观念，体现在历史叙述中的《四夷传》时，在凸现权力话语的同时，也不得不根据现实的局势进行着调整。分析唐宋正史中《四夷传》的变化：在《隋书》中对于域外的认识，是以标准的“东夷、南蛮、西域、北狄”的《四夷传》体例进行撰述的。这既是传统历史叙述的重现，又是初唐重建统一帝国，统制四夷的现实反映，如《隋书·南蛮传》史论就突出“高祖受命，克平九宇”[⑥]，《隋书·北狄传》“史臣曰”强调“圣上奇谋潜运，神机密动，遂使百世不羁之虏一举而灭”[⑦]。《旧唐书》于《四夷传》中以“南蛮西南蛮、西戎、东夷、北狄”为顺序，同时在《四夷传》之前单独列《突厥传》《回纥传》《吐蕃传》，而《新唐书》则以“北狄、东夷、西域、南蛮”为顺序，于《突厥传》《回鹘传》《吐蕃传》之后增添《沙陀传》。在新、旧《唐书》中，旧有的《四夷传》体例受到冲击。撰述顺序的改变表明唐宋越来越从现实的角度考虑，欧阳修就曾表示这一调整是由于“史之所纪，其西北颇详细，而东南尤略，盖其远而罕至，且不为中国利害云”[⑧]，而非传统理想中东南西北的顺序，北狄和西戎的地位开始上升。而单独列传的部族，往往是对中国影响深远的敌国，如《新唐书·突厥上》所述“唐兴，蛮夷更盛衰，尝与中国亢衡者有四：突厥、吐蕃、回鹘、云南是也”[⑨]，这也表明其在一定程度上脱离了华夏与四夷的权力秩序。《旧五代史》直接以《外国传》代替潜含权力关系的《四夷传》，表明宋人从现实的角度对于五代作为混乱与割据王朝的看法。到了《新五代史》，则被强调春秋笔法的欧阳修以《四夷附录》的形式重现。《宋史》虽纂成于元代，但其大量参考宋代的国史，因而也在一定程度上体现了宋代的史学编纂思想，其体例除了《外国传》外，也并存了《蛮夷传》。

与唐代相比，宋代的国家环境，难以支撑其建立一个中央涵盖四夷的权力体系。“宋代终究与唐代大不相同：宋代在列国体制中，已不能有效地自命为天下秩序的核心。”[⑩]而到了偏南一隅的南宋，其不仅丢失了处于天下之中的中原，而且在体现权力秩序的朝贡体

---

① [日]沟口雄三：《论天理观的形成》，载[日]沟口雄三、小岛毅主编《中国的思维世界》，孙歌等译，江苏人民出版社2006年版，第237页。

② 《通典》卷一八五，中华书局1988年版，第4978页。

③ (宋)石介著，陈植锷点校：《徂莱石先生文集》卷十，中华书局1984年版，第116页。

④ 《礼记正义》卷一二《王制》，北京大学出版社2000年版，第467页。

⑤ 韦昭注：《国语》卷一《周语上》，载王云五主编《丛书集成初编》，中华书局1985年版，第2页。

⑥ 《隋书》卷八二《南蛮传》，中华书局1973年版，第1838页。

⑦ 《隋书》卷八四《北狄传》，中华书局1973年版，第1884页。

⑧ 《新五代史》卷七四《四夷附录第三》，中华书局1974年版，第922页。

⑨ 《新唐书》卷二一五《突厥上》，中华书局1975年版，第6023页。

⑩ 许倬云：《我者与他者：中国历史上的内外分际》，三联书店2010年版，第82页。

系中，也难以在处理与金、西夏等的关系中凸现自己的作为权力核心的合法性。同时金对于中原礼乐文明的学习，也时时让南宋的士大夫产生着焦虑与不安，如范成大在出使笔记《揽辔录》中就曾记录“虏既蹂躏中原，国之制度，强慕华风，往往不遗余力，而终不近似”[①]。葛兆光也认为，“这一转变相当重要，这使得传统中国的华夷观念和朝贡体制，在观念史上，由实际的策略转为想象的秩序，从真正的制度上的居高临下，变成想象世界中的自我安慰；在政治史上，过去那种傲慢的天朝大国态度，变成实际的对等外交方略”[②]。南宋时兴起的正统论与王霸之辩，正是对这一现实局势的敏感反映。在这样的背景下，传统《四夷传》的历史叙述背后所体现的权力秩序与现实局势之间矛盾在逐渐扩大。

周去非《岭外代答》中，《外国门》的创立，“外国”从“蛮”中分离与独立出来，同样体现了一种权力关系的变化。在体现权力关系的朝贡体系中，不单单是建立在以进贡与回赐组成的贸易关系上，还存在着外交文书与礼仪上的规定。在南宋初期，政局不稳的情况下，交趾的进贡正符合了南宋从朝贡体系出发重新确立自身合法性的需要，因而宋孝宗也以赐国名的形式，承认其独立地位予以回报，这样在朝贡体系的权力秩序下，南宋与安南的关系进一步密切。

在周去非把安南纳入到《外国门》的体例中时，已经认识到南宋与安南在权力关系上的进一步密切，“旧制，安南使者班在高丽上。建炎南渡，李天祚乞入贡，朝廷嘉其诚，优诏答之”[③]，惯例上不仅安南处在朝贡体系的顶端，而且南宋初期由于安南的频繁入贡，双方之间的关系进一步增近，但是对于安南的观念，并没有因为这一权力关系的密切而增近，反而更加呈现出一种鄙夷贬低的疏远观念。如认为安南的朝贡耗费朝廷财力“象纲所过，州县颇有宴犒、夫脚、象屋之费”[④]；不满安南使节的贪得无厌与粗野无礼“一路州县应副夫脚八百人，擎负贡物者固无几，而皆为使者负贩至都。象实能浮，象奴所至水津，索舟以载，得钱然后驱以济。押伴官如加礼，使者愈慢，后不加礼，乃听命。既侥幸赐国，复有乞印之举”[⑤]；即使是贡使对于中华文明的模仿，周去非也表达了对其学习似是而非的鄙夷“使者之来，文武官皆紫袍红鞓通犀带无鱼，自贡象之后，李邦正再使来钦，乃加金鱼甚长大”[⑥]。

相较《桂海虞衡志》“蛮”条下交趾的叙述中，范成大对交趾往来广西“帅司”文书上名称印章的僭伪，会愤慨“中国之治略荒远，边吏又惮生事，例置不问，由来非一日矣”[⑦]。范成大更改安南使节接待惯例，是由于“经略使司与安南都护府埒，经略使与南平王比肩，使者是都护府小官，才与桂林曹椽官比，法当廷参，不然不见也”[⑧]。对于文书印章名称的重视以及根据朝贡体系中品秩来确定尊卑秩序，这表明范成大仍是从朝贡体系的角度来看

① (宋)范成大撰，孔凡礼点校：《范成大笔记六种》，中华书局 2002 年版，第 16 页。

② 葛兆光：《宅兹中国：重建有关“中国”的历史论述》，中华书局 2011 年版，第 47 页。

③ (宋)周去非著，杨武泉校注：《岭外代答校注》卷二《外国门上》，第 58 页。

④ (宋)周去非著，杨武泉校注：《岭外代答校注》卷二《外国门上》，第 58 页。

⑤ (宋)周去非著，杨武泉校注：《岭外代答校注》卷二《外国门上》，第 59 页。

⑥ (宋)周去非著，杨武泉校注：《岭外代答校注》卷二《外国门上》，第 60 页。

⑦ (宋)范成大撰，严沛校注：《桂海虞衡志校注》，第 163 页。

⑧ (宋)范成大撰，严沛校注：《桂海虞衡志校注》，第 167 页。

待交趾，对于交趾的势力表达着不满与进行压制，反而体现了朝贡体系下双方权力关系的密切。因而他在强调“大理国”不当纳入广西经略司处理时，会很自然地把其归入到“西戎”中，突出其方位观念与镇抚职责。这样的描述表明在范成大的观念中，对于“蛮”的观念仍然是一种以中国为中心的权力秩序的体现。

《岭外代答》虽然抄录了《桂海虞衡志》的许多内容，但是在“安南”条上，周去非作了不同于《桂海虞衡志》的描述，比较此条的叙述，可以更加清晰地体现出周去非个人的观念。在《岭外代答》“安南”条中，其同样记录了当时往来双方的文书“钦州探海往其郡永安州投公文，不容民间交语，馆之驿亭，速遣出境，防之甚密”[①]，不过突出的是传递过程中安南对南宋的防范。至于安南使节接待条件的改变，周去非描述为“见牙卒铠甲之盛，进退行伍之肃，使者失声叹曰：‘吾至此，方见大朝威仪！’参府之次，就戟门外上下马，庭参甚恭。时范石湖为帅，属威严以临之，而盛其犒宴馈遗，视绍兴二十六年礼遇颇杀，使者不敢较也”[②]，归结于一种实力的威吓。在周去非的记录中，忽略了对于朝贡体系所体现的权力秩序的强调，因而在对安南的记录中，他更多地是从现实的角度突出安南的防范、对南宋实力的畏惧和朝贡所带来的损耗等疏远安南的观念，而不同于范成大从朝贡体系出发强调对交趾不满与压制的同时，密切双方在朝贡体系中权力关系的建议。

《外国门》的设立，“外国”概念从“蛮”中的分离，不仅是一种名称的改变，还存在着一种视野的转变。对于域外的记录，不再是为了支撑华夏统辖四夷这一权力秩序，以中央辐射周边的历史叙述。外国概念的产生，代表了士大夫对于域外的一种权力关系的疏远，而也正是在这一疏远的观念下，对于域外的情况有了更加客观清晰的认识。

传统的东夷、南蛮、北狄、西戎的历史叙述中，域外被纳入到以中国为核心的权力体系之中，这一权力核心是唯一的，并随着华夏文明的扩展而不断延伸着边界。在周去非的《岭外代答》中，这一权力观念在逐渐疏远，在其叙述中开始出现更加客观的多权力核心。

在周去非对域外国家的叙述中，“外国”也存在着类似于中国朝贡体系所建立的权力核心。如《岭外代答》中“大秦国”条“有他国进贡者，拜于阶陀之下，祝寿而退……递年，大食国王号素丹遣人进贡。如国内有警，即令大食措置兵甲，前来抚定”[③]。在《岭外代答》基础上扩充的《诸蕃志》，不单“大秦国”，更增添了与南宋贸易密切的“三佛齐”的例子，在“三佛齐”中列举了一系列的国家“皆其属国”[④]，也具体记录了这些国家对三佛齐的朝贡行为，如“单马令国”条“本国以所得金银器，纠集日啰亭等国类聚献入三佛齐”[⑤]，“佛啰安国”条“岁贡三佛齐”[⑥]。在周去非的这种更加客观的叙述背后，所蕴含的是对于域外的一种权力疏远观念。这一“外国”的历史叙述，回应着南宋在“列国体制”下渐趋平等的现实与传统四夷的叙述中华夏处于权力秩序核心的矛盾，是士大夫对于南宋现实的一种敏感反映。

---

① (宋)周去非著，杨武泉校注：《岭外代答校注》卷二《外国门上》，第58页。

② (宋)周去非著，杨武泉校注：《岭外代答校注》卷二《外国门上》，第58～59页。

③ (宋)周去非著，杨武泉校注：《岭外代答校注》卷二《外国门上》，第95页。

④ (宋)赵汝适：《诸蕃志校释》卷上《志国》，中华书局1996年版(下引此书，版本同此)，第36页。

⑤ (宋)赵汝适：《诸蕃志校释》卷上《志国》，第43页。

⑥ (宋)赵汝适：《诸蕃志校释》卷上《志国》，第47页。

正因为周去非在《外国门》中体现了权力关系的疏远，也就不同于传统《四夷传》的叙述中，对于域外国家往往从政治、军事的角度出发，记录其朝贡情况，所以在《岭外代答·外国门》中涉及了大量的非朝贡国家，填补了传统《四夷传》的记录空白，扩充了我们对于宋代域外的认识。

在《外国门》中记录了对华朝贡情况的国家，有"安南国""占城国""真腊国""蒲甘国""三佛齐国""注辇国""麻离拔国"，只占《外国门》的一小部分，而剩余的则是周去非所记录的大量非朝贡国家，其详细叙述的国家有"阇婆国""故临国""大秦国""麻嘉国""白达国""吉慈尼国""眉路骨惇国""勿斯离国""木兰皮国""南尼华啰国""昆仑层期国""波斯国"等。这表明周去非在《外国门》中记录的主体并非是在朝贡体系下关系密切的国家，其视野所对准的是在权力关系上更加疏远的域外国家。因此，周去非记录了远比《宋史·外国传》丰富的40余国的情况，而《诸蕃志》则在此基础上，扩充为创纪录的58国。

三、贸易视角下的历史叙述

前文论述了当时士大夫对于域外从权力秩序上的一种疏远观念，而与之对应的是，周去非在《外国门》中正渐渐从新的历史视角——贸易，重构对于域外的历史叙述。

分析周去非所叙述的国家，我们会发现其更加从贸易的角度出发进行叙述。首先叙述了大量的航线通道情况，这里既有总体的描述，如《外国门》中的"通道外夷"与"航海外夷"，记录了中国通往域外国家的西南陆路交通与航海交通路线，又具体介绍了各个国家与中国之间的位置与航线，如"故临国"条"故临国与大食国相迩，广舶四十日到蓝里住冬，次年再发舶，约一月始达"[①]，"麻离拔国"条"广州自中冬以后，发船乘北风行，约四十日到地名蓝里……再乘东北风六十日顺风方到"[②]等。

周去非在这种深入的了解中，产生了对世界的新的认识。如《岭外代答》"海外诸蕃国"条：

> 诸蕃国大抵海为界限，各为方隅而立国。国有物宜，各从都会以阜通。正南诸国，三佛齐其都会也。东南诸国，阇婆其都会也。西南诸国，浩乎不可穷，近则占城、真腊为窊里诸国之都会，远则大秦为西天竺诸国之都会，又其远则麻离拔国为大食诸国之都会，又其外则木兰皮国为极西诸国之都会。三佛齐之南，南大洋海也。海中有屿万余，人莫居之。愈南不可通矣。阇婆之东，东大洋海也，水势渐低，女人国在焉。愈东则尾闾之所泄，非复人世。稍东北向，则高丽、百济耳。[③]

在这种叙述下，对世界的边界观念也有新的扩展。"阇婆之东，东大洋海也……愈东则尾闾之所泄，非复人世……木兰皮诸国……更西，则日之所入，不得而闻也。"[④]

这种视野下的世界，是以航海贸易为焦点，而非权力秩序的需要，"诸蕃国大抵海为界

---

① (宋)周去非著，杨武泉校注:《岭外代答校注》卷二《外国门上》，第90～91页。

② (宋)周去非著，杨武泉校注:《岭外代答校注》卷二《外国门上》，第99页。

③ (宋)周去非著，杨武泉校注:《岭外代答校注》卷二《外国门上》，第74～75页。

④ (宋)周去非著，杨武泉校注:《岭外代答校注》卷二《外国门上》，第74～75页。

限，各为方隅而立国。国有物宜，各从都会以阜通”①。在这样的观察下，周边地区并非是蛮荒的代表，又非朝贡的国家，而是各有特产的“都会”。东南西北的方位观念，似乎还是以中国为中心，细细分析会发现，这一中心也是以中国南部的贸易港口广州为中心，例如从中国确认海外国家的方位时往往以广州为坐标，如“阇婆”条“广州自十一月十二月发舶，顺风连昏旦，一月可到”②。而东洋与南洋概念的产生“三佛齐之南，南大洋海也……阇婆之东，东大洋海也”③也表明了，对于四周与中央的观念开始发生变化，到了后世，这一概念进一步清晰。“元代则开始划分为东、西洋，有的更进一步划分为大东洋、小东洋、大西洋、小西洋等。东洋与西洋大体上是以龙牙门（今马六甲海峡）和兰无里为分界。在龙牙门和兰无里以西的印度洋地区为西洋，以东的南太平洋为东洋。”④明代张燮的《东西洋考》中正式明确地提出了东西洋的地理范围概念。这样在航海贸易所组成的世界中，东洋、西洋、南洋所组成的中心与东夷、南蛮、西戎、北狄所构成的中心的焦点便发生了偏移。这一航海贸易为焦点的视野，构成了对世界的新的认识。

虽然儒家有博物的传统，“多识于鸟兽草木之名”⑤，周去非在《自序》中所说“入国问俗，礼也”⑥，以及赵汝适在《诸蕃志·自序》中所说“山海有经，博物有志，一物不知，君子所耻，是志之作，良有以夫”⑦，都是这一观念的驱使，构成了其记录域外物品的兴趣，但是周去非《外国门》中对物品所作的记录则体现了其海外贸易的视角。如“阇婆国”条“土产胡椒、檀香、丁香、白豆蔻、肉豆蔻、沉香”⑧，“麻离拔国”条“此国产乳香、龙涎、真珠、琉璃、犀角、象牙、珊瑚、木香、没药、血竭、阿魏、苏合油、没石子、蔷薇水等货，皆大食诸国至此博易”⑨，“昆仑曾期国”条“土产大象牙、犀角。又海岛多野人，身如黑漆，拳发。诱以食而擒之，动以千万，卖为蕃奴”⑩，等等。这些贸易物品的记录中体现了周去非从航海贸易的角度出发，对于所记录物品的选择。而《诸蕃志》中对贸易物品的记录进一步凸现，在体例上作《志物》来对其进行著录。

而《岭外代答》对于贸易所需货币的关注，也更加透露出其贸易的视角，如“阇婆国”条“以销银鍮锡杂铸为钱，其钱以六十个，准为一两金，用三十二钱为半两金”⑪，“注辇国”条“以金银为钱”，“麻离拔国”条“以金银为钱”⑫，“眉路骨惇国”条“以金银为钱”⑬。

周去非也并不隐晦，其通过海外商人与译者之口获得域外的情况。如“象鼻砂”条

① （宋）周去非著，杨武泉校注：《岭外代答校注》卷二《外国门上》，第 74 页。
② （宋）周去非著，杨武泉校注：《岭外代答校注》卷二《外国门上》，第 88 页
③ （宋）周去非著，杨武泉校注：《岭外代答校注》卷二《外国门上》，第 74 页。
④ 陈高华等：《海上丝绸之路》，海洋出版社 1991 年版，第 60～62 页。
⑤ 《论语注疏》卷一七《阳货》，北京大学出版社 1999 年版，第 237 页。
⑥ （宋）周去非著，杨武泉校注：《岭外代答校注》卷二《外国门上》，第 1 页。
⑦ （宋）赵汝适：《诸蕃志校释》，“序”第 1 页。
⑧ （宋）周去非著，杨武泉校注：《岭外代答校注》卷二《外国门上》，第 88～89 页。
⑨ （宋）周去非著，杨武泉校注：《岭外代答校注》卷三《外国门下》，第 99 页。
⑩ （宋）周去非著，杨武泉校注：《岭外代答校注》卷三《外国门下》，第 113 页。
⑪ （宋）周去非著，杨武泉校注：《岭外代答校注》卷二《外国门上》，第 88 页。
⑫ （宋）周去非著，杨武泉校注：《岭外代答校注》卷三《外国门下》，第 99 页。
⑬ （宋）周去非著，杨武泉校注：《岭外代答校注》卷三《外国门下》，第 100 页。

“尝闻之舶商曰”[①]，“方言”条“余又尝令译者以《礼部韵》按交趾语”[②]。同时对一些国家的简单模糊的描述，也多与贸易航行有关，这些模糊的信息背后，所蕴含的可能是当时海外贸易者的一种情绪。如“麻啰奴”的记录，即只是简单的关于其对商人迫害的描述，“商舶飘至其国，擒人以巨竹夹而烧食之”[③]以及一个模糊不清的位置“多野岛……其岛愈深，其贼愈甚”[④]，这大约是对一个范围内航行危险的恐惧表达，而非指具体的国家。如虚幻的“女人国”“夜盗船亡命得去，遂传其事”[⑤]。这一流传方式表明其来自海外贸易者之口，但这里记录背后可能不单是虚幻的夸张，也潜含着告诫海外贸易者所要面对的诱惑，毕竟“女人国”在新奇的同时也充满着危险，“尝有舶舟飘落其国，群女携以归，数日无不死”[⑥]。

周去非这一视角的转变，又与南宋时海外贸易的发展息息相关。南宋偏南一隅，为解决财政问题，加大了对于海外贸易的依赖。“南宋初年，宋朝政府财政总收入不满一千万缗，市舶收入达一百五十万缗左右，竟占当时宋朝财政总收入的百分之十五。”[⑦]而南宋的统治者在认识到海外贸易对于国家财政的重要性之后，也加大了对于海外贸易的扶持。例如，宋高宗在建炎初年，为表示反思，痛改徽宗时的奢靡之风，曾以“市舶司多以无用之物，枉费国用，取悦权近”[⑧]的理由暂停海外贸易，但在认识到海外贸易对于国家财政的巨大作用后，转而扶持与鼓励海外贸易：“市舶之利最厚，若措置合宜，所得动以百万计，岂不胜取之于民？朕所以留意于此，庶几可以少宽民力尔”[⑨]，“市舶之利，颇助国用，宜循旧法，以招徕远人，阜通货贿”[⑩]。南宋政府还采取根据贸易的情况对市舶司官员进行奖惩、鼓励蕃商来华贸易等措施促进海外贸易的发展，因而在当时海外贸易对南宋具有重要的价值。我们从《岭外代答》体例中也可以发现这一点，在《财计门》中，“经略司买马”“马纲”“邕州横山寨博易场”“邕州永平寨博易场”“钦州博易场”都是关于贸易与场所管理的记录，把这些内容安排在《财计门》的体例中，表明周去非也认识到海外贸易对于国家财政的重要作用。赵汝适也在《诸蕃志·自序》称：“置官于泉广，以司互市，盖欲宽民力而助国朝，其与贵异物穷侈心者，乌可同日而语。”[⑪]正是士大夫对于此时兴起的海外贸易的兴趣，支撑了他们的记录。与周边的贸易关系，在宋代也被作为一种统治工具，来协调与周边国家的关系及加强对于羁縻地区的统治。[⑫] 就广西而言，根据《岭外代答》中所记录的与安南贸易中盐的交换限制以及对于羁縻地区市马的控制，麦思杰认为其作用在于“通过

---

① (宋)周去非著，杨武泉校注：《岭外代答校注》卷一《地理门》，第 37 页。

② (宋)周去非著，杨武泉校注：《岭外代答校注》卷四《风土门》，第 160 页。

③ (宋)周去非著，杨武泉校注：《岭外代答校注》卷三《外国门下》，第 111 页。

④ (宋)周去非著，杨武泉校注：《岭外代答校注》卷三《外国门下》，第 111 页。

⑤ (宋)周去非著，杨武泉校注：《岭外代答校注》卷三《外国门下》，第 111 页。

⑥ (宋)周去非著，杨武泉校注：《岭外代答校注》卷三《外国门下》，第 111 页。

⑦ 陈高华、吴泰：《宋元时期的海外贸易》，天津人民出版社 1981 年版，第 181～182 页。

⑧ (清)徐松辑：《宋会要辑稿》卷一一二四《职官四四》，中华书局 1957 年版(下引此书，版本同此)，第 3369 页。

⑨ (清)徐松辑：《宋会要辑稿》卷一一二四《职官四四》，第 3373 页。

⑩ (清)徐松辑：《宋会要辑稿》卷一一二四《职官四四》，第 3375 页。

⑪ (宋)赵汝适：《诸蕃志校释》卷上《志国》，第 1 页。

⑫ 参见林文勋：《宋代西南地区的市马与民族关系》，载《思想战线》1989 年第 2 期；林文勋：《宋代以互市为内容的民族政策》，载《云南民族学院学报》1991 年第 3 期；林文勋：《宋王朝边疆民族政策的创新及其历史地位》，载《中国边疆史地研究》2008 年第 4 期。

市马以确保对左右江地区的羁縻,维持边疆秩序的稳定"[①],这一功用无疑强化了士大夫对贸易的重视。

《岭外代答》中《外国门》的创立,"外国"概念从"蛮"中的分离,表明在周去非的观念中,"蛮"的内涵从域外转向了境内。传统"蛮"所代表的四夷观念,对于中国周边的构建,是以华夏作为权力与文明的中心,来统辖四夷,辐射周边。然而南宋偏安一隅,难以从现实的国际格局中获取作为权力核心的合法性。而海外贸易对于南宋国力的巨大支撑作用,又使得士大夫敏感地从贸易的角度,重构对于域外的历史叙述。

(李凯,首都师范大学历史学院硕士)

① 麦思杰:《地域经济与羁縻制度——宋代广西左右江地区羁縻制度研究》,载《广西民族研究》2009 年第 1 期。

一个江西移民后裔的医事实践

——以明代名医万全为例

严忠良

湖北黄州地连云梦，城依大江水，通接巴蜀，襟带湘汉，介乎淮楚之交①，为通衢之地，交通便利，在移民史上占有重要地位，曾有“八进二出”②。其中江西人口移民黄州曾有三次高潮：第一次是在宋末，金人荼毒江西，大批移民迁入黄州；第二次在元末明初，红巾军兴于蕲、黄，继而在此与元军主力决战，接着蕲、黄又发生朱元璋与陈友谅大战，人口伤亡严重，朱元璋招徕流民垦殖，吸引大量江西移民；第三次在清初，黄州在明末清初惨遭兵燹，清初涌入大批江西移民。③ 长期以来“江西填湖广”移民研究主要从人口迁移史视野下探究移民时间、原因、过程、范围、数量、分布、类型、路线、影响等，以及论述迁出地江西瓦屑坝、移民宗族与文化、移民与地方社会等诸问题。④ 但较少关注第一代移民及其后裔是如何融入所迁入地方社会，完成本土化的问题。本文以明代名医万全为例，分析作为移民后裔第二代万全是如何利用自身医学资源的优势，逐渐在罗田站稳脚跟，实现本地化。

一、迁移罗田：作为移民的万氏三代

万氏第一代，为万筐(1447～1529)，号菊轩，早年丧父，成化十六年(1480)，从江西迁

---

① 参见《大清一统志》卷三《黄州府·形势》，四部丛刊续编。

② “八进二出”，即八次大规模地移进移民。

③ 参见林济：《长江中游宗族社会及其变迁——黄州个案研究(明清～1949 年)》，中国社会科学出版社 1999 年版，第 35 页。

④ 张国雄《明清时期的两湖移民》(陕西人民教育出版社 1995 年版)、曹树基《中国移民史》(福建人民出版社 1997 年版)；谭刚毅《从江西瓦屑坝到麻城孝感乡——江西填湖广移民路线上的聚落与景观》(《明清移民与社会变迁——“麻城孝感乡现象”学术研讨会论文集》，湖北人民出版社 2012 年版)探究了两湖移民的过程、原因和线路以及移民对地方经济社会的影响等。曹树基《“瓦屑坝”移民：传说还是史实》(《学术界》2011 年第 9 期)、徐斌著《明清鄂东宗族与地方社会》(武汉大学出版社 2010 年版)、游欢孙《精英文本的流传与移民传说的演变：瓦屑坝移民传说的初步解析》(《明清移民与社会变迁——“麻城孝感乡现象”学术研讨会论文集》，湖北人民出版社 2012 年版)等考究了瓦屑坝移民传说真伪，并分析了在传说背后的真实历史意图。林济《长江中游宗族社会及其变迁——黄州个案研究(明清～1949 年)》(中国社会科学出版社 1999 年版)、徐斌《明清鄂东宗族与地方社会》(武汉大学出版社 2010 年版)等从江西移民至黄州府宗族与地方社会等复杂的关系。

罗田，妻蕲水陈氏，“成化庚子客于罗，娶先妣陈氏”[①]。万筐继承其父万杏坡遗志，殚心医学，“先考菊轩翁，孤，继其志而述之”[②]，行医数十年，成为当地知名儿科医生，“其术大行，远近闻而诵之万氏小儿科云”，并且在黄州府落脚，“生不肖，乃家焉”。[③]

万全(1499～1582)为万氏迁移罗田第二代。《万氏宗谱》载：“万事全，字全仁，别号密斋，邑庠生，名全，以医学术精，活人甚众，著有医书行世。”[④]万全早年从学罗田大儒张玉泉、胡柳溪等，“罗有巨儒张玉泉、胡柳溪，讲明律历史纲之学，翁知全可教，命从游于夫子之门而学焉，颇得其传”[⑤]，并且“博学有品，文名灌耳，士林奉之为楷模”[⑥]，颇有士林之风。但万筐死后，家传幼科之学无传人，“前无作者，虽美弗彰；后无述者，虽盛弗传，不肖之责也”[⑦]，于是万全“志切救人，疾痛患难，殷勤拯济，有范文正公自做秀才时便有以天下为己任之意，潜心医学，治辄神效”[⑧]，与李时珍等齐名，为鄂东四大名医之一，是明代著名医学家。万全行医以济人为任，所治患者较多，既有下层普通百姓，也有上层官绅大夫，并且不限罗田一地，足迹遍及鄂东地区，甚至鄂东南、鄂北等地。万全在拓展自己声望的同时，也使得万氏在罗田一地站稳脚跟，基本上融入当地社会。

《万氏家谱》载万全有儿子十人，构成了万氏第三代，“事全，字全仁，别号密斋……子，邦忠、邦孝、邦宁、邦和、邦正、邦治、邦靖、邦成、邦瑞、邦化”[⑨]。谓“万君十丈子，皆能医”[⑩]。尤其是四子邦治和八子邦靖为病家信任，“汪怀江次子，五岁，出痘甚密，且红艳。怀江恐其不吉，请予四子邦治医……连进三剂，红色尽退，犹未发透……调理十五日而靥”[⑪]。幼儿出痘，性命攸关，汪怀江延请万邦治医看，必然是对万邦治医术水平的认可，并且邦治和邦靖还曾医治官员家属，“邑令君唐百峰以公子十二岁，戊辰正月出痘……乃延予四子邦治、八子邦靖同韩风岐医治”[⑫]。万氏第三代医术不及万杏坡、万筐和万全三人，但兄弟十人借助父祖辈的影响和声望，在罗田开枝散叶，繁衍壮大。

二、迁移之初的困阻与窘境

成化十六年(1480)，万筐自江西迁到罗田。初来当地，颇多阻碍，医者地位不高，难为病者所信任，生活困窘，深受土著大族欺凌，这些问题，直到万全时尚未解决。

---

① (明)万全:《叙万氏幼科源流》，载《万氏家传痘疹心法》，湖北科学技术出版社 1985 年版(下引此书，版本同此)，第 7 页。

② (明)万全:《叙万氏幼科源流》，载《万氏家传痘疹心法》，第 7 页。

③ (明)万全:《叙万氏幼科源流》，载《万氏家传痘疹心法》，第 7 页。

④ 民国《万氏宗谱》卷一《荣茂公历继世纪》，罗田县卫生局藏本。

⑤ (明)万全:《叙万氏幼科源流》，载《万氏家传痘疹心法》，第 7 页。

⑥ 康熙《罗田县志》卷六《儒林》。

⑦ (明)万全:《叙万氏幼科源流》，载《万氏家传痘疹心法》，第 7 页。

⑧ 康熙《罗田县志》卷六《儒林》。

⑨ 民国《万氏宗谱》卷一《荣茂公历继世纪》，罗田县卫生局藏本。

⑩ (明)万全著，罗田县万密斋医院校注:《王一鸣跋》，载《万氏家传痘疹心法》，第 8 页。

⑪ (明)万全:《万氏家传痘疹心法》卷一四，第 185 页。

⑫ (明)万全:《万氏家传痘疹心法》卷一四，第 261～262 页。

(一)医者贱业,生活窘迫

医家多为社会所轻视,医者不过是"执伎事上之流"[①]。即便在清代,名医徐大椿也不免发出"医,小道也,精义也,重任也,贱工也"[②]的叹息。万氏虽以幼科传家,医术高超,但在其他社会精英面前,深感卑微。万筐早年丧父,生活窘迫,直到 30 岁[③]才娶有一妻。明清时期男性婚育年龄,一般都在 20 岁左右,虽然影响婚龄的因素诸多,但在古代社会中影响最大的是经济因素。罗田《万氏宗谱》载:"松寿,字菊轩,妣氏失考,生子一,事全。"[④]松寿即万筐谱名,事全即万全谱名。万筐仅娶陈氏一人,且仅孕有一子,若非生理原因,当为财力不足。

(二)医术难行,为人猜疑

自宋代庞安时起,黄州名医迭出,有明一代,收录史志名医有 49 人[⑤],而更多医术高超的医家则未有收录,万全在罗田一地长期遭遇本地名医万石泉、万小竹、甘大用等人的强烈竞争。甘大用,罗田人,医术精进,为病家所信任。罗田县富室胡淑卿一子,病惊风,"先请甘子治之……其术颇明,用泻青丸"[⑥]。罗田知县张鼎石公子,"生四月无乳……一夜大啼,取医甘大用治之"[⑦]。万石泉亦为罗田人,少习举业,兼精医术,有较高的知名度。罗田县学教谕曾加一子,"病惊风,先请万石泉治之"[⑧],万全也盛赞万石泉医术高超,学识渊博,"庠生也,善医"[⑨]。万氏初来罗田,社会资源较为匮乏,加上明中后期庸医横行,万全等落地不久,病家对其医术颇有疑虑,恐其为昏聩之徒。嘉靖四十五年(1566),罗田知县唐肖峰感染伤寒,先请罗田医进九味羌活汤,但无效,迫于无奈,"始召全治"。万全诊其脉,洪长而弦,主张服小柴胡合葛根葱白汤。但唐肖峰多有疑虑,后万全愿呈结状,唐肖峰"强从,心尚恐也",并且同万全探究用方,"公乃与全斟酌服饵之方",生怕用药有所错讹。[⑩]

(三)土著欺凌,大族掣肘

移民,对土著而言,很大意义上是"异质",无疑冲击了地方公共秩序。万氏以医为业,同当地医家势必有不少冲突,并且万氏积极参加科举,占用当地生员名额,也引起了不少土著儒士反感。万筐多次激励万全博取功名,"吾活人甚多矣,尔后必昌"[⑪],安排万全从

---

① 谢观著,余永燕点校:《中国医学源流论》,福建科学技术出版社 2003 年版,第 25 页。

② 徐大椿:《医学源流论》,人民卫生出版社 2007 年版,第 9 页。

③ 据毛德华《万全生平著述考》分析万筐生卒年为 1448~1529 年,万全生卒年为 1499~1582 年。万筐 1480 年迁居罗田,后娶陈氏,时年 32 岁。万全出生时,万筐已为 51 岁。

④ 民国《万氏宗谱》卷一《荣茂公历继世纪》,罗田县卫生局藏本。

⑤ 黄冈市地方志编辑委员会:《黄冈市志》卷三七《卫生》,崇文书局 2004 年版,第 456 页。

⑥ 邵金阶主编:《万氏儿科精华》,武汉大学出版社 1996 年版(下引此书,版本同此),第 241 页。

⑦ (明)万全:《幼科发挥》卷二《诸疮》,湖北科学技术出版社 1986 年版,第 51 页。

⑧ 邵金阶主编:《万氏儿科精华》,第 240 页。

⑨ 邵金阶主编:《万氏儿科精华》,第 240 页。

⑩ 参见(明)万全:《广嗣纪要》卷十六《幼科医案》,湖北科学技术出版社 1986 年版,第 93 页。

⑪ (明)万全:《痘疹格致要论序》,载《痘疹心要》,陈允升本。

学罗田大儒张玉泉、胡柳溪等人,“罗有巨儒张玉泉、胡柳溪,讲明律历史纲之学,翁知全可教,命从游于夫子之门而学焉,颇得其传”。正是由于家庭的支持和名师的指点,万全19岁即通过童生考试[①],入读邑庠,获得秀才功名,迈出科举第一步。明朝学制规定,“一等前列者,视廪膳生有缺,依次充补,其次补增广生。一二等皆给赏,三等如常,四等挞责,五等则廪、增递降一等,附生降为青衣,六等黜革”[②],并且一、二等准予参加乡试。由于勤奋好学,嘉靖五年(1526),万全补廪生,时年28岁。罗田县学生员名额只有20人,而廪生数量更少,廪生每月发给廪米,免除劳役,是参加乡试必要条件之一。作为“异质”的移民后裔,万全获得秀才资格,还竟然荣升廪生,引起了罗田大族的强烈不满,万全曾自言“予先补县学廪膳,元溪与胡明睿、蔡伟忠等人嫉而害之”[③]。胡明睿,虽无特长,但一门两举人、一进士,家世显赫,为当地大族。兄胡明庶,乡试亚元,为经魁,嘉靖四年举人、嘉靖十一年进士,精《律吕》《皇极》二书。[④] 弟胡明通、胡明书皆为嘉靖七年举人,官通判,后升知县,“胡明通,嘉靖戊子举人……士林宗之,亦官通判”[⑤]。蔡伟忠,颇有才学,家资富饶,曾修城有功,后升任知县,“蔡伟忠,博洽群书,犹精究五子暨真氏苏氏书,以明经授沧溪训导,以建城功,升知县致仕归”[⑥]。当时蔡伟忠、胡明睿为罗田县学领袖,曾参与罗田知县劳樟[⑦]修建县学事宜,“嘉靖辛卯,知县劳樟,因坯坏殆尽,重建”[⑧],颇为知县亲信。他们多次阻挠万全行医。县学教谕熊文材有一子,二岁,呕吐不止,“更数医治之皆不效,药食入口,即吐出也”[⑨]。但蔡伟忠等人嫉妒万全,在县学教谕等人面前多有谗言,致使孩童病重也不请万全疗治。后孩童病危,有同万全交好之人,向熊文材推荐万全,方才延请万全医治。但蔡伟忠在旁,“不必多言,且看用药何如?”,对万全进行冷嘲热讽。此类事情绝非个案,以至于儒学教官陶先生妻子也多有耳闻,“吾闻蔡子京常妒予,今信之”[⑩]。蔡伟忠等人散布谗言和排挤行为,在一定程度上阻碍了万全行医,并迫使万全离开县学,“壮岁为仇家所媒蘖,蔽障于谗,卒自弃诸生”[⑪]。万全晚年为《痘疹格致要论》作序,写到当年情景,“业几成,而先子殁矣。孤弱不能自致,同辈又嫉而挤之。负吾先子之望,退而游艺授徒”[⑫]。个中辛酸,难为外人道也。

---

① 参见毛德华:《万全生平著述考》,华中师范大学出版社1998年版,第22页。

② 《明史》卷六九《选举志一》,中华书局1974年版(下引此书,版本同此)。

③ (明)万全著,罗田县万密斋医院校注:《广嗣纪要》卷一六《幼科医案》,湖北科学技术出版社1986年版,第95页。

④ 光绪《罗田县志》卷六《人物志·儒林》载:“胡明庶,字功甫,嘉靖壬辰进士,孝友力学,尤精律吕、皇极二书,尝衍为图,章分为句,解其所自,叙则揭中兴几希以蔽二书之旨,惜其书无传。”

⑤ 光绪《罗田县志》卷六《人物志·儒林》。

⑥ 光绪《罗田县志》卷六《人物志·儒林》。

⑦ 光绪《罗田县志》卷三《秩官志》载:“劳樟,举人,浙江崇德人,原任万年县,以骨鲠忤大吏,迁罗田,始垒石为城,惩恶抑豪,左右之言,莫入,称为铁耳,无猾吏,无冤民,祀名宦祠。”

⑧ 嘉靖《罗田县志》卷四《学校志》。

⑨ (明)万全著,罗田县万密斋医院校注:《广嗣纪要》卷一六《幼科医案》,湖北科学技术出版社1986年版,第97~98页。

⑩ 毛德华:《万全生平著述考》,华中师范大学出版社1998年版,第31页。

⑪ (明)万全:《王一鸣跋》,载《痘疹心法》,张万言本。

⑫ (明)万全:《痘疹格致要论序》,载《痘疹心要》,陈允升本。

三、医事活动中的社会网络建构

面对如此困境，万全冷静思考，利用自身医术优势，精进医术，培养门徒，团结和依靠宗族，以仁心为要，救济孤苦，进行自我“儒医”形象的塑造和传扬，同时频繁同地方官员交流，积极争取包括儒生和耆老等地方精英的支持，最终克服种种困难，在罗田一地扎根立足，实现了长足的发展。

（一）精进医术，广授门徒

医家重视理论水平的精进和经验的积累，没有高超的医术，便无法在医界有一席之地。万全深明这一道理，尤其是失去廪生资格后，“退而游艺授徒”，积极自修医药，研习方书，“潜心医学，治辄神效”[①]，渐有一定的声誉。凭借精湛的医术，万全常能破除罗田豪族的压迫，宣扬个人名气。罗田一豪少年，不满万全，便佯装大病，呼万全前来医治，试图败坏万全名声。万全诊定少年十五日内当死，不必施药。少年勃然大怒：“我何病？聊试汝耳。”果至十四日，少年病死。[②] 土著大族不能为害万全，反而有求万全，尤其是家中重病患者。罗田大族汪大川、汪大宾兄弟，早年曾伙同蔡伟忠、胡元溪等人陷害万全。“昔日倡谋害某者，乃胡明睿、蔡惟孝也，协和之罪，川不敢辞”[③]，但汪大川侄汪汝愚发痘，灰白溃烂，神昏不醒。汪大川急忙迎请万全，“先二侄者，非不请公，因此嫌疑，故不敢请。此侄之病，与前相似，又不得不请也”[④]，并且甚为恭敬，“幸而得生，吾弟有后矣”[⑤]。万全应邀而往，药到病除。同时，万全积极培养医学继承者，严格要求，对于不遵医德者严厉批评，“吾有一、二人，不守先训，专用葶苈、牵牛为治肿之药，随消随肿，杀儿甚多。累吾之德”[⑥]。万全对自己十个儿子寄予厚望，言传身教，“嘉靖丙午，予尝手作小儿及痘疹赋、西江月，以教豚犬”[⑦]。十子都走上了行医之路，医术不及万全，但亦为罗田名医，深受病家欢迎。另外有甘大用、甘大文等人也从学万全，“妾兄甘大用学小儿科于我”[⑧]。这些门徒大抵也能在罗田一地立足，“妾兄甘大用……其术颇行”[⑨]。精湛的医术，是万全得以在罗田立足的基本，门徒也进一步传扬了万全的声望，有利于万全在当地立足和发展。

（二）布医施药，救济贫贱

医德，是医家最为重要的品质，没有良好的医德，也难在医疗市场中立足。万氏以活

---

① 康熙《罗田县志》卷六《人物志·儒林》。

② 光绪《罗田县志》卷八《杂志·方伎》。

③ （明）万全：《痘疹世医心法》卷一《成实》，彭端吾本。

④ （明）万全：《痘疹世医心法》卷一《成实》，彭端吾本。

⑤ （明）万全：《痘疹世医心法》卷一《成实》，彭端吾本。

⑥ （明）万全著，罗田县万密斋医院校注：《万氏家传幼科发挥》卷三《脾经主病》，湖北科学技术出版社 1986 年版，第 68～69 页。

⑦ （明）万全：《碎金赋跋》，载《痘疹心要》，湖北科学技术出版社 1986 年版，第 1 页。

⑧ （明）万全：《万氏家传广嗣纪要》卷一六《幼科医案》，102 页。

⑨ 《痘疹世医心法·疹毒》，彭端吾本。

人为要,不计报酬,多次讲到"其病可治,视人之子如己子,调护保养,无所不致可也"①,认为良医应当以爱其子之心而爱人之子,"怜护之,抚摩之,未可轻治,为儿作祸"②,努力构建儒医形象。蕲水汪白石婢2岁,遍身出痘,红点大小相杂,蔓延全身。汪白石认为药石无灵,打算放弃。万全细细诊治,断为斑疹夹痘证,以升麻葛根汤加防风、荆芥、元参、连翘、牛蒡子、淡竹叶、木通,一服减十之三,再服减十之七,三服痘除。③ 郧阳知县婢女临产,染患暴病,口眼㖞斜,腰背反张,手足挛曲,不省人事。万全用黄连解毒汤加上朱砂末,斡开婢女口嘴,灌入。婢女稍安,当晚产一子。妇人产子后病厥,昏迷不醒。万全开一服气珍汤,便见良效,婢女转危为安。④ 嘉靖十二年(1533)六月,邑中徐姓屠夫,一子岁大热大渴,烦躁不安,泄泻不止。万全用理中汤,加熟附子治之,泄停而热退。⑤ 又张族一寡妇吴氏,有子周岁,染患惊风,二便不通,请万全诊治。万全用五色三黄丸和圣保命丸,除去惊热,制止发搐,小儿脱离危险。⑥ 万全诊病活人为要,一视同仁,耐心为社会底层民众除病解痛,"其功大矣"⑦。仁心仁术,为万全赢得了较好的社会声誉,破除了其在罗田扎根的障碍,使其在罗田有生计来源和社会支持。

(三)注重各级官员交往,争取地方精英支持

万全要融入地方社会,就必须争取到地方官府和地方精英的认同。地方官府具有其他社会力量所不具备的优势,是国家意志和正统权威的代表。万全十分注重同官员来往,所治患者包括省府大员、亲民县官等以及武官和衙门吏员。据不完全统计,万全诊治省府官员及其家属5人⑧、县官10人⑨、武官1人⑩以及衙吏4人⑪,并且涉及范围较广,既有罗田本地官员,也有黄州府官员,乃至郧阳和京师等地官员。以孙淮海为例,先后八次召唤万全为其及其家属治疗,两人建立了深厚的情谊。孙淮海只有一女,疼爱有加。隆庆元年(1567),其女泄泻不止,身热口渴,日渐羸瘦,诸医治之不效,病情加重。因吏僚王滨江推荐,万全星夜驰往,把脉诊断,认为此女是"泄久气虚,津液不足,故发热而渴也。渴饮汤水,多则脾受湿,而泄泻不止,肾益燥而渴转甚"⑫,于是用白术散作大剂煎汤,不日身凉热除。隆庆二年(1568)七月,该女又染患痢病,荆州、襄阳、德安、郧阳四府医官治之,皆不效。孙淮海不惜千里差人迎请万全,万全用河南黄芩芍药汤加人参,五日而小姐康复。孙淮海万分感激,向万安致谢道:"小女前年在湖广病泄,今年在此病痢,皆在五六月间,幸遇

---

① (明)万全:《育婴要诀》,湖北科学技术出版社1986年版,第13页。

② (明)万全:《育婴要诀》,湖北科学技术出版社1986年版,第24页。

③ 参见(清)陈梦雷:《古今图书集成医部全录》卷四九七《痘疹门》,人民卫生出版社1991年版。

④ 参见(明)万全:《广嗣纪要》卷一〇《妊娠风痉》,第62页。

⑤ 参见(明)万全:《广嗣纪要》卷一六《幼科医案》,第102页。

⑥ 参见(明)万全:《广嗣纪要》卷一六《幼科医案》,第90页。

⑦ (明)万全:《广嗣纪要》卷一〇《妊娠风痉》,第62页。

⑧ 湖广布政使孙淮海、金都御史武金、黄州知府张三守、黄州管粮道胡和荆王府典仪胡三溪。

⑨ 罗田知县张鼎石、罗田知县朱云阁、罗田知县唐肖峰、罗田知县李天泉、英山知县吴清溪、广东高要知县陈瑞野、知县林乐田、县学教谕熊文材、县学教谕曾加一、陈留县丞黄凤山。

⑩ 团风镇帅。

⑪ 罗田吏索希文、户房吏闻安、户房吏阎、省祭许成仁。

⑫ 邵金阶编:《万氏儿科精华》,武汉武汉大学出版社1996年版,第132页。

汝之良而安。然小女之遇汝，尔之遇我，非偶然。”[①]孙淮海，年近40还未有嫡嗣，便向万密斋请教广嗣之道，万全细细解答，“《易》男女媾精，万物化生，夫男子阳道之坚强，女子月事之时下，应期交接，妙合而凝，未有不成孕者矣”[②]。后孙淮海果有嫡嗣。

包括儒生和耆老等在内的地方精英往往是地方社会的实际掌控者，具有官方认定的特权和地方授予的权力。明代儒生不仅是县学生员，还包括监生、贡生、举人等在内的庞大儒生群体。儒生是国家官僚体系的后备主力军，为地方社会精英力量。万全也重视儒生和耆老阶层，所诊治举人有4人[③]，监生和贡生有6人[④]，府州县学生员10余人[⑤]，并且分布区域较为广泛，基本上遍及整个黄州府县，尤以英山、罗田和蕲水三县为多。同儒生和耆老交往，不仅可以获得较平民更为丰厚的报酬，往往是“烦公调治，必有重谢”。积极地与官府和地方精英来往，带来了经济、声望等诸多方面的莫大收益。

四、社会认可及万全本地化

万全努力提升医术，并以医术为媒介，积极参与救济贫民等公共事务之中，塑造了一个“仁医”形象，同时加强同官员、儒生和耆老等社会精英联系，起到了良好效果，拓展了医患来源，获得较大的经济收益，提升了社会地位，渐为地方社会接纳、认可，从而融入罗田社会之中，完成了移民后裔本地化进程。

精进医术，医患来源广泛，物质获益丰厚。高超的医技，无疑是万全及其家族实现本地化的重要一步。万全医术高超，颇有神妙，深得患者认可。嘉靖三十八年(1559)冬十月，黄州府张二守公子感染风疾，“时代巡在府，所属州县官各举其医，皆莫能治”[⑥]，黄州府同知命罗田县知县召万全星夜来诊，“本府张二守，公子得风疾，苦无良医，闻汝知医且精，转我召汝，汝当星夜速来，是亦济世之端，功名之会也”[⑦]。万全奉命，急往视疾，见公子两腮猩红，上气喘急，脉浮缓而濡，知为伤食之症，“用阿胶炒成珠，一服二分，煎苏叶乌梅汤化服，三剂而安”[⑧]。张公大喜，对众医讲“汝等作风治，误矣。昨听汝等之言，则无此效。早请汝来，此儿不受苦也。众惭而退”[⑨]，赞扬万氏医术高超。万全还为医家所钦佩。胡三溪之子多疾，托万全诊治，但万全在英山教书，不能亲临。胡三溪和甘大用皆能医，两人会诊，也无效。胡元溪对胡三溪盛赞万全，“今有璞玉在此，虽万镒，必使玉人雕琢之。汝一子，不请密斋治之可乎”[⑩]？万全用方得当，精细讲解，耐心施治，医技出众，病家纷纷引荐万全，进一步拓展了医患来源，拥有较为稳定的医患关系。其中比较稳定的医患有孙

---

① (明)万全:《幼科发挥》卷三《痢疾》，第92页。

② (明)万全:《万氏家传养生四要》卷四《却疾》，湖北科学技术出版社1986年版，第40页。

③ 肖敬吾、胡元溪，蔡沙江、胡笃庵。

④ 胡正渠、王思泉、汪前川、王三峰、汪怀江、李少华等人。

⑤ 黄州府甘秀才、徐淑道、汪元津、周小川、胡凤原、董西麓、胡应龙、朱正三、李双溪、胡逸泉。

⑥ (明)万全:《幼科发挥》卷二《热有虚实》，第58页。

⑦ 邵金阶:《万氏儿科精华》，武汉大学出版社1996年版，第239页。

⑧ (明)万全:《广嗣纪要》卷一六《幼科医案》，第88页。

⑨ (明)万全:《幼科发挥》卷一《诸汗》，第58页。

⑩ (明)万全:《广嗣纪要》卷一六《幼科医案》，第89页。

淮海、胡三溪、唐肖峰、朱云阁、张鼎石、胡元溪等，大多具有三次以上的医治经历。因官员的推荐，万全突破了湖广地区，拓展到更远的京师等地。广东高要知县陈瑞野，在京朝觐，门子病染伤寒。因罗田知县唐肖峰推荐，万全治之，“诊其脉，两尺沉弦而急……乃以五苓散以利其水，加川楝子、小茴香以止小腹之痛……三日后果安”①。此类事情颇多，不一一枚举。正是由于万全医患来源广泛，患者信任度高，经济回报巨大。有了丰厚的物质回报，经济条件得以改善，万全可迎娶三妻，并将十子抚育成人，彻底改变了当初经济困窘的局面，为在本地发展打下了经济基础。

仁心仁术，大医精诚，赢得世人尊重。万全行医，以活人为要，不计前嫌，践行仁心仁术，赢得了人们的理解和尊重。胡元溪是嘉靖七年举人，39岁才有一子，极为疼爱，次年咳嗽不止，先后请了张鹏、甘大用等诸医医治，效果不佳，“乍作乍止。至夏转作”，后进一步恶化，“嗽益加，至百十声不止，面青气促，口鼻出血”，病势危急。因“予先补县学廪膳，元溪与胡明睿、蔡维忠等，嫉而害之，不敢请也”②，胡元溪没有请万全前来诊治。最终因儿子病情险急，胡元溪不得不请万全医治。万全不计宿怨，欣然以往，施药用方妥当，立有良效，“咳止二三十声，口鼻血止”。但胡元溪仍有疑虑，请他医前来会诊，并且废用万全良方，致使病势加重。其子连连叫痛，抱怨“爷爷送了我命也”，妻子邓娘子且怒且骂。万全仍不怨胡元溪猜忌，“仍用前方，调理五日而血止。乃取生茅根，捣自然汁，和药服之。血止，加人参、白术以补其脾，或去黄芩、栀子仁加阿胶以补其肺，调理二十日而安”③。万全诊病中重视细节，考虑到胡元溪的顾虑，便“置一部，逐日登记病症药方，以为医案”④。事后，胡元溪深为动容，两人消除了彼此的顾虑和担忧。这种仁心仁术，赢得了世人的尊重，也为万全及其后世在当地扎根打下良好的社会基础。

官家赞誉，社会地位的提高，医学权威的确立，万全凭借着为官方医治而得以出人头地，“县学教谕许厚举，一子年十四岁，吐血，诸医作痰火治之不效。生员董万卷荐全，厚举听而请之”⑤。万全诊其脉，两尺右关皆不足，下方用药，即愈，“厚翁称赞之，全之名由此渐著矣”⑥。隆庆元年(1567)，湖广右布政使孙淮海一女泄泻，身热口渴，日渐羸瘦，诸医治之不效。万全到后，应手而病愈。孙淮海大喜，细问万全读书否，谈论医学、理学等内容，并且赐予冠带。⑦《幼科发挥》详细记载：“公大喜，给札，付冠带、儒医匾、白金一十两。此万历元年九月初四日也，本县大尹唐百峰行之。”⑧冠带本为授予具有较为出色的儒学才俊以及年过五十的诸生方可获得，“诸生……其累试不第，年逾五十，愿告闲退者，给予冠带，仍复起身”⑨，但却授予了以医术行世、年不足四十的万全，这无疑是对万全仁心仁

---

① (明)万全著，罗田县万密斋医院校注：《万氏家传保命歌括》卷七《气病》，湖北科学技术出版社1986年版，第449页。

② (明)万全：《广嗣纪要》卷一六《幼科医案》，第95页。

③ (明)万全：《广嗣纪要》卷一六《幼科医案》，第96页。

④ (明)万全：《广嗣纪要》卷一六《幼科医案》，第96页。

⑤ (明)万全：《广嗣纪要》卷一六《幼科医案》，第93页。

⑥ (明)万全：《广嗣纪要》卷一六《幼科医案》，第93页。

⑦ 参见邵金阶：《万氏儿科精华》，武汉大学出版社1996年版，第191页。

⑧ (明)万全：《幼科发挥》卷三《泄泻》，湖北科学家出版社1986年版，第91页。

⑨ 《明史》卷六九《选举志一》。

术的肯定。由于医治得法，罗田县令朱云阁两次赞为“儒医”，赐以儒医之匾。嘉靖三十七年(1558)六月，朱云阁一子，年七岁，腹泻不止，诸医治之不效，至七月中旬，仍无改善。万全用白术散，作大剂，煎而服用，未尽剂而渴泻俱止。朱云阁便开始信用万全，并且赐以儒医之匾。[①] 第二次，公子脾胃偏弱，常常伤食。万全本着“七分补养，三分消导”的原则，“制用人参、白术、青皮、陈皮、甘草、木香、宿砂仁、山药、莲肉、使君子、神曲、麦芽为末，荷叶煨饭，捣烂为丸，米饮下，名之曰养脾消食肥儿丸”。公子服后精采顿异，饮食无伤。朱云阁大为欣喜，抄录药方，常久使用，同时亲书“儒医”二字，作匾赐万密斋。[②] 赐以儒医之匾的官方行为大大推动了万全的个人声名的传扬和社会地位的提升，也为万全在当地立足起到了积极的作用。

作为江西徙居罗田移民后裔，万全面临着移民所遭遇的诸多困境——经济窘迫、行业低贱、土著排挤、众人猜疑，但万全没有沉湎于焦虑和甘心沉沦，相反，他仔细分析自身医学资源优势，精进医术，救治贫贱，塑造急公好义的“儒医”形象，获得社会认同，行医注重同官家、儒士等社会精英建立良好的医患关系，争取官方褒扬和地方精英称许，这不仅帮助其改善了经济状况，提高了社会地位，构建了一套医事实践的社会网络，更重要的是，助其融入了地方社会之中，实现了家族的本地化。

（严忠良，武汉大学历史学院博士生）

① 参见(明)万全：《广嗣纪要》卷一六《幼科医案》，第 93 页。

② 参见(明)万全：《幼科发挥》卷三《泄泻》，第 89～90 页。

明清民间宗教之观音信仰概观

隋爱国

自佛教传入东土以来，观音信仰就逐渐在中国扎地生根，影响越来越大，隋唐以降，民间已有“家家弥陀，户户观音”之说。随着观音由佛教道场走进社会各类空间，观音信仰及其形象也日渐分歧，逐渐形成三种不同的观音信仰，即佛教、民间信仰与民间宗教。[①] 这些观音信仰的表现形态、内在特质与功用各不相同，以至于其形象也各异其趣，呈现不同的质地与风姿。

笔者研究明清时期民间宗教经卷时[②]，发现民间宗教经卷中蕴藏着丰富驳杂的观音信仰，与正统佛教及民间信仰皆大异其趣。由此，笔者对如下问题产生了疑问：明清民间宗教为何如此重视观音？它对正统佛教与民间信仰中的观音信仰及其形象又作出了怎样的改造与加工？其作用与影响何在？这些问题的解决将有助于进一步明晰民间宗教与佛教、民间信仰的区别，也有助于说明其间的互动对明清时期宗教文化生态及其变迁的影响。

然而，在观音信仰研究中，佛教与民间信仰研究成果较为丰富，民间宗教研究却相当贫乏。在佛教与民间信仰之观音信仰研究上，李利安、温金玉等对印度观音信仰、中国佛教之观音信仰及其形象缘起、观音中国化进程及其中国特质的研究，邢莉、普正法师、刘辉等对民间观音信仰的研究，周秋良等人对观音戏的研究，海外学者于君方对观音中国化

---

① 关于“民间宗教”“民间秘密宗教”“民间信仰”三个概念，在此稍作限定。马西沙将“民间宗教”视为“流行于社会中下层、未经当局认可的多种宗教的统称”，濮文起将“民间秘密宗教”看作“正统宗教佛教、道教的异端，为下层民众所崇奉”。两人所用术语有别，内涵与外延则基本相同，“民间宗教”与“民间秘密宗教”实为一个问题的两个方面，从宗教学角度而言，凡是流行于民间的宗教性教派，即民间宗教；这些教派因为受到政府的打压，而将其活动转入地下，即民间秘密宗教，也叫“秘密教门”。关于“民间信仰”，笔者没有采用将“民间宗教”与“民间信仰”二者混一的观点，而是汲取与借鉴杨庆堃的观点，将其视为弥散于社会肌体之中没有独立教义、仪轨与组织的神祇信仰形态，与带有民间组织性质的“民间宗教”区别开来。有关概念参见马西沙：《中国民间宗教简史》，上海人民出版社 2005 年版；濮文起：《秘密教门——中国民间秘密宗教溯源》，江苏人民出版社 2000 年版；[美]杨庆堃：《中国社会中的宗教：宗教的现代社会功能与其历史因素之研究》，范丽珠等译，上海人民出版社 2007 年版。

② 车锡伦编著的《中国宝卷总目》(北京燕山出版社 2000 年版)、王见川主编的《明清民间宗教经卷文献初编》12 册[(台北)新文丰出版公司 1999 年版]与《明清民间宗教经卷文献续编》12 册[(台北)新文丰出版公司 2006 年版]、濮文起主编的《民间宝卷》20 册[黄山书社 2005 年版(下引此书，版本同此)]，以及早稻田大学泽田瑞穗等在网上公开的相关宝卷文献等为笔者提供了相关文献线索与资料支撑。

的研究、杜德桥(Glen Dudbridge)对妙善传说的考察等,为我们解决了正统佛教与民间信仰之观音信仰研究中的很多难题。① 比如,中印佛教之观音信仰的异同、观音女身化的前因后果、伪经传写对观音信仰中国化所起的推动作用等。关于民间宗教之观音信仰,则只有海外学者于君方《秘密宗教中的观音信仰》②专文介绍,大陆李利安《从中国民间观音信仰看中国道教文化与印度佛教文化的对话》③也偶有涉及。于君方的《秘密宗教中的观音信仰》所涉及的教门也仅限于明代,将观音视为无生老母的延伸与某一外化形态,名义上是观音信仰研究,实质上是对无生老母的产生、演变及其与观音发生关系的史料概述。该文虽然抓住了民间宗教神祇信仰的主线,观音在某些教门中在一定程度上也的确构成了无生老母的某种化身,但是,民间宗教之观音信仰毕竟既流着佛教与民间信仰的血液,与无生老母信仰不同,且寄寓民间宗教各个教门对观音的不同理解与驳杂想象,绝非无生老母可以概括。李利安《从中国民间观音信仰看中国道教文化与印度佛教文化的对话》与此观点相近,然其对中国道教文化与印度佛教文化对话所产生的民间观音信仰在出身、境界、地位、品格与神通等五个方面表现特点的梳理,为研究民间宗教中的观音信仰及其形象提供了重要背景参照。

为推进学界对民间宗教观音信仰的理解,笔者将以明清民间宗教经卷为据,在有效梳理中国观音信仰发展历程的基础上,从名号与形象、慈悲与智慧、境界与修持、地位与神权等方面探讨民间宗教观音信仰的宗教内涵与特征,并对其产生动因与宗教影响作出初步推测。需要补充的是,虽说经卷书写与其宗教实践可能存在一定的差异,也不一定反映其教门的内部差异与复杂变化,但是本文的用意仅限于明清时期民间宗教观音信仰之整体框架与基本样貌的初步总结。在这个意义上,作为其更为恒定化、更能体现其教门主旨与特质的民间宗教经卷,应该还是可以胜任的。

一、中国观音信仰的发展历程④

观音信仰并非中国本土宗教与文化的产物,而是源于印度大乘佛教观音信仰的移植与转化。在印度佛教中,观音信仰据说源于婆罗门教的双马童神信仰,然后被改造为佛教的救难观音信仰,随着净土信仰的兴起而又被改造为净土观音信仰,在般若智慧大潮兴起而席卷一切佛教事象的条件下最终归化为般若观音信仰,并在此基础上将三者有效融合

---

① 参见李利安:《印度古代观音信仰研究》,陕西人民出版社 2006 年版;李利安:《观音信仰的渊源与传播》,宗教文化出版社 2008 年版;李利安:《观音信仰的中国化》,载《山东大学学报》(社科版)2006 年第 4 期;温金玉:《观音菩萨》,山西高校联合出版社 1994 年版;邢莉:《观音——神圣与世俗》,学苑出版社 2001 年版;释普正:《观音道场 千年福地:中国遂宁观音文化研究》,宗教文化出版社 2010 年版;刘辉:《观音信仰民俗探源》,巴蜀书社 2006 年版;周秋良:《观音本生故事戏论疏》,中国戏剧出版社 2008 年版;[美]于君方:《观音——菩萨中国化的演变》,陈怀宇等译,商务印书馆 2012 年版;[英]杜德桥:《妙善传说:观音菩萨缘起考》,李文彬等译,(台北)巨流出版社 1990 年版。

② 参见[美]于君方:《秘密宗教中的观音信仰》,http://www.gaya.org.tw/magazine/v1/2005/65/65hk1.html。

③ 参见李利安:《从中国民间观音信仰看中国道教文化与印度佛教文化的对话》,载《人文杂志》2004 年第 1 期。

④ 关于中国观音信仰的发展历程的论述,参考李利安《慈悲喜舍:佛教菩萨观》,宗教文化出版社 2009 年版;孙昌武:《中国佛教文化史》,中华书局 2010 年版;孙昌武:《中国汉地观音信仰与文学中的观音》,载《传统文化与现代化》1995 年第 3 期。

为学理深彻、富有层次、严谨细致的观音信仰体系。中国的观音信仰自魏晋由竺法护开其端,鸠摩罗什、玄奘、伽梵达摩等续其后,在中国社会与宗教文化作用下生根散叶、开花结果,长成参天大树,并孕育出宗教属性不同、特征相异的多种观音信仰。一为佛教的观音信仰,包括汉传佛教与藏传佛教两个系统。此处,仅涉及汉传佛教。二为随着佛教观音信仰发展而落地民间后为民间社会及其宗教文化所塑型的民间观音信仰。其过程一如下述。

两晋南北朝时期,印度观音信仰传入中国,中国佛教的观音信仰体系初步形成。首先,是《法华经》的多次翻译与《普门品》的流行,救难观音信仰盛行于世。竺法护于西晋太康七年(286)将《法华经》译为《正法华经》,鸠摩罗什则于后秦弘始八年(406)重译为《妙法莲华经》,二经中的《普门品》都曾单篇流行,为僧众所崇信,救难观音信仰形成,并在战乱频仍的社会条件与儒教思想受到冲击而文化多元化的语境下广泛盛行于南北各地。该时期的救难观音信仰,以光世音、观世音为名号,以住世婆娑的慈悲誓愿、智慧威神、神通应现为基本品格,以现世拯救为目的,以神力灵感为标准,以称名、归心、诵经、造像、礼拜、供养等为手段。虽以大悲法统摄一切法门,间有般若智慧的因子,然并没有受到应有的重视。其次,《无量寿佛经》《观无量寿佛经》《大弥陀经》等净土观音信仰经典译入,昙鸾大弘净土思想,并将净土观音信仰纳入整个救世观音信仰中来,为净土信仰在中国的扎根与流行奠定了思想基础。最后,《胜天王般若波罗蜜经》等般若观音信仰经典,以及《观音授记经》《华严经》中《入法界品》等融合上述几种观音信仰之经典的翻译,为上述观音信仰的融通与和合提供了必要的条件。在此基础上,佛教观音信仰初步达成基本的信仰体系与理论框架,那就是以般若观音信仰为本源与归宿,以救难观音为主要表现形式,以净土观音为补充。

隋唐时期,印度佛典的大量输入与佛教中国化二轮互动,中国佛教进入黄金时期,观音信仰也进入四面开花、体系完备的成熟时期。首先,在与其他观音信仰相融合的救难观音信仰依然盛行的同时,以往生西方为目标,以宣念佛号为径路的净土观音信仰,在大量佛典输入、文化平台与学理基础更为稳固扎实的基础上,由道绰、善导等推动,获得大量信众的信仰,成为极为盛行的另一潮流。其次,值得关注的还有密教观音信仰。伽梵达摩等所翻译的《千手千眼观世音菩萨大悲心陀罗尼经》等密教观音信仰经典被大量翻译进来,在善无畏、金刚智、不空等推动下,以大悲观音为号召的密教观音信仰广为流行。在密教观音信仰中,观音为无量寿佛的本愿示现,与佛等一;观音种类繁多,除圣观音外,主要还有千手千眼观音、十一面观音、如意轮观音等;修持以持咒为特色,神力所及更为广远。再次,般若观音信仰也不容忽视。随着佛性学理探讨的日益深入,玄奘大师所翻译的《心经》问世后,般若观音信仰开始形成并得以盛行。般若观音信仰,以"观自在"为名号,以终极解脱为目标,以性空假有为学理,以般若观照为途径。般若观音信仰在佛教界获得广泛的关注与接受,并渗透到其他观音信仰中,成为其他观音信仰的学理支撑。最后,因观音信仰中国化进程加快,观音信仰的各种本土论述大量涌现,观音形象开始女身化。

宋元及其以后,观音信仰进入普及期与异变期。在宗教世俗化、三教融合的语境下,佛教之观音信仰随着净土信仰的一枝独秀,诸宗归净、禅净合一,在教内教外、朝廷上下、官民百姓中获得更为深入全面的渗透与普及,以至于形成"家家弥陀,户户观音"的局面,中国化也得以深入与完成。一方面，佛教中的观音信仰以净土观音信仰为主，并融合其他观音信仰，观音形象全面女性化。以妙善为代表的本土化、地域化观音形象及其信仰开始形成。《普门品》中的三十三化身，全部转化为中国版的女性形象，特别是白衣观音、杨柳观音、鱼蓝观音、马郎妇观音等在民间广为流行。道场也由南印度转移到东洋大海边的舟山普陀。另一方面，随着佛教观音信仰在民间的普及，民间之社会及其宗教文化也在重塑新的观音信仰，即与佛教异趣的民间观音信仰。民间观音信仰可分为两个体系：民间信仰与民间宗教。其一为民间信仰之观音信仰。救难观音信仰刚进入中土的时候，没有民间信仰的支撑，不可能获得传播与流行。民间信仰为佛教观音信仰提供宗教接受的心理与信仰结构。救难观音信仰正是在民间信仰基础上流行广播。在一定意义上，救难观音信仰一旦失去般若支援与终极关怀，观音就会被俗神化为无所不能的救世主，救难观音信仰就会沦为纯粹的现实救济而彻底民间信仰化。宋元以后，民间对观音的信仰日渐脱离佛教的规约。民间的三十三化身之观音信仰，很多都与现实功利相关，如求子、求财等，从而带有浓郁的民间信仰色彩。其二为民间宗教之观音信仰。明代中后期，以“无生老母、真空家乡”为旗帜的民间宗教系统日渐发达，成为佛道异端，并将佛教与民间信仰之观音信仰改塑为独立的民间宗教之观音信仰。

二、观音信仰的民间宗教内涵

当佛教与民间信仰中的观音信仰落入民间宗教的土壤，为民间宗教所借鉴与改造，便形成了民间宗教中的观音信仰，具备民间宗教的属性与内涵。从相关民间宗教经卷来看，这一观音信仰，既与佛教与民间信仰有着割不断的血缘，也寄托着民间宗教对观音信仰的不同理解与复杂想象，形成多姿多彩、独具特色的观音信仰。

为切实把握民间宗教中观音信仰的内涵，本节将从名号与形象、慈悲与智慧、境界与修持、地位与神权等四个方面展开。名号与形象关注的是观音信仰的外部特征，慈悲与智慧关注的是精神内涵，境界与修持则关注宗教修行阶位与修持技术，地位与神权则围绕神界的地位与统属关系展开。

（一）名号与形象

相对于佛教与民间信仰，民间宗教经卷中的观音名号与形象受到“无生老母”信仰的浸染，其宗教属性已经脱离佛教与民间信仰，具备了民间宗教的内涵与特征。

在佛教中，观音菩萨名号显示了其本愿特性与精神特征，这是与其佛教属性一致的。观音菩萨又名观世音菩萨、光世音菩萨、观自在菩萨、大悲观音等。“大悲观音”出自《千手千眼观世音菩萨广大圆满无碍大悲心陀罗尼经》[①]，之所以名为观世音，是暗示其慈悲品性与广大神通。《观世音菩萨普门品》云：“若有无量百千万亿众生受诸苦恼，闻是观世音

---

① 参见(唐)伽梵达摩译:《千手千眼观世音菩萨广大圆满无碍大悲心陀罗尼经》,载肖武男编《观世音菩萨经典》,华夏出版社 2007 年版(下引此书,版本同此),第 155 页。

菩萨，一心称名，观世音菩萨即时观其音声，皆得解脱。”[①]“观自在菩萨”源自玄奘所译《心经》，取其色空双无、自在无碍的般若智慧。观音菩萨随机应化，化身众多，在中国佛教中产生了六观音、十五尊等，在民间信仰中产生了“妙善”等观音形象。三十三观音中，“许多并无经典可依，纯为民俗信仰所致”[②]。其中，送子观音、施药观音、延命观音等无不具有浓郁的现实功利性。

民间宗教经卷不仅借用佛教与民间信仰中的观音名号与形象来传递其宗教诉求，而且在汲取“无生老母”信仰特征的基础上创造“观音老母”“白衣老母”“离山观音”等新的观音名号与形象。

无为教还基本停留在借用与阐释观音菩萨、古观音、妙善等名号的阶段。《泰山深根结果宝卷》言：“妙善公主一句也无求，归家去了。”[③]“归家”指的是无为教的“真空境界”。

西大乘教，则在借用千手千眼观世音、大慈观音、大悲菩萨、白衣观音等名号与形象的基础上，创造出与无生老母相融合的“观音母”。《清源妙道显圣真君二郎宝卷》则径直称为“观音母”，“观音母，坐宝莲，巍巍不动；二郎爷，跪面前，哀告观音”[④]。《灵应泰山娘娘宝卷》亦云：“因孝心，感动了，观音老母；现增福，荣华富，洒乐纵横。”[⑤]《销释白衣观音菩萨送婴儿下生宝卷》不仅将观音称为“老母”，而且将“无生老母”与佛教、民间信仰中的白衣观音、杨柳观音、送子观音糅合在一起，塑造出“白衣老母”这一民间宗教形象。该宝卷汲取无生老母的创世与救世神话，将送子临凡与度化婴儿联系在一起，体现了民间宗教的终极追求与信仰理据。如同无生老母一样，白衣老母为大地众生之母，“婴儿见娘才是贴骨亲”[⑥]；又，“我为众生下灵山，大地男女唤不醒……老母云端叫一声，收阳县里贴骨亲”[⑦]。思念婴儿、临凡度化，亦如无生老母，“我如令，为婴儿，出窍入窍；痴众生，只当做，叫街贫人；有缘人，回了头，上前请问；传与你，西来意，佛祖家风”[⑧]。不知是否与西大乘教的影响有关，黄天教中的观音与西大乘教相似，似乎亦与无生老母混为一体，“元始天尊自在仙，千变万化度贤良，观音菩萨诸佛母，九莲宫内想见郎”[⑨]。

在西大乘教之后的教门经卷中，观音虽大多与“无生老母”分开，“观音母”的名号与形象却沉淀下来，为大多数教门经卷所沿用，如黄天教、弘阳教、东大乘教、八卦教等。黄天

---

① （姚秦）鸠摩罗什：《妙法莲华经·观音菩萨普门品》，载肖武男编《观世音菩萨经典》，第16页。

② 温金玉：《观音菩萨》，山西高校联合出版社1994年版，第69页。

③ 《泰山深根结果宝卷·劫量退道苦不可说品第一》，载王见川编《明清民间宗教经卷文献初编》第1册，（台北）新文丰出版公司1999年版，第351页。

④ 《清源妙道显圣真君一了真人护国佑民忠孝二郎开山宝卷·目前显化品第十六》，载濮文起编《民间宝卷》第4册，黄山书社2005年版（下引此书，版本同此），第650页。

⑤ 《灵应泰山娘娘宝卷·施财刊板功德无量品第十二》，载濮文起编《民间宝卷》第4册，第396页。

⑥ 《销释白衣观音菩萨送婴儿下生宝卷·老母思想婴儿分第七》，载濮文起编《民间宝卷》第4册，第283页。按：该卷的章节划分，时而称“品”，时而称“分”。

⑦ 《销释白衣观音菩萨送婴儿下生宝卷·菩萨起身去了分第十四》，载濮文起编《民间宝卷》第4册，第303～304页。

⑧ 《销释白衣观音菩萨送婴儿下生宝卷·老母思想婴儿分第七》，载濮文起编《民间宝卷》第4册，第281页。

⑨ 《普明如来无为了义宝卷·斗战胜如来分第三十一》，载濮文起编《民间宝卷》第2册，第424页。

教东大乘教《龙华经》云:“观音老母发宏愿,十二大愿果成功。”[①]八卦教经卷亦云:“机上坐的观音母,纺花菩萨是普贤。”[②]

值得一提的是,在弘阳教经卷中出现了由多教融合而创生的“离山观音”。《混元弘阳临凡飘高经》云:“离山观音手扯儿童,无边老母阵阵心疼,母子三人痛泪放悲声。”[③]“离山观音”与无边老母即无生老母同为飘高祖之母,表明了该观音与无生老母的相通相类。在佛教与民间信仰中,从来没有出现过将道教神仙离山老母、佛教观音菩萨与民间宗教“观音母”捏合而成的“离山观音”。这种不分宗教属性与派别,硬性将各种神祇名姓合为一体的做派,确为民间宗教的惯用手法。

上述“观音老母”“白衣老母”“离山观音”等新的名号与形象的出现,对民间宗教来说,意义重大。这标志着民间宗教观音信仰具有了独立体现其自身宗教属性与特征的神祇名号与形象,在一定意义上也意味着民间宗教观音信仰的独立成型。

(二)慈悲与智慧

慈悲是观音菩萨的根本品格,为三种观音信仰所共有,然因其所在宗教属性与语境有别,其慈悲各有其特定内涵。在佛教中,观音菩萨的“慈悲”与般若智慧融为一体,即“悲智双运”。由“悲智双运”所凝结的“慈悲”,即“无缘大慈,同体大悲”,这意味着:“一者,上合十方诸佛本妙觉心,与佛如来,同一慈力。二,下合十方一切六道众生,与诸众生,同一悲仰。”[④]也就是说,观音菩萨的“慈悲”源于众生皆有佛性的觉悟,是感同身受、绝对平等、没有任何条件的,也是最为彻底的。正如《大方广佛华严经》所言:“我以此菩萨大悲行门,平等教化一切众生相续不断。”[⑤]

在民间信仰中,“慈悲”多与送子、送药等相联系,体现出鲜明的现实功利性,几乎与般若智慧绝缘。山西陵川县冶头乡大王村德明观外观音堂之菩萨像,“中间是怀抱婴儿的送子观音,两侧分别是手持药丸和净瓶的两尊观音”[⑥]。民间对三观音的信仰与神像安排就体现出这一特点。

民间宗教之“观音老母”的慈悲已脱离佛教与民间信仰的范畴,受到无生老母信仰的渗透与改造。这表现为,其来自人类之母的身份,以度脱儿女、归乡认母为核心,兼具神圣与世俗的双重品格。在民间宗教中,观音老母如同无生老母一样,只有一个心愿,末劫来临前后将堕落尘世的痴迷儿女“全部救出苦海,回到极乐世界,也就是常说的‘真空家乡’”[⑦]。

---

① 《龙华宝经·排造法船品第二十一》,载王见川编《明清民间宗教经卷文献初编》第5册,(台北)新文丰出版公司1999年版,第729页。

② 《五圣宗宝卷》,务善堂版,民国丁巳年(1917年)刻,第23页。

③ 《混元弘阳临凡飘高经·离山观音劝飘高临凡品第十八》,参见王见川编《明清民间宗教经卷文献初编》第6册,(台北)新文丰出版公司1999年版,第713页。

④ (唐)般剌蜜帝译:《大佛顶如来密因修证了义诸菩萨万行首楞严经》卷六,载《大正新修大藏经》第19册,(台北)新文丰出版股份有限公司1998年版(下引此书,版本同此),第138页。

⑤ (唐)实叉难陀译:《大方广佛华严经·入法界品·观自在菩萨章》,载肖武男编《观世音菩萨经典》,第14页。

⑥ 冯玉庆:《浅述晋东南地区的观音信仰》,载《法音》2008年第9期。

⑦ 孔庆茂:《民间宗教的创世女神——无生老母》,载《文史知识》2008年第3期。

一方面，观音老母散发着圣母的光辉，伟大而崇高。为超度众儿女回转家乡，观音老母不惜化身贫婆、临凡下世，“老母慈悲下山中，我想婴儿痛伤情，法身换就凡体像，妆就贫婆到城中”[①]。为超度众儿女回转家乡，老母不惜做人乳母，整整八年，“为你使的肝肠断，费尽三毛七孔心；有缘男女听我劝，去了十恶贪尘心；趁着家有该进步，正好参道办前程；你要不修错过了，风火散了一场空”[②]。为度转婴儿回归灵山，老母“领定了，四菩萨，驾只法船；这只船，在苦海，来往常走；从混沌，初分时，走到如喒”[③]，辛苦费力，从未间歇。另一方面，观音老母在一定程度上失去了佛教观音的清净自性与般若理性，“完全具备着人间母亲的性格。她慈悲心软，爱子心切”[④]，且部分沾染上世间母亲的无力与纠结。她真情外泄，不假修饰，眼泪纵横，肆意流淌，“母子三，只哭的，伤情感叹；儿扯娘，娘抱儿，大放悲声；只哭得，雾腾腾，愁云蔼蔼”[⑤]。又，“我想儿女，烦恼痛哭，三朝五日，肚里无食”[⑥]。她含辛茹苦，受尽委屈，却无处倾诉。“凡胎相，不识我，菩萨妙用；那着我，只当做，乳母看承；若不是，看我的，婴儿姹女；三年满，交戴了，我就起身；母恋儿，儿恋母，恩爱不断；着婴儿，和姹女，坠落红尘……猛然间，又想起，普陀山中；由不的，心烦恼，眼噙痛泪。”[⑦]除上引《销释白衣观音菩萨送婴儿下生宝卷》外，类似情形在弘阳教《混元弘阳临凡飘高经》与长生教《皇极九莲儒童临凡宝卷》中也有较为具体的表述，不赘。

总之，民间宗教观音信仰的“慈悲”虽受到佛教与民间信仰的滋养，却在本质上源于无生老母信仰的渗透与支援，体现为度化儿女回转家乡的度世情怀。

(三)境界与修持

三种观音信仰虽都认同仙佛来自于众生修行的观点，然关于修行的境界、次第与修持技术却各有千秋。佛教的境界与修持，缘于寂灭解脱的终极诉求与般若理念，具有一套较为严格的果位系统与修持法门。其修行境界有三，即罗汉、菩萨与佛。观音名为菩萨，实为古佛倒驾慈航、住世度化，属于等觉菩萨，几与佛齐。其修持法门为“圆通法门”与“大悲行门”。以“圆通法门”为例，“从闻思修，入三摩地。初于闻中，入流亡所。所入既寂，动静二相，了然不生。如是渐增，闻所闻尽。尽闻不住，觉所觉空。空觉极圆，空所空灭。生灭既灭，寂灭现前。忽然超越世出世间，十方圆明”[⑧]。由色入空，色空双忘，然终不离灭诸苦恼、得大自在。入手、次第井然有序，无可淆乱。

在民间信仰中，观音境界则佛道相混，“观音被视为天界中的神，也就是把观音所处的

---

① 《销释白衣观音菩萨送婴儿下生宝卷·员外得见酬谢天地品》，载濮文起编《民间宝卷》第4册，第274页。

② 《销释白衣观音菩萨送婴儿下生宝卷·老母思想婴儿分第七》，载濮文起编《民间宝卷》第4册，第278页。

③ 《销释白衣观音菩萨送婴儿下生宝卷·老人江边慈悲指路分第二十一》，载濮文起编《民间宝卷》第4册，第334页。

④ 喻松青：《明清白莲教研究》，四川人民出版社1987年版，第48页。

⑤ 《销释白衣观音菩萨送婴儿下生宝卷·二人烦恼求儿分第一》，载濮文起编《民间宝卷》第4册，第258页。

⑥ 《销释白衣观音菩萨送婴儿下生宝卷·老母思想婴儿分第七》，载濮文起编《民间宝卷》第4册，第279页。

⑦ 《销释白衣观音菩萨送婴儿下生宝卷·菩萨赞记居家欢喜品第十二》，载濮文起编《民间宝卷》第4册，第299页。

⑧ (唐)般剌蜜帝译：《大佛顶如来密因修证了义诸菩萨万行首楞严经》卷六，载《大正新修大藏经》第19册，第138页。

境界定位于天界。而天界之主为玉皇大帝。于是，观音便成为玉皇大帝手下的一员”[①]。其只问神佛灵感，有无实用，故几无修持法门，所言修行也多拾取佛道牙慧，且张冠李戴、难以为凭。

在民间宗教中，观音信仰虽以打破三教界限、自创一格为目标，然除“真空家乡”这一终极境界的追求外，却没有发展出独立的证果阶次，其神祇境界多所交杂，修持法门也往往杂取佛、道、儒三教。不过，与自发的民间信仰相比，其修持多与其教义相合，具有一定程度的自洽性。民间宗教中的观音，虽然有时也被称为“菩萨”，然已脱离佛教系统，失去了佛教的本意。先天道《观音济度本愿真经》，称呼观音，时而仙人、时而菩萨，又言观音为天界慈航尊者临凡，瑶池金母命燃灯尊者传授道法，我佛如来封为观世音菩萨等，不一而足。就修持法门来说，在无为教时期，念佛持名、明心见性等修持技术还较受重视，虽然其意蕴已经与佛教有别。《正信除疑无修证自在卷》暗示修行不在声色中，“观世音，想当初，无有佛像；那女人，无佛像，依谁修行；观世音，无佛像，无有依靠；那菩萨，无依靠，独自为尊”[②]。然从五祖孙真空的《销释真空扫心宝卷》起，修持法门就逐渐融入了内丹修持的理念与法门，南传罗教之龙华会中也杂有类似内容。自西大乘教及其以后，则几乎全以道教内丹修持法门为主。《销释白衣观音菩萨送婴儿下生宝卷》称：“老母修行普陀山，饥吃松柏饮涧泉；盘膝打坐原不动，收揽先天在眼前；掐诀牒印神鬼惧，六门上锁只一关；阴阳拨得团团转，前三后三一箭穿；三花聚顶心洒乐，五气朝元在目前。”[③]黄天教、闻香教、天真圆顿教、八卦教等无不如此。

民间宗教中的观音修持法门，虽多教相融，却大致具备独立的系统特质。黄天教将观音菩萨的“心经”，概括为“蕴空法”，融入其内丹修持中，自成一体，别有天地。[④]《太阳开天立极亿化诸佛归一宝卷》即云：“眼若不观空色蕴，手要不拈授蕴空，心若不动空想蕴，身要安然行蕴空，口若不言空识蕴，五蕴皆空答正宗。修行若得归真道，善才童子拜观音，观音本是无生母，善才北海水中金，功德原来为转制，天硫点化变真金，善才学会还丹理，贫人得宝到家中。”[⑤]《观音济度本愿真经》中燃灯古佛点拨妙善：“何处下手是性根，哪里是你娘生面？谁个是你本来人？止于至善在何处？知止定静可得闻，厥性复初是那样，清浊二物怎么分？修行不明这些理，只吃迷斋枉费心。人秉父母浊阴体，不知拨阳怎么行？”[⑥]所问所教不出内丹修持，用语兼采四教，民间宗教用语“娘生面”，儒教用语“止于至善”“厥性复初”等与道教丹功用语“清浊”“拨阳”等相间而行、并行不悖。然而，它们却自然地合为一体，兼修性命、井然有序。

---

① 李立安：《从中国民间观音信仰看中国道教文化与印度佛教文化的对话》，载《人文杂志》2004年第1期。

② 《正信除疑无修证自在卷·本无婴儿见娘品第十六》，载王见川编《明清民间宗教经卷文献初编》第1册，（台北）新文丰出版公司1999年版，第323～324页。

③ 《销释白衣观音菩萨送婴儿下生宝卷·菩萨下山应付人心品》，载濮文起编《民间宝卷》第4册，第265页。

④ 《销释白衣观音菩萨送婴儿下生宝卷·菩萨下山应付人心品》，载濮文起编《民间宝卷》第4册，第265页。

⑤ 《太阳开天立极亿化诸佛归一宝卷·太阳化财功德多宝如来归一品第二十六》，载濮文起编《民间宝卷》第2册，第598页。

⑥ 《观音济度本愿真经·花园受苦得药之道第二》，清刻本，第11页。

(四)地位与神权

在三种观音信仰中,观音所在神祇系统的宗教属性与组织原则不一,观音的地位与神权差异巨大。在佛教的神祇体系中,佛、菩萨等只不过是就修行所达到的阶段与层次而言,没有政治地位的高低与组织上的统属关系。众生尚且平等,何况佛与菩萨?在诸位菩萨之间,“只有证果高低的差异,而无神权大小的区别”①。民间信仰作为一种弥散于社会肌体之中的自发信仰,神祇之间的统属关系虽相当随意,因受到所依附的世俗王权政治架构的制约,带有一定的等级意味。

相比之下,观音老母所在的民间宗教神祇体系则地位迥别,神权悬殊。正如马西沙所言,“历史上的民间宗教是封建时代的意识形态和社会组织,它是以世袭传教为主要特征,具有浓重的等级制色彩。……虽说它的大量产生适应了那一时代底层社会的精神需求,带有某种合理性和进步意义。但从实质上讲,民间宗教的等级制也是封建宗法制的一种产物,其神权和族权又往往结合在一起,因此,民间宗教无法也无力最终改变现实世界的不公正、不合理”②。相对来说,民间宗教中的神祇失去了佛教的平等意味,地位等级与权属关系则比民间信仰的神灵谱系更为严格。其中,观音老母地位尊贵,甚至与无生老母比肩,拥有比一般神、佛、菩萨大得多的权力。尽管如此,观音老母所受到的政治规约与权力束缚依然存在,有时相当严重。

在西大乘教经卷中,观音虽说与无生老母混生,然而,仍然要接受“上天主”的命令与管辖。在《清源妙道显圣真君二郎宝卷》,一面言“释迦文佛观世音,燃灯独占太昆仑,三人同把法轮转,金铃摇动满空声”③,一面又云,“老祖师,好伤惨,不由的,泪涟涟,瞒怨着,上天主,差我下方度人缘”④。同时,诸位菩萨之间也脱离了佛教内部的平等关系,产生了地位之别与统属关系。其中,观音地位最尊。《二郎宝卷》言:“朝阳洞,洞里坐,救苦观音;静水瓶,垂杨柳,香花静水;两边排,护法神,二郎关公;有婴儿,合姹女,不离左右;有文殊,合普贤,护定金身。”⑤以观音为尊的菩萨座次表,几乎存现于所有民间宗教教门中,闻香教、天真圆顿教、八卦教等,无不如此。圆顿教《龙华宝经》云“老无生,坐莲台,喜笑吟吟;在天元,设三教,龙华圣会;三世佛,在圣地,度过交宫;老法王,传法令,三界都晓;观音母,圆通主,总引群真”⑥,即为代表。

入清以后,特别是到了清朝中后期,民间宗教神祇系统的等级与权属关系更为严格。先天道《观音济度本愿真经》云:“三官大帝考校曹官,将慈航尊者功果一并录奏我佛如来

---

① 李利安:《从中国民间观音信仰看中国道教文化与印度佛教文化的对话》,载《人文杂志》2004年第1期。

② 马西沙、韩秉方:《中国民间宗教史》,中国社会科学出版社2004年版,第8页。

③ 《清源妙道显圣真君一了真人护国佑民忠孝二郎开山宝卷·血脉运转品第十五》,载濮文起编《民间宝卷》第4册,第648页。

④ 《清源妙道显圣真君一了真人护国佑民忠孝二郎开山宝卷·老祖显化品第十八》,载濮文起编《民间宝卷》第4册,第654页。

⑤ 《清源妙道显圣真君一了真人护国佑民忠孝二郎开山宝卷·目前显化品第十六》,载濮文起编《民间宝卷》第4册,第650页。

⑥ 《龙华宝经》龙华相逢品第二十,载王见川编《明清民间宗教经卷文献初编》第5册,(台北)新文丰出版公司1999年版,第723页。

案前，佛祖……颁下诏书，命三官接引去往香山，敕慈航将四果仙人……”[①]观音菩萨修行正果，就如官僚选拔，三官考核、玉帝定夺，然后公文下达。由此，观音菩萨所在的民间宗教神祇系统，已经蜕变成一个高度仿真的世俗王权官僚集团。这种严格的等级差异与地位高低在清末民初流行的《佛说观音经》与《南海大士劝善文》中达到极致。由末劫将至、弥勒佛当机掌教的教义看，它们应属于民间宗教。不过，教派不详。《佛说观音经》云：“吾在南海慌忙了，西天去求如来尊。跪在天空七昼夜，弥勒佛旨救凡民。吾在金阙玉皇殿，哀哀上告大天尊”[②]。《南海大士劝善文》则云：“上皇不许把本见，要把孽民尽收完；领旨七次把民劝，凡民不信欺神天；把吾贬下南海岸，为民失了普陀山；七日跪恳灵霄殿，劝民苦楚难数完；仙佛上殿把本见，才把我的位还原。”[③]如寻常臣仆一样，得入大自在的观世音菩萨竟然跪在佛前七天七夜，还差一点被玉帝贬下南海岸，可谓甚矣！

总之，与佛教、民间信仰相比，该观音信仰的整体架构与内在意味发生了彻底的质变，不仅营造出新的老母化的观音神祇，而且慈悲情怀因人类之母与世俗之母的双重性而兼具神圣与凡俗的双重特征，境界与修持法门则三教融合、自成一格，所在神祇走向系统。这意味着，在民间宗教信仰与教义的主导与贯彻下，民间宗教之观音信仰已经形成独立于佛教与民间信仰的观音信仰。

三、结　语

在明清以无为教为代表的新兴教派此起彼伏的时代语境中，从无生老母信仰创生之始，观音信仰就与民间宗教结缘，并在民间宗教的统摄与改造下，形成了体现民间宗教属性与特征的观音老母化、慈悲母爱化、境界与修持三教融合化、神祇系统等级化等内涵的新的观音信仰。

该观音信仰的产生动因与影响，因尚未掌握切实材料，故只能结合旁证材料，作如下推测。佛教与民间的观音信仰是民间宗教之观音信仰的产生与发展土壤，观音信仰在民间有着极为广泛、深厚的群众基础。作为扎根民间的民间宗教，之所以将观音拉进自己的神灵谱系并加以改造，其原因大概是：一方面，从竞争的角度来讲，可以借此冲击与侵蚀正统合法性宗教的宗教信仰与势力范围，扩大自身的宗教影响，增强自身的宗教势力；另一方面，则因为观音的加入与重塑可以号召群众，赢得信众或潜在信众的支持，增强教门对民间底层民众的亲和力、粘合力，有利于开拓更为广阔的宗教空间，占据更为有力的宗教位置。就民间宗教之观音信仰的影响来说，应该是比较大的。明清以来，民间宗教的活跃与壮大有目共睹，不仅威胁到佛教与道教，而且成为世俗王权政治的心腹之患，杀之不尽，剿之不绝，爆发出相当大的生命力。作为极富信众基础的神祇、民间宗教神祇系统的主要领导成员，观音信仰应该功不可没。

后来，民间宗教之观音信仰渐趋渗透并重新回流到民间信仰世界之中，并俘获大量信

---

① 《观音济度本愿真经》丹书下诏道成受封第十二，清刻本，第 53 页。

② 《观音劝善文·佛说观音经》，民国初年刻本，第 3～4 页。

③ 《观音劝善文·南海大士劝善文》，民国初年刻本，第 7 页。

众，直到现在还有相当生命力。在陕西太兴山，依然保留着民间宗教之观音信仰的某些遗存。该地有座“观音老母殿”，“中间供奉主尊观音老母，主尊左供奉观世音菩萨，右侧供奉白衣菩萨，再向两侧，左文殊，右普贤，再向两侧，左眼光菩萨，右送子菩萨。两旁有立像，韦陀和护法”①。该殿的神祇系统，以“观音老母”为尊，将佛教的观世音菩萨、白衣菩萨、文殊、普贤与民间信仰之眼光菩萨、送子菩萨同等看待，视为观音老母座下的属神。这种安排，体现的完全是民间宗教之观音信仰的神祇关系。不过，如今的“观音老母殿”已经成为民俗信仰的活动场域，“观音老母”也已经俗神化了。

不过，本文对民间宗教之观音信仰的探究还是初步的，只是画了一个基本的轮廓。许多重要问题，如民间宗教之观音信仰的发展脉络与阶段特征，特别是其实存形态，与民间社会、合法性宗教、官方政治等的互动关系等，多未涉及，还有待于进一步深入探讨。

（隋爱国，山东大学历史文化学院博士研究生，安徽财经大学文艺学院副教授）

① 李利安：《一处罕见的民间宗教“活化石”——太兴山民间宗教历史遗存调查》，载《世界宗教研究》2003年第3期。

甲午时期荣禄—翁同龢政争考

冬烘刚

光绪十年(甲申年),慈禧太后发动“甲申易枢”,更换全部军机大臣。其后,由醇亲王、孙毓汶主持的中枢打压清议、少涉更张,在浑浑噩噩中度过了十年时间。这十年间的政局看似风平浪静,其实各种矛盾在潜滋暗长。迨甲午年中日一战,新旧矛盾在外患的刺激下集中爆发。权要之间围绕和战问题、用人问题等,或联合或对立,或明争或暗斗,使这一时期的政局纷繁复杂、内幕重重。几十年来,各研究先进从不同角度出发,对该时期若干关键人物之间的关系进行了不懈考证,诸如光绪帝与慈禧太后、慈禧太后与奕䜣、李鸿章与翁同龢、翁同龢与张謇、翁同龢与文廷式、翁同龢与张荫桓等人之间的交谊或政争因之渐渐明晰[①],许多内情得以揭示。不过,同时期另外一对关键人物,荣禄和翁同龢之间的关系,则始终不甚清楚。

荣禄(1836～1903),字仲华,正白旗满洲瓜尔佳氏。早年曾任内务府大臣、工部尚书等要职,后因受贿传闻一度退出政坛。甲午时被重新大用,先后授以步军统领、督办军务处大臣、总理衙门大臣。

翁同龢(1830～1904),字叔平,江苏常熟人,大学士翁心存之子,丙辰(1856)科殿试状元。先后充任同治帝、光绪帝师傅。甲午战争当年,入值督办军务处、军机处,次年又入值总理衙门。

荣、翁二人同为甲午以降权力上升最快的重臣,又同在督办军务处、总理衙门长期共事。其立场异同关系这一时期的政局走向匪浅。加之近人笔记中又不乏绘声绘色、褒贬不一的记述,使人难辨真伪,似不能不作一专门考察。

2011 年,独立学者陈晓平讨论翁荣私交[②],有大量文字涉及甲午时段,在上述问题上开了个好头。他认为虽然荣常被视为“后党”中坚、翁常被视为“帝党”领袖,其实二人一生

---

① 相关的代表作有,戚其章:《论甲午初期的帝后党争》,载《山东社会科学》1987 年第 2 期;《论甲午后期的帝后党争》,载《山东社会科学》1990 年第 6 期;宝成关:《奕䜣慈禧政争记》,吉林文史出版社 1990 年;董蔡时等:《论甲午时期帝党和言官的“倒李”斗争》,载《清史研究》1994 年第 4 期;章开沅:《翁张交谊与晚清政局》,载《近代史研究》1981 年第 1 期;茅海建:《“公车上书”考证补》,收入《戊戌变法史事考》(二集),三联书店 2011 年(下引此书,版本同此);马忠文:《翁同龢、张荫桓与戊戌年康有为进用之关系》,载《近代史研究》2012 年第 1 期。

② 陈晓平:《荣禄与翁同龢的私交》,载 2012 年 8 月 16 日《南方都市报》。

中相交甚笃；甲午时的政争属实情，只不过是一个片段。本文是在同意这种总体判断的基础上，对翁荣二人的早期交往和甲午政争进行补证，对二人甲午后的关系提出若干修正。

一、甲午之前的荣—翁关系

荣禄和翁同龢结识很早，甲午之前已有二十多年的交情。

同治九年（1870）二月十五这天，荣禄原配萨克达氏病逝，翁同龢前往吊唁。[①] 九月，荣禄续娶爱新觉罗氏（宗室灵桂之女），翁同龢又前往贺喜，当天的日记中这样写道："贺荣仲华禄娶妻，灵师婿。"[②]这是《翁同龢日记》中关于荣禄的最早的两则记载。从字里行间看，翁、荣二人当时虽已有礼节往来，但彼此并不熟悉，故翁同龢在荣禄的称谓旁边批注原名和关系作为备忘。这一年，荣禄35岁，翁同龢41岁。

之后，二人交往能够深化并成为多年老友，得益于两大机缘：一是有醇郡王奕譞作纽带，二是为同治帝相度陵工时的长期共事。

奕譞（1840～1891），字朴庵，道光帝第七子，深受慈禧太后信任，是同光政局中仅次于恭亲王奕䜣的重臣。翁同龢授读同治帝期间，奕譞管理皇帝书房事务，二人系僚属关系。[③] 其间，奕譞对翁的才华非常赏识，不时以诗文相往还，生活中的交往颇为不少。[④] 同期，奕譞还管理神机营，又与荣禄是同事，两人私下的交往也很多。[⑤] 这样，以奕譞为纽带，翁荣二人的私交日渐增多。翁的日记中也不时出现往访奕譞、荣禄在座，或往访荣禄、奕譞在座的情形，如同治九年九月初一这天，翁往荣宅时，"遇醇邸于座上，稍谈即行"；[⑥]同年十一月十二，翁往醇王府"问醇邸疾，晤谈良久，皆深谈也，荣仲华在座"。[⑦]

同治十三年（1874）底，皇帝驾崩。奕譞奉慈禧太后懿旨，赴东西陵为同治帝陵工选址，随带大员三人，荣禄、翁同龢在列。[⑧] 从这时到光绪元年（1875）十二月，荣、翁二人在陵工差事上共事了将近一年。[⑨]

晚清时期，满人经过一二百年的同化，对汉文化表现出高度的认同和仰慕。故官场之内，满人对汉人不但无排斥之心，而且有礼待之风，对汉人中的饱学之士尤其谦卑和蔼。时人何刚德曾现身说法，"满人在京……知平常占尽便宜，人才又不能与汉人较，故见汉人

---

① 陈义杰整理：《翁同龢日记》第2册，中华书局1989年版（下引此书，版本同此），第754页。按，本文引用当时的文献较多，为避免日期转换之繁，本文使用传统纪年，在重要处夹注公元。

② 陈义杰整理：《翁同龢日记》第2册，第799页。

③ 同治帝书房最初由惠亲王管理。同治四年初惠亲王去世，由醇郡王奕譞接替。同年十一月翁同龢亦接替去世的父亲翁心存值弘德殿。分别参见《清实录》同治四年三月十二，丁未；十一月十一，壬申。按：本文所引用《清实录》《上谕档》引文，来自第一历史档案馆《大清历朝实录》《军机处上谕档》数据库，只标注年月日和干支，不再标注对应的纸质出版物页码。

④ 参见翁同龢：《和醇邸韵》（同治七年）、《醇邸示近作次韵三首》（同治九年）分别收入谢俊美整理《翁同龢集》下册，中华书局2005年版（下引此书，版本同此），第673、677页。

⑤ 参见拙作：《荣禄早期生平考》，载《历史教学问题》2013年第1期。

⑥ 陈义杰整理：《翁同龢日记》第2册，第799页。

⑦ 陈义杰整理：《翁同龢日记》第2册，第818页。

⑧ 参见《清实录》同治十三年十二月十四，癸未。

⑨ 参见《上谕档》光绪五年三月二十六，惠陵工程王大臣名单。

颇讲礼让”，满人中的大员，在汉人士大夫面前更是“礼节周旋，一味和蔼”。[①] 有这样的大环境，加上荣禄本人又是一副热心肠，所以自结识翁同龢后，荣禄在交往中表现得十分热情、殷勤。如同治十一年正月二十二这天，翁母灵柩奉安寺庙，其时天寒地冻，大多数送葬的亲朋不过是礼节性送出一程，但荣禄却步行送出二里多地。当天翁在日记中记述道："灵舆就迁……送者五六十人，荣仲华少空步行二里许，极可感。”[②]

荣、翁赴陵工期间，二人得以朝夕相处，这给了荣禄更多献殷勤的机会。凡翁的饮食起居，荣无不热情备至。光绪元年正月十五，翁同龢抵达东陵当天，先期抵达的荣禄即为其提供住所。第二天，荣禄又“馈药及食物”；第三、四天，荣禄均来长谈；第五天，荣禄自备酒菜，谈至二更始去。第六天，又来“谈至三更”。第七天，又求翁“作诗二首”。[③] 此后，凡出差陵工，馈赠、宴饮、长谈、诗歌唱和就成为荣、翁交往的常态。[④] 荣禄如此热情，翁同龢自然有一番感触，在当年六月的家书中，翁特别提到了荣禄的殷勤："同人水乳。金吾（清人指代步军统领，荣禄曾担任此职）翩翩，多所称荐，谨谢之。”[⑤]不过，荣的热情，翁没有轻易领受，在这封信中，翁提到自己与荣的往还，乃“虚与委蛇而已”，一切不过是逢场作戏。虽说翁这么说，未免有几分心狠，但荣禄小翁六岁，又是由荫生出身，论资历、论才学，都不能与翁比肩，不可能凭一些日常馈赠就赢得翁的诚心。毕竟这时只是二人密切交往的开始。想到这层，“虚与委蛇”四字，或许也就顺理成章。

正月过后，荣和翁又多次一同驻工。经过近一年的频繁接触，二人交情也难免多了一些真实成分，渐渐内化成各自生活习惯的一部分。在第一次赴陵工时，两人的聚谈几乎全是荣禄前来，到第二次、第三次是则变成了有来有往。[⑥] 迨两人结束陵工共事回归京城的正常生活，都把这样的习惯保持下来：此后二十年中，但凡逢年过节、红白喜事，几乎都可见二人的交往记录。据《翁同龢日记》统计，光绪二年两人互访或馈赠有 14 次，光绪三年有 8 次，光绪四年有 11 次，光绪五年有 11 次。全书提及荣禄至少 290 次。即使光绪六年至十三年间，荣禄退出政坛、“闭门谢客”，翁同龢还是会时常去探望，荣禄也乐于破例。[⑦] 直至光绪二十年（1894）甲午战争爆发，二人的交往一直未中断。其间，近 20 年的交情，断非起初的“虚与委蛇”之念所能维持，显然早已在内心接纳了对方。为说明二人交情的性质，不妨举几个实例：光绪十七年（1891）十二月，翁同龢受人请托，想替人谋海关差事，但又碍于人脉不够，便转托荣禄来办。同样的事，上年九月已经有过一次。[⑧] 有清一代，统

---

① 何刚德：《春明梦录》，北京古籍出版社 1995 年版，第 101 页。

② 陈义杰整理：《翁同龢日记》第 2 册，第 902～903 页。

③ 参见陈义杰整理：《翁同龢日记》第 3 册，中华书局 1998 年版（下引此书，版本同此），第 1098～1100 页。

④ 参见陈义杰整理：《翁同龢日记》，光绪元年二月初二至二月十四翁在西陵时期的记载，以及八月初三至八月初八翁在东陵时期的记载，即 1106～110、1147～1149 页。

⑤ 《翁同龢致翁同爵函》，收入《翁同龢集》上册，第 218 页。

⑥ 如两人第二次出差赴西陵时，二月初四这天，翁“夜邀荣仲华同饭”；八月初八翁从东陵归来，“遣人诣醇邸及荣宅问候”；分别参见陈义杰整理：《翁同龢日记》第 3 册，第 1106、1149 页。

⑦ 笔者据陈义杰整理《翁同龢日记》统计，光绪六年至十一年间，翁同龢往访荣禄至少 16 次。

⑧ 这两次请托分别参见陈义杰整理：《翁同龢日记》第 5 册，中华书局 1997 年版（下引此书，版本同此），第 2400、2494 页。

治者为整肃吏治，严禁请托，一经查实，动辄议处罢职。所以，这类事非交情过硬，不敢相托。[①] 翁不止一次将这样的事情交给荣禄，可见他此时已不把荣禄当成泛泛之交。再如，光绪二十年九月十二，荣禄结束外放，从西安回到北京，此时战局已经糜烂，翁正会同军机办理军务，东奔西走、焦头烂额，但听说荣禄这天入城，仍"欲往候而迟迟不来"[②]。这应是一种发自心底的惦念之情。

遗憾的是，荣、翁交往虽久、交情虽深，但私交远大于公谊。自光绪元年共值陵工，到甲午时二人同入军机处之前，二十年时间内，二人再没有共事。由此，一直缺少公务上的磨合。

二、练兵问题起争端

光绪元年荣、翁订交时，荣是户部左侍郎，翁是内阁学士，二人品秩相当。此后的二十年中，二人的仕途命运却大不相同。翁始终任职京官，由学士而侍郎，由侍郎而尚书，并一度担任军机大臣，常年值毓庆宫上书房。甲申易枢时，虽丢了军机一职，但仍保留户部尚书等要职，并且不时被两宫召见奏对[③]，深受慈禧和皇帝的信任，总体说来，十分平顺，少有波澜。相比之下，荣禄的仕途非常曲折、坎坷：光绪初年一度有过身兼内务府大臣、步军统领、工部尚书的官场得意，但终归昙花一现。光绪五年便因受贿传闻而狼狈辞职，退出官场长达七年；复出后只担任八旗都统等一些闲职，长期处在政局的边缘。光绪十七年被外放西安将军，彻底远离朝局。

光绪二十年六月甲午战争爆发时，荣禄仍在西安任上。九月初，因慈禧太后六十大寿庆典，荣随陕省其他官员来京祝嘏。其时，清军在战场上已遭受平壤之战、黄海海战的重创，战火已烧到中国边境。朝议之中要求惩处李鸿章、更换中枢的呼声不断，清政府高层矛盾重重，局势十分动荡。[④] 面对内外压力，统治者对朝局曾有过两次重大调整，六月二十五，谕令翁同龢、李鸿藻会同军机大臣筹议和战问题。翁同龢由此成为"额外军机"，在朝局中分量颇重。九月初一，慈禧太后召见恭亲王奕䜣，谕令其管理总理衙门、海军衙门。经此调整，奕䜣再次掌握朝纲。这对荣禄来说，是个利好(后面详述)。

九月十三，荣禄入京后第一次面圣请安，在宫廷里邂逅了翁同龢。[⑤] 时隔三年不见，翁的身份大有变化，正处在前所未有的得意时刻。首先，翁值光绪帝书房，时常有独对的机会，凡大事谋划，可左右皇帝的意见。其次，翁屡次主持会试、朝考，门生遍天下，翰林院、都察院中的许多言官都与之有门生之谊，奉之为学林领袖。由此又能左右"清议"。所

---

① 参见《清实录》光绪元年六月二十一，己丑。又可参见冬烘刚：《从〈荣禄存札〉看晚清官场请托》，载《历史档案》2013年第4期。

② 陈义杰整理：《翁同龢日记》第5册，第2737页。

③ 参见陈义杰整理：《翁同龢日记》第4册，中华书局1992年版(下引此书，版本同此)，光绪十一年五月十五、光绪十二年六月二十二、光绪十三年二月十四等日的记载，第1942、2031、2089页。

④ 参见这一时期的《张謇日记》、张佩纶《涧于日记》、叶昌炽《缘督庐日记钞》，分别收入戚其章主编《中日战争》第6册，中华书局1993年版(下引此书，版本同此)，第462、481、466页。

⑤ 参见陈义杰整理：《翁同龢日记》第5册，第2737页。

以,此时此刻,荣、翁二人在权力、地位上是严重失衡的。

正常情形下,荣禄祝嘏后要回到西安本任。但九月、十月间,战局继续糜烂,九连城、金州等战略要地相继失陷,京师人心动荡、谣言纷纷,民众大批迁徙。[①] 由于恭亲王奕䜣早年办理京师巡防时,荣禄曾两度供职麾下,经验丰富,并且“丁戊奇荒”中,荣禄在步军统领任上颇为得力[②],故九月二十九,清政府重新启用荣禄为步军统领,以稳定京师局面。十月初五,清政府对朝局作出第三次重大调整:谕令恭亲王奕䜣督办军务,各路大军均归节制。并设立了一个由奕䜣主持的办事班子,称“督办军务处”,荣禄被奕䜣再次招至麾下,任会办大臣。同时入值的还有奕劻、翁同龢、李鸿藻、长麟(时任右翼总兵)四名大臣。第二天,慈禧又调整中枢,增添翁同龢、李鸿藻、刚毅三人为军机大臣。[③] 经过这些调整,荣禄的权势有显著上升,但比起翁同龢,依然十分弱势。

督办军务处设立后,商议的第一个重大决策,是洋员汉纳根提出的“练兵十万”计划。就是在这件事上,翁同龢和荣禄产生了纷争。

汉纳根(1855～1925),德国军官,天津海关税务司德璀林之婿。光绪初年受李鸿章之聘,供职北洋幕府,曾参与设计和监修旅顺、威海卫炮台,多次被清政府授予宝星、顶戴,在官场内颇有声望。甲午战争中,汉纳根曾与海军提督丁汝昌一道指挥黄海海战,以“奋勇效力”受到清政府嘉奖,又一时名声大噪。随着战局的糜烂,朝议内出现“借才异邦”的呼声。九月二十五,光绪帝电谕李鸿章,召汉纳根进京。[④] 九月三十,奕䜣等总理衙门大臣接见汉纳根、面询救时之策。汉纳根提出了三条建议,其中之一是“另募新兵十万,以洋法操练”,并强调“舍此无以自立矣”[⑤]。当天的面询,翁同龢在场,他对这一方案十分动心。

十月初四,翁同龢偕李鸿藻再次约见汉纳根,进一步询问其练兵计划和当前的战局布置。汉纳根又侃侃而谈了一番。当天,朝廷赏给汉纳根一千两白银,作为其献计的回报。[⑥] 第二天,光绪即有旨,令胡燏棻会同汉纳根着手“召勇教练”[⑦],洋枪队一事至此进入实际筹备阶段。显然,这个计划能匆匆上马,翁同龢的支持起了关键作用。

十月十七,翁同龢将此事拿到督办军务处会议上讨论,以便做下一步安排。不想,老朋友荣禄竟站出来激烈反对。翁的日记中记下了当天的情形:“赴督办处,两邸皆集,议洋队事,仲华力争不可。”[⑧]此时,督办处其他同僚,“两王(奕䜣和奕劻)及高阳(李鸿藻)均无可如何”[⑨],这场争论于是成了翁、荣二人的针尖对麦芒,局面至此出现了意外中的僵持。

在这个方案上,翁同龢何以如此热情?荣禄又何以坚决反对?这个问题说来话长。

---

① 参见叶昌炽九月二十八、十月初二日记和张佩纶十月十二日记,戚其章主编:《中日战争》第46册,第468、488页。

② 参见拙作《“丁戊奇荒”中的京师》,载《北京历史文化研究》,人民出版社2012年版,第357页。

③ 清政府的这两次人事调整参见《清实录》,光绪二十年十月初五,戊申;十月初六,己酉。

④ 谕旨收录在戚其章主编《中日战争》第1册,中华书局1993年版,第400页。

⑤ 陈义杰整理:《翁同龢日记》第5册,第2744页。

⑥ 参见《清实录》,光绪二十年十月初四,丁未。

⑦ 《清实录》,光绪二十年十月初五,戊申。

⑧ 陈义杰整理:《翁同龢日记》第5册,第2750页。

⑨ 《荣禄致鹿传麟便条》,收入中国史学会主编《中国近代史资料丛刊——中日战争》第4册,新知识出版社1957版,第576页。

首先以性格而论，翁在公务中一贯自负、固执，不轻易让人。① 如翁早年值弘德殿期间，李鸿藻入值最早，年龄、资历都在翁之上。两人私下里交情不错，翁曾说过"平生吐肝胆，惟此君(李鸿藻)耳"②。但一次遇到奏折联衔的分歧，翁却责李"见之不广"，任凭李辩论"数百言"而不服软。③ 再如甲申后，翁任户部尚书，阎敬铭以大学士管户部。翁与阎私交也多，对阎的道德学问均十分倾服，称其为"君子"，"我所服膺"④，但因废弃大钱问题上意见不一，翁反复辩论，并在家书中诋毁"阎公刻而愎"⑤。近人金梁曾称：

> 翁好延揽而必求为己用，广结纳而不能容异己。沈(桂芬)李(鸿藻)王(文韶)初皆交好，终致参差。即与潘祖荫同直，亦不免意见。⑥

验之数例，诚不诬也。

开战以来，翁的立场以主战著称。但平心而论，翁不是一个狂热的主战派，也不是只会放言高论、罔顾轻重。⑦ 他之所以主战，在于这次中日交涉，日方无意和局，故意作梗，种种猖狂令人发指，翁作为饱读诗书的士大夫，明耻御辱、忧国忧民之心受到了太大刺激。随着战局越加糜烂，这种刺激就越强烈，翁的内心就越焦灼。八九月间，翁时常失眠多梦，坐卧不安。⑧ 当他听到平壤失守，觉得体内"有一团热火尽在上焦，有燎原之势"；听到九连告急、日本索款，"归而愤憾、求死不得"。⑨ 这一时期，年轻的光绪帝对他又特别倚重，"每递一折，上必问臣可否"。⑩ 同时，他还背负着"清议"的期望，门生们盼他能"一扫时局"，力挽狂澜。⑪ 种种重压之下，翁九月、十月间的行事，有些乱了方寸。放在平时，户部出款一二百万两，即像割了他一块肉，每出而抵制。⑫ 但这次汉纳根练兵十万、购舰八只，要求每年筹饷三千万两，他竟顾不上银子，重要的是汉纳根有"四月可成"的说法。⑬ 此时，在他心中，制服倭夷是第一位的，只要能达到这个目的，谁来练兵、款项多少，都成了次要因素。

相比翁看重练兵的结果，荣禄则看重如此练兵的代价。在他看来："中国财赋已属贺

---

① 关于翁这一方面的性格分析，参见茅海建：《戊戌变法史事考》(二集)，第31页；姜鸣：《天公不语问枯棋》，三联书店2006年版，第63页。

② 李宗侗、刘凤翰编著：《清李文正公鸿藻年谱》，(台北)台湾商务印书馆1981年版(下引此书，版本同此)，第244页。

③ 李宗侗、刘凤翰编著：《肖李文正公鸿藻年谱》，第164页。

④ 陈义杰整理：《翁同龢日记》第4册，光绪十二年八月初五，第2040页。

⑤ 见翁同龢致翁斌孙、翁曾荣家书，光绪十四年，分别收入《翁同龢集》上册，第379、395页。

⑥ 金梁：《四朝佚闻》，复东印刷局1936年版。

⑦ 参见翁同龢、李鸿藻等会奏《复陈会议朝鲜事宜折》，光绪二十年六月十六，其时日本已两次送来绝交书，但翁等在奏折中仍主保留"调停"余地；翁掌户部，深知"经费支绌""筹款为难"，奏折中也强调了这些因素。这均表明：翁深知开战的实际困难，也希望能避免这场战争。该折收入《翁同龢集》，第117页。

⑧ 参见陈义杰整理：《翁同龢日记》第5册，光绪二十年八月十七、十九、九月二十七等日记载，第2730、2731、2743页。

⑨ 分别见陈义杰整理：《翁同龢日记》第5册，光绪二十年八月十八、九月十六，第2730、2739页。

⑩ 陈义杰整理：《翁同龢日记》第5册，光绪二十年十月初八，第2747页。

⑪ 陈义杰整理：《翁同龢日记》第5册，光绪二十年七月二十四，第2722页。

⑫ 参见姜鸣：《龙旗飘扬的舰队：中国近代海军兴衰史》，三联书店2002年版，第307页。

⑬ 参见陈义杰整理：《翁同龢日记》第5册，光绪二十年十月二十一，第2752页。

德，今再将兵柄付之汉纳根，则中国已暗送他人，实失天下之望！”[①]并且汉纳根居心不明，其计划中要求“先招洋将八百员，以备教练，然须先聘价四百万安家”。未练兵之前，先要求中方付400万两白银，这显然有些乘人之危、招摇撞骗的味道。荣禄的这些忧虑，不能说没有道理。但翁均不以为然，谓“此系雄图，万不可失之机会”。

当天的一番激烈争论，以坚持练兵方案、减少练兵人数收场。督办军务处议决：“发电致胡臬”，募兵“三万最妙，至多不过五万”[②]。显然，这个结果背后是翁的意见占了上风。但翁对此仍不满意，他在日记中记述电文后特意批注了一句：“非余意也。”接下来，他又有新的动作。

三、荣禄对翁同龢书房特权的不满

翁、荣争论的第二天，即十月十八凌晨，翁以书房进讲的机会，在早朝前见到了光绪帝。由于另一位师傅孙家鼐请假，这场在涵元殿寝宫的“讲书”变成了君臣二人的独对。[③]

当天，即有道专门的电寄谕旨，以朝廷的名义为汉纳根练兵定了调，并明谕督办处王大臣不准掣肘，其辞谓：

> 详察汉纳根所议，实为救时之法。著照所请。由督办王大臣谕知汉纳根：一面迅购船械，一面开召新勇、召募洋将即日来华，赶速教练成军。所有一切章程均责成臬司胡燏棻会同该员悉心筹画，禀明督办王大臣立予施行、不令掣肘！至一切教练之法。悉听该员约束。[④]

看了这道谕旨，翁在独对时说了些什么话，已经非常清楚。他费尽心思搬出光绪皇帝来压制荣禄的“掣肘”，一定要把这个“雄图”进行下去。

本来，翁和荣前一天的争论都是一心为公，未必会引起荣禄嫉恨。但是翁同龢这次“背后出招”，却让荣禄彻底改变了对他的印象。十一月初三，荣禄在致鹿传麟的密函中，将翁比作“伪君子”，极言翁在书房独对中如何逞其阴谋，措辞十分决绝：

> 常熟奸狡性成，真有令人不可思意【议】者；其误国之处，有胜于济南【宁】，与合肥可并论也。合肥甘为小人，而常熟则仍作伪君子……
>
> 日前常熟欲令洋人汉纳根练兵十万，岁费饷银三千万，所有中国练军均可裁撤，拟定奏稿，由督办军务处具奏。鄙人大不以为然，力争之。……鄙人与常熟几至不堪，始暂作罢议。及至次早，上谓必须交汉纳根练兵十万，不准有人拦阻，并谕不准鄙人掣肘云云，是午间书房已有先入之言矣，奈何！[⑤]

济宁，军机大臣孙毓汶；合肥，直隶总督李鸿章。这两人是战争中的主和派，当时饱受唾

---

① 《荣禄致鹿传麟便条》，载戚其章主编《中日战争》第4册，第576页。除特殊说明外，本段引文均系这一出处。

② 陈义杰整理：《翁同龢日记》第5册，第2750页。本段下面一句引文系同一出处。

③ 参见陈义杰整理：《翁同龢日记》第5册，光绪二十年十月十八，第2751页。

④ 第一历史档案馆，电寄谕旨档，光绪二十年十月十八，档号：1-01-12-020-0395。按，这份谕旨经督办军务处发给胡燏棻，其措辞荣禄可以看到。其中“不令掣肘”四字，他很容易对号入座。

⑤ 《荣禄致鹿传麟便条》，载戚其章主编《中日战争》第4册，第576页。

骂。午间书房，系荣禄得到的错误传闻，这一天的书房在凌晨，当时天还未亮，翁同龢由太监掌灯引路，到达涵元殿寝宫；前一天的书房也在早上，"辰初"之前，午间并无书房。[①]

在这封密函中，翁的形象活脱脱一个卑鄙小人。

但若考虑到当时的特殊政体，翁的本意未必如荣所想的那般不堪。其时，翁背着同僚，在上书房向光绪帝单独进言，这是开战后的常态，并不是针对荣禄的一次特例。换言之，翁为在政见上达到目的，尤其是事关国家命运者，他都会习惯于使用这个特权[②]，无论持异议者是荣禄或者不是荣禄。对此，初入政坛高层的荣禄未必知晓。此事与其说是体现了翁同龢在政治上如何阴险，不如说是体现了翁同龢在性格上如何执拗、在甲午时如何焦躁！

尽管翁有如此鲜明的弱点，但同时也有一些可贵的优点，特别是"不记仇"——每每与同僚争论过后，稍假时日便忘得一干二净，和对方和好如初；或者稍稍冷静之后，便知道自己做法欠妥，主动道歉修好。如早年和李鸿藻共事，有过争执，但过后仍以长辈视之，双方维持了几十年的老交情。再如甲午时和徐用仪共事，徐主和，翁主战，双方一度势同水火，但某次激烈争吵过后，翁当天便函托孙毓汶，一表达歉意，二求孙调解。[③] 在和荣禄的争执后，翁也是这种若无其事的做派，十月十八过后，他还是和荣在督办处照常共事；十月二十一这天，荣未来，他还有些惦记地记了一笔："至督办处，诸公皆在，惟未见仲华。"[④]此后三四个月中，其日记中未见对荣有任何嫉恨的文字。翻过年头的二月，荣禄六十岁生日，朝廷赐寿，翁如往年那样前往做客，并且帮着照料，俨然和对方仍是自己人。[⑤] 也正因为如此，翁不觉得公务中的争执是多大的事，所以容易有第二次、第三次相争。据荣禄记述，从十月初督办军务处成立到十一月初一个月时间内，与翁"几于无日不因公事争执"[⑥]。

凡遇争执，在翁一方容易释然，在荣一方却未必如此。由于两人甲午之前没有公务上的共事，荣对翁在公务上的固执缺少了解，也相应缺少体谅。加之翁动用书房独对特权，不免"用力过猛"。荣从此开始在政治上疏远了翁，并且时常站到翁的对立面。上述十月、十一月间两人"几于无日不因公事争执"即是一例。公开的发难，次年六月还有一次。其时，恭亲王不满翁总是在对外交涉中立场强硬，拟用"请君入瓮"之计，安排翁入总理衙门当差，让其体会体会局中人的甘苦。但翁拼命抵制，不愿前往。荣在旁边推波助澜，颇有"落井下石"之态。翁的日记中记述了初十这天三人争执的情形："饭后到督办处。恭邸屡在上前奏请欲余至总署，余力辞，今日乃责余畏难。余与辩论，不觉其词之激。仲华亦与邸相首尾，余并斥之。"[⑦]当天，翁虽在言辞上占了上风，但还是没拗过恭、荣二人合力：六

① 参见陈义杰整理：《翁同龢日记》第5册，十月十七、十八这两天的记载，第2750～2751页。

② 参见茅海建：《戊戌变法史事考》(二集)，第31页；《从甲午到戊戌——康有为〈我史〉鉴注》，三联书店2011年版，119～120页。

③ 《翁同龢致孙毓汶札》，收入《近代史所藏清代名人稿本抄本》第40册，大象出版社2011年版，第79页。

④ 陈义杰整理：《翁同龢日记》第5册，第2752页。

⑤ 翁当天记："祝荣仲华六十赐寿，两匾，在彼饭、陪天使。"陈义杰整理：《翁同龢日记》第5册，光绪二十一年二月二十一，第2786页。

⑥ 《荣禄致鹿传麟便条》，载戚其章主编《中日战争》第4册，第576页。

⑦ 陈义杰整理：《翁同龢日记》第5册，光绪二十一年六月初十，第2821页。

天后，翁即奉到谕旨，不得不到总理衙门行走。[①] 这背后，恭、荣很可能搬出了慈禧的力量——此前一天，光绪帝曾到西苑见慈禧，请示总理衙门人选问题。[②]

雍正以降，皇帝身边近臣以军机大臣权力最大。为防止某一军机大臣大权独揽、尾大不掉，清代在召见制度上做了一些特别处理，凡中外官员召见，惯例"皆一人一起"，唯军机大臣例外，都是集体召见。[③] 但甲午时期，翁同龢的权势却打破了这种平衡，他当年十月入军机后，仍保留书房差事。并且，这时的书房不像往年那样，安排在皇帝召见军机、处理政务之后，而是一般安排在凌晨"寅正一刻"、军机入值之前。[④] 故军国大事，他和皇帝已先有一番谋划。待召见军机时，其他大臣的意见已无足轻重。这种局面自然引起同僚的强烈不满。如据李鸿藻外孙祁景颐记述："一日，文正（李鸿藻）入值稍早，常熟甫自书房至，文正甚诧；及常熟去，礼邸云：'公始知耶，殆日日如此。'"[⑤]由此可知，即便作为多年老友，李鸿藻对此也不免腹诽，其他人如恭亲王、礼亲王、孙毓汶、徐用仪等态度如何，自可想见。康有为也曾经谓："恭邸、高阳（李鸿藻）以常熟有毓庆之独对，颇妒之。"[⑥]对此，翁同龢本人也有觉察，他在日后修订的年谱中，这样总结自己甲午时的处境："自念以菲才而当枢要，外患日迫，内政未修，每中夜彷徨，憾不自毙。讲帷职事，仅有数刻。最难处者，于枢臣见起之先，往往使中官笼烛宣召……由是同官侧目，臣亦无路可以释疑。"[⑦]

由此可见，翁的书房独对特权，不只荣禄不满，枢臣皆普遍不满。后者中间，领班军机大臣世铎是荣禄的亲家；军机大臣李鸿藻是荣禄的盟兄弟[⑧]；主持军务的奕䜣对荣禄也处处提携。荣禄是否和总理衙门一例那样，与他人有过联手倒翁、排挤其独对之权，目前不得其详。有一个事实是：甲午年十一月初八，在毫无征兆的情况下，慈禧突然召见军机，谕令撤去满、汉书房，翁闻命之后，"争之力"，但周围同僚全部作壁上观，"无人和也"。[⑨] 这

---

① 翁在当天日记中哀叹："恭闻恩命，臣李鸿藻均在总理各国事务衙门行走，即碰头谢讫。前此固尝一再辞，语已罄竭，无可说也。"参见陈义杰整理：《翁同龢日记》第5册，光绪二十一年六月十六，第2823页。

② 《翁同龢日记》当月十一日记，总理衙门人事安排，光绪帝谓："静候十五日请懿旨也。"十五日这天，"上诣西苑，皇太后前请安"。第二天即发下谕旨，勒令徐用仪退出总理衙门、退出军机处，改添翁同龢和李鸿藻均在总理衙门上行走。从这些时间节点看，这几个人事安排均来自慈禧授意，确信无疑。

③ （清）继昌：《行素斋杂记》下卷（上海书店1984年版，第33页）记载："中外官员，预备召见，除军机大臣外，皆一人一起。"继昌长期担任军机章京，熟悉宫中体制。

④ 光绪十四年亲政后到甲午年初，光绪帝一般都是早上辰刻（7点）到书房，政务多时，会更晚一些，这在《翁同龢日记》光绪十六年正月二十一、光绪十七年正月十七、光绪十八年正月二十，光绪十九年正月十二、光绪二十年正月十八等天有详细记载，可参读。按，皇帝召见军机成例是在寅刻前后（凌晨5点前后），参见梁章钜：《枢垣记略》，中华书局1997年版，第271页。故当时书房都是在见军机之后。甲午战争中，书房安排得很早，如九月初十这天，是"寅正二入讲"；十月十八，光绪帝又谕："以后日日于寅正一刻在楼下敬竢，偕孙家鼐。"故此时书房多在见军机之前。翁同龢本年自编年谱也承认："于枢臣见起之先，往往使中官笼烛宣召。"参见《近代史资料》总第86期，中国社会科学出版社1994年版，第39页。

⑤ 祁景颐：《䂬谷亭随笔》，收入《〈青鹤〉笔记九种》，中华书局2007年版（下引此书，版本同此），第160页。

⑥ 参见茅海建：《从甲午到戊戌——康有为〈我史〉鉴注》，三联书店2009年版，第118页。

⑦ 《近代史资料》总第86期，中国社会科学出版社1994年版，第39页。

⑧ 荣禄与礼亲王间的关系，参见陈夔龙撰《荣文忠公行状》，收入《近代史资料》1983年第4期。荣禄与李鸿藻的关系参见《清李文正公李鸿藻年谱》上册，第7页。

⑨ 陈义杰整理：《翁同龢日记》第5册，第2757页。参见茅海建：《从甲午到戊戌——康有为〈我史〉鉴注》，三联书店2009年版，第121页。

四个字，是翁在政局中遭忌的生动写照。[①]

四、荣、翁之争与帝后之争

翁同龢所寄予厚望的练兵计划，由于汉纳根和胡燏棻相互攻讦，很快流产。[②] 先期招募的数千人后来交袁世凯统带、扩充，演变成名震一时的“新建陆军”。翁不仅没能通过这项“雄图”制服倭夷，还白白搭上了数十万两银子。[③] 更大的代价还在后面。

光绪二十一年（乙未）四月，中枢首脑孙毓汶自知失势，黯然退出政坛。其班底徐用仪不久也被赶出军机处。张之万、额勒和布两名大臣，此前已经被开去军机差事。新组建的军机班子，恭亲王年虽居于领班、资历最高，但经过十年的赋闲，“此番再起，不甚负责”[④]；礼亲王则一向庸庸碌碌，每日“入值最晚、散值最早”[⑤]。李鸿藻年老多病、时常告假[⑥]；刚毅、钱应溥初任军机，资历甚低。而翁同龢当时以帝师身份入值军机，同时兼掌户部、行走总署，虽无领班之名，却是实际的中枢领袖。乙未至戊戌的三年多中，朝局处于“翁同龢时代”。与此同时，荣禄的地位也保持着膨胀势头，先于乙未六月破例补授兵部尚书，不久又协办大学士。[⑦] 由于在战时四处调兵、积极备战，其声望直线上升，战后声望甚至要超过礼亲王、钱应溥等军机大臣。

故甲午战后，翁和荣都是能左右朝局的关键人物，其一举一动关系大局匪浅。当时，翁权势虽大，处境却并不妙。战争中翁四面树敌，与奕䜣、奕劻、李鸿藻、刚毅等同僚都有过激烈争吵[⑧]，“于同列则致猜疑”[⑨]。在慈禧面前也招揽权之忌：十月撤书房时，慈禧特意安慰他“信实可靠”[⑩]，然而真正的信任是不必说出口的。所以，翁在战后政局中颇受孤立。在这种情况下，有二十年老交情的荣禄若能与翁和衷相处、共济时艰，政局会因之多一分稳定、少一分动荡。但遗憾的是，二人甲午结下的恩怨断送了这种可能，反倒随时可能引发另一次争斗，为此后的晚清政局埋下了一个大隐患。

乙未年十月十七，政局中突然出现一个重大变故：吏部侍郎汪鸣銮、户部侍郎长麟被指离间两宫，均着革职，永不叙用。此事在朝中引起轩然大波，长期得自传闻的帝后矛盾，至此走向表面化。许多人都在猜测事情的内幕。祁景颐时任职兵部，从外祖父李鸿藻那

---

① 虽然光绪帝第二天请出恭亲王奕䜣为翁同龢说情，汉书房未立即裁撤，但不过是延缓了些时间。大约十三个月过后，慈禧终还是撤了书房，革去翁的独对权力。

② 《清实录》光绪二十一年正月二十三（乙未），“汉纳根练兵之议，所费不赀。是以中止”。《翁同龢日记》第5册，光绪二十年十一月二十记：“此事全系胡燏棻簧鼓以致中变。”第2761页。

③ 参见王修植致汪康年函，收入《汪康年师友书札》，上海书店出版社1986年版，第75页。

④ 祁景颐：《䜣谷亭随笔》，收入《〈青鹤〉笔记九种》，第158页。

⑤ 安维峻：《谏垣存稿》，收入戚其章主编《中日战争》第6册，第521页。

⑥ 参见《清李文正公李鸿藻年谱》，第741、750、753、756、759页等处记载，二十三年六月，李去世。

⑦ 分别参见《上谕档》，光绪二十一年六月二十一、光绪二十二年四月二十三。按，清代定制，步军统领和兵部尚书不兼任，故荣禄授兵尚系破例。

⑧ 《翁同龢日记》光绪二十年十月十二记与奕䜣、奕劻争吵，“余与邸语不洽，拂衣先归”。十二月二十记与李鸿藻争吵，“与高阳论事不合，颇动声色”。次年正月三十记与刚毅争吵，“与刚公论依将军募勇事不合”。此例还有很多。

⑨ 陈义杰整理：《翁同龢日记》第5册，光绪二十年除夕，第2772页。

⑩ 陈义杰整理：《翁同龢日记》第5册，光绪二十年十一月初十，第2758页。

里探听得知，此事的背后有荣禄的发动：

> 闻之李文正言："观复、略园，日夕有所策画，欲易朝局，而矢的加于蜩翼，彼尚不知详委。汪、长召对时，虽微露所闻于德宗，为内阁窃听，陈于孝钦后。后诘德宗，故忿怒出此。其实二侍郎所言，尚无违碍也。"①

观复，协办大学士徐桐，自号"观复道人"②；略园，荣禄的号；蜩翼，翁同龢书斋名。翁当时主持朝局，故"欲易朝局"和"矢的加于蜩翼"是一个意思，指徐、荣二人打算倒翁。而挤翁出局，光绪帝肯定不肯，故只有设法说服慈禧。不想中途生出枝节，慈禧还没有付诸决定，汪、长二人打听到徐、荣的谋划，提醒光绪帝留意。既然光绪已经知道，慈禧遂不便有所行动，佯装若无其事并诘问消息来源，怒气遂发泄在汪、长身上。这些情节是否全然属实，尚不敢下一断语。但此话出自李鸿藻之口，应该大致不差。

李鸿藻、徐桐、翁同龢三人早年同值弘德殿，都有几十年的交情。他们和荣禄都很相得，四人在甲午之前一度结成一个小圈子，轮番请客，不定期地聚会宴饮。③ 但是，经过甲午一战，这些人政治立场发生分化。翁雪耻心切，对洋务趋于开明，援引张荫桓、康有为拟行变法。④ 徐则性格固执，一向反感洋务，对翁这种做法十分不满，更视张荫桓为媚夷小人。徐曾专折弹劾张荫桓⑤，也曾指名道姓痛诋翁同龢，称"近十数年来，孙毓汶、翁同龢等先后身膺枢寄，植党营私、不辨奸贤。以致人才不出，宵小滥进"⑥。而李对洋务的态度介于翁、徐之间，与二人皆未交恶，还保持着老友关系。故汪、长事件发生时，李与翁、徐系"多年夙好"⑦，与荣禄则是更亲密的盟兄弟。同时，李又在军机行走，与闻宫廷内幕。在这件事上，再没有人比他更能掌握全面内情。另外，徐对翁同龢、张荫桓的不满，也使徐、荣联合倒翁在情理上说得通。

汪、长事件后，徐、荣的联手很快瓦解。其时，李鸿藻看得很清楚，要倒翁，就要借助慈禧的力量；要借助慈禧力量，必然会恶化帝后关系。倒翁之争遂成帝后之争。故他以老友身份对徐桐和荣禄进行了苦口婆心的规劝，"有一分心即尽一分力"⑧。对此，荣禄和徐桐的反应不尽相同。"观复性固，不易进言；略园明敏，与交尤笃，时有所讽，伊颇动听。"于是，荣听从了李的劝告，不再有进一步的行动，与翁在督办处和总署的公事尚称和睦，生活

---

① 祁景颐：《𫍯谷亭随笔》，收入《〈青鹤〉笔记九种》，第158页。

② 翁同龢：《题徐荫轩秋林觅句图》谓："荫轩自号观复道人。"《瓶庐诗稿》卷一，民国八年刻本。

③ 《翁同龢日记》第5册，光绪十七年十二月初九记："是日邀徐荫轩、李兰孙，荣仲华三君饮。先半月定。"次年正月十九，轮李鸿藻做东，"在座者徐荫轩、豫锡之（豫师）、谭文卿（谭钟麟），祁子禾（祁世长）、荣仲华"。二月初七，豫师做东，"到者五客：荣仲华、李兰孙、谭艾卿、祁子禾及余也"。二月十一，做东者不详，与会者"荣仲华、徐荫轩、李兰孙、祁子禾、豫锡之、谭文卿"。分别见第2491、2502、2505、2506页。

④ 翁同龢此时倾向变法以及与康有为的来往参见章开沅《翁张交谊与晚清政局》，载《近代史研究》1981年第1期。翁此时对张荫桓的倚重，参见《〈青鹤〉笔记九种》，第164页。

⑤ 徐桐：《特参户部侍郎张荫桓奸贪误国事》，光绪二十四年闰三月二十七，第一历史档案馆军机处录副档，档号：03-5359-082。

⑥ 徐桐：《奏为直陈慎选贤能分别黜陟管见事》，第一历史档案馆军机处录副档，档号：03-5617-033。

⑦ 这是李鸿藻的自述，参见祁景颐《𫍯谷亭随笔》，收入《〈青鹤〉笔记九种》，第158页。

⑧ 祁景颐：《𫍯谷亭随笔》，收入《〈青鹤〉笔记九种》，第158页。本段引文除特殊说明，均来自这一出处。

中也不时有聚会、宴饮[①]，有力所不及的公私事务，也会托翁来办。[②] 虽未和好如初，但大体不失为友之道。但徐桐固执，李未能说服。日后，徐仍或明或暗倒翁，戊戌初曾弹劾张荫桓"贪奸误国"，以除掉翁的左右手[③]，又曾谋划招张之洞入军机以挤翁。[④] 甚至由对翁行变法不满扩大为对光绪帝的不满，于己亥年谋划废立，在敌视洋务的道路上越走越远。这些是后话。

戊戌四月，四面树敌的翁同龢被开缺回籍，一时朝议哗然。有人猜测，这背后可能是荣禄的倾陷。但今天的历史学者已通过翁同龢之侄翁斌孙的信件揭示，暗中作祟者是军机大臣刚毅，不是荣禄。[⑤] 翁同龢离京前，荣禄馈赠盘缠。翁推辞一番后，最终还是收下了。[⑥] 当翁取道天津南下，荣禄已任直隶总督，也在同城。翁因不能拜访，还特地写了一封信致意。这些做法不失于老友间的礼尚往来。李鸿藻当初观察得没错，荣禄"明敏"，是一个头脑清楚、识大体之人，甲午时的恩怨虽让他耿耿于怀，但晓以利害，他自能掂量倒翁与帝、后的关联。李的话，他应该是真的听进去了(即李鸿藻所说的"伊颇动听")。

作为同光政局中的关键人物，荣禄和翁同龢时常被描述为政敌关系：当论及政局中"南北之争"时，荣被归为"北党"，翁被归为"南党"；当论述政局中"帝后之争"时，荣被归为"后党"，翁被归为"帝党"，二人似乎总在对立状态。但本文通过考察甲午前后的翁荣交谊发现并非如此。

甲午之前，荣、翁交情维持了二十余年，彼此十分相得。战争中由练兵问题而起的争执，是一次偶发事件，并非由宿怨所导致的故意拆台，也并非是因为二人是站在皇帝一方或太后一方。其后，翁利用书房独对之便，压制荣禄的异议，这主要是由于好强的性格所致，他无意把荣禄作为另一个阵营的政敌来打击，内心还是把荣禄当作老友对待，日后二人在政务、生活上的交接即证明了这一点。虽然如此，但在荣禄一方却未充分体谅和原谅翁的本意，曾一度曾疏远、敌视翁，有过联合奕䜣、徐桐倾轧翁的经历；不过，经李鸿藻晓以利害，汪、长事件后也放弃了敌对活动。此后的政局中，二人不失为友之道。可见，荣、翁关系在不断变化，且以和睦相处居多，将二人分归不同集团的做法，不免草率和僵化。

(冬烘刚，北京大学历史系博士)

① 参见陈义杰整理:《翁同龢日记》第5册，光绪二十二年四月初七、十二月初八等日的记载，第2900、2964页。

② 陈义杰整理:《翁同龢日记》第6册，光绪二十四年三月二十八记:"仲华约余话，令于明日代奏，伊派大挑大臣，因步军统领有印，不能住内阁。"[中华书局1998年版(下引此书，版本同此)，第3114页]

③ 参见前引光绪二十四年闰三月二十七徐桐参张荫桓折。

④ 参见茅海建:《戊戌年张之洞召京与沙市事件的处理》，载《戊戌变法史事考》，三联书店2005年版，第189页。

⑤ 马忠文:《从朝野反响看翁同龢开缺前的政治倾向》，载《南京大学学报》(哲社版)2013年第2期。

⑥ 参见陈义杰整理:《翁同龢日记》第6册，光绪二十四年五月初二、初四，第3135、3136页。

正风俗以治天下

——15世纪明朝知识分子教育改革的行动与思考

陈冠华

所谓风俗，并非一般理解的社会人类学上指称的地方礼仪与民俗风情，在15世纪明代知识分子的言谈中，风俗有着特殊的含义，其语出宋儒程颢“治天下以正风俗，得贤才为本”，指的是一个地方的人文化成，民众文化素质之培育，对地方文化风气的塑造，知识分子起着根本的教化作用，故程颢认为治理天下以“得贤才为本”，明代的知识分子深以此为职志。

提到化民成俗，就必然涉及地方教育的设置与成效等问题。这也是部分15世纪的知识分子日趋关注且忧心忡忡的议题。明代教育基本继承宋元的官学系统，形成国子监、地方官学和书院的三足格局[①]，其中地方官学，军队卫所也设置卫学以便军户子弟就学，在官学之外，还有私学即书院系统[②]，明代官学、私学体制足称完备，却无法舒缓明代知识分子的焦灼与忧虑，书院既提供屋舍、廪资、书籍，士子日夜忙碌，专心诵读程朱传注，何以迟迟未见浸浸回向三代之风的苗头？相反，士风浇漓却日复一日地显现出来。他们痛思过往，认为学校因循旧制，生员诵习程朱却丧失旨意：

> 皇家承宋元之后，典章制度焕然大新，惟学校之教，最关风俗人才之大者，则犹多仍其旧。是以列圣继承几百年矣，而犹士习不正，民风不淳，三代盛治未能全复。盖由学校虽用程朱之书，然不过使之勤记诵训诂，攻举业而已，而于身心正学之教，则实未尝举行故也。[③]

学校教育理想的定位和教学方案的设计是思想风俗的养成所，引导着社会思潮的走向。15世纪的知识分子亲身体会着当时教育的弊端，他们改革教育体制的行动与思考，往往能跨出一般教育制度史研究的现成框架，为明代思想之变迁提供更加细致入微的观察。

本文首先揭示15世纪前期在福建、浙江、江西三地的地方学校出现的地方教育改革尝试及其遭遇的阻力，进而分别以三地知识分子陈真晟（1411～1474）、杨守陈（1425～

---

① 参见李弘祺:《学以为己——传统中国的教育》，香港中文大学出版社2012年版（下引此书，版本同此），第97～104页。

② 参见邓洪波:《伍、书院的繁荣与辉煌》，载《中国书院史》，（台北）“国立”台湾大学出版中心2005年版，第340～502页。

③ 陈真晟:《程朱正学纂要》，载《布衣陈先生存稿》卷一，收于《续修四库全书》第1330册，上海古籍出版社1995年版（下引此书，版本同此），第350～352页。

1489)、张元祯(1437～1506)为个案,探讨其对儒学教育的目标、方式、价值进行的反思和提供的具体改革方案,明代知识分子由此俨然凝结成了一股上下合力的儒学教育改革思潮。本文认为此时期知识分子对学校教育的思考与探索,推动了儒学教育内容与方式的变更,以及教育体制之改革,实为后期思想新风潮成型与明代思想之转变奠定了基础。

一、福建陈真晟的个案

(一)陈真晟的理学思考与教育实践

陈真晟是一介布衣,终生未获朝廷功令,其能否归为士人或士大夫之列,可能不无争议[①],但是他作为一名杰出的明代儒者却是毫无疑问的。黄宗羲在《明儒学案》视之为明儒,为其立传,记述其生平学行,又征引其论学文字勾勒其学问宗旨。[②] 关于陈真晟的学术研究颇多,此处不一一赘述[③],这里仅选取以往研究对其言之未详的几个生活侧面为切入点,探讨其对明代教育改革所作的努力与思考。

陈真晟出身军户世家,父辈明初由福建莆田迁往福建镇海卫,隶属镇海卫千户所,泉州当地多迷信巫祝,陈家世习于老氏,陈真晟 12 岁失恃投靠伯父,年十七八方“专心致志以儒为业”[④]。陈真晟从事举业,深知今世取士实讲求专门之业,于是拜入当地进士唐泰(1394 年进士)门下,专治举子业,至 35 岁始有成,被卫所推荐赴科场。当时,为防止生员考试作弊,进入考场时要经过层层搜检,途中陈真晟深感试场无待士之礼,未及场而返。[⑤] 陈真晟虽未获功名,但已深以士人自任,终因在考场不获礼遇而放弃科举功令。试场防察之严,以及陈氏以士人自居的自负心态,由是可想见。关于福建福州考场之严厉,这里尚可提供一个例证。较陈真晟年轻且与之有学问交往的莆田士子刘闵大比之岁与同辈赴福州科场,也因在场监吏“呵逐搜检法甚峻”,而感叹“此岂待贤礼耶”,于是愤然拂袖归去不出。[⑥] 陈真晟浸淫举业十又七八年,用心科目,苦心极力,对其利弊体会透彻。自此“不复以科举为事,务为圣贤践履之学”,解除了求取功名的精神压力,陈真晟逐渐体悟到除文字训诂外,《四书》别有学问境界:

> 初读《中庸》做存养省察工夫,觉无统绪。继读《大学》始知为学次第,乃以《大学》

---

① 士人的定义和范畴,请参见 Robert P. Hymes, *Statesmen and gentlemen: the elite of Fu-Chou, Chiang-Hsi, in Northern and Southern Sung* (Cambridge: Cambridge University Press, 1986). 张仲礼:《中国绅士研究》,上海人民出版社 2008 年版,第 3～25 页。

② 参见黄宗羲著,沈芝盈点校:《布衣陈剩夫先生真晟》,载《明儒学案》,中华书局 2008 年版(下引此书,版本同此),第 1086～1092 页。

③ 最新的研究有:周天庆:《明代闽南四书学研究:以宗朱学派为中心》,东方出版社 2010 年版。

④ 陈瓒:《布衣陈先生行实》,载《布衣陈先生存稿》卷八,第 395 页。杨廉:《陈真晟》,载《布衣陈先生存稿》卷八,第 392 页。

⑤ 陈瓒:《布衣陈先生行实》,载《布衣陈先生存稿》卷八,第 396 页。

⑥ 郑纪:《刘子贤简札序》,载《东园文集》卷九,收于《景印文渊阁四库全书》第 1249 册,上海古籍出版社 1987 年版(下引此书,版本同此),第 814 页。刘闵的生平,可参考李清馥:《训道刘子贤先生闵》,载《闽中理学渊源考》卷五五,收于《景印文渊阁四库全书》第 460 册,上海古籍出版社 1987 年版,第 558～559 页。

为据。及读《大学或问》，见朱子博采主敬诸说，以补小学工夫，始知敬者乃《大学》之基本也。及求其所以为敬，见程子以主一释敬，以无适释主一，始于敬字见得亲切。实下工夫推寻此心之动静，而务主于一。[①]

陈真晟由此开拓出心学的新境界：将一般士人所熟知的朱熹格物致知，向外在事物寻讨道理的工夫，逆转为向内推寻此心，追求内心主一无适的持敬状态。敬是一种心理状态，主敬是对该状态的呵护维持，是以心地为工夫场域，与时人所理解的朱子学向外格物的工夫已然差别。朱子学认定为学工夫的次序是：格物→致知→诚意→正心，而后修、齐、治、平，不可颠倒造次，在这一渐进步骤之下，格物致知是首要的，正是朱熹《大学章句集注》作"格致补传"的大头脑所在。陈真晟的主张未否认格物致知的功用，但对主敬的强调无形中放大并强化了"主敬以致诚意"的功效，更拔升了进学次序中"诚意"环节的地位：《大学》"诚意章"为铁门关难过，"主一"二字乃其玉钥匙也。[②] 在陈氏看来，"格物""致知"已经无须申述了，有志于圣学的士人当下应该将精力和工夫转移到"诚意"关口上去。

陈真晟对理学的体认使他觉得现实学校教育的脱节，他对教育制度改革的认识伴随着他的教学实践而加深。像一般科场不得志的士人，大多在地方都能谋得一份教职以维持生计，陈真晟也不例外。他应朋友邀请，在漳州城里做训蒙老师，其职责主要是启蒙学童，为其进入官学准备科举考试作预备。[③] 此职与其志向，与对家长、学生的期待始终轩轾，陈真晟不免感到抑郁难伸，起初便写信跟门人抱怨种种失望：

仆今年在城训蒙，然多不合时好。盖彼所欲学者，仆则无有也。仆仅有一二欲教之者，彼皆不欲受。仆计明年若未死，将又欲远游，盖庶几遇同志而死瞑目也。[④]

陈真晟怀抱深以自得的理学造诣，却苦于世无"知音"。当时在福建一如其他地域的生员士子，他们所梦寐的是应对战场的"长技"，而非精微高深的理学心得。这是15世纪官学系统弊病的症状。以陈真晟所在漳州府为例，其挚友郑纪对当地官学教育颇感失望：

近世父兄之于子弟，幼小入乡校，即俾其习对偶文字之学，洒扫礼乐之事目不及见。古人之所收者，今则放之，所养者，今则残之。小学之教已荡然矣。及俊秀而入泮庠，则又穿凿经意，雕绘词章，以媒利禄。他日偶得一资半级，则蠹政殃民，贻患后世。大学之教又扫地无余矣。所以然者，岂但泮庠之误人耶？实由乡校之误于其始也。[⑤]

这段材料形象地描述了从漳州官学自乡学（小学）到州县学，乃至大学存在的整体陋弊：学生所求与师傅所授，皆以科举为鹄的，程朱之学流为阶利之具。时人以为乡校肇其端，这亦正是陈真晟愿意接受训蒙一职，借此倾其所学予以更化、变革的。可是，父兄子弟对科举趋之若骛，绝不允许教官陈真晟越雷池半步。

在课堂上，陈真晟因讲《大学序》，对程朱之后道脉摇摇欲坠若有所感，叹息俗学深入

① 杨廉：《陈真晟》，载《布衣陈先生存稿》卷八，第393页。
② 杨廉：《陈真晟》，载《布衣陈先生存稿》卷八，第393页。
③ 李弘祺：《学以为己——传统中国的教育》，第427～432页。
④ 陈真晟：《又再与门人周瑛书》，载《布衣陈先生存稿》卷六，第386～387页。
⑤ 郑纪：《漳州府社学记》，载《东园文集》卷九，第767～768页。

世人骨髓，世无真儒，发而为俗儒之论，陈氏此举本意可能是借以激发学生希圣希贤的志气。未几，却招致忌己者附会成“福建无真儒”之论，因言成祸，此语一出旋即掀起轩然大波，成为当时“名公巨儒”纷纷指责陈真晟无视福建文献，自视清高的把柄。该事件迫使陈真晟作《无真儒辩》澄清“无真儒”一说是遭忌者杜撰，“盖欲假此以为巨网而反扑之，俾漳之名公巨儒进怒于仆”[①]。

可想而知，陈真晟是何等处处不得志，其对学校教育又是何等痛切失望。

郑纪所言不差，士风浇漓归于地方教育的失败，有其深厚依据。但是中国传统的地方教化也有“风行草偃”一说，居上位者以身作则，上行下效，对挽救士风亦有奇效，与此效用相称的便是影响一代文风的翰林院的示范作用。在15世纪，翰林院的台阁文体日彰，士林如影随形，沉溺于诗词文字。[②] 翰林诸臣的学术品味反映在举手投足间，却在牵动着士林的学风趋向，对陈真晟而言，刺激较大的是翰林院士“玉堂赏花”事件。

天顺二年(1452)，内阁首辅兼翰林学士李贤(1408～1466)设宴邀请诸学士至文渊阁欣赏芍药。文渊阁花台始于宣德年间，因宣宗临幸文渊阁始建，翰林诸僚聚会唱和始于宣德八年(1433)文渊阁赏雪，其后遂成为传统，景泰中内阁赏芍药，赋黄字韵诗，院官皆和之，联结为《玉堂赏花集》，至天顺、成化、正德年间皆有接续。[③] 天顺二年四月五日，李贤宴会当场赋诗十章，在旁的阁院官僚咸相唱和，汇成《玉堂赏花诗集》，李贤作序刊行。[④] 其时在朝任职的叶盛(1420～1470)注意到《玉堂赏花集》甫出便“盛行于时”。[⑤]

远在福建的陈真晟手中便握有一册。此时的陈真晟倍感愤懑，因为该年早些时候，他仿效宋儒程颐诣阙上书故事，首次以布衣身份到南京通政司上疏乞求召见，未果。又上呈其教育改革方案《程朱正学纂要》望有司采纳，得旨书下礼部议论。结果主事的礼部侍郎邹干因“不知其说云何”而寝其事，于是献书一如石沉大海。[⑥] 陈真晟读毕《玉堂赏花集》，难抑心中愤慨，举笔题《玉堂赏花集》后，以“周公吐哺”的典故讽刺阁老诸公。他认为当今士习不正，民风不淳，假使周公再生主持今日之政局，“不惟三吐三握以救之，必将并食与沐皆不及矣，何暇于赏花乎哉”？而且文渊阁并非赏花之所，阁老翰林出身，兼任君主师相，既以赏花为乐，怎能言传身教辅助君主，培养君德呢？最令陈氏寒心的还在于，诸老“既咏为诗文，又绘为图，又梓行以夸耀天下”，未考虑到翰林院独领学术风向的地位和作用，这无疑是助长士林不正之风。此刻陈真晟唯有抚书自勉：“今欲正士习，淳民风，勤周公之政。”唯“布衣所上《程朱正学纂要》是也。一立明师，二补正学，三补太子，四隆君德，五振风教。凡此五目举而行之，夫岂难哉”[⑦]？

该文末，陈真晟更敢以己见抗衡当道，与之一比高下：“诸公笑布衣为迂儒，布衣以恐

---

① 陈真晟：《无真儒辩》，载《布衣陈先生存稿》卷七，第387～388页。

② 参见郑礼炬：《明代洪武至正德年间的翰林院与文学》，中国社会科学出版社2011年版。

③ 黄佐：《赏花倡和》，载《翰林记》卷二十，收于《景印文渊阁四库全书》第596册，第1078页。

④ (清)孙承泽著，王剑英点校：《春明梦余录》卷六五，北京古籍出版社1992年版，第1257页。(明)黄瑜撰，魏连科点校：《玉堂赏花》，载《双槐岁钞》卷八，中华书局1999年版，第162～163页。

⑤ (明)叶盛撰，魏中平校点：《水东日记》卷七，中华书局1980年版，第73页。

⑥ 杨廉：《陈真晟》，载陈真晟《布衣陈先生存稿》卷八，第393页。张廷玉等：《明史》卷二八二《陈真晟传》，中华书局1975年版，第7242页。

⑦ 陈真晟：《题玉堂赏花集后》，载《布衣陈先生存稿》卷七，第389～390页。

人笑诸公为俗相，谁是谁非，孰急孰缓，百世之下必有能辩之者。"[①]清代馆臣以陈真晟文言辞过激，多有以私抱怨之嫌，又讥笑其以理学家自任，未得君主青睐便四顾彷徨，若有所失，完全缺乏理学家所追求的颜子乐处的器量。[②] 但笔者认为，正是这种坚持己见的自信乃至于自负，促使着陈真晟勇往直前第二次诣阙投书。

天顺三年(1453)六月初六，陈真晟到通政司投下《乞召对疏》，继而初十日投进《正风教疏》，并有《上东宫启》再度献上《程朱正学纂要》二本。至此，陈真晟以布衣之身份诣阙两上书的举动，为世所传诵。事实上，此后陈真晟还筹备着第三次诣阙上书，并献上旨在推动教育改革的《正教正考会通》。奈何该疏欲上未就，陈真晟因病而卒，第三次伏阙上书的计划付诸阙如。

(二)陈真晟教育改革的设想

陈真晟筹划的三次上书，都与其改革教育的决心，纠正士风的抱负紧密相连。以下即根据陈真晟上疏中对《程朱正学纂要》《正教正考会通》二书的简述，勾勒其教育改革的蓝图。

陈真晟未敢径自非议本朝制度，他对明代教育问题的整体判断是借助对宋元学校的议论提出的。他认为宋元官学皆采用程朱之书，却沿用创设于隋唐之间，定制于宋代权臣王安石之手的科举之法，而舍程朱学制不用，结果宋元士人虽诵读圣贤书，但迟迟未见风俗淳：

> 宋元学校已皆知尊尚程朱之书，而此制独不见于施行者，何欤？只为科举之法所误耳。夫科举虽曰考理学以出贤才，而其实累贤才，妨正学，使后生晚进奔竞浮薄，而士风大坏者，科举实为之也。[③]

陈真晟矛头直指明代承袭宋元的科举制度延续其弊病，非但于圣学无补于事，反令士人视心学为无用之物，因而失去程朱之学的真传，颇有"买椟还珠"之叹，陈氏于是希望回归程朱，搜寻出对治科举病患的良方。他的改革方案主要依据的是二程主张的程氏学制，以及朱熹在《大学或问》中再三致意的"兼补之说"，其大要概括如下[④]：

陈真晟教育改革主要措施

项　目	内　容
立明师	重新考核、培养太学(南北两京的国子监)教师，务必使其"扫去从前之俗习，专用心于内，依明法一一实下其工夫，至于敬立而知至意诚"，淘汰不合格者，举朝廷上下之力悉心推访德业充备、笃志好学，略知圣学心要者，延聘至国子监，专辟尊贤堂为其讲明正学，以为该堂教育之师资。

① 陈真晟：《题玉堂赏花集后》，载《布衣陈先生存稿》卷七，第 390 页。
② 参见纪昀等：《钦定四库全书总目》卷一七五，收于《景印文渊阁四库全书》第 4 册，第 671 页。
③ 陈真晟：《程朱正学纂要》，载《布衣陈先生存稿》卷一，第 351 页。
④ 参见陈真晟：《程朱正学纂要》，载《布衣陈先生存稿》卷一，第 353～355 页。

续表

项　目	内　容
补正学	今后每届登科进士及乙榜举人，且未观政除授者，必须入尊贤堂接受为期一到两年的补充教育。其所补充学习的内容主要有两项：(1)讲习朱熹的《圣学心要》，以定静心体，修得圣学之要；(2)依《大学》“三纲领八条目”节目，以持敬贯穿始终，补习小学、大学工夫，其中“尤急务则专在致知诚意”一节用工。
辅皇储	皇太子定期到国子监的尊贤堂，观摩学习，以掌握“主敬以致知诚意”的精要工夫，“妆其放心，养其德性，开发聪明”。
隆教本	增入朱熹《大学或问》及陈真晟《心学图说》，以为教学之本。
振风教	正学既明于上，风教自然振于下矣。

透过这五项措施，可以看出陈真晟采取的是自上而下的改革方案，从皇太子的教育而下，但仅止于国子监层面，对于地方教育的变革则鲜有触及，这可能跟他在第五点提到的“正学既明于上，风教自然振于下矣”的观念有关。其改革措施有两方面的意义值得指出：(1)陈氏把他对理学的体悟融会于其中，比如对主敬的空前强调，对“八条目”中“诚意”一节的凸显，使之与“致知”一节并举为急务，提示了士人以往所忽略的主敬诚意工夫的重要性。(2)“补正学”的主张，应该与翰林学制并观。翰林院一般在每届选取少数登科进士深入研修，作为朝廷人才储备，未能获选的进士则直接进入帝国官僚体系服务。陈真晟的主张扩充了国子监的职能，但延缓了官僚系统更新的周期，必然招致举子士人的反对。

陈真晟通过增加教育环节，延长教育时间，补充教学内容来培养士人的德性修养，以端正士风，其方案虽未获当局认可，但这并未阻碍其对教育问题的深入思考。在成化年间，他进一步酝酿出学校考核新标准，希望借此推动改革，这次的变革仍以其“主敬”的理学思想为核心，将受众范围推广至庶民。他主张：

> 自乡人而可至于圣人之道，此则贤才得矣。愚尝论之。敬者，圣学始终之要，穷理诚意者，正学之两重关也。要必先能主敬，然后过此二关，必能过此二关，然后为圣人之学，故曰自乡人而至于圣人之道也。三代所以盛者，以学校由此正教育。后世所以不及者，以学校失此正教也。①

陈真晟一再强调德性的首要性和“主敬”的重要地位，并参考宋儒《程氏学制》和《吕氏乡约》，尝试将之纳入学校考核体系内，以下据《正教正考会通》草拟其“考德高下等第式”如下：

等 级	项 目	考核标准
第一	考德	考德上之上学行皆中《程制》。② 程伯淳、程正淑（按，叔）、朱元晦假此三贤以见例。
	考文	考文上。
		考文中。程伯淳不魁、朱元晦不魁。
		考文下。程正淑（按：叔）报罢。

① 陈真晟：《正教正考会通》，载《布衣陈先生存稿》卷二，第356～362页。

② 学行皆中《程制》，即能主敬穷理，修己治人者。

续表

等 级	项 目	考核标准
第二	考德	考德上之中学行次中《程制》。①
	考文	考文上。
		考文中。
		考文下。
第三	考德	德中之上行实可选。②
	考文	考文上。
		考文中。
		考文下。
第四	考德	德中之中林美可选。③
	考文	考文上。
		考文中。
		考文下。
第五	考德	德下之上学行无闻。④
	考文	考文上。
		考文中。
		考文下。
第六	考德	考德下之中行有过违。⑤ 王拱辰言不忠信、夏竦造言诬毁
	考文	考文上。王拱辰状元、夏竦魁
		考文中。
		考文下。

考核新标准如此，那么如何实行选举之法呢？陈真晟是这样安排的：

> 如学校考德名在上等者，则许宪司考实，不次贡举，盖此等极为难得，万中求一，所谓程朱正学者也。在中等者，许其循次科贡。在下等者未许，所以激进之也。如此则学校之教自重，士习自变，民风自淳，虽三代可复矣。⑥

结合其考核标准的递变，可以看出陈真晟以考核德业为重，有别于当时科举以考文为主的

① 学行次中《程制》，即能求主敬穷理，修己者。

② 性行端洁，居家孝弟，有廉耻礼逊，见善必行，闻过必改，以上行实可选者。

③ 通明学业，晓达治道，以上材美可选者。

④ 能习经书，此学行无闻者。

⑤ 惟记诵闻务口耳之学以上。

⑥ 陈真晟：《正教正考会通》，载《布衣陈先生存稿》卷二，第 356～362 页。

评判，如果一位士子德业可嘉，考德属“上之上”，即使其考文只得中或下，在学校新考核标准下，仍能取得第一，即“上上等”，通过宪司考试后，“不次贡举”。但如果士子辞章甚佳，考文评为“上等”，而德行有过违，考德属于“下之中”，那么学校考核只得第六，即“下下等”，则连科贡的资格都没有，以此激励士子的德行。参以前次改革提议，陈真晟更全面地考虑到了地方教育的问题，并试图重订“考法”，扭转“教法”，以变革地方教育。

陈真晟在儒学上极有体会与创见，但其科举之路并不通畅，参与地方教育又与科举需求不孚，深刻认识到科举制度的弊端，于是促使他萌发各种教育改革方案。虽然其种种教育设想在现实中未得付诸实践，若剖析其思考的径路，可以把握到作为一个理学修为深厚的15世纪知识分子是如何调适举业与德业之差距，用理学补救科举弊端：德性高于知性，“诚意”重于“格物致知”。

二、浙江杨守陈的个案

(一)杨守陈的成学历程

我们再把目光转移到15世纪的浙江地区，考察一位浙江士大夫杨守陈(1425～1489)对当地学校教育的观感与思索。

浙江四明鄞县杨守陈是该地区此议题的一个典型个案，他早岁不假业师而获取功令，壮年有希圣希贤之志，遍阅《九经》，力撰《私抄》，开启出一条质疑先儒经典之路，晚岁则关注书院教育，提出一套独特的成圣成贤方案。

鄞县杨氏素有家学渊源，杨守陈的祖父杨范便“大肆儒业，学博德尊，名震郡国”，儒学生徒恒满其座下，与浙江名儒黄润玉(1391～1479)为世交，杨氏父亲杨自惩“学古厉行……通《易经》，博览百氏，文辞典雅”，杨守陈少年即受家学。[①] 在杨守陈降生前《四书五经大全》成为科考定本，明代科举由此定制，士子趋之若鹜，于他书束之高阁，专注《大全》博取功名利禄，这深刻地改变了社会风气与士人气质，到杨守陈成年时，家乡鄞县深受此风感染，早已今非昔比：

> 吾鄞风俗自古朴淳，大里之高节，董溪之纯孝，可征也。宋庆历、淳熙以来，诸老杰出，表以驯行，阐以正学，既骎骎于古矣。有国初士犹修德行，砺名节，尚道学，而文艺仕进不甚贵之。逮于今，则文艺日以盛，仕进日以繁，而向所谓德行名节道学者，或莫知省，于是老成人凋谢尽矣。[②]

壮年的杨守陈亦尝向往功令，欲寻求举业之师，19岁至北京乃向父亲征询从师想法，当即遭到父亲劝止。杨自惩认为：“古学难，时学直易易耳。《五经四书大全》，此讲说之师傅也，历科三试程文，此笔削之师也，何必人师哉?”[③]杨自惩其实冀望其子能致力于重德行

---

① 杨守陈：《与柯孟时求志喜集序书》，载《杨文懿公文集》，收于《四库未收书辑刊》卷一三，北京出版社1998年版(下引此书，版本同此)，据明弘治十二年杨茂仁刻本影印，第5辑第17册，第500页。

② 杨守陈：《南山黄先生墓碣铭》，载《杨文懿公文集》卷二三，第579页。

③ 杨守陈：《送徐生升序》，载《杨文懿公文集》卷五，第439页。

的“道学”。受此教诲，杨守陈返家后不废举业，同时肆力于义理之学。[①]

因家学之故，杨守陈深于《易经》，19岁游历北京时，“与四方髦士相辨喆”，颇获信服，愈加精思力探，浸浸若有所见，于是应考首选《易经》，但乡赋屡试不利，由是发奋研读。当时科场流行文章名重一时的刘定之(1409～1469)的《周易图释》，杨家藏书独此集不全，杨守陈于是四处打听此书，得知距他家五六十里开外的奉化深山中一户人家藏有此集，且获主人信誓旦旦应允借阅，俟他日杨守陈三番四次往返求书，“犯雾露，披草莱，履敝足重茧”，终受其诒而不可得，内心极度无奈之情绪转化为高度以圣贤自任的自尊，逼发出超越前贤的自信心：

> 吾欲希圣希贤，顾不能为刘定之耶？[②]

超越前贤成为杨守陈奋斗的目标，于是搜录历科程文和诸家新旧义数百上千篇，参以诸家经传，反复究观，认为大部分注释龃龉不谐，依阿而无所发挥，刘定之《周易图释》虽有所发挥，但其戾经忤理较诸家有过之而无不及，因此不复向慕而发愤制作：

> 每构一篇，必取经传诸说，字字而味之，洞尔无惑，然后酌言措辞，务于发挥，弗莹弗止。当其有所得意时，妄谓能见前人之所未见，道前人之所未道。[③]

是为《旧易讲义》，杨守陈反复治经，自觉能发前人之所未发，已摆脱刘定之的阴影。凭借科举中鹄的声望，杨氏的《旧易讲义》取代刘定之的《周易图释》成为士子竞相追捧、密不示人的枕中秘宝，同时也是书贾猎利的奇货，远销域内，自京师以达于海隅塞徼，凡治《易》之家无不手捧一册，是书不仅优于他者，且能吸引士子浓烈兴趣，使学《易》应举者人数大增：

> 先达作义，如前所云，后生莫能识《易》之门户，故治者滋寡，以是首乡选者，可一二数而已。此作(按，《旧易讲义》)虽不工，然简明踈直庶几可见《易》之门户，故初学者皆好之。又自余后，浙江两选第一人皆云尝读此而礼闱。及四方乡榜《易》魁亦多云尝读此书，亦有录此。有司锓梓以传世者，故士皆慕之，传者益多，信慕者益众。他经之士多更而治《易》。余所见浙江治《易》士盖数倍于昔矣。[④]

上述文字乃杨守陈“偶览旧本，念昔慨今”，以开示儿辈所作，其内容大体是可信的，非为射利而夸夸其辞。对杨守陈而言，这段经历的最大收获是，印证了父亲所言举业无妨于学道，同时其体认到经典不是应试之具，也不是束之高阁之物。就杨守陈言，参究《易》可作为接人待物，自处处人的指导，临时行己殊无大惑大恶。[⑤]

(二)杨守陈的教育实践与改革思考

与陈真晟稍有不同，杨守陈既是科举的成功者，在芸芸士子心目中颇有厚望，从学于其门下者为数不少，同时他又兼顾德业，在儒学上极有造诣，因此他多对学校教育和《大

---

① 参见杨守陈：《晋庵稿序》，载《杨文懿公文集》卷首，第399页。

② 杨守陈：《书旧易讲义后》，载《杨文懿公文集》卷一二，第496～497页。

③ 杨守陈：《书旧易讲义后》，载《杨文懿公文集》卷一二，第496～497页。

④ 杨守陈：《书旧易讲义后》，载《杨文懿公文集》卷一二，第496～497页。

⑤ 杨守陈：《书旧易讲义后》，载《杨文懿公文集》卷一二，第496～497页。

学》纲领不仅有所实践，且独有见解。但是，对大多数士子而言，往往难以兼顾举业与德业，而况乎科举功令之下，士风浇漓，俗学甚嚣。德业之扶持尚需人师作教，牵引于前。

杨守陈丁忧归家后，因举业盛名，学徒麇至，不能尽拒，于是开坛设讲。同时，他服膺传统《大学》"三纲领""八条目"的教育理念和程序，以明德新民止于至善为至高鹄的，具体则由格物致知推进至治平天下，而参与的个体由此成圣成贤。对于教育培养士子，杨氏重视并首以格物、致知二目为入手：

> 君子之学极三才，万物无弗格尽，六经百氏无弗穷以求其道，博而取之，精而择之，约而会之于心，茫乎一气之初也，窅乎一画之始也，于是体之于身，验之于事，施之于国与天下，而垂之于亿万世之远而儒者之道尽矣。世之议儒者则曰：博而寡要，劳而少功，是犹蜩与□鸠之笑鹏耳。彼刍狗万物，糟粕六经者，吾又奚庸诛耶？①

杨守陈认同举业对格致博学工夫的要求，极力为儒者之博学辩护，并且坚信尽儒者之道必自格致始，因此，举业与儒者圣贤事业并行不悖，毫无突兀矛盾。他向门人表示举业无妨德学，并讲授学习举业的步骤：

> 《六经》《四书》读已，宜温而熟之，以端其本。诸子群史百集，宜博览而强记之，以畅其枝。序记碑铭传赞，宜识其体裁，间作数十篇，则于讲义理，评人物，论古今事变，记名物度数。②

这正是朱子所强调的格致工夫，其与德业是相资相生的，因而杨氏鼓励门人努力为之，杨氏认为妨害德业的最大障碍是：诗赋声律之语，于是告诫绝不宜作。

虽说举业可以资助德业，但是士人从格物致知到成圣成贤，从学习知识到高尚道德人格之完成，中间歧路百出，达至者几希。杨守陈在讲习举业之外，以身作则，刻意德业之培养，但却遭遇到官学时学之挑战：

> 金华徐生升，质甚颖，学甚勤，文甚华，既从官师矣，舍而远游从余。甫踰月，官师欲文致之，亟告余别。夫既有师而又外求，岂谓郑为东家丘耶？然生亦自谓不得已也。然则，若人者己不能师士，又禁士师人，余不知其何说也。生素攻时文，而余初告以古道，辄肯余听。学才踰月而已，迥异乎众矣，其进乌可量哉？惜其不终余诲也。③

在现实生活中，杨氏首先触碰到德业与仕业相扞格的局面，他深知现时讲求古学，不得不兼习举业时学，否则不可能入仕行道。官学具有先天优势，能够保证研习时学的诸多条件，以便生员顺利升入仕途。他深所欣赏的学生徐升最终屈服于官学，放弃古学，使杨氏意识到古学与时学、德业与举业的角力竞争关系，于是进而尝试调和二者之关系。

他在给新科进士徐明德的赠序中尝试定位时学与古学之关系，首先他点出时学所得与仕进行事所据脱节：

---

① 杨守陈：《送王生宁序》，载《杨文懿公文集》卷二，第420页。

② 杨守陈：《与冯汝止》，载《杨文懿公文集》卷三，第428～429页。

③ 杨守陈：《送徐生升序》，载《杨文懿公文集》卷五，第439页。

> 夫士之学，犹人之射……古之学者以圣人为鹄而求至之，今之学者盖多以进士为鹄而求至之。求至圣人，则虽至圣人而未尝自知其为圣人也，故尝勉焉而不懈……求至进士者，既至则已视旧学犹土龙、刍狗不如也。暨居乎位则惟事乎章程法比，而考最陟明者皆由此非由彼也。然其旧学亦惟章句文辞耳，于仕果何庸耶？学焉而章句文辞，仕焉而章程法比，皆士之病而世之患也。[①]

杨守陈主张有为君子尤其应该致力于古学，而非章程法比之习。当时座下便有学生反驳道："然则子产所谓学而后入政，未闻以政学者非欤?"杨守陈的回答相当直截："彼所谓学非吾所谓学也。"[②]显然，杨氏追求的德业之学即所谓古学，并没有安放政学的空间，他目下所用心的是调停举业旧学与德业古学的脱节：

> 盖旧学之章句亦圣人之书，其文辞亦言圣人之道也。言而或未行，行而或未笃耳。今诚举旧所知而言者，一皆存诸心，措诸行，仁则仁，义则义，日茂而月昌，则虽圣人可以渐至。[③]

只要将旧日所学付诸行动实践，时学即有助于古学之养成，由时学而打通古学，致君泽民，扬勋列于天下自然是水到渠成之事，无须究心章程法比。

时学在《大学》八条目当以朱子格物致知的格言为先，然而，杨守陈日后发现格致博学亦有其弊端，并不必然导向圣贤之路：

> 古昔大学之教必先格物致知而后正心诚意，推而达之家国天下。今之学者自一经以至百氏皆诵其辞而探其义，自造化仁义礼乐兵刑政，至草木昆虫之微，皆数其名而究其理，亦庶乎格致者矣。然徒资以为文辞言论，而不以致夫正心诚意之实，此吾党之所以有愧于古也。[④]

大多士人热烈追求的格致之学，却只是停留在作为文辞言论之资，而固步于《大学》"正心""诚意"二目之前，现实局面促使杨守陈对大学之道的具体落实有所反思：

> 昔程子以为人性皆善，循理而行，宜无难者，特患于知之不至耳。由今观之，则不难于知而难于行，非行之难也，不行耳。[⑤]

所以，要融会贯通时学与古学，行动是重要的转化条件，现在问题的关键已不在格物致知，而在于能否果敢行动，心乃个体行动之主宰，重要作用凸显，故"其要在治心而已矣"：

> 夫心统七情五性，以宰百骸九窍，而接万物庶事之变，出入无时，存亡靡定，莫难治也。士方学时，穷理以致其知，谨行以养其性，自谓其心湛若明镜，屹若泰山，可以当大任而无疑惧矣。然至于胶扰纷纷之临，声色货利之诱，死亡患难之逼，心或不治，

---

① 杨守陈：《送进士徐君明德序》，载《杨文懿公文集》卷六，第451～452页。
② 杨守陈：《赠进士张晖吉》，载《杨文懿公文集》卷一一，第485～486页。
③ 杨守陈：《送进士徐君明德序》，载《杨文懿公文集》卷六，第451～452页。
④ 杨守陈：《送陆生珩归吴兴序》，载《杨文懿公文集》卷七，第454页。
⑤ 杨守陈：《送陆生珩归吴兴序》，载《杨文懿公文集》卷七，第454页。

则往往举其素而袁之。学不可以已也。如此，故有位君子必益穷其理，益谨其行，勿惑于胶扰放纷，勿夺于声色货利，勿怵于死亡患难，而恒主之以敬，存之以诚，旦省而夕察，瞬养而息存，无斯须之不慎焉，则心无不治，而可以决大议，可以建大业，可以圣元后，可以熙万邦，可以佑化育，可以与穹壤参矣。古圣贤之所谓学者，学乎此而已也。①

对于如何治心，杨守陈提到主敬存诚，开始把关注点从格物致知转移到正心诚意之上。到成化年间，其对大学之道的理解和书院教育之思索愈加明晰，他在各种书院记、学记中大力抨击科举陋俗而鼓吹道德之学：

今士结发诵孔子书，而讲明其道，白之以为说，笔之以成文者，比比然也。求能身体力行者，何其鲜耶？盖徒志伦魁而不志圣贤，徒贵高爵而不贵令闻，徒学文辞而不学道德焉耳。②

惟建学以教复性，固也。今或师不以性教，而生惟习文以决科干位，则性不复，道德不成矣，天下民物曷由而遂耶？③

鉴于科举制带来的弊病，杨守陈把持敬置诸格物之上，冀望士子能切实身体力行，这与其早年对格致之学的高度重视已大为不同。按照《大学》八条目设定的进学次序，“格物致知”优先于“诚意正心”，杨守陈首次明确强调“诚意正心”的重要性，并在《临海县学记》中将此观点发挥得淋漓尽致：

(今)《大学》则举业古文，视古学皆末耳……(古)《大学》则齐治平皆末，而格致诚正修为其本，统而言则而学之本在道德，而功业文艺无非末耳……凡本不难于知，而难于务。今孔孟程朱之书，家传人讽，皆知学之本矣。然山林之士营生，庠校之士慕禄，率习于末而鲜务其本，故俗漓政弊，世不复古。吾党为贫与行道，不得不假途于举业，一举则将有天下国家之责，可不先立其本乎？……今举业者蚤夜诵味经传，以明其理于心，亦近于格致之学矣，惟不专此以求精而有志于道德，益格弥致灼知……故《大学》虽格物至先，而惟诚意至要……故意诚则心可正，而忿惧乐忧不动矣；心正则身可修，而爱恶敖矜不辟矣；心正身修则文皆可至，言举必高第，措之国家天下，有不齐治平者哉？昔韩子讥异端，谓其欲治心而外天下国家，悖也！今吾党欲治天下国家，而外身心可乎？④

现时博学之泛滥已达到弭乱真知的程度，唯有重新调整《大学》为学次序，以“诚意正心”为要，方能匡正士风，使士人皆志于道德之学，心作为诚意正心之主体，其重要性也被凸显出来。所谓道德之学并非泛泛而谈，而是有一套特定方案的：

学道德始于持敬格物，渐于立诚端本，进于克私返礼，而造于从心所欲不踰矩，则

① 杨守陈：《赠进士张晖吉》，载《杨文懿公文集》卷一一，第485～486页。
② 杨守陈：《宁波府脩庙学记》，载《杨文懿公文集》卷二四，第584～586页。
③ 杨守陈：《重兴汝阳县学记》，载《杨文懿公文集》卷二七，第611页。
④ 杨守陈：《临海县学记》，载《杨文懿公文集》卷二三，第577页。

至极矣。[①]

后来出现的“心学”即有持敬之学的含义。

从杨守陈的个案看，他对书院教学弊端的针砭与改造，都把“心”与“持敬”的作用作为重点提出来，其对持敬与心性的重视与陈真晟若合符节，在儒者中一股重视内在道德修养高于外在修行的风气在逐渐形成，在以举业为代表的“道问学”甚嚣尘上之时，“尊德性”压倒“道问学”的趋势逐渐浮现，理学重点的转移将由此揭开。

三、江西张元祯的个案

(一)张元祯的学问交往

江西士人张元祯为人所称颂的并非是他对地方教育的贡献，他所致力的是经筵教育的革新，衡之以陈真晟的教育方案，即所谓“辅皇储”的环节。

关于张元祯的生平经历，黄宗羲的《明儒学案》有详细的研究，由此可知，他与福建的渊源颇深，当时福建著名的藏书家汇聚，且出版印刷事业兴盛，幼年张元祯为此曾随父亲入闽纵观诸书。[②] 值得补充的是，张元祯与陈真晟也有密切的学术交往。成化初年，陈真晟远游江西，道经南昌，为张元祯留居一月而归，期间，张元祯叩问其所学，陈真晟与之极论平生心得。张元祯大加称许曰：得之矣，斯道自程朱后，惟先生得其真。陈真晟传授所得，应该指的是其主敬诚意的理学体会，张元祯对濂洛关闽诸家著作情有独钟，且早岁受教于江西名儒娄谅门下，故陈氏所讲与其方能共鸣，并且对他影响尤深。此番请益后，张元祯与陈真晟保持着书信往来，切磋学问。[③]

对于持敬尤为着心的张元祯，七八岁时已受教于娄谅门下，因其启发而知用力于身心，娄谅重居敬，以收放心为居敬之门，以何思何虑、勿助勿忘为居敬要旨[④]，他继承了娄谅的学术，着意于立心与诚敬：

> 予以立心为立身之本，自心而见诸身，自身而推之家国天下事为之间。此心能卓然有立，则无往而不立矣。然而此心或物欲蔽之，或私意累之，未易于立也，必也诚敬乎，诚立则满腔皆天理，而百妄自消，敬立则主翁常惺惺，而群邪莫入。由是所履者礼，而礼立不倾，所由者义，而义立不颇，由是穷而立而已。无所挠达而立人，而人无不植，由是大而三纲五常微，而一作一息，以立天之道，立人之纪，远而四海九州，久而千世百世。以立吾之教立吾之功何？莫不自诚敬中来哉？是则立心固立身之本，而立诚立敬尤立心之本也。[⑤]

---

① 杨守陈：《宁波府脩庙学记》，载《杨文懿公文集》卷二四，第584～586页。

② 参见黄宗羲著，沈芝盈点校：《侍郎张东白先生元祯》，载《明儒学案》，第1081～1082页。

③ 参见陈真晟：《与东白张元祯编修书》，载《布衣陈先生存稿》卷五，第381页。

④ 参见(明)张元祯：《一斋娄先生墓志铭》，载《东白张先生文集》卷一四，收于《四库全书存目丛书补编》第75册，齐鲁书社2001年版(下引此书，版本同此)，据日本内阁文库藏明正德十二年(1517)刻本，第123～124页。

⑤ (明)张元祯：《立斋记》，载《东白张先生文集》卷六，第60页。

张元祯认为自己以立心为立身之本，视诚敬之义为巨，是“先儒以为圣学成始成终之要”[①]。

(二)张元祯的经筵实践

张元祯天顺四年(1460)登进士，选入翰林院为庶吉士，成化初年结束短暂的任官经历，请病家居，在林下潜心理学二十余年。弘治末年参与经筵，为明孝宗进讲，得以倾其所学辅助君德，冀望“得君行道”。张元祯汲汲于向皇帝兜售诚敬的学问，并重新安排持敬与格致的为学次序，为心学与理学划定范畴，缓和两者之紧张关系，进一步提升了心学的地位。这可以从他在弘治十八年(1505)上奏的《王道疏》和《添进日讲并东宫性理等书事》两份疏议中索解。

他在该年上奏的《王道疏》中以程子“不可让第一等事与别人做”的高度自任与自信鼓励弘治皇帝以王道为第一等事，并开列定圣志、一圣敬、广圣知三策供其操习，当中精心界定了诚敬与格致各自作用的范畴：

> 身心之功不过曰存养，曰省察，曰克治，曰扩充，而所以致其力者则在于敬也……圣学既以此敬成其始，亦以此敬成其终也……圣敬既一，则作圣之功至矣，所谓王道之本立矣……圣贤之学，心与理、知与行而已。理具于心，心存而理得，是固当致力于敬。然理散于事物，一事有一事之理，一物有一物之理，必其知之真而后行之力，自此身以及天下。[②]

诚敬是内在修养身心的功夫，是立道之本，贯穿始终；格致是外在探明物理的功夫，由一事一物推广至万事万物。诚敬属于“尊德性”的范畴，可称为“心学”，格致则是“道问学”的范围，属于“理学”。二者相辅相成：

> 心学与理学体用相须，初非贰致。心学以存心言，心存则理益精；理学以穷理言，理穷则心益睿。[③]

这是明代大臣首次在官方场合郑重地提出理学与心学的概念，划定二者界限，明确二者的关系和用功方式。学界以往对心学的讨论一般将之与陆王之学联系在一起，即所谓“陆王心学”，作为与正统程朱之学的对立面。张元祯提倡的心学与理学并列，实际上是对盛极一时的理学的调和，他所提倡的理学亦已非世俗陋见：

> 所谓心学者，非如异端之冥心于虚无寂灭也，必于日用之间细验真心之发，如见孺子入井，见牛觳觫之类，由是□(扩?)而充之，使皆油然而不可遏，沛然而无不达，如是而后真为心学。所谓理学者，非如俗学之费功于记诵词章也，必于讲学之际，务必造真知之地，如闻谈虎伤者之容色独变然，使凡身心事物皆有以究其所当然而不容已与其所以然而不可易，如是而后真为理学也。[④]

---

① (明)张元祯:《敬斋记》,载《东白张先生文集》卷六,第60页。

② (明)张元祯:《奏议》,载《东白张先生文集》卷二二,第205～206页。

③ (明)张元祯:《奏议》,载《东白张先生文集》卷二二,第203～208页。

④ 张元祯:《奏议》,载《东白张先生文集》卷二二,第203～208页。

他对心学小心翼翼地界定，对真理学刻意澄清，表明他以诚敬之学来化解格致之学的用意。如前所述，自天顺（1457～1464）、成化（1465～1487）以来诸多学者认识到偏重格致的理学日趋泛滥，甚至走向极端，于是不约而同地在书院或讲会中主张诚敬之学，张元祯心学的提倡便属于这一思想潮流的重要环节。张元祯提请内阁将周敦颐《太极图》、张载《西铭》、二程《定性书》、朱熹《敬斋箴》列为经筵讲解的内容，奏议获得弘治皇帝嘉许。[①]

四、小　结

本文考察了15世纪明代东南地区的三位知识分子改革教育的行动与思考，其改革的直接成效有待评估，但其间接影响却不容忽视。透过他们的经历，我们可以从几个方面深入了解到15世纪明代思想的流转状况。(1)明代官学的利禄流弊多为一般研究者所熟知，但经由细致考察陈真晟、杨守陈的个案，我们获知当时知识分子对此有更深层的体验。近世中国儒家教育模式是以《大学》“三纲领、八条目”为准则，朱子的教育理想本身体大完备，但推展到一般士子、官员，则皆以举业为“格物致知”，其后修、齐、治、平工夫自致，这彰显出明代士子对程朱理学的片面认识。而部分15世纪的知识分子敏锐地指出科举的弊端乃根植于人们对该准则的误解，于是一致提出在格致之后尚有“诚意”工夫，强调德性的重要地位，以此提出种种教育方案补救科举漏洞。(2)一般讨论明代思想史，皆以陈白沙、王阳明的异军突起来说明明代心学的兴起，而科举弊端仅仅被视为外缘的因素，本文三个个案则提示了教育改革与明代心学兴起的关系，他们对“诚意”工夫、持敬的讨论，其实是拓展程朱理学的新路径：从往外求知转为向内省思。作为这一新路径的印证，我们不妨以王阳明成学历程的一个阶段为例。王阳明龙场悟道“心即理”至正式提出“致良知”期间，一直是认为“心即理”对应的是大学“诚意”一节，于是诚意工夫多所阐发[②]，由此可见，从15世纪知识分子不约而同地对诚意工夫达成的共识，到心学的兴起，中间潜伏着一线思想脉络。(3)作为延伸讨论，以主敬学说名世的二程学说在15世纪被明儒重新重视起来，以作为他们立论的根据，15世纪二程学说兴起的历史也值得深入探究。

（陈冠华，香港理工大学中国文化学系博士生）

① 参见黄宗羲著，沈芝盈点校：《侍郎张东白先生元祯》，载《明儒学案》，第1081～1082页。

② 钟彩钧：《王阳明思想之进展》，（台北）文史哲出版社1983年版，第49～74页。

论近代中国本土企业与外商在华企业的优先股

郭岩伟

目前,学界对中国近代企业尤其是本土企业普通股的研究已经非常深入,而对企业中特种股票如优先股的研究则尚未完全展开。张忠民提出了近代本土企业优先股并不等同于现代西方企业制度中优先股的观点,并进行了系统论证,但其参照对象并非当时外商在华企业中的优先股。[①] 李玉亦在其研究中列举了众多企业发行的优先股,并对其作了精要分析[②]。另有部分学者从世界史的角度来研究西方企业制度中的优先股[③],此外国外相关研究主要针对西方企业制度中的优先股及其权益,但并未涉及外商在华企业。[④] 而关于近代外商在华企业优先股及中外企业优先股的对比研究尚未展开。本文则运用当时主流报刊如《申报》《字林西报》《北华捷报》及租界档案中记载的中英文企业章程、企业招股章程、股东会记录、企业年报及股票交易信息入手,在对比本土企业与外商在华企业优先股主要特征的基础上,从企业制度的角度对近代中国同时存在的两种不同性质的优先股进行分析。

首先对优先股作简要释义。现代股份制企业中的优先股是特种股票之一,类似的特种股票还有发起人股、红股等。优先股的"优先"主要体现在股息分配顺序在普通股之前和在企业清算时享有优先求偿权,并具有优先获得分配、享受固定收益、优先获得企业剩余财产清偿和无表决权等四个主要特征。[⑤] 此外发行人为吸引投资者或保护普通股股东利益,会对优先股附加累积股息概念(当年股息发放不足可累积至下年)、可赎回概念(可由企业定期赎回)等限定条款。而近代中国本土企业优先股是否具备以上特征呢?

---

① 参见张忠民:《近代中国公司制度中的"官利"与公司资本筹集》,载《改革》1998 年第 3 期。

② 参见李玉:《北洋时期股份有限公司的股份制度述论》,载《民国档案》2006 年第 3 期。

③ 相关成果主要有韩铁:《1929 年股市大崩溃以前的美国证券管制》,载《世界历史》2004 年第 6 期;邵会莲:《英国工业革命中运河运输业发展的经验教训》,载《世界历史》1998 年第 2 期。

④ Harold Underwood Faulkner, *American Economic History*, *trans.* by Wang Kun, New York: Harper & Brothers Publishers, 1960. Jonathan H. Rowell, "Rights of Preferred Shareholders in Excess of Preference", *Minnesota Law Review*, vol. 19, no. 4,(1935), pp. 406-425.

⑤ 参见马惠明编:《英汉证券投资词典》,商务印书馆 2007 年版,第 492 页。

一、近代中国本土企业优先股

本土企业的优先股起源于晚清的收回利权运动。19世纪末20世纪初，鉴于列强攫取中国铁路修筑权及采矿权的巨大危害，中国商民掀起了以收回路权矿权、自主商办实业为中心的收回利权运动。由于铁路和采矿建设对资金的巨量需求，使得收回利权运动在企业制度层面上成就了近代中国股份制企业发展的又一次高潮。与之前的轮船招商局、上海机器织布局等近代中国第一批股份制企业招股范围限于上层官商相比，收回利权运动中创办的股份制企业招股范围更广、商民参与度更高，因此，此时诞生的股份制企业在企业制度层面的创新也更为丰富，优先股即为其表现之一。

当时兴办的铁路公司为吸引商民积极认股、避免观望情绪，多有优先股之设定。如1906年兴办的商办浙省铁路有限公司计划招股鹰洋4000万元，将先招股银之600万元作为优先股，后续认股均为普通股。① 每整股鹰洋100元，每零股鹰洋10元。② 而据《商办浙省铁路有限公司暂定章程》可归纳出该公司优先股的主要特征有：(1)与普通股一样分配股息，年息7%，未营业前的股息来源于官方借款；(2)在分配顺序上较普通股优先分配股息；(3)享有特别报酬，总额占公司盈余15%；(4)在特别报酬之外，亦同普通股平均分享剩余利润；(5)同普通股一样享有投票权(包括选举权和议决权③)和被选举权(有最低持股数额限定)。④ 除商办浙省铁路有限公司外，同样发行优先股的商办铁路公司还有江西铁路总局、湖南粤汉铁路总公司及江苏铁路公司等。

此外，晚清时期还存在一种名为优先股，实为红股的特种股票，如《启新洋灰公司创办章程(1907年7月)》第七条记载："本公司正股数定位2万股，每股龙洋50元。其先入之1万股，每10股另给优先股一股，以示提倡。"⑤即该公司对先入股之股东并非像多数公司那样直接给予优先股待遇，而是每10股另行发给优先股1股。此处的"优先股"显然并非真正意义上的优先股，而是当时为鼓励股东多认购股份而加赠的红股。如上海巩华制革公司规定认股满300股即每百股给红股5股，并说明当时的招股通例即为"每百股酬与红股五股"⑥。红股一般只分红利，不分官利(部分公司亦分官利)，无表决权。而1935年出版的《实用商业辞典》对"红股"的解释即为无偿给予公司发起人或对公司有贡献之人的股

---

① 参见《商办浙省铁路有限公司暂定章程》，载1906年3月3日《申报》。

② 《商办浙省铁路有限公司暂定章程》，载1906年3月2日《申报》。

③ 选举权即选举公司董事和查账人的权利；议决权则为议定公司事项的权利，近代本土企业议决权多数有最低持股数量限制，如五十股为一议决权，并分为董事会议决权和股东会议决权，董事会议决权为公司董事所特有，股东会议决权则指在股东大会上具备议决权的股东议定相关事项的权利。近代本土企业的议决权与现代企业之议决权(又称"表决权")有诸多差别。参见《公司律》(1904年3月1日)，载上海市档案馆编《旧中国的股份制》(1868～1949年)，中国档案出版社1996年版，第20～21页。

④ 参见《商办浙省铁路有限公司暂定章程》，载1906年3月3日、1906年3月4日、1906年3月5日、1906年3月7日《申报》。

⑤ 南开大学经济研究所、南开大学经济系编：《启新洋灰公司史料》，三联书店1963年版，第36页。

⑥ 《上海巩华制革有限公司续招股份简章》，载1910年4月22日《申报》。

票。[①] 因此启新洋灰公司的"优先股"实为同时分派官利和红利的红股。

而晚清时期影响颇广的则是中国近代最早的钢铁联合企业汉冶萍公司发行的优先股。1908年,盛宣怀奏请将汉阳铁厂、大冶铁矿、萍乡煤矿合并,并由官督商办转为完全商办,成立商办汉冶萍煤铁厂矿有限公司(简称"汉冶萍公司")。该公司共招新老股银元2000万两,分作40万股,每股50银元,其中创始股本银元300万为头等优先股,二等优先股700万元(其中老股东优先认股之200万元已收足,收足700万元为止),其余1000万元为普通股(包含农工商部公股、老上息股银)。据其《推广加股详细章程》有关优先股条款如下可总结出汉冶萍公司优先股的主要权益:(1)与普通股一样享有年息8%官利分派权;(2)6万股头等优先股分享公司盈余的5%,14万股二等优先股分享公司盈余的5%,二者于普通股均分公司盈利的70%,普通股不享有优先股之特别报酬;(3)优先股与普通股均享有选举权,持股50股以上之股东享有议决权。虽然该章程规定公司优先股的特权年限为15年,但直到1933年7月公布的《汉冶萍公司修正章程》仍然规定公司股票分为头等、二等优先股及普通股三种,优先股除与普通股均享有每年6%官利,并均分公司2/3纯利润外,6万股头等优先股、14万股二等优先股均分别享有公司纯利润的5%作为特别红利。此外公司除对股东选举权有所调整外,对董监事的选举资格亦作出规定:董事候选人至少持股300股以上,检查人候选人至少持股100股以上。[②]

除重工业外,作为当时上海最为发达工业部门的棉纺业中亦有优先股的存在,而棉纺业的优先股则颇具特色。大中华纺织公司由曾国藩的外孙聂云台于1919年发起创办,订购英国最新式纺织机器,生产能力居当时上海纱厂之首。后该公司因运营困难,筹资乏力,于1924年破产拍卖,售予永安公司并改为永安纱厂。[③] 大中华纺织公司在1920年下半年投产后,为进一步扩大生产规模并归还到期借款,公司临时召开股东会决议,同意以发行优先股筹集款项来应付资金困局。该公司的优先股具有以下特征:(1)并非先认购之股份,而是公司运营困难时所招募之股份;(2)在分派顺序上先于普通股派发官利,且无论公司盈亏均应发放;(3)官利比普通股高2%;(4)官利之外亦与普通股一体分享红利;(5)公司清算时具备优先求偿权。[④] 尽管该公司优先股招股条款相当优厚,但至1923年6月,公司优先股仅收足51万余两,不足计划数额之1/3[⑤],该公司亦于次年被破产拍卖。

与大中华纱厂相反,浦东纱厂1919年所规定之优先股并非公司增资扩股之股份,而是由发起人之开办资本演化而来。该公司草章第七条规定:"发起人所筹之开办资本将来公司成立时即作为优先股。"优先股官利每年8%,并分配红利,同时每股均有议决权[⑥],持股一千股以上之股东始享有总理、协理及董监事候选人资格。[⑦]

此外公用事业领域的本土企业也发行优先股。1910年创办的闸北水电公司,是国人

---

① 参见陈稼轩:《实用商业辞典》,商务印书馆1935年版,第490页。

② 参见湖北省档案馆编:《汉冶萍公司档案史料选编》(上册),中国社会科学出版社1992年版,第236~239页。

③ 参见马学新等编:《上海文化源流辞典》,上海社会科学院出版社1992年版,第35~36页。

④ 参见《大中华纺织公司临时股东会》,载1922年9月18日《申报》。

⑤ 参见《大中华公司续招股款呈部文》,载1923年6月24日《申报》。

⑥ 参见《浦东纱厂之草章》,载1919年1月7日《申报》。

⑦ 参见《浦东纱厂之草章》(续),载1919年1月8日《申报》。

为避免公共租界上海自来水公司越界供水进而造成主权丧失而兴办的，该公司于1914年收归省办，并于1924年完全商办，组织商办闸北水电股份有限公司。[①] 闸北水电公司1924年章程规定该公司资本总额为上海通用银元400万元，每股10元，共40万股，其中1924年8月7日公司创立会之前所收股银为优先股[②]，而据该公司之优先股条款可将其基本特征归纳为：(1)优先股来源于之前所收股本；(2)优先股同普通股一样派发官利每年10%，并均分红利外，亦享有公司盈余1/14作为特别收益；(3)优先股每股拥有议决权一权，选举权亦同；(4)董事候选人资格为持股1000股以上，监察人候选人资格为持股500股以上。[③]

最后，银行业中也有大量企业存在优先股，如两淮鹾务银行、齐鲁银行、满蒙银行、山东工商银行、劝业银行、蒙藏银行及中国国货银行等诸多银行。以公司章程最为完整的蒙藏银行为例(该银行于1921年由财政部会同蒙藏院呈准成立)，据其章程中的优先股权益条款可将其特征归纳为：(1)开业前一次缴足之股份即为优先股；(2)官利与普通股均为年息5%，红利比普通股多25%；(3)10股以下每股拥有一议决权，以上则递减；(4)董事候选人资格为持股200股以上，监事候选人资格为持股100股以上。[④]

综合上文对近代本土企业中的铁路、钢铁、棉纺、公用事业、银行业等诸多行业中存在优先股的分析，我们可以对近代中国本土企业优先股的特征作以下归纳：(1)在股息来源方面，由于晚清时期本土企业的官利具有的不管企业盈亏均应给付的特点[⑤]，而优先股又与普通股一样派发官利，因此晚清时期本土企业优先股亦具备不管企业盈亏均应给付，源于企业利润、借款或股本的特点。而民国时期随着不得“移本作息”原则的普遍推行，优先股官利则多源于企业利润(《公司条例》及《公司法》特别规定之企业除外)。[⑥] (2)在分配顺序方面，多数企业优先股和普通股一起分配官利和红利，部分企业先提取优先股特别报酬。(3)在股票收益方面，优先股除享有和普通股同样的官利和红利分派权外，绝大多数企业优先股还享有额外的特别收益。(4)在公司剩余资产分配方面，多数企业无相关条款，部分企业规定优先股在企业清算时享有优先求偿权。(5)在表决权方面，优先股和普通股一样享有投票权和被选举权。

可见近代中国本土企业优先股除了与普通股一样派发官利、红利，享有同等表决权外，绝大多数企业优先股还有特别收益，且部分企业还优先提取其特别收益。同时，在公司剩余财产分配上，虽然多数企业并无相关条款，但部分企业仍然规定了优先股在公司清算时的优先求偿权。可见近代本土企业优先股在权益方面相对于普通股处于一种全面优先的地位。因此，近代本土企业优先股与现在意义上具有优先获得分配、享受固定收益、优先获得公司剩余财产清偿和无表决权等特征的优先股并非同一概念。

---

① 参见陈真、姚洛编：《中国近代工业史资料》第1辑，三联书店1957年版，第622～624页。

② 参见《闸北商办水电公司发起人会》，载1924年4月1日《申报》。

③ 参见《闸北水电公司创立会纪》，载1924年8月8日《申报》。

④ 参见商务印书馆编译所：《民国十三年编订法令大全》，商务印书馆1924年版，第616～618页。

⑤ 参见朱荫贵：《引进与变革：近代中国企业官利制度分析》，载《近代史研究》2001年第4期。

⑥ 参见朱荫贵：《中国近代股份制企业研究》，上海财经大学出版社2008年版，第153～154页；李玉：《北洋政府时期企业制度结构史论》，社会科学文献出版社2007年版，第419～459页。

二、外商在华企业的优先股

那么当时的外商在华企业优先股是何种情况呢？从长利洋行在《北华捷报》发布的“上海股市(Shanghai Share Market)”信息来看，至少在上市交易的股票中，近代中国第一家发行优先股的企业是英商董家渡船户(Pootung Dock)。[①] 但董家渡船户在1895年为耶松船厂所收购，其优先股的信息亦早在1892年5月13日便消失了。但外商在华企业的优先股却作为一种特种股票在各行业广泛存在，并主要集中于船舶修造业、棉纺业、公共事业等领域，下面以相关行业的代表性企业来探讨近代中国外商在华企业优先股的特征。

(一)船舶修造业：以瑞镕船厂为例

董家渡船户优先股的存在时间虽然不长，但船舶修造及航运业业始终是近代中国外商在华企业中优先股发行最为普遍的行业。成立于1900年的瑞镕船厂是20世纪初上海地区两家最大的外商船厂之一(另一家为耶松)，该公司1913年因收购万隆铁工厂需巨额资金，发行新股2万股。[②] 瑞镕船厂1921年以发放红利的方式向现有股东发行累积优先股，股本5两。此种优先股享有优先分配股息、年股息率固定为8%、公司清算时的优先求偿权等特权，但并无投票权[③]，而该公司1921～1935年间普通股和优先股股息的变化也正好符合上述原则：

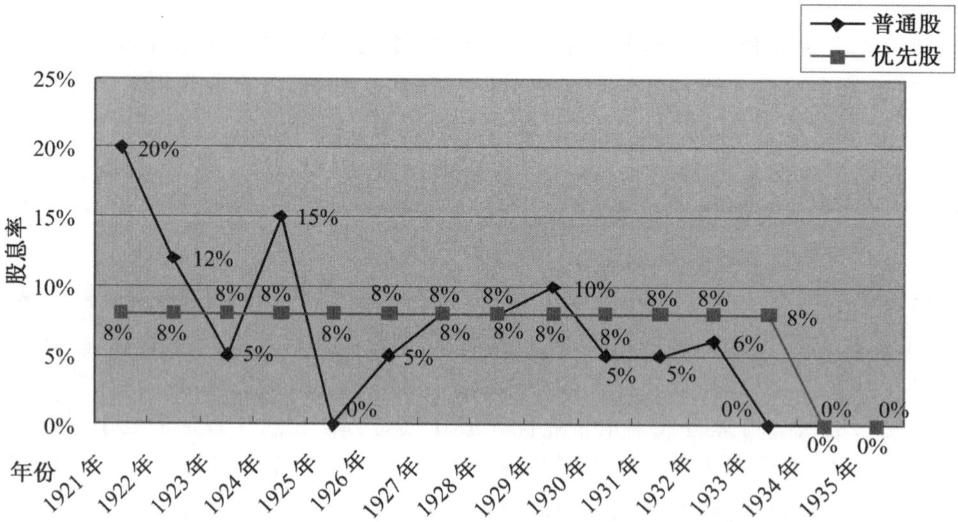

瑞镕船厂普通股与优先股股息率统计图(1921～1935)

① *The North China Desk Hong List* 1893, Shanghai, Printed and Published at the Office of The "North-China Herald.", 1893, p. 31.

② 汪敬虞、中国科学院经济研究所编辑：《中国近代工业史资料1895～1914》第二辑，科学出版社1957年版，第250页。

③ Proposed Dock Merger Terms, *The North-China Daily News*, November 28, 1935.

据上图可见，20世纪20年代初期，瑞镕船厂由于效益较好，公司在派发优先股8%的股息后，普通股分配剩余利润所得股息经常高于优先股，1921年普通股股息甚至为优先股股息的2.5倍，但瑞镕船厂在经历1925年大罢工之后，公司效益开始恶化，普通股股息除1929年略高于优先股外，其余年份均等于或低于优先股，1932年之后甚至停发。与普通股股息的剧烈波动形成鲜明对比的是，优先股的年股息率长期稳定在8%的水平，但至1933年之后亦开始停发。这里涉及外商在华企业股息分配的另一重要原则，即无论是普通股还是优先股股息，均来源于公司利润，如果公司利润不足甚至亏损，则不派发当年股息。而瑞镕船厂的优先股为累积优先股，即1934年和1935年未发放股息可累积到公司效益好的年份发放。这与本土企业晚清时期"移本作息"的现象有根本区别，多数本土企业虽在民国时期摒弃了这一商事习惯，但并未根除，尤其是在建设周期较长的行业中依然合法存在。

据此可归纳出瑞镕船厂优先股的主要特征：(1)股息来源于利润；(2)先于普通股分配股息；(3)享受8%的固定股息，不参与公司剩余利润分配；(4)公司清算时享有优先求偿权，但不享有资产溢价分配权；(5)无表决权。那么，近代上海棉纺业的优先股是否也具备上述特征呢？

(二)棉纺业：以怡和纱厂为例

以纱厂为代表的棉纺业是当时上海最发达的工业部门，下面以英商纱厂中实力最为雄厚的怡和纱厂为例进行分析。怡和纱厂于1897年5月建成投产，由怡和洋行经理，1921年与公益、杨树浦纱厂合并。①

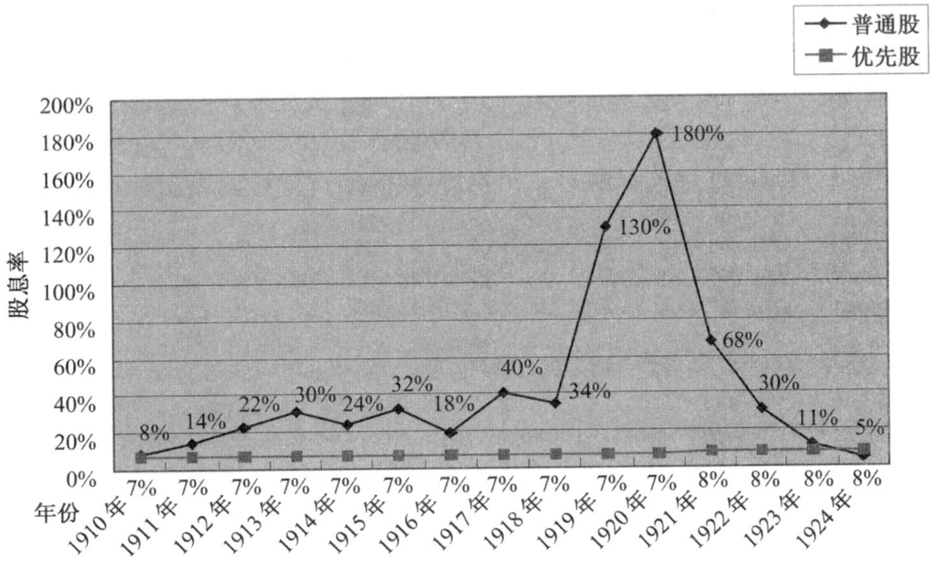

怡和纱厂普通股与优先股股息统计图(1910～1924)

① 参见严中平：《中国棉纺织史稿》，科学出版社1955年版，第364页。

1909 年，鉴于中国庞大的棉布消费市场，以及日本、印度棉布工厂的良好经营，怡和纱厂决定涉足织布领域，并打算新建一家织布厂。考虑到订购机器及购买土地等项开支需花费 50 万～55 万规元两巨额资金，怡和纱厂在 11 月 26 日召开的临时股东会上通过决议：决定增资扩股，发行 5000 股优先股，每股 100 规元两，从而将公司的资法定资本从 100 万两增至 150 万两。据其股东会记录，此次怡和纱厂发行优先股主要有如下特征：(1)先于普通股分配股息；(2)享受每年 7%的固定股息，但不参与公司剩余利润分配；(3)优先股股息若当年不能支付，可累积至下年发放；(4)在公司清算时享有优先求偿权，但不享有资产溢价分配权；(5)股东常会上无表决权，亦无被选为咨询顾问委员会的资格。①

1921 年，怡和纱厂为应对即将到来的激烈竞争，决定与英商公益纱厂(Kung Yik Cotton Spinning and Weaving Co. Ltd.)和英商杨树浦纱厂(The Yangtsepoo Cotton Mill Ltd.)合并，新公司名为英商怡和各纱厂有限公司(Ewo Cotton Mills, Limited)。② 董事会响应股东要求将原公司股票从每股票面价值 50 规元两拆分为每股 5 规元两，并发行 10 万股新股(每股票面价值 5 两)，原有股东每 8 股得认购 1 股。同时董事会为取得优先股股东对合并的支持，将优先股年股息率从 7%提高到 8%，但其每股票面价值仍为 100 规元两不变。③

从怡和纱厂 1910～1924 年股息统计图可见，优先股股东在 15 年间每年均获得 7%或 8%的固定股息，而普通股每年所得股息则出现剧烈波动，多数年份维持在 20%～70%的水平，甚至在 1919 年和 1920 年分别得到 130%和 180%的超高股息，当年所分股息远远大于每股 50 规元两的股本。普通股在 1913～1922 年的 10 年间连续获得高股息，10 年累积发放股息甚至达到了原股本的 5.86 倍。但棉纺业本身利润年际波动剧烈的特点，决定了普通股股息有时亦会低于优先股，如 1924 年之后棉纺业进入萧条期，普通股股息则连续两年维持在 5%的水平④，而优先股则仍然维持其 8%的固定股息。怡和纱厂 1910～1924 年普通股与优先股股息的强烈对比，充分体现了优先股现有普通股分配股息，以及优先股享受固定股息，并不参与公司剩余利润分配的基本特点。

从怡和纱厂普通股与优先股的对比中不难看出，怡和纱厂的优先股具备以下特征：(1)先于普通股分配股息；(2)享受每年 7%～8%的固定股息，不参与公司剩余利润分配；(3)公司清算时享有优先求偿权，但不享有资产溢价分配权；(4)无表决权。那么，在近代公用事业领域的优先股是否也具备上述特征呢？

(三)公用事业：以上海自来水公司为例

上海自来水公司于 1880 年正式成立，在英国注册，董事会最初设在伦敦，1887 年移

① "The Ewo Cotton Spinning and Weaving Co., Ld. Extraordinary General Meeting", *The North-China Herald*, November 27, 1909, pp. 508-509.

② "Ewo Cotton S. & W. Co., Ld. Extraordinary General Meeting", *The North-China Herald*, March 26, 1921, pp. 807-808.

③ "Ewo Cotton Mills, Ld. The Annual Meeting.", *The North-China Herald*, February 25, 1922, pp. 535-536.

④ "Closing Share Quotations", March 12, 1926, *The North-China Daily News*, March 13, 1926, p. 5.

至上海，厂址位于杨树浦路附近的黄浦江边。公司水厂于 1883 年开始供水，主要面向公共租界、法租界及静安寺以东的越界筑路地区，后发展为远东最大的现代化水厂。公司创办时资本额为 10 万英镑[①]，1932 年公司章程记载其额定资本为 100 万英镑，其中每股 20 英镑的股票为 4 万零 236 股，每股 1 镑的股票为 19 万 5280 股。[②]

据 1932 年之前的上海自来水公司章程中有关特种股票的专门条款，如果公司发行优先股，优先股应在股息分配方面具备优先权、股息有最高限额，在公司清算时享有优先求偿权，但不享有资产溢价的分配权且无投票权。在发行优先股之前，公司董事会还以特别决议的形式对公司章程的上述条款进行了增补，加入了“在上述条款内任何优先股均可能发行，或者公司认为时机合适时收回”的内容，使公司发行可收回累积优先股有了规章依据。[③]

在 1932 年 4 月初召开的临时股东会上，上海自来水公司决议发行票面价值为 10 规元两的可收回累积优先股（即股息可累积、并由公司在一定期限内回购），并赋予其每年获得 7%固定股息的权利，股息每半年支付一次。[④] 最终上海自来水公司在 1932 年以发行可收回优先股的形式完成了增资 100 万规元两的计划（每股 10 规元两，共 10 万股）。上海自来水公司该年发行的优先股不仅有年股息率 7%的可收回累积优先股，还有年股息率 6.5%的可收回累积优先股，而这一部分优先股的来源恰是 1922 年发行的 10 年期七厘公司债券，但此次优先股的发行规模较小，总额仅为 10 万规元两（每股 10 两，共 1 万股）。[⑤] 下面选取上海自来水公司五年股息数据对其优先股的特点进一步分析：

上海自来水公司普通股与优先股股息率统计表（1933～1937）

年 份	普通股				优先股
	A 种	B 种	C 种	年股息率 7%	年股息率 6.5%
1933 年	9.75%	7.75%	8.00%	7.00%	3.35%[⑥]
1934 年	9.94%	7.94%	8.00%	7.00%	6.50%
1935 年	9.68%	7.69%	8.00%	7.00%	6.50%
1936 年	9.58%	7.58%	8.00%	7.00%	6.50%
1937 年	9.00%	7.00%	8.00%	7.00%	6.50%

从上表可见，上海自来水公司的股权机构颇为复杂，不仅有普通股和优先股之别，而且其普通股和优先股还细分为不同类别，普通股分为 A、B、C 三种，即使在同一年份亦获

① 参见王荣华主编：《上海大词典》，上海辞书出版社 2007 年版，第 355～356 页。

② Articles of Association of The Shanghai Waterworks Co., Ltd.，《上海公共租界工部局总办处关于上海自来水公司章程》，U1-4-1678，上海档案馆藏。

③ Special Resolution，《上海公共租界工部局总办处关于上海自来水公司章程》，U1-4-1678，上海档案馆藏。

④ “The Shanghai Waterworks Co.”, Ltd., *The North-China Herald*, April 19, 1932, pp. 100-101.

⑤ “Shanghai Waterworks Co., Ltd.”, *The North-China Herald*, April 12, 1933, p. 64.

⑥ 因 6.5%年股息率优先股计息从 1933 年 7 月 1 日开始，所以 1933 年只发放半年股息。

得不等的股息。该公司不仅1932年发行了优先股，而且在公司发展的不同阶段发行了两种股息率不同的优先股。优先股按照约定股息率获得稳定股息，而普通股除C股(有股息约定条款的普通股)外，A、B股所获股息各自随公司盈利状况的变化而波动。优先股股东在优先获取固定股息后①，并未参与公司剩余利润的分配，因此普通股得以在五年内享受高于优先股的股息收益。据此可归纳出以上海自来水公司优先股的基本特征：(1)先于普通股分配股息；(2)享受固定股息(7%和6.5%)，不参与公司剩余利润分配；(3)公司清算时享有优先求偿权，但不享有资产溢价分配权；(4)无表决权。

综上分析，外商在华企业在船舶修造及航运业、棉纺业、公用事业等行业中代表性企业优先股的特点，我们可以对近代中国外商在华企业优先股的特征作出如下归纳：(1)先于普通股分配股息；(2)享受规定额度之固定股息，不参与公司剩余利润分配；(3)公司清算时享有优先求偿权，但不享有资产溢价分配权；(4)无表决权或只在直接涉及其利益的股东会上有表决权。另外，虽然上述代表性企业中只有瑞镕船厂有直接证据表明其股息必须源于企业利润，但上述公司中优先股均附带的股息可累积条款，即蕴含了股息必须源于公司利润的深意。因为如果外商在华企业可以像晚清本土企业那样移本发放股息，那么至少在企业破产清算之前，就不会存在拖欠优先股股息的情况。正是优先股股息必须源于企业利润的分配原则，才使得企业在利润不足或亏损时，就会发生积欠优先股股息的情况，优先股股息可累积概念也就应运而生了，如马来橡胶公司至1923年已累计拖欠优先股股息4万规元两②的例子恰是优先股股息可累积造成的。因此，外商在华企业优先股亦应具备股息必须来源于企业利润之特征。对比现代股份制企业中优先股的基本特征及相关限制条款，不难发现近百年后现代西方股份制企业依然继承了当时西方企业的优先股制度，或者说近代中国外商在华企业至少在优先股制度方面承袭了当时西方股份制企业制度。

三、本土企业与外商在华企业优先股之对比分析

本土企业优先股与现代意义上优先与限定条款并存的优先股并非同一概念，而是一种在权益方面(相对于普通股)处于一种全面优先地位的特种股票；而当时的外商在华企业优先股则全面承袭了近代西方企业制度中优先股所具备的特征，与现代企业制度中的优先股是一脉相承的关系。现就近代中国并存的两种优先股之特征作如下对比：

---

① "Shanghai Waterworks Co., Ltd.", *The North-China Herald*, April 12, 1933, p. 64.

② "Shanghai-Malay Rubber Estates.", *The North-China Herald*, February 3, 1923, p. 320.

本土企业与外商在华企业优先股对比表

类别	股息来源	分配顺序	股票收益	企业剩余资产分配	表决权
本土企业	晚清源于企业利润、股本或借款，不管企业盈亏均应给付；民国多数企业转变为源于企业利润，不盈利则停发	多数企业与普通股同时分配官利和红利，部分企业先提取优先股特别报酬	除享有官利和红利外，绝大多数还享有特别收益	多数企业无相关条款，部分企业规定清算时享有优先求偿权	与普通股享有同等投票权和被选举权
外商在华企业	源于企业利润，无盈利则停发	在普通股之前	享受固定股息，不参与企业剩余利润分配	企业清算时享有优先求偿权，但不享有资产溢价分配权	无表决权或只在直接涉及其利益时有表决权

首先，二者的权益不同。本土企业的优先股的权益相对于普通股处于全面优先的地位，而外商在华企业优先股的权益与普通股相比则各有利弊。本土企业优先股除享有普通股的一切权益外，绝大多数企业的优先股还享有特别收益，如多分派官利、红利，缴纳股款时给予一定折扣、加赠红股等。同时在分配顺序上，部分企业先提取优先股特别报酬。此外在公司破产清算时，多数企业虽未规定相关条款，但从规定破产清算条款公司的记录看，优先股在企业清算时亦具备优先求偿权。

与之形成鲜明对比的是，外商在华企业优先股享有优先获得股息、获得稳定股息和清算时优先求偿权三个特权的同时，也失去了对公司剩余利润的分配权、公司资产溢价的分享权及参与公司经营管理的投票权。所以外商在华企业普通股与企业是风险共担的利益共同体，而优先股则是一种类似借贷性质的契约关系，是一种基于投资收益的稳定性保障的权利义务相制衡的博弈关系。

其次，二者的招股难度不同。本土企业由于处于相对弱势地位，往往招股困难，尤其是晚清路矿公司开办之时，民众互相观望，利用优先股来鼓励认股非常必要。[①] 及至民国，多数本土企业的弱势地位并无根本性改变，多数企业在招股时，亦规定先期认股或发起人股为优先股并享受特别权益。[②] 而将新募股份作为优先股，则更折射出企业筹资招股之艰难。另外汉冶萍公司商办时将老股作为头等优先股的做法并非说明上述情况有所改观，而更多是对老股东之前认股行为的肯定，以便对企业之后的招股产生积极的示范效应，如其章程所载“再行续招新股，则此次所集普通股届时亦应照优待之例”[③]。除此之外，将老股作为优先股的情况多存在于有官方背景且关系国家利权的企业中，其商办过程

① 参见《商办浙省铁路有限公司暂定章程》，载1906年3月3日《申报》。

② 参见《苏当局核准炼钢厂公司章程》，载1926年7月25日《申报》；《劝业银行筹备处广告》，载1920年2月25日《政府公报》第1448号；《浦东纱厂之草章》，载1919年1月7日《申报》。

③ 湖北省档案馆编：《汉冶萍公司档案史料选编》(上册)，中国社会科学出版社1992年版，第236～237页。

多杂有民众挽回利权的民族情绪和对企业前景的美好预期,同时这些企业本身亦具有优质资产及稀缺资源,如汉冶萍公司"兼采矿、炼铁、开煤三大端,创地球东半面未有之局"①,而这类企业在当时并不多见。即便如此,汉冶萍公司此次招股亦出现了将其中的700万元(总共新招1700万元)列为二等优先股,并赋予其特别权益的现象②,这也从侧面反映了其招股之不易。

同时,外商在华企业由于拥有不平等条约规定的诸多特权,加之资金技术实力雄厚,在招股集资过程具有很大优势,中国商民亦多附股其中。③ 因此,外商在华企业在扩大再生产或有其他资金需求时,得以发行权利限制与特权附加条款并存的优先股,除了多数足额认购,还会出台限购措施,如上海自来水公司1932年发行年股息率7%的可收回累积优先股,即仅限公司债券持有者和老股东认购。④ 甚至部分企业的优先股发行存在溢价(时称"升水"),如1921年怡和纱厂发行10万股新股,每股票面价值5规元两,亦溢价一倍,且仅限老股东八股得认购一股。⑤ 发行新股的溢价一般纳入企业公积金账目,用于企业应对各种风险。

可见,外商在华企业不仅发行股票认购踊跃,而且还经常将认购范围限定在老股东范围内,甚至部分企业发行新股还能享受溢价一倍的额外收益。反观本土企业,不仅股票认购不够踊跃,而且还需给予先认股份一定优惠或赋予特权条款,因此本土企业发行只有附加特权而无限定条款的优先股也就显得顺理成章了。

最后,二者的差异体现了双方在企业制度演进中处于不同阶段。上文多数本土企业优先股本质上可视为发起人股及发起人股概念的延伸(如老股、先期缴款及一次缴款股份),即优先缴纳股款的股份。而部分企业将发展过程中增发的股份附加特权作为优先股的做法,虽然与西方企业制度中优先股的发行动机颇为类似,但由于这部分企业的优先股在资本市场上并不具备与投资者进行条款博弈的条件,也就失去了加入限制性条款的基础,所以可视为西方企业制度在特殊市场环境下发生变异的产物。同时,本土企业优先股中还有实质为红股的优先股,因此本土企业优先股本质上实为发起人股、优先股和部分红股的统称。

而近代外商在华企业则将之分别细化为发起人股、优先股和红股。西方在华企业的优先股是典型西方公司制度下的优先股,而且当时的西方在华企业有专门的发起人股,如祥生洋行(Boyd & Co.)和汇中洋行(Central Stores, Ld.)⑥等均有发起人股的交易信息刊登在《字林西报》上。所以本土企业和外商在华企业优先股的差异还可以理解为外商在华企业在公司制度层面要比本土企业更为成熟。

---

① 张之洞:《铁厂招商承办议定章程折并清章》,载《张文襄公奏议》卷四四,民国十七年张文襄公全集本。

② 参见《商办汉冶萍煤铁厂矿有限公司详细章程》,上海档案馆藏:Q92-1-132-63。

③ 参见汪敬虞:《十九世纪外国侵华企业中的华商附股活动》,载《历史研究》1965年第4期。

④ "The shanghai Waterworks Co., Ltd.", *The North-China Herald*, May 3, 1932, pp. 180-181.

⑤ "Ewo Cotton Mills, Ld. The Annual Meeting.", *The North-China Herald*, February 25, 1922, pp. 535-536.

⑥ "Shanghai Share Market", *The North-China Daily News*, January 4, 1897, p. 2. "Shanghai Share Market, January 5, 1910.", *The North-China Daily News*, January 6, 1910, p. 10.

究其原因，外商在华企业（至少在优先股制度上）直接承袭了西方近代数百年来形成的成熟企业制度；而本土企业的公司制度则借镜西方并融合了传统的投融资理念，且只有几十年的发展历程，因此本土企业在特种股票发行方面相对于西方在华企业不够成熟也就不难理解了。同时，在近代中国的大部分时期内，外商在华企业在税收（如厘金）、融资（如股票溢价）、法律（如租界）等方面拥有诸多特权，而这种地位上的不平等又进一步迟滞了本土企业公司制度演进的进程。最终使得近代中国本土企业与外商在华企业两种性质迥异的优先股呈现出长期并存、差异演进的历史状态。

近代中国本土企业的优先股是一种在普通股基础上直接附加特权而形成的特种股票，在权益方面与普通股相比处于一种全面优先的状态；而外商在华企业的优先股则权利限制与特权附加条款并存，与近代西方企业制度中的优先股相一致。造成这种差异的主要原因是二者招股难度的差异，本土企业在发行股票时，无论在认购热情上还是在溢价收益上，在与外商在华企业的对比中均处于弱势地位。同时，本土企业优先股实质上是西方意义上发起人股、优先股及部分红股的统称，而外商在华企业优先股则是典型的西方企业制度下的优先股，且有专门的发起人股存在。而上述差异如果提升到企业制度层面，这说明本土企业在企业制度演进方面与外商在华企业相比尚处于初级阶段。究其原因，则主要是中外企业在发展历程和所处地位上的差异。

（郭岩伟，复旦大学历史系博士生）

太平天国时期江南社会慈善事业述评

刘　晨

传统中国社会慈善事业与民间慈善组织的社会功用，主要体现在灾害救助与公共卫生（环境保护、医疗卫生建设等）两个领域，而这本属国家与地方官府职责所在。不难想见，传统国家对此类地方社会事务之消极态度的部分缘由，与灾疫、环境、卫生等社会公共事件虽然有碍民生，但毕竟不会对王朝统治产生直接的危害有关。所以，直至清代，社会生活领域的许多方面主要是由地方精英——地方乡贤力量来承担的，而非官方行为。

在太平天国战争时期，江南民间社会慈善事业基本陷于瘫痪，太平天国官方则力图取代过去民间社会力量在灾害救助、医疗卫生等领域的主导地位，重建江南社会秩序，却收效甚微，最终流于失败。长期以来，学界不断强化太平天国的“破坏性”与民间慈善事业“社会救济”功用的对立，片面强调太平天国战争对江南社会慈善事业毁灭性破坏的客观事实，却忽视了太平天国时期江南社会慈善事业所呈现的别样景象、太平天国官方对慈善组织的真正态度，以及造成江南社会慈善事业瘫痪的深层原因的探究。①

一、太平天国官方积极介入公共卫生事务

近代民间慈善事业的兴起与政府在社会救济和公共卫生事业方面低落的行政效率密切相关。太平天国作为新兴政权，从未放弃过对重建正常社会秩序主导权的争取，尤其重视城乡医疗公共卫生事务，并以积极的姿态介入其中。

---

① 台湾学者梁其姿的《施善与教化——明清的慈善组织》（河北教育出版社 2001 年版）一书，是研究明清时期慈善组织最为全面的著作。但该书对太平天国时期慈善事业的描述几乎是空白，也没有谈及两者的关系，只是多次提到太平天国对慈善事业发展的破坏性。周秋光、曾桂林在《中国慈善简史》中写道：“19 世纪六七十年代，江南地区慈善机构在太平天国运动时期毁于兵燹。战后，育婴、恤孤等慈善事业再度兴起。”（人民出版社 2006 年版，第 447 页）陈桦、刘宗志在《救灾与济贫：中国封建时代的社会救助活动》（1750～1911）一书中也只是强调“19 世纪 50 年代太平天国战争的爆发，给江南社会以严重破坏。土地大量荒芜，人口大批伤亡流迁，社会秩序混乱。民间慈善活动也因此受到严重影响，各地善堂设施，多损毁于战火”（中国人民大学出版社 2005 年版，第 415 页）。周荣在《明清社会保障制度与两湖基层社会》一书中指出：“清后期的太平天国战争几乎给两湖地区社会保障机构以毁灭性的打击。”（武汉大学出版社 2006 年版，第 452 页）学界一直没有对太平天国时期江南社会的慈善事业进行深入挖掘和剖析。

(一)普设民医

太平天国定都天京后,除完善朝内、军中医疗卫生系统,还“分设各街道医生至六十人,并职同军帅”①,为百姓接种牛痘。②

太平天国官方极其重视医疗队伍的建设,北王韦昌辉曾下令招访良医:“类如大小方脉、内外专科、眼科、妇科以及专理小儿急慢惊风等症……凡有精通医理能治各项病者,即宜应命前来。”③这一时期,江南名医杨斐成、哈文台、宋耕堂、王震田等皆为太平军效力。可见,太平天国对医生队伍建设给予了极高的重视。

(二)重视医疗卫生机构的建设

太平天国曾设立医馆、能人馆等机构,为士兵、百姓看病。后来洪仁玕在《资政新篇》中也明确提出“兴医院以济疾苦”④,得到洪秀全的赞同。虽然具有现代特征的医院最终未能建立起来,我们仍然可以看出太平天国最高层对建设医疗卫生机构的积极态度。

(三)扫除病害

东王杨秀清曾动员天京军民捕捉老鼠、臭虫。据记载:“又传伪令,要每女馆送小老鼠数对,臭虫数对于伪府。”⑤“每夜间向女馆出令:或交活鼠一个,或交蜰虫一对,或每馆交泥丸一斛。”⑥

咸丰六年(太平天国丙辰六年,1856)江南爆发蝗灾,太平军地方当局重视捕蝗赈灾,并以收买的方式动员民众除蝗,“即出示捕收,每斤七、八文。于是老稚藉有生计。然愈捕愈多,愈后愈大。又出示设局收买,每斤十五、六文”⑦。

同治元年(太平天国壬戌十二年,1862)六月,苏州瘟疫流行,太平军下令禁食西瓜,“夏秋之交,大瘟疫。忠酋书记某食西瓜后染瘟疫死,故禁食之”⑧。

(四)维护环境

传统社会的环境问题主要表现在水污染、城乡卫生恶化等方面。

咸同之际,浙西海塘多处坍塌,一直未能修复,致使卤水倒灌内河,嘉兴等地河水变

---

① 张德坚:《贼情汇纂》,载中国史学会主编《中国近代史资料丛刊·太平天国》(以下简称《太平天国》)第3册,神州国光社1952年版,第105页。

② 参见[英]呤唎:《太平天国革命亲历记》上,王维周译,上海古籍出版社1985年版,第167页。

③ 《北王韦昌辉招延良医诫谕》,载罗尔纲、王庆成主编《中国近代史资料丛刊续编·太平天国》(以下简称《太平天国续编》)第3册,广西师范大学出版社2004年版(下引此书,版本同此),第13页。

④ 洪仁玕:《资政新篇》,载中国史学会主编《太平天国》第2册,神州国光社1952年版(下引此书,版本同此),第535页。

⑤ 张汝南:《金陵省难纪略》,载中国史学会主编《太平天国》第4册,第661页。

⑥ 汪堃:《盾鼻随闻录》,载中国史学会主编《太平天国》第4册,第397页。

⑦ 柯悟迟:《漏网喁鱼集》,中华书局1959年版,第30页。

⑧ 蓼村遁客:《虎窟纪略》,载南京大学、江苏师范学院历史系合编《太平天国史料专辑》(《中华文史论丛》增刊),上海古籍出版社1979年版,第42页。

咸，水域污染严重，甚至引发“霍乱吐泻”之疾，并致海宁、海盐等处三年无成谷，饿殍遍野。据当时文人沈梓之《避寇日记》记载：

> 辛酉之秋，硖石、园花等处咸水漂入内河，禾稻并死。是时濮院水始有带咸味者，然不过月余而止，自陡门以北即无咸味矣。壬戌夏秋海塘复圮，硖石附近田禾皆为咸水所偃，而咸水所波及非仅濮镇，而陡门以北皆咸矣。然亦不过数月，而新塍以北依然淡水也。至今年春季，濮院水即带咸，然时咸时淡，尚无害于田禾。至七月则竟咸矣，饮之者肚腹率作胀痛，遂有吐泻霍乱之病。八月为盛，不过周时便殒命，统濮院镇乡每日辄毙数十人。他镇食咸水者，其致病亦与濮镇相若。不得已大小各户皆取水于池潭中，价至每担数十文。是时，则新塍、乌镇之水无不咸矣。余于八月卅赴乌镇，舟人饮咸水者皆患肚痛腹泻，乌镇人皆于西栅外载水而入，实则仍带咸味，但不若内河之大咸耳。余送五妹之柩至徐陵渡安葬，其地系含山塘水也，亦带咸味，盖含山塘犹承海宁塘棲之下流也。至于双林，则苕霅之水自西南而来无复咸水矣。凡咸水之港，水作红色，或汲入桶中，至暗室中以手击之则爆出火星，细细如毛，犹以铁击石而出火之象也。[①]

可见当时饮用水污染变咸主要是由海塘塌陷、海水倒灌所致，但从“水作红色”“爆出火星”“细细如毛”等现象分析，还存在环境破坏如生活垃圾、手工业生产废水等其他因素。水源污染又为寄生生物提供了生长环境而致瘟疫（据沈梓描述之症似是急性肠胃炎），并影响庄稼灌溉和其他生产用水。

太平天国官方对修缮水利的态度比较积极。在政策层面，洪仁玕在《资政新篇》中就提出：“兹有火轮气船一日能行二千余里者……若天国兴此技，黄河可疏通其沙而流入于海，江淮可通有无而缓急相济，要隘可以防患，凶旱水溢可以救荒。”“立丈量官。凡水患河路有害于民者，准其申请，大者发库助支，小者民自捐助。”在实践层面，比较突出的就是太平天国地方当局修复海宁海塘，遏制河水变咸，“海塘自贼未来时即有圮处，至辛酉以来，往往连圮数十百丈”，太平军“累经派费修塘”，“局中分一小纸条至各店铺……以修筑海塘之举暂派铺户倍十倍五之捐不等”，“修海塘费每田廿亩派钱三十千”[②]。在江苏常熟，太平军仕天预申某、桓天侯罗某“设局庙桥。定议筑海塘，造牌坊，修塘路及上忙条银每亩征钱七百廿，佃农疲惫不堪”[③]。

兴修海塘、河道疏浚等工程在传统意义上被认为是国家有关水利、防洪、交通等事业的举措，但实际上对于人口密集的城镇来讲，也是关乎民众生存环境与卫生的工作。嘉兴等地太平天国当局派费修塘在客观上有利于遏制水污染。又如咸丰十一年（太平天国辛酉十一年，1861）冬江南发生雪灾，常熟太平军当局多次下令雇工“敲冰”[④]，此举也有改善民众生存环境之利。

---

① 沈梓：《避寇日记》，载太平天国历史博物馆编《太平天国史料丛编简辑》第 4 册，中华书局 1963 年版（下引此书，版本同此），第 275 页。

② 沈梓：《避寇日记》，载太平天国历史博物馆编《太平天国史料丛编简辑》第 4 册，第 275、211 页。

③ 参见龚又村：《自怡日记》，载罗尔纲、王庆成主编《太平天国续编》第 6 册，第 98 页。

④ 龚又村：《自怡日记》，载罗尔纲、王庆成主编《太平天国续编》第 6 册，第 87 页。

太平天国当局非常重视城乡民众的生存环境，多以行政命令强行维护。定都初期，政府较为重视都城天京的环境卫生，“独有街道爱完整，奉帚携锄命无梗”[①]；南京的干净整洁也给外国人留下了良好的印象，咸丰四年（太平天国甲寅四年，1854）四月，美国传教士克陛存（M. S. Culbertson）随新任驻华公使麦莲（R. M. Mclane）访问天京。他赞扬道：“（南京）不少街道不仅宽阔，而且看上去保持着清洁状态，这在中国的城市中并不多见。我还观察到人们普遍注意个人整洁和生活的规矩庄重，这是他们的同胞所普遍忽视的问题。”[②]此外，在乡村，太平天国设立乡兵，“日间管理各户洒扫街渠，以免秽毒伤人”[③]；在军中，“凡营盘之内俱要洁净打扫，不得任意运化作践，有污马路，以及在无羞耻处润泉（小便）”[④]。

咸同之交江南暴雪，嘉兴一带“平地三尺有余，天气严寒，滴水成冰，雪冻不消，街路人行处冰坚厚光滑，着履者颠仆，损跁折骨”。时值太平天国壬戌十二年（1862）天历春节前夕，虽然战事紧张，太平军当局仍然下令民众清扫街道以迎新年，“三日后为岁朝令节，街道打扫净洁，有不打扫者违令即究”[⑤]。

此时，一场波及数省，造成数百万人丧命的大瘟疫正在流行，太平天国领导人高度重视去除病害、保持居住环境卫生，意在建立正常稳定的城乡环境秩序。

尽管如此，太平天国政权在公共卫生领域的举措却成效不大，最终流于失败。太平天国时期江南空气状况的恶劣，主要是由战争造成的。时人记载太平军过境时放火，“风火俱烈，延烧十余里，至陡门以西而止。自辰至申方熄。塘内一二里皆延烧……火光烟焰，十里外皆见之”[⑥]。湘军攻破南京后，大肆焚掠，三日夜火光不绝，“烟起数十道屯结空中，不散如大山，绛紫色”[⑦]。空气污染之状况可见一斑，当然战争因素造成的污染难以通过某一占领区域政权的行政命令得到扭转，更无从也不必区分责任。

民众居住环境的状况在太平天国后期急转直下。仍以都城南京为例，在外国人的记述中，太平天国前后期天京的环境截然不同。咸丰十一年（1861），英国军官白拉克斯顿（T. W. Blakiston）上尉访问天京，他记叙道：南京郊区“散发着恶臭”，居民区“有许多荒地、废墟和垃圾”。同行的上海英国领事馆翻译富礼赐（Robert J. Forrest）所记天京环境脏乱之见闻更为详细，他说，从南门北行，“路面上净是小洞和裂痕，污水污泥积成的小水潭和水沟散发着臭气；雨天时街道则变成湖泽，无法行走”。甚至洪秀全的天王宫中“每一件东西都相当肮脏，镀金之处很快就被手汗、灰尘和雨水所污而附上一层棕色”，“地上满是痰迹和污物。懒散闲逛着的天兵们蓬头垢面，衣衫褴褛”[⑧]。南京风貌之凄凉与政权之颓废，或许正预示着未来太平天国的悲惨命运。

太平天国政府在江南的社会公共卫生事务，诸如保护环境、重视医疗卫生建设等举

---

① 马寿龄：《金陵癸甲新乐府五十首》，载中国史学会主编《太平天国》第4册，第733页。

② 《西方关于太平天国的报道》，载罗尔纲、王庆成主编《太平天国续编》第9册，第139～140页。

③ 洪仁玕：《资政新篇》，载中国史学会主编《太平天国》第2册，第535页。

④ 张德坚：《贼情汇纂》，载中国史学会主编《太平天国》第3册，第228页。

⑤ 沈梓：《避寇日记》，载太平天国历史博物馆编《太平天国史料丛编简辑》第4册，第126页。

⑥ 沈梓：《避寇日记》，载太平天国历史博物馆编《太平天国史料丛编简辑》第4册，第199页。

⑦ 赵烈文：《能静居日记》，载罗尔纲、王庆成主编《太平天国续编》第7册，第270页。

⑧ 《西方关于太平天国的报道》，载罗尔纲、王庆成主编《太平天国续编》第9册，第315、316、360、365页。

措，受主客观条件的限制，缺乏经常性的保障以及必要的监督和管理，因此没有形成一套制度化、经常化和普遍化的体系，成效也并不显著，最终归于失败，但其官方态度则是鲜明的、积极的，太平天国政府曾试图以强有力的行政命令涉足民众的社会公共生活空间。

传统上，民间社会慈善事业的形成和发展，并不单纯地出于解决迫切的社会问题这一目的，如惜字会与其特殊的宗教信仰（文昌帝君信仰）紧密相关，清节堂则与教化妇女守节有关。太平天国重建城乡环境卫生秩序的努力，本质上则是为加强政府对地方社会的渗透和控制。两者的信仰存在冲突，动机也有差异，但在维护城乡环境、改善民众生存条件等公共卫生领域层面的客观效应上，具有一致性。因此，太平天国官方和社会慈善事业的“社会功用”并不存在根本的抵牾，这就决定了太平天国政府对慈善组织政策的可变性。

二、太平天国统治区的“慈善”事业

太平天国对民间慈善组织并不完全持取缔的态度。前期，太平天国并没有开辟持久有效的战略基地，政府对慈善事业的态度也不甚明朗。咸丰十年（太平天国庚申十年，1860），忠王李秀成、侍王李世贤奉命东征，先后建立苏福省和浙江天省，太平天国才真正拥有了比较稳固的后方基地。在后期太平天国的统治区，民间慈善组织的发展并非完全停滞。

太平天国统治区建立的慈善组织

类　别	创建年份	地　点	善堂名称	创建人身份
育婴堂	1862	浙江湖州剡源乡	保婴会	不明
清节堂	1862	江苏苏州昭文县	清节堂	民办
施棺类善堂	1860	浙江嘉兴乌青镇	葬会	民办
	1860	江苏苏州吴县	志德堂	民办
	1862	浙江杭州海宁县	永善堂	民办
	1863	江苏苏州余家湖	存仁堂	民办
综合性善堂	1863	江苏常州江阴县	宝善堂	民办

注：该表参照梁其姿《施善与教化——明清的慈善组织》“附表一”“附表二”“附表三”“附表四”提取、整理而成。

由上表可知，在太平天国统治下的乡村地区，慈善组织仍有一定的发展，民办善堂还存在一定的生存空间，但已不可与社会秩序的安定期相比。这说明，慈善组织虽然发展滞缓，但太平天国政府并未对其施加有强制取缔的行政法令。

太平天国实行“禁棺”政策，严禁百姓使用棺木。但据上表统计，成立的施棺类善堂数目仍然居多，一方面反映出战争、瘟疫、饥饿、恐慌造成了大量的人口流失；另一方面反映出太平天国对地方社会控制的薄弱，太平天国地方政府对这类“违法”善堂尚无暇顾及。

在主要占领城市，太平天国相继建立起各类独具特色的救济组织，政府打破过去“官督民办”的模式，独揽城市“慈善”事业。

在天京,“设老民残废馆……旋于东北两城设立数十馆,每馆二十五人,自拟一馆长,并无长手老贼杂处,每日藉拾字纸、打扫街道为事……嗣后合城皆有此馆,共约有三千人,贼并逐日发米谷,每人约三四两”[①]。所谓“老民残废馆”实际上就是“牌尾馆”,牌尾馆老人所需的生活用品皆由圣库供给,老人们也为政府做事。这类“养老院”性质的抚恤机构,完全是官办的。另外,牌尾馆老人从事的“拾字纸”工作,在一定程度上具有民间慈善组织惜字会的活动特征。但太平天国反对多神崇拜,奉天父上帝为独一真神,其他一切神灵都被视作妖魔,文昌信仰亦在被禁之列。太平天国官方允许老人拾字纸,一是因为政府对这类活动背后的信仰不甚明确,一则反映出太平天国文化政策的转变。

太平天国政府还严禁溺婴,“不得已难养者,准无子之人抱为己子,不得作奴视之。或交育婴堂”[②]。据《金陵杂记》载:“伪育材官前伪封为育婴官……令通文理者教(孩童)习读该逆所撰妖书。”[③]太平天国有自己官办的育婴堂。

城市中的女馆制度实际具有一定“清节堂”或“恤嫠会”妇女救济的性质。太平天国初期分男营、女营,严别男女,后又扩大女馆,女子从事拾柴割麦、挑挖壕沟、抬埋尸体等工作。

咸丰三年(太平天国癸好三年,1853),太平天国成立掩骨衙。据载:“贼于九十月间忽传伪令,城内不准埋尸,设掩骨衙,有死人则令女馆抬至城外埋之。”[④]掩骨衙负责城市的尸骨掩埋工作,“女馆”也承担起一些“助葬”的善行。

这些具有社会救济性质的组织完全是官办的,甚至是完全政治化的机构。后来在苏州、杭州等地又出现了一些官民合办的慈善组织,如收尸局、抚恤局、施粥局。

太平军攻破苏州,庞大的尸群无法处理,太平天国官方只好借助地方社会和地方精英的力量,“城中设收尸局数处,皆苏人自备资斧,雇用土工扛夫以作善举者也”,“收尸局之设,元和县书吏实始创议,纠集十二人联名具呈,情愿自办,惟请发给凭照,于是分设数局,号曰‘奉令掩埋’”。[⑤]

太平军破杭州,杭民饥荒,“贼深悯焉,戒小长毛勿杀,急出米赐粥赈饥,飞书至嘉兴运米至杭”,以移粟救民之法赈饥。在嘉兴,太平军在告示中声称,因“寒者无衣,饥者无食,实属可悯”,特委派官员“设卡安民,招集流离,复归故土,安居乐业”。在湖州、嘉兴,太平军当局着湖城士绅及盛泽王氏在各地分设抚恤局,慕王谭绍光委员以令箭“往湖城领难民出城,拨载至厚林、晟舍、双林、盛川四处,就居民间逃亡空屋中,日施糜粥医药,每局人以二三千计”,“其无依者,就居局中,局不能容,又设分局”,当地士绅盛赞此举“可谓绝大善举,全活者无算”。在桐乡,太平军在地方士绅的资助下,“于秀邑翔云观设施粥局,敲锣示众,令饥民先至局领筹”,“其粥甚厚,可以巾裹”。太平军的抚恤施粥之举,一直持续到“新米出,价甚廉,饥民乃得谋食自给矣”。[⑥] 在吴江同里镇,太平军“自去年(咸丰十年)秋间,

---

① 涤浮道人:《金陵杂记》,载中国史学会主编《太平天国》第4册,第621页。

② 洪仁玕:《资政新篇》,载中国史学会主编《太平天国》第2册,第535页。

③ 涤浮道人:《金陵杂记》,载中国史学会主编《太平天国》第4册,第621页。

④ 佚名:《粤逆纪略》,载中国史学会主编《太平天国》第4册,第69页。

⑤ 潘钟瑞:《苏台麋鹿记》,载中国史学会主编《太平天国》第5册,第283页。

⑥ 沈梓:《避寇日记》,载太平天国历史博物馆编《太平天国史料丛编简辑》第4册,第105、64、169、184、185页。

里中设施粥局，留养难民，每口给票，朝暮发粥四碗……又有逃难过往之人住宿，给路凭资遣别处”①。在江苏常熟，乡官钱华卿“先在六门盖造敞宇，留养难民，施衣赈粥，自此蚁聚而来……后难民愈多，即拨每一旅名下，派难民十名，另募一文缘，每名给钱四十留养。此举活人无算”②。

然而，官方设立的救济机构如牌尾馆、女馆，随着家庭制度的恢复渐渐消亡；官民合办的一些慈善组织最终也是昙花一现，苏州收尸局的人员“每日晨出午归，未出酉归”，尸体基本掩埋完毕后，“敷衍至匝月而局方撤”③。抚恤局、施粥局存在时间最长也不过二三月，随战局的转变、灾疫形势的稍许好转即趋于废弛。

尽管如此，后期太平天国对地方慈善事业的主流态度仍然是积极的。洪仁玕在《资政新篇》中提到：“倘民有美举如医院、礼拜堂、学馆、四民院（鳏寡孤独）、四疾院（跛盲聋哑）等，上则亲临以隆其事，以奖其成，若无此举，则诏谕宣行，是厚风俗之法也。”天王洪秀全于其上御批“钦定此策是也”④。可见政府并不排斥地方兴办慈善事业。因此，我们不能以客观结果并不乐观而忽视太平天国当局的这种态度，甚至否认政府曾经做过积极努力的尝试。

三、太平天国时期江南社会慈善事业发展滞缓探因

太平天国官办性质的公共卫生事业、社会慈善事业，受当时主客观条件的双重制约，在实施中阻碍颇多，收效甚微。

首先，太平天国低效的政权建构。频繁的战事使太平天国一直缺乏稳定的战略后方，各地多处拉锯状态，开拓疆土成为太平天国的第一要务。加之天灾瘟疫不断，人口大量流失，社会崩溃的事态很难在短期内扭转，太平天国政权没有也不可能投入更多的精力用于社会管理。如修复嘉兴海塘一事，当地文人沈梓事初即断言“贼去则海塘无修筑之理”，持悲观态度。⑤

其次，社会经济条件的限制和太平天国的“积贫”状况，使政府赈济灾民、维护城乡公共卫生的政策缺乏生命力。对施粥赈饥的慈善之举，时人即清楚地判断“所费浩繁，一年已万余金，恐难持久”⑥。而经费不足又导致太平军苛捐严重，境内百姓疲于应付，对修塘筑路等事颇有抵制情绪。

另外，后期太平天国政权的腐朽，连它的“总理王大臣”洪仁玕也不得不承认：“（百官）动以升迁为荣，几若一岁九迁而犹缓，一月三迁而犹未足。”⑦官员贪污腐化，严重影响了

① 倦圃野老：《庚癸纪略》，载中国社会科学院近代史研究所、《近代史资料》编译室编《太平天国资料》，知识产权出版社2013年版，第100页。

② 柯悟迟：《漏网喁鱼集》，第51页。

③ 潘钟瑞：《苏台麋鹿记》，载中国史学会主编《太平天国》第5册，第284页。

④ 洪仁玕：《资政新篇》，载中国史学会主编《太平天国》第2册，第525页。

⑤ 沈梓：《避寇日记》，载太平天国历史博物馆编《太平天国史料丛编简辑》第4册，第275页。

⑥ 倦圃野老：《庚癸纪略》，载中国社会科学院近代史研究所、《近代史资料》编译室编《太平天国资料》，第100页。

⑦ 《干王洪仁玕立法制諠谕》，载太平天国历史博物馆编《太平天国文书汇编》，中华书局1979年版，第94页。

兴办社会慈善的力度，比如兴修海塘，当时人即认为“贼虽累经派费修塘，率皆饱私囊，未必办公事”[①]。

在主客观条件的限制下，官办性质的公共卫生事务、社会慈善事业缺少必要的监督和管理，并未形成制度化、经常化和普遍化的体系，其最终归宿也就不那么出人意料了。

至于以地方精英为核心的民间社会所兴办的慈善事业和慈善组织，其特征、机制多与太平天国的社会组织制度相悖。

太平天国初期高度集中的圣库供给制蕴含着太平天国独特的政治和宗教特色，相应地形成了国家管理地方社会的一套社会组织制度和行政政策。政府一方面以移风易俗的社会改革宣扬奉天承运、王朝正统，一方面力图取代地方社会精英对基层社会的政治和思想渗透以建立强有力的后方基地。

因此，地方社会精英阶层宣扬教化的重要工具——慈善组织，在太平军控制力较强的城市中基本被代之以太平天国独具特色的官办“慈善”事业——具有一定社会救济性质的政治机构。以救济青年寡妇为主要目的的清节堂、恤嫠会等善堂及善会自然地被太平天国管理、组织妇女的“女营”“女馆”取代；施棺类善堂因违背太平天国严厉地禁棺令被迫关闭，助葬类善堂的社会功用则被“女馆”“牌尾馆”“掩骨衙”等机构的部分职能取代；育婴堂、普济堂、栖留所、药局等慈善机构大部分因与官方取消私有的社会组织制度相抵牾而被收归“国有”。

太平天国时期的慈善组织呈现出进一步延续清中叶以来“官僚化”趋势的征象。但是太平天国官方不仅是简单地积极介入慈善事务，而且力图在占领区取代原有民间慈善组织的社会救济功用。民间慈善组织在弊端百出的公有供给制度束缚下，失去了对政府效率低落的有效弥补，丧失了在城市中生存的空间。咸丰四、五年间，迫于内外压力，为安抚人心，太平天国中央政府改弦易辙，允许夫妻团聚、男女婚配成家。[②] 家庭制度恢复后，政治化慈善机构逐渐衰落，但长期以来被破坏的政府督导与民间承办的互惠关系无法重建，继续限制着民间发展慈善事业的热情。

乡村社会慈善事业发展滞缓的原因，与太平天国薄弱的地方控制有关。按照美国学者孔飞力的研究，“太平军已经成功地把清代的地方行政长官赶出有城墙的城市，但却不能摧毁农村名流的地方团练集团”，“太平军的控制很少能越过行政城市的城墙”。[③] 实际上，太平天国地方政府面临的问题不仅是控制力薄弱，甚至在某些地区还出现了“社会失控”的现象。

咸同之交，太平军进攻浙江，诸暨乡民包立身以包村为据点，聚众抵抗太平军达八九个月，最后上演了一幕被“屠灭”的惨剧，包村老少靡有孑遗。包村失陷一年后，幸存者才进入村子清理尸体，“满地身首异地、手足残缺、又被野兽撕裂的死难者尸体”，“他们在村

---

① 沈梓：《避寇日记》，载太平天国历史博物馆编《太平天国史料丛编简辑》第4册，第275页。

② 《天父圣旨》甲寅四年八月二十四日记载：“东王于梦寐之间，蒙天父降圣旨云：‘秀清，尔好铺排尔一班小弟、小妹团聚成家。’”（王庆成编注：《天父天兄圣旨》，辽宁人民出版社1986年版，第111～112页）

③ ［美］孔飞力：《中华帝国晚期的叛乱及其敌人》，谢亮生、杨品泉、谢思炜译，中国社会科学出版社2002年版，第200～201页。

子中心建了五间石屋，把尸骸整整齐齐地分类叠好。又请了和尚、道士打醮超度亡灵”。[①]太平军攻破包村，既不设乡兵驻守，又不派官员管理，弃之不顾，最终还是由地方士绅承担起重建社会秩序的重任，包村“社会失控”达一年以上，类似现象不在少数。[②]

太平军攻破苏州，约有八万人自杀[③]，长洲潘钟瑞曾描述苏州破城后民众自杀的情况：“虽士民之巷战、骂贼、不屈被害者，诚不可以数计；至于骈首接踵，相与枕藉而亡，河为之不流，井为之堙塞，实皆自尽以殉，而妇女尤多。”[④]苏州破城到秩序重建，存在一段时期的“社会失控”，主要原因是恐惧造成的民众大批自杀。苏州清节堂的寡妇大部分逃亡江北，留守的则宁肯选择自杀以保节。在“社会失控”状态下，民间慈善组织的重建或维系是极难的。

考察太平天国时期江南社会慈善事业发展滞缓的原因，我们不能以“战乱”一言以蔽之，还要注意到太平天国时期江南社会主客观环境的限制、民间慈善组织与太平天国社会组织的制度冲突、“战乱”造成的“社会失控”等因素。社会组织制度的弊病、“社会失控”同时也是造成太平天国夭折的重要原因。

（刘晨，北京大学历史学系博士研究生）

① 《太平天国制造的包村惨案》(实地调查)，http://bbs.guoxue.com/viewthread.php? tid=459578。

② 太平军进攻苏、浙，破城屠城的现象屡见不鲜，如李世贤破湖州、黄呈忠破上虞，这反映出后期太平军军纪的严重下降。这种行为直接造成民众的恐慌心理，又恶性循环为大批自杀的恐怖事件。长毛的自我“妖魔化”又塑造了民众心中“妖魔化”的长毛。

③ [美]L. S. 福斯特：《访问太平天国》，载杜文凯编《清代西人见闻录》，张广学译，中国人民大学出版社 1985 年版，第 171～172 页。

④ 潘钟瑞：《苏台麋鹿记》，载中国史学会主编《太平天国》第 5 册，第 276 页。

身体与政治的分离与联系

——以清末民初剪辫主张的推行与反响为视角

周增光

以往对清末民初剪辫运动的相关研究较多，大都将剪辫视为革命派移风易俗的主张之一，剪辫的主张是进步的、是中国近代化的一部分，剪辫开启了人民观念的更新，等等。随着身体史的引进，有学者将发辫视作身体符号之一，对其进行了政治文化的解读，认为剪辫反映了权势对身体的塑造。也有学者认为，发式被权力斗争利用、改造，成为一种身体文化。不管是留有现代化理论模式的解释，还是后现代主义激荡下的解读，研究的主角几乎都是革命派的剪辫活动。

其实，在清末，除了革命派呼吁，改良派和清政府的某些官员，甚至有部分王公都有剪辫的主张。在1928年前，还有北洋军阀参与并推进了剪辫运动。这些革命者之外的提倡者、参与者，是以往研究剪辫运动所忽视的。这三种政治力量在主张剪辫时，存在着观念的差别，并且上位者的剪辫主张与民众的认同也存在观念差异。这些差异，从一个侧面反映了清末民初社会习俗与身体政治并不是两条没有交汇的平行线，它们既存在着分离，又存在着人为的联系。相同的剪辫行为，在不同政治力量的诠释中不尽相同，有些政治团体将其视为一个单纯的身体问题，或者仅是某个社会习俗的废与留问题；有些则将之等同于一个政治问题。既然存在众多观念的差异，对剪辫的解释则不可能简单地一概而论。

一、世界大势所趋

清政府内部官员的剪辫倡议，最早的可以追溯到戊戌维新运动中维新派的剪辫主张，但此倡议并未得到落实。清末陆续有满族王公、旗籍高官和资政院议员提倡剪辫。虽然他们的理由各异，但是出发点殊途同归，乃为合于世界大势所趋而发。由于政府内部官员的倡导，社会有所反响，遂引起宣统二年(1910)军、学两界短暂的剪辫风潮。不过直至辛亥革命爆发，已经处于风雨飘摇之中的清政府才正式下令剪辫。

(一)清政府的剪辫主张

1904年，伴随着清政府统一编练新军政策的出台，即有舆论报道："练兵处与政务处议定各省兵弁及武备学生，一律仿效日本剪辫易服……又上海时报称探得内廷确实消息，定于明年正月即下令通过改易服制之诏，商民听其自便。”[①]虽有剪辫的报道，清政府在实际编练新军的过程中，仅改易西式军服，并未剪辫。然而，剪辫利于练兵之议从未消弭。1906年，清政府派出的考察政治大臣游历归国。载泽奏请饬令中国官员削去发辫，并于面见慈禧时，力陈剪辫有利于训操灵便。慈禧则以官员不能全行训操，即便需要御敌冲锋，下令士兵将发辫盘于头上亦无不可，坚决不准。[②] 戴鸿慈与两江总督端方奏请剪发易服，则遭到御史的参劾。[③] 清末满汉民族矛盾尤为凸显，1907年清政府发动臣僚对平满汉畛域进行大规模的建言。发辫问题，被某些政府官员当成是所谓的“满汉畛域”之一，建议剪除。如文耀等人的《条陈融化满汉策》，即建议剪去发辫。不过，当是时无论满汉，中国男子脑后都拖有发辫，故而清政府并未将剪辫列为消除满汉畛域之策。

由上述案例可见，清末政府内部官员早期的剪辫主张，要么与政治无涉，要么改变现状的理由牵强。在最高统治者看来，这些剪辫的理由并不足以支撑剪辫的必要。虽然在光绪朝，剪辫倡议并未得到最高统治者的允准，但是此倡议一经提出，清政府诸臣僚都有所关注。

宣统朝清政府中主张剪辫者，更多认为这是世界大势所趋。清政府内部人员所发出的剪辫倡议，含有学习西方国家、迎合西方审美观的意味。贝勒载涛在出洋考察时，认识到，“随行军官以下，皆剪发辫，相见脱帽为礼，尤为西人垂青”[④]，故其即力主剪辫，甚至还有报道称，载涛得知留辫习俗不合于世界大势，已经先行剪去自己的辫发，其随员亦相率效之。他出现在各演说场所，均改易西装，还强制剪去一名坚持保留发辫的随员的辫子。清朝海陆军界中人听闻载涛的种种事迹，均喜动眉宇，以为他归国必能主持剪辫易服，一改旧观。[⑤] 虽然载涛并不是此时剪去发辫的，但是他的确支持剪辫。载涛归国后，不仅奏请，还数次面见载沣力陈剪辫好处，使得载沣为之动容，将剪辫之议交予政务处复议[⑥]，但是廷议并未通过剪辫。据当时御史胡思敬的记载，载涛主张剪辫，廷议大哗。监国摄政王载沣个性谦和，素无主见，遂形成“载涛呶呶不休，监国避居三所，兼旬不敢还家”[⑦]的狼狈局面。

经载涛鼓吹，主张剪辫之声鼓噪于清政府上下。除了载涛，贝勒载洵出洋考察海军完竣后归国，亦有剪发易服的主张。载洵倡导先从军、学、外交、巡警等界入手剪去辫发。[⑧]这个时期赞成剪辫的王公，除了延续早期主张剪辫利于操练、编练新军外，还有一个浅显的目的——消除国际交往中被人嘲笑脑后拖辫的耻辱局面。为此，有出洋游历经验的王公们倾力赞同，甚至强力推行剪辫。据《广益丛报》报道，载涛出洋考察时，因为他和李经

---

① 《剪发易服》，载《大陆》1904年第7期。

② 参见《皇太后不悦泽公附奏之传闻》，载1906年8月4日《申报》。

③ 参见王步瀛：《奏为剪发乃辩言乱政请饬下再有此建议者应予重典事》，一档馆藏录副奏折，档号03-5618-056。

④ 《涛邸游历生色》，载《丽泽随笔》1910年第1卷，第10期。

⑤ 参见《涛贝勒割辫纪闻》，载《广益丛报》1910年第239期。

⑥ 参见《剪发之动机》，载《大同报》(上海)1910年第14卷，第1期。

⑦ 《监国之黯》，载胡思敬《国闻备乘》卷四，上海书店出版社1997年版，第79页。

⑧ 参见《剪发问题俨然开会集议》，载《申报》庚戌八月初十日，第一章后幅第四版。

迈身有爵位，故而未能剪去发辫。载涛身着军服、盘辫于顶，上覆帽冠，出席外国人招待的酒筵。在摘帽向某国大臣致敬时，他的辫子径直垂下，令在座的女士笑声一片。因受人耻笑，故而载涛一回国即向载沣力陈辫发亟宜速除，免致招笑。① 还有报道称，贝子载振在出国时也因为发辫受到种种歧视，故而回国后痛陈于其父庆亲王奕劻前，以为耻辱至极，试图打动时任庆亲王赞成剪发易服。②

除了部分王公赞成剪辫外，有过出使德国经历的陆军部尚书荫昌，也认为剪辫宜自军人始。他以身作则，率先剪去发辫。不过因为清政府没有明确谕令剪辫，他不敢造次命令司员、士兵一律如此，但是他命令陆军部各员一律着军装，不准将发辫下垂、露出，也不准露出留有发辫的形状，以此隐示可以自由剪辫。时人引此以为清政府将有剪辫的征兆。③

不仅出洋游历的诸位王公支持、旗籍高官有人力行剪辫，清末新设的资政院的议员们也开始讨论剪辫，并将其列为议案之一。1910 年 11 月 6 日《民立报》报道虽然清政府搁置剪辫建议，但载涛极力主张，加之善耆、载泽也赞同，于是“日内探闻上头已允，以外交官先实行，且闻已交军机处饬外部予备。资政院闻此消息，拟由钦选民选两部议员合词建议，请其推广，已在予备议案矣”④。12 月 4 日，又报道资政院议员易宗夔提出剪辫议案，认为：“（一）世界无长辫之国，何必留此贻笑于人。（二）今当列强竞争之世，非养成军国民不可，当兵时剪去发辫，不当兵时又复蓄留，殊属不便。（三）今我国欲求国富充祚，非实业发达不可，欲求实业发达，非有器械物不可，则长发殊属不便。”⑤此议经议长溥伦允准，已被编入议事日程。

由上可见，资政院议员们的剪辫倡议，乃在王公、高官剪辫主张提出之后，顺势而发。议员倡议的理由与此前仍多相同，多以练兵、发式习俗合于世界大势而言。此外，议员倡议剪辫的理由较之王公、高官也有所升华，除发展实业为由之外，还有议员将剪发与发扬立宪精神联系起来。1910 年 12 月 15 日，资政院第一次常年会第二十六号议场开议，专议奏请明谕剪发易服奏案。该奏案由议员罗杰提出，称：“中国贫弱，要想到富强的地步，必须改良形式，然后精神才能振作。……现在全国军界、警界、学界都剪了，外而出使大臣，内而陆军部尚书、外务部侍郎都已经剪过，这就算朝廷已经默认了。然朝廷即经默认，何如明许，使一国之内整齐划一？所以并要请皇上躬行剪发为天下先，使天下人耳目一新，立宪精神亦以此大振，这是成立议题的本意。”⑥议员中赞成者纷纷支持，如易宗夔、方还，他们的支持论说多从趋于世界大势而言。⑦ 剪辫议案也遭到某些议员反对，不过经由议长溥伦提议投票表决，最后决出赞成票 101 票，反对票 27 票，赞成者占绝大多数。

---

① 参见《涛邸请剪发之原因》，载《广益丛报》1910 年第 246 期。

② 参见《庆内阁与辫子之命运》，载《真光报》1911 年第 10 卷，第 7 期。

③ 参见《剪发之朕兆》，载《大同报》1910 年第 14 卷，第 13 期。

④ 马鸿谟：《剪发议之复活》，载马鸿谟编《民呼、民吁、民立报选辑》第 1 册，河南人民出版社 1982 年版（下引此书，版本同此），第 451 页。

⑤ 《资政十九议会记》，载马鸿谟编《民呼、民吁、民立报选辑》第 1 册，第 555～556 页。

⑥ 李启成点校：《资政院议场会议速记录：晚清预备国会论辩实录》第 1 册，上海三联书店 2011 年版（下引此书，版本同此），第 368 页。

⑦ 参见李启成点校：《资政院议场会议速记录：晚清预备国会论辩实录》第 1 册，第 370 页。

(二)关于清政府剪辫主张的反响

虽然清政府内部有部分王公赞成,但是老臣中反对者更多。有报道称当时军机大臣领班庆亲王就极力阻挠,如1910年12月6日的《民立报》报道《庆邸以老命相争》,奕劻甚至有“无论如何,必须将我之发辫带到棺材中”[①]之语。作为军机领班,历经三朝的亲贵老臣,他的反对给剪辫带来巨大的阻力。是否剪辫甚至引起政界风潮,据《广益丛报》报道,载涛回国后,极力主张剪辫。军机大臣中除那桐外,其余人等均不赞成。摄政王载沣集载涛、载洵与军机大臣讨论剪辫主张时,世续首先发议梗阻,汉族军机大臣吴郁生继之发议,亦不以剪发为然。载涛与之再三辩论,因世、吴乃极力梗议,互相口角。载沣无法控制局面,一怒之下将世、吴开去军机职务。[②]

除了清政府的老臣,新设的资政院议员中也有反对者,为数虽少,却也振振有词,如议员杨锡田声称:“试问我们中国贫弱的缘因就在这发辫上否?如一日剪发易服,就可以富国强兵吗?专在形式上讲求,是犹南辕而北辙也。……且变改祖宗的制度,丧失自己的廉耻,有何益处?……本员在街上听见工界、商界中人对于此事皆决意反对,于代表舆论的宗旨尤多为不符……”[③]当然,也有毫无理由,却坚持留辫者,如议员闵荷生坚持:“本员决不肯剪发,如定要剪时,也不做官了,也不当议员了。”闵氏甚至抢白支持剪发的议员汪荣宝,称既然支持为何不先把辫子剪了?汪荣宝则称“我等上谕下来才剪”[④],一时声浪大作,议场骚乱。

不仅庆亲王这类老资格满族王公、资政院保守派议员反对剪辫,还有众多商人也反对。如杭州的衣帽、靴鞋、绸缎、典当等行业的商人,听闻朝廷将有剪辫之议,惶恐万分,乃刊发传单、联合集会,筹划如何挽救。[⑤] 反对剪发的商人多半是因为剪发与易服相联系,在1910年11月21日,农工商部即据商会万余人公呈入奏,力陈易服有伤生计,得奉上谕朝廷并无轻改旧章剪发易服之说,让各色人等毋信浮言,仅有军界、警界曾奏明易服。[⑥]

虽然由部分满族王公、旗籍高官所倡议之剪辫建议遭到清政府老臣的阻挠,也受几个资政院议员、商人团体的反对,然而剪辫在清末已深入人心。加之还有部分满族王公、旗籍高官赞成剪辫,故而在宣统二年,尤其是军、学两界,形成一股剪辫风潮。

据1910年10月22日《民立报》的报道《总办耻作拖尾奴》称,载涛等人主张实行剪发易服传到江宁后,“军界中一般热血者,平日抱此主义恐干谴责而未敢尝试者,得此信,纷纷剪去者颇夥。参谋处总办吴绍璘,对之亦表同情,深恐士卒畏首畏尾不敢遽尔行,之特自剪之以为士卒倡导云”[⑦]。可见剪发易服得到当权满族王公赞成之消息一经传播,即带动军界人士开始剪发。不少人虽然没有行动,但也开始提倡剪发易服。更有志士以自身

---

① 参见马鸿谟编:《民呼、民吁、民立报选辑》第1册,第567页。

② 参见《世吴出枢余闻》,载《广益丛报》1910年第246期。

③ 李启成点校:《资政院议场会议速记录:晚清预备国会论辩实录》第1册,第369~370页。

④ 李启成点校:《资政院议场会议速记录:晚清预备国会论辩实录》第1册,第373页。

⑤ 参见《剪发问题俨然开会集议》,载《申报》庚戌八月初十日,第一张后幅第四版。

⑥ 参见(清)恽毓鼎:《恽毓鼎澄斋日记》第2册,浙江古籍出版社2004年版,第514页。

⑦ 马鸿谟编:《民呼、民吁、民立报选辑》第1册,第400页。

行动倡率，引起军、学两界的剪发风。《民吁日报》同日报道《剪去烦恼恨》称，北京禁卫军提倡剪发以来，京津军、学等界跃跃欲试。报界志士刘君孟扬，特将发辫剪去，并著有自由剪发论说登于报端，以为各界倡率。北洋法政等学堂闻之，多有闻风剪辫者。[①] 京师大学堂也有学生剪辫，并因总办刘廷琛出告示要将此后学生剪辫者斥逐回籍，已剪辫者如不装假辫则将各项分数减半，导致学生大为愤怒，指斥其败坏宪政，并拟联合北京各学校停课并上报学部，公开抵制。[②] 12 月 1 日《民立报》报道《学生立志剪辫》称，奉天各学堂学生听闻颁行外交各官员剪发之明谕后，均乐于剪辫。剪去辫发者已有数十名，还有更多学生将准备剪。[③] 12 月 5 日又报道《辫发之死刑将近》声称："近日京内外纷纷，群以剪辫为除旧布新之必要，而以军界学界实行最力，官界次之。"[④]

清政府内部的剪辫主张，发端于 1904 年或更早，初具规模的倡导则集中在 1910 年前后。1911 年 10 月，在辛亥革命爆发前夕，贝勒载涛到滦州巡阅秋操，召集总统官、统制、统领、统带及阅兵处全体幕僚会餐。酒酣饭足之际，载涛尤以各将领有发辫者居半，命令资格较深之冯国璋、丁士源率先剪辫，以为全军楷模。[⑤] 而据《汪荣宝日记》1911 年 11 月 20 日记载，在辛亥革命爆发后，资政院决议通过剪发案："三时顷（资政院）开会，首议剪发具奏案，多数赞成。"[⑥]随着清朝灭亡，资政院关于发辫的议案就不了了之。不过在 1917 年张勋昙花一现的复辟中，所公布的改政体为君主立宪后的"大端"中，赫然列有："凡我臣民无论已否剪发，应遵照宣统三年谕旨，悉听其便。"

清政府内部在宣统二年出现较大规模的剪发辫风潮，除了王公、高官中有出洋阅历的人，因为国家形象、合于世界大势、利于练兵尚武等原因强烈支持外，还隐隐与当时实际最高统治者监国摄政王载沣的默许相关。清初实行薙发留辫，以求清朝臣民统一。清末则剪发辫，为求合乎世界潮流。载沣曾向外透露，不同意资政院的剪发案只是出于维持商业起见，对以身作则剪发的满族权贵荫昌，虽有御史因其剪发而弹劾，却留中不发，以示对剪发便利军人的支持。[⑦] 载沣作为宣统朝实际的最高统治者，他的默许无疑给载涛等王公及资政院的议员们支持剪辫一把无形的"尚方宝剑"。

二、不做满奴，认同共和

清政府关于剪辫的主张涉及审美、压力、习惯，除了个别议员将之与立宪精神相联系，大多数剪辫的理由与政治无关。相较之下，革命派、南京国民政府关于剪辫的主张，裹挟着强烈的民族主义，一经提出便带有浓烈的政治象征意味。北洋政府统治时期，也推行剪

① 参见马鸿谟编：《民呼、民吁、民立报选辑》第 1 册，第 400～401 页。

② 参见《学生抵制刘廷琛》，载《大同报》（上海）1911 年第 15 期。

③ 参见马鸿谟编：《民呼、民吁、民立报选辑》第 1 册，第 549 页。

④ 马鸿谟编：《民呼、民吁、民立报选辑》第 1 册，第 560 页。

⑤ 参见丁士源：《梅楞章京笔记》，载荣孟源等主编《近代稗海》第 1 辑，四川人民出版社 1985 年版，第 456 页。

⑥ 汪荣宝：《汪荣宝日记》，载《近代中国史料丛刊三编》第 63 辑，第 623 册，（台北）文海出版社 1991 年版，第 1059 页。

⑦ 参见《监国不喜揣摩风气之言》，载《真光报》1911 年第 10 卷，第 1 期。

辫政策，但是其对剪辫的诠释却没有那么强烈的政治意味，更多的是移风易俗的宣传口径。

（一）民国初年的剪辫主张

1905 年，汪精卫在《民报》第一号上发表文章《民族的国民》，认为满族压迫汉族、迫使汉族与之同化的手段中，称“关于物质上者，其最重要者，莫如薙发易服事。而薙发尤切肤之痛也”[①]。而清政府推行薙发是因为“若不归一，几为异国之人”。对清初不遵薙发令的人士，严酷地“杀无赦”。汪精卫将薙发视为满人同化汉人、剥夺汉人独立之民族精神、民族观念的重要举措，他将这些薙发令的严酷与薙发的政治意味揭发出来，是为了激起汉族人民的民族精神，奋起“驱除鞑虏，恢复中华”。

发辫的剪或留，还是一种认同革命还是否认革命的象征。革命党人和爱国青年在身体上的表征即剪去辫子。1906 年，留日陆军士官候补生吕祖绶致函盛宣怀，称八旗留学生中，“练兵处派来京旗数十人，及奉天将军所派者，皆自成一队，从不与外省生交通。以各省学生多无辫发，总疑为革命党也”[②]。可见剪辫的象征意义是有时人接受的。据清末民初的蒙古族爱国学生博彦满都回忆，辛亥革命前，沈阳蒙文学堂的爱国学生除了在校内、校际鼓吹开国会、颁布宪法的意义外，还利用寒暑假到家乡宣传。这些爱国学生并非真正意义上的“革命党”，但是当时乡村老乡们“看不惯没有辫子的人，他们说剪辫子的人要随外国当鬼子”，而统治者则认为“剪辫子的人都是革命党”，有几位蒙古族爱国学生还因此被旗下王爷责罚。武昌起义后，博彦满都曾亲眼看见沈阳城的城墙上悬挂着一排一排没有辫子的人头，而“城门内站立着几十个手持枪刀、身穿灰衣、垂着大辫子的张作霖的喽啰。正在那里以凶恶的贼眼注视来往人的发辫，有时他们还叫人把帽子摘下来验一验”[③]。由此足见剪辫与否的政治象征意味。

辛亥革命爆发后，南京临时政府建立。临时政府成立之初，即对国民的发辫作出要求，发布剪辫令。这些要求与恢复民族精神、民族观念的初衷保持一致。除此之外，剪辫令还作为新政权成立，规训新国民的身体的政令之一。

1912 年 3 月 5 日，南京临时政府大总统令内务部晓示人民一律剪辫，其令文称：

> 满虏窃国，易于冠裳，强行编发之制，悉从腥膻之俗。……今者满廷已覆，民国成功。凡我国胞，允宜涤旧染之污，作新国之民。兹查通都大邑，剪辫者已多。至偏乡僻壤，留辫者尚复不少。仰内务部通行各省都督，转谕所属地方一体知悉。凡未去辫者，于令到之日，限二十日一律剪除净尽。有不遵者违法论。[④]

---

① 精卫：《民族的国民》，载《民报》1905 年第 1 号。

② 上海图书馆编：《上海图书馆藏稀见辛亥革命文献》第一册，上海科学技术文献出版社 2011 年版，第 68 页。在这本书前有 1911 年 3 月载沣在德胜门外校场阅禁卫军照片，该照片上，禁卫军服饰为西式军装且图上士兵脑后不见拖有辫子。

③ 博彦满都：《辛亥革命时期的内蒙古》，载《辛亥革命回忆录》第 6 册，文史资料出版社 1981 年版（下引此书，版本同此），第 425 页。

④ 1912 年 3 月 5 日《临时政府公报》（二十九号令示），载中国史学会主编《中国近代史资料丛刊·辛亥革命》八，上海人民出版社 1957 年版，第 25 页。

南京临时政府的大总统令裹挟着浓烈的民族主义，甚至有些大汉族主义，剪辫令暗含扫除满族统治烙印之意，将发辫视为“腥膻之俗”“虏俗”，并在命令中强调此俗是清初强加在汉族身上的，此前不乏“高士仁人”为之从容就义。对不遵剪发令之人，以“违法论”处。清初强行推行薙发令，违者“杀无赦”；民初推行剪辫令，则是“违法论”。从对身体的摧残、戕害角度来说，“违法论”要轻于“杀无赦”。但是人们仍然做不到“自己的头发自己做主”，身体是笼罩于政权统治之下的，辫子的去与留，是违法与否的标志。

另一项汉族传统习俗缠足带来对女性的戕害，南京临时政府亦有禁令。虽然缠足不利于国民体力之发达，不过缠足不涉及民族独立之精神，故而禁令仅是通饬各省，一体劝禁，有违禁令者，“予其家属相当之罚”①。两相比较，虽然薙发之于缠足对人的身体戕害程度要轻，但是由于辫发的政治象征意味，不仅剪辫令的推行之时要早于禁缠足令，其惩罚强度也要强于禁缠足令。国民脑后那根辫子所代表的政治象征意义，让民初的剪辫运动充满了身体政治意味。

北洋政府也支持剪辫主张。据袁世凯内阁时期的侍卫武官唐在礼回忆，1912 年 2 月 12 日，隆裕颁发清帝退位诏书。当天晚上，袁世凯就在外交大楼里剪了发辫。在剪的时候异乎寻常地高兴，不断哈哈大笑。② 袁世凯此时剪去发辫，并非顺应此前资政院所通过的剪辫案，亦非顺应革命党人、南京临时政府的号召。清帝退位诏书，宣称清帝退位，由袁世凯出面组织共和政府。既然组织共和政府，从身体上的首要变化便是剪去辫子，剪辫等同于承认共和。

在 1912 年 3 月 12 日江宁巡警厅谕令人民一律减除发辫的告示，则更强调五族共和，剪辫是为了“齐一五族人民，以为民国统一之标准”。不剪辫，全国上下都拖着辫子亦是整齐划一，虽然没有“杀无赦”，仅仅是“违法论”，但剪辫的推行与清初的薙发的推行实有异曲同工之妙。其剪辫告示全文如下：

> 现在中华民国系合汉、满、蒙、回、藏五族人民为一共和大国，所有一切法令制度自应咸与维新，齐一五族人民，以为民国统一之标准。满人亦五族之一，前清制度乃一部分之满人所为，已不合于五族全部之规定。如发辫一项，地球各国绝无此制，现值开放之局，普通形式相率从同。我中华民国奚能独异？……本总局有维持风俗之责，应行明白晓示，并限二十日内未剪者一律剪除。已剪者不得再行剃其四周。如有不遵本令者，违法论。③

这比消除民族压迫的革命宣传更进一步，原来剪辫只是唤起汉人反满革命的呼吁，现在无论满汉，五族人民一同剪辫，可见剪辫被视为规训新国民的手段之一。

1916 年袁世凯复辟帝制失败，北洋政府试图除旧布新。“自共和复活以后，上下一心，力图振作，实有昕夕不遑之势。乃百忙中，忽有厉行剪辫之院令”。其令称：“自军兴以来，无知愚民昌言留辫，既于国体攸关，又为外人讪笑，且辫发为物，有碍卫生，兹经国务院

---

① 1912 年 3 月 13 日《临时政府公报》第 37 号。
② 参见唐在礼：《辛亥前后我所亲历的大事》，载《辛亥革命回忆录》第 6 册，第 339 页。
③ 1912 年 3 月 12 日《临时政府公报》第 36 号。

会议,决议厉行劝诫剪除。”[①]然而,此令推行并不迅速,1917 年的报刊报道,仍有警厅强制剪辫的新闻,其剪辫的原因是“以人民脑后垂垂,实与共和国体有碍”[②]。各地剪辫推行亦先后不一,如东三省的“武人”头目张作霖即迟至 1918 年,方下令强制剪辫。据《盛京时报》报道:

> 国体更新已阅七年,发辫一物,是宜剪去。无如一般人民习俗虽移,仍使三千烦恼丝垂于后。迩日,张军长以为非强制执行不可,特令警厅饬令各署各分所自上星期六开始实行强制剪发,限以三星期,一律剪尽。[③]

张作霖此时的“剪辫令”,显然不是响应民国尚未建立时汪精卫等人所呼吁的要恢复“民族的国民”,亦非顺应民国初建时南京临时政府裹挟着民族主义的倡导。关于为何要重新剪发,报道给出的理由很简单:国体更新已经七年,发辫“是宜”剪去。剪辫队的警察在劝导人们剪辫的时候,“奉天都要剪,汝来奉,即须随奉天风俗”。但是《盛京时报》在报道中称“近日突然下令剪辫”,是为张作霖的心血来潮之作。然而,从时间上来看,1918 年,由不让人联想到张勋复辟和他那些“辫子军”,以及“辫子”所隐含的政治象征意义。剪去辫子代表一种立场,顺应共和政体的立场。

(二)关于民国初年剪辫主张的社会反响

当时杂志上亦多有裹挟着民族主义、配合剪辫令宣传剪辫的诗歌,如 1913 年《自由杂志》发表的笔名为“亦汉名”者的《剪发诗》、笔名“韵唐”者的《劝剪辫歌》。这些诗歌,用“可憎烦恼八千丝,发辫垂垂亡国思”“被发多年作满奴,今朝还我好头颅”“存亡间觉难容发,断送胡儿气运终”“亦知世界全球上,长发都为奴隶邦”[④]“劝君剪辫莫迟疑,满奴记号留何为?”[⑤]等诗句,激发汉族的民族情感,配合剪辫宣传。这些诗作代表了当时较为广泛的一些观点:发辫的存留是“作满奴”的象征,留着发辫象征着忠于清朝。而借口身体发肤不可伤者,是愚昧不明世界大势的,“长发都是奴隶邦”,若想除旧换新、得臻文明世界,则须剪辫。

当然,除了晓以民族大义,也有由浅入深、网罗各种理由劝服人们剪辫的歌谣,如《剪辫之快乐》列举了包括爱国精神、卫生、审美、经济等各方面的剪辫理由:“亲戚朋友皆说我是爱国男儿”“出恭时不致拖在便桶里”“他人不能骂我有尾的畜生了”“我的妻子亦说我好看”,“已节省了打辫费三块洋钱。”[⑥]

虽然有政府禁令、报刊宣传,但是蓄辫历经两百多年的清朝统治,已成为一种社会习俗,并没有随着剪辫令和剪辫歌谣的推进完全消失。1928 年 10 月 15 日,中华民国政府特函公安局特一、二、三区属,饬令岗警随时剪辫。因为“蓄辫为亡清恶制”,留辫则“实属

---

① 《百忙中之剪辫令》,载《善导报》1916 年版,第 50 期,第 887 页。

② 《本京琐闻·警厅取缔发辫》,载 1917 年 7 月 27 日《晨钟报》。

③ 《强迫剪发》,载 1918 年 4 月 9 日《盛京时报》。

④ 上述诗句出自亦汉名:《剪发诗》,载《自由杂志》1913 年第 2 期。

⑤ 韵唐:《劝剪辫歌》,载《自由杂志》1913 年第 2 期。

⑥ 劣鬼:《剪辫之快乐》,载《自由杂志》1913 年第 2 期。

有玷民国体面”。虽然民国成立后久为厉禁，但是“社会狃于故习，愚民视为当然，循至今未能根本革除”[①]。即便南京国民政府命令岗警随时发现留辫者，随时剪辫以为根除，蓄辫仍为社会顽习，迟至1935年，仍有地方有蓄辫者。如连云地区的乡村中“尚有少数男子蓄发垂辫，视为应然”[②]。男子留辫被视同妇女缠足，为“有妨民族仪容与健康”的社会风俗，故而连云市政筹备处下令限期剪辫放足，逾期不剪、不放，则设有处罚方法多种，强制剪放。

虽然很多汉族人欢欣鼓舞，剪去象征着被满族奴役的辫子，但是“留发不留头”的惨剧毕竟发生于200多年前，此后代代沿袭的社会习俗是留辫，一般民众已习以为常，加之清朝遗老等鼓吹，仍有不少民众不愿剪辫。有些地方甚至成立“保辫会”，指称“剪辫即系投洋”[③]。也有从“身体发肤，受之父母，不敢毁伤”[④]出发坚持不肯剪辫的。加之“民国成立以来，中国竟成为武人世界，中央号令，不出都门。全国人民，仰其鼻息”[⑤]，若无武人支持，“剪辫令”根本无法全国推行。

三、剪辫与身体政治的分离和联系

综观清政府、民国政府的剪辫主张以及民间社会对剪辫主张的反响，可见剪辫这一表面上仅仅为改变社会习俗的行为，经由不同政治力量的诠释、推行，与身体政治存在着密切的联系。然而，民众抗拒剪辫的理由、政治人物的剪辫行为与其政治认同的不一致，又从另一面反映了剪辫仅仅是社会习俗的变更，与身体政治存在着分离。

就以东三省的剪辫活动为例。东三省是清朝发迹之处，顽固复辟者如善耆，将之视为故里，在辛亥革命后，有“长啸返辽东”之吟唱。虽然随着辛亥进入共和，东三省的旅顺、大连，常年是复辟活动的中心。在这种情况下，因政治因素而留辫子的人数应该不少。

东三省的警察奉命剪发后，“大事骚扰，不论男女，有辫即剪”[⑥]，甚至有传闻警署将剪下的发辫雇人挑售与理发店，意欲借此补充警饷的不足。然而，据《盛京时报》接下来的报道《剪辫趣闻》，不同意剪辫的理由五花八门。在张作霖的强令之下，仍有不少保留辫子的民众“遭此毒手”。而这一群体向剪辫队申诉要求留辫的理由，并不涉及任何政治或者政治象征意义，他们的理由让人忍俊不禁，无非是升斗小民所关心的“剪发被视为和尚，不利于娶亲”“死后无颜见先人”“家里夫人不让剪”等等，更有以经济利益不剪的，如有一卖油郎因被剪发且骂且哭，声称其辫重四两，要求警察赔偿，至警察要将其扭送至警厅乃止。

相较于东三省留辫者遭剪辫队剪去无数辫子的情况，北京城此时则蓄发者渐多。张勋复辟时，北京旗人“皆恨发辫之已去”。此后，竟有蓄发以备编辫者。此风一闻，乡下农

① 《请饬岗警随时剪辫由》，载《天津特别市社会局政务汇刊》1929年第1期。
② 《连南市提倡剪辫放足》，载《淮海》1935年第6期。
③ 《江汉滔滔小风波》，载1912年5月17日《时报》。
④ 《文明嚆矢》，载1912年9月15日《申报》。
⑤ 星岳来稿：《论段祺瑞之祸国》，载1918年4月3日《盛京时报》。
⑥ 参见《售卖发辫》，载1918年4月12日《盛京时报》。

民及商、工人等咸相效尤。街市上“行人脑后拖有四五寸长之发辫者日见其多矣”[①]。可见,剪发、蓄发,虽然表面上是“风俗”,实际上是政治投射身体上的风向标,政治上一有风吹草动,人的身体亦随之改变。

清朝的遗老们更是将发辫视为有政治意味的“公我”形象,不仅对自己,对他们的精神支柱末代皇帝溥仪,甚至满族王公都有要求。所以溥仪剪辫子之事,在他们眼中,根本不是日常小事。

清朝灭亡后,曾经的皇族的身体形象与他们的政治认同是否有必然的联系呢?“剪辫就是认同民国”的结论毫无疑义是简单且错误的。如溥仪,在庄士敦的鼓动下,剪去发辫,穿上西服,然而其后来的行为及回忆录都揭示了他仍有浓烈的复辟想法。即便是沦为伪满洲国的傀儡皇帝,他内心仍饱含着复辟的热望。

虽然有足够的事例说明民众认同的社会习俗不一定出于政治原因,政治人物的剪辫行为不一定代表其政治态度,但是人们仍执着地认为服饰(身体的遮蔽物)、发辫(身体的一部分)具有政治象征意义。1923 年,笔名为“蜗隐”者,作《载沣氏之新生活》刊登于晨报副刊。蜗隐特别强调载沣留的是日本式的平头,而并非“豚尾下垂,如世人想象中之载沣,以为如遗老遗少,作亡国居丧之态也”。他指出载沣悠然的意态,在旧人物目中,“必以为忘却亡国之痛,如刘后主之此间乐”。但是在蜗隐觉得“此公兄弟父子,皆有觉悟……若以他人血肉,换得圈禁式之巍巍然,不若敝踪个人富贵,与人类共同生活”。

四、结　语

在清政府的王公、官员、资政院议员的眼中,剪辫是合于世界大势、利于国家外交形象的举动。他们支持、倡导并促进清末的剪辫运动,是为了融入世界、迎合西方的审美观和习俗。

进入民国后,发辫剪与留,不仅仅是满与汉的民族区别、民族认同,更多的是一种政治态度、政治认同。例如,众多遗老虽然是汉人,却依然留着发辫。率部支持复辟的张勋,部下无一人剪辫,号称“辫子军”。反观逊帝溥仪及其父载沣虽为满人,却剪去发辫。这些事例看似仅仅是个人发辫的去留,却往往被赋予政治象征意义。人们视为发辫关乎认同,身体关乎政治。“无数的汉人,都兴高采烈地剪去这条奴隶标志的辫子。”[②]剪辫与否,还成为衡量一个人政治态度的标准。革命派人士就认为“不剪发不算革命,并且也不算时髦,走不进大衙门去说话,走不进学堂去读书”[③]。剪辫者被视为革命、时髦,而不剪辫者则“非讥之为豚尾,即詈之曰满奴,甚余剥夺其选举权,以实行强迫手段”[④]。

从清末满族王公如载涛、载洵、毓朗、善耆等人赞成剪发之举可见,清末对剪辫与否已经没有清初“留发不留头”的顽固、野蛮。反观新建立的中华民国临时政府,却在成立之初

① 《蓄发者日多》,载《复辟余波》,载 1918 年 4 月 23 日《盛京时报》。
② 许金城、许肇基辑:《民国野史》,云南人民出版社 2003 年版,第 16 页。
③ 忍虚:《辛亥革命在贵阳》,载《越风》(半月刊)1936 年第 20 期。
④ 《闲评》(一),载 1912 年 11 月 20 日《大公报》。

即力行剪辫令，有“违法论”之严格，并将留辫视作民族耻辱象征。北洋政府则强调剪辫事关国体、国际声誉和个人卫生，也以认同共和为由，大力推行剪辫令。北洋军阀中支持剪辫令者，也强力推行，实行强迫剪辫。

民国初年，不管是北洋政府还是南京国民政府，都推行剪辫令，其实与顺治帝的推行薙发令的初衷是一致的，新建立的国家需要统一国民的政治认同。统一政治认同，必须统一社会习俗。这与清末满族王公们支持剪辫的原因是很不同的。清政府经历二百余年的统治，已经成功建立了民众对政府的认同，故而剪辫与否，在他们眼中，仅为社会习俗变革，无关政治认同。载涛在德国考察期间刻意将发辫盘起，对发辫毫无自豪感。满族王公支持剪辫，出发点是发辫被外国人嘲笑，是一种屈辱。此外，还因剪辫有利于练兵兴武、除旧布新、推行新政，带有发愤图强的抱负。然而，从民国时期记者特别强调前清摄政王的日本式平头、从遗老们对末代皇帝溥仪剪辫的哀叹，可见即便剪辫者的剪辫行为没有政治象征意味，旁观者仍要对此行为赋予身体政治的含义。

民众剪辫与否，有认同革命派、北洋政府宣传的，也有被迫的。留辫者不一定抱着强烈的忠清思想，也没有留辫即满奴的思想包袱。他们拒绝剪辫的原因更多地是维系社会习俗，与政治没有多大关系。但是，在革命宣传、军阀支持推进剪辫的背景中，不允许存在民众拒绝剪辫的现象，这也反映了身体的习俗存留必须配合政府身体政治的推行。

（周增光，北京师范大学历史学院博士）

从《吴昌硕八十大寿像》看清末民初上海艺坛的文化风潮

陈　怡

清朝末年，内忧外患迭乘而来，此时社会的变化及人民内心的转变与元（1271～1368）、清（1644～1911）时，中华民族内部汉、蒙或汉、满王朝争夺的朝代更替完全不同。[①]自1840年鸦片战争开始，外国列强接连入侵掠夺，割地赔款，中华民族饱受屈辱，1851～1865年间又有英法联军攻入北京、慈禧乱政，国家内忧外患不断，几无宁日。新来的西方文化强大得令人无法招架，"中体西用"的努力在1895年中日战争中证明不如预期，戊戌变法（1898年，又称"百日维新"）主要新政措施均被废止，随后义和团起（1900年前后，又称"庚子事变"），这股反对资本—帝国主义的势力引来八国联军之役。辛亥革命之后，国家仍陷入空前紊乱状态，混乱的局势引导知识界重新检视这场革命只是政体上的更易，而整个社会传统未受动摇。[②]

清末以来，传统士大夫和地主等势力衰微，一群拥有西方学识的"新知识分子"因为1905年科举制度的废除与新式教育的改革相继出现，并在中国社会发挥作用。1917年展开的"新文化运动"更反映了民国初年各种社会势力的重组。[③]

在此中西冲突或融合的社会背景下，极度写实的脸庞结合传统水墨技法的身躯，像是合成照片的人物肖像画研究，是近代中国社会与西方异质文化冲击下一个富有研究性的议题。是故，本文以1923年潘天寿（1897～1971）和诸闻韵（1895～1939）为了祝贺吴昌硕（1844～1927）80岁生日共同绘制的《吴昌硕八十大寿像》（图一）为例，探讨清末民初西方思潮与传统中国文化交流对文人绘制肖像画产生了什么影响，以及文人画在商业资本主义的社会氛围下又是如何应变的。

文以诚（Richard Vinograd）对吴昌硕身披红衣，单独禅坐画面中央，脸部极写实，身体其他部分以强而有力的快笔完成的《吴昌硕八十大寿》，也有提出专篇论文。他在Modern Passages：Chinese Ink Painting in an Era of Transformation（《摩登历程：转型时代的中国水墨画》）一文中认为，清代和民国初期，这种人物像的创举是由炭笔摹拓实际相

① 参见郑正庆：《中国水墨人物画笔墨之研究》，（台北）新中国出版社1993年版，第173页。

② 参见高明士：《巨龙的蜕变》，（台北）五南出版社2009年版，第228页。

③ 参见舒新城编：《近代中国留学史》，上海文化出版社1989年版，第215～218页。

片，相片和水墨艺术之间不安的结合，虽然二者取向分歧，却触及人物肖像传达出摄影作品的明暗和画家笔触呈现出的韵律感。[①] 由此线索，我们可以更深入地探究作品的时代特征，重构当时社会氛围，剖析画作中的图像寓意。

另外，从单一肖像画作研究艺术家与他自身处境之间的关系，高居翰（James Cahill）以任熊在1856年绘制的《自画像》为例（图二），在 Ren Xiong and his Self-Portrait（《任熊和他的自画像》）一文指出：任熊承袭传统技法，糅合自身的新意，突破以往肖像画的形式，以极具情感的方式呈现他内心的矛盾。画中人物在实体与扮装（或是形体与背景）之间的明显差异，将这种不搭称、直接地表现于观赏者眼前，转变为探索理想肖像画的意识性归结，是19世纪后中国肖像画常见的做法。[②] 同样主题丁羲元在《任熊自画像作年考》一文中也表示：任熊已经注意到画面和人体光线明暗的变化和衣折间阴影的烘衬，可见任熊对西法的吸纳运用，实乃开一代新风。[③]

有关画家使用画作表现大时代下个人的心境，高居翰另一篇文章 Hills Beyond a River：Chinese Painting of the Yüan Dynasty，1279～1368（《隔江山色：元代绘画 1279～1368》）提到元代异族统治之后，文人画中的政治性隐藏在画面中微妙的题跋中。[④] 李铸晋（Chu-tsing Li）的 The Freer Sheep and Goat' and Chao Meng-fu's Horse Paintings（《〈二羊图〉与赵孟頫画的马》）一文，用费利尔美术馆（The Freer Gallery of Art）藏赵孟頫（1254～1322）的《二羊图》，说明时代动乱之际的画作，常暗示着艺术家的反动倾向，同时也包含着更多政治情感。[⑤] 这两篇文章对清末民初，同样是废除科举制度之后传统中国知识分子的研究，有一定的参考价值。还有，吴昌硕之子吴东迈（1885～1963）和孙子吴长邺（1920～2009）的著作，以及以吴昌硕为题的著作[⑥]，均有助于了解当时期上海画坛在传统与现代之间错综复杂的动态关系中，他们的生活如何与时代潮流相会合的议题。

2008年，（国立）台南艺术大学姚梅竹的硕士论文《任伯年传世肖像画研究》借由图像分析和数据比对，延伸肖像作品中隐含的文人画特质与精神。[⑦] 2011年，杨佳玲的博士论文中译本《画梦上海：任伯年的笔墨世界》由典藏出版社出版。在该书的第三章杨佳玲写

---

① Richard Vinograd, "Modern Passages: Chinese Ink Painting in an Era of Transformation," in *Tracing the past, drawing the future : master ink painters in twentieth-century China* (New York: Distributed by Harry N. Abrams, 2010), pp. 44-45. 原文如下：The portrait seems to announce an uneasy collaborative encounter between photographic and ink art, divergent in their reality quotient but related in their quality of indexicality, representing on the one hand the contact of light with the portrait subject and transmission to the photographic film, and on the other the direct kinesthetic traces of the movements of the painter's brush.

② James Cahill, "Ren Xiong and his Self- Portrait," *Ars Orientalis*, vol. 25, (1995), pp. 124-126.

③ 参见丁羲元：《任熊自画像作年考》，收录于《海派绘画研究论文集》，上海书画出版社1991年版，第1～8页。

④ James Cahill, *Hills Beyond a River: Chinese Painting of the Yüan Dynasty*, 1279-1368 (New York: John Weasterhill, 1976), pp. 5-8.

⑤ Chu-tsing Li, "The Freer Sheep and Goat' and Chao Meng-fu's Horse Paintings." *Artibus Asiae*, Vol. 30, (1968), pp. 279-347. ;［美］谢柏轲（Jerome Silbergeld）、张欣玮等译：《西方中国绘画史研究专论（Chinese Painting Studies in the West: A State-of-the-Field Article）》，原刊《朵云》第22期，现收录于朵云编辑《中国绘画研究论文集》（下），书画出版社1992年版，第744～748页。

⑥ 参见吴昌硕著，吴东迈编：《吴昌硕谈艺录》，人民美术出版社1993年版；吴长邺：《我的祖父吴昌硕》，上海书店出版社1997年版。

⑦ 参见姚梅竹：《任伯年传世肖像画研究》，台南艺术大学硕士论文，2008年。

到:肖像画发展至 19 世纪末,任颐所处的上海画坛,已跳脱出传统祖先画、纪念画的功能,成为互抬身价、应和唱酬的社交工具,还能批判社会以建立自我认同。第四章讨论西风因素下的中国肖像画发展,包括解剖原理与透视观点所展现的写实风格、徐家汇土山湾画馆、石版印刷术和摄影术反映在任颐的人物画作品如《酸寒尉像》(图三),尤其摄影术与肖像画合体的做法,在中国及日本的通商口岸非常普遍。①

一、中国写真肖像画史

根据 Dietrich Seckel 定义"写实肖像"(real portrait):其是在保持距离观察,比较再现与真实的基础上,直接且刻意遵照某人的面部特征使之可以辨识身份。② 中国写实肖像,根据颜之推(531～591)的《颜氏家训》称"写肖像画"为"写真"③,另外还有"传神""写照""传真之学"等名称。晋代顾恺之(约 344～405)所言"四体妍蚩,本无关于妙处,传神写照,正在阿堵之中"④的"传神写照"四字为肖像画最具体的历史文献证据。

东西方艺术交流中的肖像画,明中叶以后,顾起元(1565～1628)的《客座赘语》记录了利玛窦(Matteo Ricci, 1552～1610)回答时人中国与西洋画人像面部凹凸处之差异。⑤ 又,利玛窦言"画有凹凸之法",古代西域自有此法,张僧繇(生卒年不详,传 490～540 又说 502～549)已经先使用此法。⑥ 顾名思义,西方人绘制脸部时,背光处上阴影的凹凸技法,古时西域就有,南朝梁张僧繇先于明人使用它。

清康熙年间(1662～1722),宫廷中的意大利传教士兼画家郎世宁(Giuseppe Castiglione, 1688～1766)使用中国画的传统工具和笔墨,创造出具有明暗立体感的作品。同时期的年希尧(1678～1738)将郎世宁的老师 Andrea Pozzo(1642～1709)一本介绍西方透视学与明暗法的著作 *Perspectiva Pictorum et architectorum* 编译成中文,以《视学》之名于 1729 年出版。⑦ 稍晚,自 1750 年以后,中国南方通商口岸也出现模仿西方技法风格的外销瓷、外销画。到了 1825 年前后,擅长肖像画的钱纳利(George Chinnery, 1774～

① 参见杨佳玲、邵美华:《画梦上海:任伯年的笔墨世界》,(台北)典藏出版社 2011 年版,第 143、149～157 页。

② Dietrich Seckel, "The Rise of Portraiture in Chinese Art," *Artibus Asiae*, Vol. 53, No. 1/2 (1993): 9.

③ 颜之推:《颜氏家训集注》卷七,(台北)汉京文化出版社 1983 年版,第 517～518 页。

④ 张彦远:《历代名画记》卷五,载于安澜编《画史丛书》第 1 册,人民美术出版社 1982 年版,第 68 页。

⑤ 出自金陵丛刻本排印初编,原文如下:"利玛窦,西洋欧罗巴人也。面皙,虬须深目,而睛黄如猫,通中国语。来南京,居正阳门西营中,自言其国以崇奉天主为道;天主者,制匠天地万物者也。所画天主,乃一小儿,一妇人抱之,曰天母。画以铜版为(巾登),而涂五采于上,其貌如生。身与臂手,俨然隐起(巾登)上,脸之凹凸处,正视与生人不殊。人问画何以致此?答曰:'中国画,但画阳,不画阴,故看之人,面躯正平,无凹凸相。吾国画,兼阴与阳写之,故面有高下,而手臂皆轮圆耳。凡人之面正迎阳,则皆明而白;若侧立,则向明一边者白,其不向明一边者,眼耳鼻口凹处皆有暗相,吾国之写像者解此法用之,故能使画像与生人亡异也。'……"详见(明)顾起元辑:《客座赘语》卷六,载《丛书集成初编》,(台北)中华书局 1991 年版,第 154 页。按,(巾登)为"帧"之异体字,与"帧"字所注之音义相同。

⑥ 顾起元将此篇命为《凹凸画》,原文如下:"欧罗巴国人利玛窦者,言画有凹凸之法,今世无解此者,健康实录言一乘寺寺门遍画凹凸花,代称张僧繇手跡。其花乃天竺遗法,朱及青绿所成,远望眼晕如凹凸,就视即平。视咸异之,名凹凸寺。乃知古来西域自有此画法,而僧繇已先得之,故知读书不可不博也。"详见(明)顾起元辑:《客座赘语》卷五《丛书集成初编》,(台北)中华书局 1991 年版,第 122 页。

⑦ 顾卫民认为,该书仅二成出自 Andrea Pozzo 的文本,其余来源不明。参见顾卫民:《基督宗教艺术在华发展史》,上海书局 2005 年版,第 1～13 页。

1852)抵达澳门,一批有才华的中国画家,像关乔昌(又名:琳呱 Lam Qua, 1801～1860)等人开始模仿他的画风开设画室,为人画像(图四)。[①] 当时也有画家开始临摹照片,依照片绘制出放大的精确"摄影肖像画"[②],这些肖像画甚至形成洋商之间传达友谊的纪念品,供客户收藏、追念。[③] 可惜的是,上述西画写实风格仅流行于宫廷和广州、澳门地区,始终未在江南文人及职业画家的圈内生根。

清道光二十二年(1842 年),中英签署《南京条约》,在广州以外,增设厦门、福州、宁波和上海为通商口岸。[④] 由于中国五口通商,外来因素影响中国肖像写实的各种可能性大增。事实上,从 1840 年左右日益频繁的外交和贸易活动中,照相机和摄影术等西方技术已经开始传入中国。[⑤] 此时的清廷禁教令有所松弛[⑥],1840～1846 年耶稣会传教士 19 人先后四批抵达上海。大抵 1864 年,传教士们在徐家汇土山湾创设孤儿工艺院,一直到 1951 年土山湾熄灯前,西洋油画、镶嵌画、玻璃彩绘、珂罗版印刷工艺(collotype printing)、石印工艺等技术对中国近代美术发展技术有着重要影响。[⑦] 尤其,照相术、珂罗版印刷术及石印技术的传入并在中国境内的使用,使得人物图像在视觉上更为真实。[⑧] 曾在土山湾画馆学习西洋画的人才后来走入民间,组织"加西法画室"研究和推广西画的理论和技法。[⑨] 1888 年,由中国工匠完成,土山湾印书馆印制的 *Evangelicae Historiae Imagines*《道原精萃》,已经有透视、阴影、写实技法的插图出现,而且 J. M. W. Farnha 译的 *Lun Hua Qian Shuo*《论画浅说》第一章为图解,也在 1896 年的上海出售。[⑩] 随后新式月份牌兴起,并造就 20 世纪初,周慕桥(1868～1922)、郑曼陀(1884～1961)、杭穉英(1900～1947)等商业广告画家(图五)和藏于民间绘制追容像的擦笔画家。[⑪] 由此可知,肖像绘制技法是如何往西式语汇中的"立体感"或"写实感"靠近,更可以确定的是,19 世纪末,西方

---

① 参见苏立文(Michael Sullivan):《东西方美术的交流》,陈瑞林译,江苏美术出版社 1998 年版,第 80～84 页。

② 黄时鉴、[美]沙进(William Sargent)编著:《十九世纪中国市井风情:三百六十行》,上海古籍出版社 1999 年版,第 5 页。

③ 参见庄素娥:《十九世纪广东外销画的赞助者——广东十三行行商》,载《区域与网络:近千年来中国美术史研究国际学术研讨会论文集》,(台北)国立台湾大学艺术史研究所 2001 年版,第 562 页。

④ 参见(清)方庆等纂辑:《道光朝筹办夷务始末》卷五九,(台北)国风出版社 1972 年版,《南京条约》第 43A 页。

⑤ 上海摄影家协会、上海大学文学院编:《上海摄影史》,上海人民美术出版社 1992 年版,第 1 页。

⑥ 康熙五十九年(1720)清政府禁止传教,雍正元年(1723)礼部奏请全国禁止传习天主教获准,西人除晓通技艺者外,其余皆移入澳门,此后一百余年,天主教在华传教活动转入地下。[详请参考于力工:《西方宣教运动与中国教会之兴起》,(台北)橄榄出版社 2006 年版,第 19～22 页]

⑦ 参见张伟、张晓依:《土山湾:中国近代文明的摇篮》,(台北)秀威资讯科技 2012 年版,第 14～16 页。

⑧ 参见苏州大学图书馆编:《苏州大学图书馆藏清代人物图像选》,中国人民大学出版社 2008 年版,第 2 页。

⑨ 参见黄冬富:《中国美术教育史》,(台北)师大书苑 2003 年版,第 260 页。

⑩ 为了促进 19 世纪下半叶期间西方科学与科技的引进,当时的西方出版品在中国政府的赞助下被翻译成中文。少数素描主题的书也就如此被译出,还加上了忠实复制原著的插图,例如:The Engineer and Machinists Drawing Book by V. Lebland and J. Armengaud(1872)、Aides to Model Drawing by F. Richardson(1885),还有 drawing Instruments (1888),全都由英国人傅兰雅(John Fryer, 1839-1928)完成翻译;傅兰雅在上海任职江南制造局的 28 年岁月期间,翻译了 143 本出版品。(详见吴洪亮:《从〈道原精萃〉到〈古史像解〉》,载《文艺研究》1997 年第 2 期)

⑪ 参见汉声杂志社著:《中国民间肖像画》,(台北)汉声出版社 1994 年版,第 4～6 页。

视觉元素已经在中国写实肖像画的氛围里蔓延。①

长期的封建制度塑造了中国内向、稳定的社会特性，到了清帝国的尾声，在外力刺激下及自身的加速转变中，中国经历了政治、经济、社会近代化转型和社会基本构造的重组，同时也在经历文化认同和价值意义的全方位危机。中国写实肖像技法不仅与前文提到的土山湾画馆息息相关，在这个社会思潮极活跃的时代，救国图强的迫切目标几乎上至朝廷下至每个知识分子都无法置身事外，艺术范畴亦是如此。

关于西方艺术在中国传播的议题，中外学者不乏其人。② 1926年，大村西崖（1868～1927）在《中国美术史》一书中写道：

> 曾波臣乃折中其法（西法），而作肖像，所谓江南派之写照也。此虽不入当时雅赏之列，而欧西画风之传入中国实自利玛窦也。③

他认为，曾鲸是受利玛窦带来的《圣母圣婴像》启发，强调面部的立体感。④ 陈师曾（1896～1923）《中国绘画史》一书中写道：

> 传神一派，至波臣乃出一新机轴。其法重墨而后傅彩，加晕染，其受西画之影响可知。⑤

高居翰同样认为，人物画与肖像画混沌未明的现象，开始在人面上施以西方的阴影明暗法后，人物画与肖像画之间的区隔才逐渐趋于明朗化。⑥ 李霖灿更直接评断：

> 明末时光，因受到西方肖像画影响，尤其是阴影透视的描绘，曾使曾鲸这一派系的肖像画家有意的要融合中西肖像画法于一炉。那就是以西方画法画面孔，而以中

---

① 自16世纪耶稣会传教士引进中土的西洋透视法及铜版插画，其新奇画风和逼真视觉效果对中国本土的影响已经有很深入的析探。[中文部分见：Yili（伊丽，Elisabetta Corsi）：《清朝宫廷中的"耶稣会士透视理论"》，莫小也译，载卓新平主编《相遇与对话：明末清初中西文化交流国际学术研讨会文集》，宗教文化出版社2003年版，第418～450页；方豪：《中西交通史》，（台北）中国文化大学出版社1983年版，第907～946页。西文部分请参见 Michael Sullivan（苏立文），The Meeting of Eastern and Western Art, rev. ed.（Berkeley, University of California Press, 1989），pp. 41-87. 等；Mayching Kao，'European Influences in Chinese Art, Sixteenth to Eighteenth Centuries', in China and Europe: *Images and Influences in Sixteenth to Eighteenth Centuries, ed. Thomas* H. C. Lee（Hong Kong, The Chinese University Press, 1991），pp. 251-303.]

② 参见向达：《明清之际中国美术所受西洋之影响》，载何怀硕主编《近代中国美术论集》（四），（台北）艺术家出版社1991年版，第53～80页；聂崇正：《宫廷的光辉——清代宫廷绘画论丛》，（台北）东大出版社1996年版，第51～92页；[英]苏立文（Michael Sullivan）：《东西方美术的交流》，陈瑞林译，江苏美术出版社1998年版，第41～80页。第二章讲西方17～19世纪利玛窦来华到广州画家描摹西洋作品以供外销等，商业行为下西画技法在中国东南沿岸发展纪录。另外参见王镛主编：《中外美术交流史》（湖南教育出版社1998年版）第五章；莫小也：《明末清初江南地区画家对西方艺术的反应》，载《文化杂志》第40～41期（2000），第211～233页；李超：《中国早期油画史》，上海书画出版社2004年版，全书分上中下篇，以西画技法、材料与样式为核心，证明西画东渐的过程。

③ [日]大村西崖、陈彬和译：《中国美术史》，（台北）商务印书馆1967年版，第189页。

④ 民国有关曾鲸、波臣派的介绍，认为是直接"参用"或"吸收"西洋绘画技法的书目，参见俞剑华：（俞琨，1895～1979）的《中国绘画史》，（台北）正华书局1984年版，第557～562页。

⑤ 陈师曾：《中国绘画史》，中国人民大学出版社2007年版，第39页。

⑥ James Cahill, *The Compelling Image*（Cambridge, Massachusetts, and London, England: The Belknap Press of Harvard University Press, 1982），p. 116；Richard Vinograd, *Boundaries of the Self: Chinese Portraits*, 1600-1900, pp. 42-48.

国书法写衣褶，形成了一种别出蹊径的肖像画法。[①]

但是，中国学者如杨新等人并不同意曾鲸写实技法直接受西方影响的说法，反而认为曾鲸的技巧是由传统的"凹凸法"变化而来。[②]

随着洋务运动(又称"自强运动"，始于咸丰十年[1861])的开展，清末朝野逐渐体会到洋务教育为振作自强不可避免之途，因此各级新式教育学校陆续成立。[③] 光绪二十六年(1900)八国联军侵华使得清廷更清醒地认识到兴学育才之急用，两年后颁布的《癸卯学制》手工科目开始出现在初等和中等学校教育课程里，且奏定章程里的美术学校及师范学校图画、手工课程中聘用不少明治维新全盘西化后，训练出来的日籍教师教授。[④] 又辛亥革命前夕(1909～1911)，周湘(1871～1933)创"布景画传习所"(又称"背景画传习所")、"中西图画函授学堂""上海油画院""中华美术专门学校"(后改称"中华美术大学")等，讲求实用、科学的西画学习机构[⑤]，乌史光(1885～卒年不详)、丁悚(1891～1969)、陈抱一(1893～1945)、汪亚尘(1894～1983)、刘海粟(1896～1994)等，早期均在此私人美术传习机构学习。似乎整个中国艺坛都笼罩着西方科学至上的精神，许多名人例如齐白石(1864～1957)早期也曾绘制写实、脸部具立体感肖像画(图六)。针对此现象，本文后续会作详细的探讨。一直到民国成立之后，蔡元培(1868～1940)于 1916 年出任北京大学校长，宣扬自身的美感教育理论，鲁迅(1881～1936)身在教育部，又认可艺术具备社会功能的觉醒意识，1912 年李叔同(1880～1942)自日本归国，并于杭州教授西方艺术，正式将西洋画法引介到中国，同年刘海粟与乌始光、张聿光(1885～1968)在上海创立"上海图画美术院"，使用真人裸体模特儿，以及 1920 年代末大批公费留学生归国，这些力量汇流于民国初年而开启了西方艺术运动，改变 20 世纪中国艺术的进展。[⑥]

二、《吴昌硕八十大寿像》款识意涵

《吴昌硕八十大寿像》是潘天寿和诸闻韵合作于癸亥年(1923 年秋)的作品。左款识："缶卢先生 80 大寿，为合作寿者相祝之。时癸亥新秋孝丰诸文蕴，宁海潘天授同客海上。"吴昌硕生于甲辰年八月初一(1844 年 9 月 12 日)，根据款识"癸亥新秋"，指的是癸亥年吴的旧历生日，经新旧例转换，吴昌硕八十岁生日应为公历 1923 年 9 月 11 日。因此推估《吴昌硕八十大寿像》也应在此时间点创作。从像中人物的袈裟衣摆处，比较潘天寿在 1924 年绘制的《参禅老衲》(图七)，两者构图与用色类似，人物着红衣坐在墨色草席上，无背景，大范围的留白，墨色与笔迹层层堆染，以朱砂色及豪放的笔触制造衣折。由此推测

---

① 李霖灿：《中国美术史稿》，(台北)雄狮美术出版社 2008 年版，第 229 页。

② 参见杨新：《明代》，收录于《中国绘画三千年》，(台北)联经出版社 1999 年版，第 239 页；刘道广：《曾鲸的肖像画技法分析》，载《美术研究》1984 年第 2 期。

③ 参见阮荣春、胡光华：《中国近代美术史(1911～1949)》，(台北)台湾商务印书馆 1997 年版，第 1～3 页。

④ 参见黄冬富：《中国美术教育史》，(台北)师大书苑出版社 2003 年版，第 245～261 页。

⑤ 参见马琳：《有关周湘办学事实的考证》，载《新美术》2005 年第 4 期。

⑥ Mayching Kao, "The Beginning of the Western-style Painting Movement in Relationship to Reforms in Education in Early Twentieth-century China," *New Asia Academic Bulletin* 4 (1983): 373-397.

《吴昌硕八十大寿像》人物服装构图，可能是由潘天寿完成，再根据题词可知，本画作于潘、诸两人20多岁在上海时，为吴昌硕八十大寿祝贺。

《吴昌硕八十大寿像》画面无背景，左上方画家题："缶卢先生八十大庆为合作寿者相祝之。"另起一行题："时癸亥新秋孝丰诸文蕴宁海潘天授同客海上。"钤印：闻均日利（朱文方印）天寿二十后作（白文方印）。右上方吴昌硕题跋原文：

闻韵气韵出谈笑阿寿颂恒
吉祥画二难并古白璧酒千日醉
今红桑榻穿敢学幼安坐辟移安
用愚公狂一蒲团外尘不着学佛
还许仙人刚

诗后并行"癸亥凉秋寿"（寿字偏右小字）"老缶小诗补空时年八十"（时年八十），两两并行，"小"字旁印：吴昌石（朱文方印），"空"与"时年八十"之间左旁印：吴俊之印（白文方印）。其中"颂"字后的一点为"寿"之略字。*Tracing the past, drawing the future : master ink painters in twentieth-century China* 一书的中文附录处忽略"颂"与"恒"之间的墨点（图一），导致书中英语译文误读了吴昌硕的款识。[①] 笔者参考《传神阿堵：明清人物画精品展》一书的断句方式，将此点视为"寿"字，即可成为一首七言律诗。[②] 再标上新式标点符号之后，题跋文如下：

闻韵气韵出谈笑，阿寿颂寿恒吉祥。
画二难并古白璧，酒千日醉今红桑。
榻穿敢学幼安坐，壁移安用愚公狂。
一蒲团外尘不着，学佛还许仙人刚。

中国文人以含蓄为美，新奇为贵，常用典表示意图而不落俗套，全诗处处引经据典，援引成文。仔细推敲，吴昌硕做诗首二句先夸赞诸、潘二位，诗的白话意思为：诸闻韵不需言谈就能显现非凡的神采气度，阿寿（潘天寿）祝寿，象征寿上添寿，用"恒"表示长久不变的吉祥。

第三句画"二难"一本作"元方难为弟，季方难为兄"，指"难分高低"。典出刘义庆（403～444）《世说新语·德行篇》中，陈纪（字符方，129～199）的儿子陈群（字长文，生不详～237）很有才能，陈纪之弟陈谌（字季方，生卒年不详）的儿子陈忠（字孝先，生卒年不详）

---

① Xiaoneng Yang（杨晓能）的 *Tracing the past, drawing the future : master ink painters in twentieth-century China* 一书由 Yiqing Zhang 编著的目录词条，中文附录如下："闻韵气韵出谈笑，阿寿颂恒吉祥画。二难并古白璧酒，千日醉今红桑□。榻穿敢学幼安坐，辟移安用愚公狂。一蒲团外尘不著，学佛还许仙人刚。"该书误读吴昌硕的题跋文，导致内文与索引中英文解释皆与作者原意有所出入。（详细请见：Yiqing Zhang, "Catalogue entries," in *Tracing the past, drawing the future : master ink painters in twentieth-century China* (New York: Distributed by Harry N. Abrams, 2010), pp. 69, 407.）

② 关于新题跋文的添字和断句，本文参考莞城美术馆编著《传神阿堵：明清人物画精品展》，广西美术出版社2011年版，第182页。

也很有辩才，长文与孝先堂兄弟俩人相互比较父亲才德高下的故事。[①] 看来，吴昌硕应该知悉27岁的潘天寿正与29岁的诸闻韵一同任教上海美专中国画科。[②] 在这边指年轻的诸、潘俩人才华洋溢，画作皆佳，难分高低。“白璧”是古代贵重的玉器，“并古白璧”指一齐并列为重宝。另外，全句依《左传·襄公十年》：“子产曰：‘众怒难犯，专欲难成，合二难以安国，危之道也。’”[③]另一角度，就作品图像来看，用炭笔写实和毛笔写意的图像，是融合中西绘画技法，实在难得，应该可以与古代贵重宝玉并列。

第四句的“红桑”出自前秦王嘉（300～约386）的《拾遗记》，描述五帝之一——少昊（生卒年不详）的事迹：“穷桑者，西海之滨，有孤桑之树，直上千寻，叶红椹紫，万岁一实，食之后天而老……”[④]红桑传说为仙境中的桑树，万年结一颗果实，吃了寿命会比天长。也可能出自曹唐（生卒年不详）《小游仙诗九十八首》诗：

> 天上邀来不肯来，人间双鹤又空回。秦皇汉武死何处？海畔红桑花自开。[⑤]

笔者认为，吴氏欲表达的意境应该与曹唐文中提到的红桑较为相似，因为吴氏知道自己已至耄耋之年，“酒千日醉今红桑”，极可能希望今日尽情饮酒，脱离凡间俗事。

第五句的“榻穿”即“木榻穿”，出自《三国志·魏志》：“此宁志行所欲必全，不为守高。”[⑥]吴氏可能引自皇甫谧（215～282）注引《高士传》：“管宁常坐一木榻上，积五十五年未尝箕踞。榻上当膝皆穿，常着布裙貉裘……”[⑦]其中“木榻”，指的是古代的一种坐具，坐面呈方形，加上“穿”字，表示该木榻年久失修，遭磨损，引申为高士不慕荣华，甘于淡泊生活。这里用“幼安”显示吴昌硕果真学富五车，一方面自我隐喻管宁（字幼安，158～241）性淡气清，一方面自我影射同样字幼安的南宋诗人辛弃疾（字幼安，1140～1207），因为二者出生的时代背景皆为改朝换代之际，充满爱国意识却不被所用的遭遇相似。吴氏也效仿辛弃疾爱用典的特色，并开拓题材领域，创造多姿多彩的风格，丰富绘画的表现手法。“榻穿敢学幼安坐”这句话是吴氏依画面构图所做的譬喻，意思是说：（我）坐在破损的木榻怎敢效仿管宁和辛弃疾？又用“敢”字，以退为进，更凸显自己视名利于我如浮云，以国家存亡为己任的中国文人意志。

第六句“壁移安用愚公狂”同时用二个典故，第一为“壁移”，出自清代石成金编撰的一篇讽刺“凿壁移痛”的寓言故事，原文是这样说的：

> 有人腿上患一毒疮，甚是疼痛，叫喊不止。忽将壁上挖一个洞，将腿放入穴内。人问其故，患人攒眉曰：“这疮在我腿上，我自己痛不过了，所以挖个壁洞，伸过去，也

---

① 参见（南朝宋）刘义庆著，（南朝梁）刘孝标注：《世说新语》（上），（台北）艺文印书1968年版，金泽文库唐写本，第6页。原文：“（陈群与陈忠）各论其父功德，争之不能决，咨于太丘。”太丘曰：“元方难为兄，季方难为弟。”

② 参见马海平编著：《图说上海美专》，南京大学出版社2012年版，第103页。

③ 指“两件难事”的解释。出处：左丘明撰、台湾师范大学出版中心编辑：《左传·襄公十年》，（台北）师大出版中心2012年版，第235页。

④ （前秦）王嘉撰，（梁）萧绮作录，石磊注释：《拾遗记》卷一《少昊》，（台北）三民书局2012年版，第15～17页。

⑤ （唐）曹唐著，陈继明注：《曹唐诗注》，上海古籍出版社1996年版，第132页。

⑥ （晋）陈寿撰，裴松之注：《三国志集解》卷一一《魏志·管宁传》，（台北）艺文印书馆1936年版，第36～37页，新编页码362～363。

⑦ （晋）皇甫谧著，台湾师范大学出版中心编辑：《管宁》，载《高士传》，（台北）师大出版中心2012年版，第28页。

等他好往别人家里疼疼去。”[①]

石氏在文后批注“己害思欲脱人，殊不知害乃在已，丧心何益”，这种欲将脚去隔壁邻居家里痛，痛就与我无干了的鸵鸟心态，此时吴昌硕已经对世道提出自我见解了。第二个寓言来自《列子·汤问》太行、王屋二山南方，90岁愚公移山的故事[②]，常用以比喻做事有毅力、不服输的人。但整句吴氏采用反讽的方式，自嘲何必像愚公这么辛苦，不要面对，不用厘清，不需处理就好。

第七句“一蒲团外尘不着”与第八句“学佛还许仙人刚”也是从画面留白的构图方式作的延伸。“蒲团”指的是用蒲草编成的圆形垫子，多为僧人坐禅和跪拜时所用。“尘”有风尘世俗之意，例如风尘荏苒、风尘劳攘。“刚”解释为恰好之意，全二句显示作者的渴望，可以看出他渴望六根清净，免于战乱、世俗的困顿喧扰，又感叹自己想要学佛，还须恰巧有神话传说中长生不老、有种种神通的仙人指点，意思是这些都只是遥不可及的梦想。

从吴昌硕的学养可以知道他是科举制度下的传统社会精英，以国家兴亡为己任，积极参与国家政治。但19世纪末20世纪初，历经帝制到共和的乱世，年迈的他如同风中残烛。他在题跋文中以象征的手法，如榻穿、学幼、壁移、愚公等典故，有一点无可奈何，又散发着一股崇尚平淡的坚决意味。针对他的题词背后是否正在用笔墨文思和艺术形象借题发挥，传达冷淡避世的心情，将在下一章节继续探讨。

三、《吴昌硕八十大寿像》的风格意涵

（一）延续传统

上文逐一解析《吴昌硕八十大寿像》的款识意涵，大致可以判定该作用于祝寿场合。吴昌硕题跋文中出现“佛”字和画作组成，似乎与佛教绘画有些相关性，但依传统佛教绘画的形式和法则来看，这件作品与供奉或备殿堂庄严之用的佛画有些相似又有些矛盾。因此，下文将探讨《吴昌硕八十大寿像》所处年代，寿相与宗教画的融合与转变，以及该像同时具备文人生活之间、赋诗题句之中所隐含的学术性与艺术价值。

《吴昌硕八十大寿像》构图相当简单，仅一人穿红色袈裟，趺跏坐于蒲团之上。从作品的图像发展来分析，本图类似阿弥陀佛或达摩禅坐之图像根源。庄申在《达摩面壁与达摩禅坐》对宗教人物达摩形象的研究发现，17世纪以来，释道画的风格已经根据画家个人不同的理解，塑造各式多元的构图发展。[③] 但就此作标示注明用于祝寿场合，必须加强联结“阿弥陀佛”与“祝寿”的关系。汉译名中“阿弥陀佛”从字义上解释，有“无量寿”（梵文为Amitayus的音译）与“无量光”（梵文：Amitaba）之意。净土三部经的中、小经存梵名题曰

① （清）石成金撰：《笑得好初集·疽痛》，载《石天基全集》，（台北）汉鑫图书1999年版，清雍正四年1726年刊本，卷盘缩影卷片，第25页。

② 参见（周）列御寇撰，（晋）张湛注，（唐）殷敬慎释文，（清）谢墉校：《列子·汤问》，载《影印文渊阁四库全书》，（台湾）商务印书馆1983年版，第1055册，第617～618页。

③ 参见庄申：《达摩面壁与达摩禅坐——达摩形象研究之二》，收于国立历史博物馆编《画史观微——庄申教授逝世三周年纪念文集》，（台北）史博馆2003年版，第67～68页。

《阿弥陀经》,大经举译名题曰《无量寿经》。阿弥陀含无量、无量寿(命)、无量光、无边光(明)、无量明、清净光、无量清净等义。[①] "无量光佛"和"无量寿佛"起源不同,随着佛教的发展,二者概念重合,印度后期经典中二者已经混同,尤其唐宋之际佛经翻译佛名阿弥陀和"无量寿"居多,"无量光"名称使用上式微。[②] 就意义上而言,"阿弥陀佛"为管理西方极乐净土世界的佛,灵魂得以在那里永生。[③] 但是大多数的人渴望生命长驻,所以从《佛说无量寿经》《阿弥陀佛发四十六愿》中可知其寿命无量愿:"我作佛时。寿命无量。国中声闻天人无数。寿命亦皆无量。"取"无量寿佛"谐音"无量寿"象征"寿无量",也就是长寿的意思。祈愿长寿佛,给人们带来延长寿命的希望。"无量寿佛"尤其在清王朝更是大规模制作和进奉,例如承德外八庙建有千佛阁,供奉成千上万的无量寿佛。[④] 又例如乾隆二十六年十一月二十五日(1761 年 12 月 20 日)《国朝宫史》记载:"皇太后(崇庆皇太后钮祜禄氏,1693~1777)七十大寿,连续恭进寿礼十一日,第一日就有各式无量寿佛九百尊,第二日也有各式无量寿佛九千尊,之后几日皆有无量寿佛尊像、画像、佛经等献礼,象征年寿长久、万寿无疆之意。"[⑤]清宫廷盛行利用谐音或取其吉祥寓意。到了 19 世纪末,上海一带的画家有使用"无量寿佛"表示长命百岁的习惯,并且在风格上出现变化,尤其将诸佛形象、造型或象征物加以混合使用。例如 1890 年左右,任预(1853~1901)作《无量寿佛》(图八),画中一位长者坐在树下的蒲团上,画家特意将长者的眉毛画得很长,需要用手缠绕,其中"眉寿"就是指"长寿",也就是用"百龄眉寿"祝贺高寿的意思[⑥],这种绘制吉祥性题材的寿相在清末民间已经相当盛行。

《吴昌硕八十大寿像》出现时机为 1923 年,吴昌硕 80 岁大寿。根据文以诚的观点,晚辈会基于对师长的尊敬,为老师做肖像。[⑦] 1923 年初潘天寿 27 岁,至上海民国女子工校教绘画课[⑧],与诸闻韵筹备上海美专中国画科,并在 9 月创立,由诸闻韵担任主任,潘天寿为教授,王一亭(王震,1867~1938)为导师。[⑨] 由于诸闻韵曾任吴昌硕家里的家庭教师,

---

① 参见宁强:《敦煌佛教艺术——美术史的分析》,(高雄)复文 1992 年版,第 25 页;矢吹庆辉:《阿弥陀佛の研究》,(日本东京)明治书院 1911 年版,第 3 页。

② 源自矢吹庆辉著作中整理出来的汉译净土经论表。矢吹庆辉:《阿弥陀佛の研究》,(东京)明治书院 1911 年版,第 450~474 页。

③ 谐音、寓意等象征题材的作品在中国美术史上有悠久传统,文士林(Williams Charles Alfred Speed)在 1932 年将中国的象征符号及其寓意整理成书,成为后世非中文界与了解中国文化的一本入门手册。[详见 Williams Charles Alfred Speed, "AMITABHA", *Chinese symbolism and art motifs: a comprehensive handbook on symbolism in Chinese art through the ages*. (Rutland, Vt.: Tuttle Co., 2006), p. 37.]

④ 参见李雨航:《明清佛像》,(台北)艺术图书 1997 年版,第 43~46 页。

⑤ (清)于敏中:《国朝宫史》卷一八,收于中国古籍整理研究会编《明清笔记史料丛刊·清》第 103 册,中国书店 2000 年版,第 307~330 页。

⑥ 出自唐代虞世南的《琵琶赋》"愿百龄兮眉寿,重千金之巧笑",详见(唐)虞世南:《琵琶赋》,收于(清)陈元龙辑《历代赋汇》卷九,图书出版社 1999 年版,第 300 页。

⑦ Richard Vinogard, "Portrait and Position in Nineteenth Century Shanghai," *Boundaries of the self: Chinese portraits*, 1600-1900, p. 84.

⑧ 参见卢炘选编:《潘天寿研究》,浙江美术学院出版社 1989 年版,第 566 页。

⑨ 参见马海平编著:《图说上海美专》,南京大学出版社 2012 年版,第 103 页。

基于这层关系,潘天寿结识吴昌硕。[①] 虽然目前无法确切地证实吴与潘相识的时间点,但是依潘天寿的回忆,这年潘与吴昌硕相谈甚欢,翌日吴昌硕以篆书"天惊地怪见落笔,巷语街谈总入诗"对联相赠。吴昌硕平常看晚辈的诗文书画等,只说好,往往不加评语。但这种奖励后进的方法,是他平时不用的。潘天寿很小心地珍藏,但在抗战期间,杭州沦陷时遗失了,至今印象深刻。[②] 姑且不论日后吴昌硕又赠诗《读潘阿寿山水障子》戒勉潘天寿,从早期吴昌硕与潘天寿相识之初,便可以看出两者心意相近。[③] 因此,在吴昌硕这么重要的日子,晚辈诸闻韵与潘天寿体恤老师,联合借着掌握"无量寿佛"的吉祥寓意,以《吴昌硕八十大寿像》作为祝寿之礼物。

除了探讨《吴昌硕八十大寿像》的题材动机之外,以文人书斋肖像画中"行乐图"的视角来解析这个时代名手画名家,却有另一番意义。事实上,这幅80大寿像并非吴昌硕第一件肖像画,吴氏自1880年代起至少有九件嘱任伯年画的肖像。依照赖毓芝对吴昌硕像任伯年所订制肖像画的个案研究观点,吴昌硕早期肖像的造型是文人通用的形象,这些形象是用来被主流艺术社会认可的,当时吴昌硕是以新人的姿态进军上海艺坛,而任伯年为他选择或吴昌硕为自己指定的造型,恰恰成为被认可为艺术家的第一步。[④] 当年的吴昌硕需要被认可,那么几十年后,活跃于上海画坛的霸主是否也需要传承这项艺坛的潜规则,让浮事新人换旧人。其实吴昌硕晚年的肖像画就含有助长他人的意味,他并不吝啬给予晚辈认同,而这些小有名气的画家也经常借着替名人画像增长自身名气。在《吴昌硕八十大寿像》之前,倪田(1855~1919)也曾在1909年替66岁的吴昌硕肖像补景(图九),画面左上角款释"缶道人66岁小影 嘱倪墨耕补景"。吴昌硕清晰的头像和倪田的姓名同时出现在一个画面上,这象征着画中人物、画家和题词均会被收入于历史之中,肖像画和附上的名字将会一起彰显价值。[⑤] 上述提过,肖像画表露画中人物与画家关系,延续传统晚辈基于对师长的敬爱而起的绘画动机,可以将《吴昌硕八十大寿像》视为弟子基于对老师的敬爱或崇拜,热心为老师绘制像。倪田的《写吴昌硕六十六岁肖像》也可视为同侪基于友谊,为吴昌硕肖像补景,但是就历史书写而言,不可否认,吴昌硕在清末民初上海的画坛名声、地位高于同期的倪田、后起新秀诸闻韵和潘天寿三人,当这些较小名气的画家能与名震海内的吴昌硕并列一纸,画家与像中人物相互助长的功能也就显现出来了。

再举一例,与《吴昌硕八十大寿像》制作年代相近的作品,也显示此时期的肖像画里,像中人物与作画者彼此身份地位相互提升的风气。同样是上海博物馆藏的一件作品,标记为1924年,俞明(1884~1936)为黄金荣(1868~1953)、杜月笙(1888~1951)绘制双人

---

① 参见徐昌酩主编:《上海美术志》,上海书画出版社2004年版,第387、431、439页;李苦禅、李燕:《艺术大师之路·六》"序",湖北美术出版社2002年版;黄苗子:《画坛师友录》,(台北)东大图书1998年版,第101页。

② 参见1957年12月潘天寿在杭州西泠印社举办"吴昌硕先生纪念会"上的发言稿,载徐建融编《潘天寿艺术随笔》,上海文艺出版社2012年版,第116页。

③ 据刘海粟的回忆录,潘天寿原名"天授","阿寿"这个名字是昌老对他的爱称。详见刘海粟:《回忆吴昌硕》,收于刘海粟、王个簃等编著《回忆吴昌硕》,上海人民出版社1986年版,第222页。

④ 参见赖毓芝:《肖像、形象与艺业:以吴昌硕向任伯年所订制肖像画为例的个案研究》,收于吕莉莉、禤广瑜编《像应神全:明清人物肖像画学术研讨会论文集》,澳门艺术博物馆2011年版,第310页。

⑤ Richard Vinogard, "Portrait and Position in Nineteenth Century Shanghai," *Boundaries of the self: Chinese portraits*, 1600-1900, p. 88.

肖像(图十)。[①] 这一件俞明画的《黄金荣、杜月笙像》也是同样的道理。从题词“吴兴俞明献绘”六字中能够看到“献绘”二字的使用,根据史料记载:“崇祯七年,京师饥,御史龚廷献绘《饥民图》以进。”[②]“献”是进的意思,指下奉上,致物于尊者。俞明早期在宫廷从事绘画多年,民国初携眷到枫泾(上海西南处)定居,求画者盈门,袁世凯(1859～1916)称帝时受艺坛与政界有名望的金城(1878～1926)推荐再次入宫。[③] 但是这件作品的作画时机在曹锟(1862～1938)执政时,俞明仍然以以卑对尊的姿态进奉献画给地方政商人士,保持名手与名人齐头之举。

(二)抒发自我心声

文以诚提到,近代肖像中自我意识逐渐提升,画中使用的技法、媒材、社会环境因国势而改变,反映在创作形象里,甚至有自我补偿、弥补心态。[④] 倘若如此,从肖像画具有变异身像的功能来说,肖像画可以依照个人意识绘制像中人物的形象、身份,那么对于前文《吴昌硕八十大寿像》题词诠释,有了一条值得人们思索的轨迹。

吴昌硕是清同治四年(1865)的秀才,32 岁时在江苏省担任东安县知县,但一个月后卸任,之后他的仕途并不顺遂,从一幅光绪戊子八月(1888 年)吴昌硕 45 岁的自画像《酸寒尉像》(图三)和画面左侧杨岘(1819～1896)题词即可看出:

> 何人画此酸寒尉,冠盖丛中愁不类。苍茫独立意何营,似欲吟诗艰一字。尉乎去年饥看天,今年又树酸寒帜。苍鹰将举故不举,跕跕风前侧两翅。高秋九月百草枯,野旷无粮仗谁饲。老失老矣筋力衰,丑态向人苦遭弃。自从江干与尉别,终日昏昏只思睡。有时典裘酤一斗,浊醪无功不成醉。尉如盐虀我如堇,不登嘉荐总一致。尉年四十饶精神,万一春雷起平地。变换气味岂能定,愿尉莫怕狂名祟。英雄暂与常人伦,未际升腾且拥鼻。世间几个孟东野,会见东方拥千骑。苦铁道人正,七十叟杨岘题。

杨岘在文字里给予吴氏安慰。丁羲元认为这一系列任颐为吴昌硕精心写照的肖像画,包括这件《酸寒尉像》,寄托着任颐对吴昌硕这一位正直、饱经忧患的知识分子兼挚友的同情。[⑤] 最近赖毓芝批注该作是吴昌硕利用卑微形象自我诋毁,嘲弄文人不得不卖画为生的窘境,事实上却是正向地标榜文人画家的自身认同。吴昌硕接受自己中年时身穿官服,

---

① 按,该图又名《双雄图》立轴,设色纸本,高 98.9 公分宽 41.3 公分,钤印俞明(朱文方印),款识“黄金荣 杜月笙先生小像 甲子仲秋 吴兴俞明献绘”,上海博物馆藏。

② (明)张廷玉等:《明史》卷三〇,载任继愈、傅璇琮主编《文津阁四库全书》第 102 册,商务印书馆 2005 年版,第 116 页。

③ 即俞涤凡(1884～1935)《艺林年鉴》作(1885～1936),名明,一字涤烦。浙江吴兴(今湖州)人,居上海。天资聪颖,幼年在上海习水彩画,后专学陈洪绶(1598～1652)、任颐人物画,亦工肖像和花卉,尤擅仕女画,1912 年为《天铎报》创办的副刊《天铎画报》之主要作者。1919 年为上海西洋美术团体天马会会员。详见徐昌酩主编:《上海美术志》,上海书画出版社 2004 年版,第 410 页;李铸晋、万青力:《中国现代绘画史:民初之部(1912～1949)》,(台北)石头出版社 2001 年版,第 99 页。

④ Richard Vinogard, *Boundaries of the self: Chinese portraits, 1600-1900*, pp. 116-127.

⑤ 参见丁羲元:《任伯年:年谱·论文·珍存·作品》,上海书画出版社 1989 年版,第 142 页。

却一脸穷酸苦瓜的模样，到了晚年成为画坛领袖的吴昌硕，是否接受世人给予佛教人物慈悲肃穆的庄严宝相，可以继续从他晚年自画像诗、画中窥见端倪。

1923年吴昌硕80岁生日，可以视为文化艺术界的一项重要活动。这次寿宴赠礼中，将吴氏塑造为“佛祖”形象的赠礼，除了《吴昌硕八十大寿像》外，还有一件于右任（1879～1964）的《题菩萨像拓片》，这是一件观世音菩萨的拓片，拓印而成的博古图。[①] 左侧款释祝贺吴昌硕80寿辰，为此事敬造菩萨像，希望国泰平安，普天同庆；右下角题词赞美吴昌硕不只书画全能，学识和精神素养达到超凡入圣的境界，前身必是僧，来世应为佛。虽然《题菩萨像拓片》未见吴昌硕的题跋文，但可知晚年的吴昌硕在世人眼里，已经被视为观音、佛祖再世。

然而，此时被誉为神佛，或被模拟为“无量寿佛”是否有所影射，关于这点可能要从几件绘画主题、作者背景与《吴昌硕八十大寿图》相似的作品来分析。首先，郑文焯（1856～1918）一件记为1916年的《无量寿佛》（图十一）左款释写道：

> 予每日朝念经，夕诵忏，虽不佞佛，亦尝学佛。学佛不成，因而大画特画其佛。画慈悲者如流水行云，寂密枯槁，画威严者竟雄杰奇伟，激昂顿挫。非敢自诩……[②]

郑氏的画作中也出现了“学佛不成”，与吴氏“学佛还许仙人刚”的语境相当类似，皆以含蓄的口吻表示自己尚未皈依佛门，但就程度而言，从前一句“予每日朝念经，夕诵忏，虽不佞佛，亦尝学佛”可以发现郑氏学佛的自觉性高于吴氏。再看一件1917年李瑞清（1867～1920）的《无量寿佛》（图十二），画中僧人禅坐洞穴之中，隔江面壁，岩壁上的款释写道：

> 清道人敬缋无量寿佛一躯颠使来世托生西方妙乐国土，永脱恶道一切众生咸同斯福

同样都是无量寿佛的主题，李氏的文字中虽然也有乞求消灵趋福、长命百岁，却带有厌弃现世，寄托来生的倾向。关注李瑞清的背景发现，皇权之变前任两江师范学堂监督，仰赖朝廷薪给，随后李氏在《鬻书后引》中说到自己辛亥后避乱于沪，家中老弱五十口，不得已鬻字画为生。[③] 这点与前文提到的吴昌硕中年辞官鬻画的情形类似，但吴氏是自愿放弃从官，转向书画文艺发展，而李氏则是被迫离职，二者的心态有很大的差异，甚至李瑞清自称“清道人”，也不过像是明灭大涤子自称石涛（1642～1707），假道号保节明志，表达自己

---

① 这件记名为于右任所制的作品，2013年出现在西泠印社拍卖目录，标示为吴昌硕家属提供，图左上又下二处各有于氏款释，虽然无法确认该做是否属实，但是从吴昌硕的诗画名称仍可见吴氏具有多件画佛祝寿的礼物。

② 原文左款释：“或问罗汉系结党成群之辈，果何修而为佛。予曰：放下屠刀立成佛，故谚有之矣。《传灯录》载大梅禅师云：任汝非心非佛，我只管即心即佛。此言可悟。予每日朝念经，夕诵忏，虽不佞佛，亦尝学佛。学佛不成，因而大画特画其佛。画慈悲者如流水行云，寂密枯槁，画威严者竟雄杰奇伟，激昂顿挫。非敢自诩，本前人意耳。丙辰夏始，大鹤山人郑文焯记于吴城樵风别墅。”右款释：“无量寿佛。宋代石恪性稽滑，有口辨。师张南本技艺画佛像。诡形殊状，多作戏笔。纵逸不守绳墨。惜世间流传甚少，获者珍如拱璧。予师其意而作。古野之貌，人谓酷似。予云：何敢，惟遇笔挥洒，略不预构，丑妍互出，在所不计。今则添以万年松，补以五色石。麻城千里如在目前，女娲工夫省却多少。窃自喜画笔不俗耳。鹤道人又题。”[参见国立历史博物馆编辑委员会编：《清末民初书画艺术集》，（台北）“国史馆”1998年版，第204页]

③ 参见李瑞清：《清道人遗集》，收于沈云龙主编《近代中国史料丛刊》第6册第416卷，（台北）文海出版社1969年版，第267～268页。

为遗世边缘人外?① 以儒家“仕”与“隐”的观点解释二件具有宗教意味的款释,《吴昌硕八十大寿图》的主角吴昌硕与《无量寿佛》的作者李瑞清二者皆曾出仕。50 岁正值壮年的李氏,借佛道之身解救乱世之灵和摆脱自身之苦;已经 80 岁的吴氏,借喻“榻穿敢学幼安坐,壁移安用愚公狂”,表露士君子的抱负,追求得君行道的理想,却也语带消极地抒发对世道的无奈,最后采取“一蒲团外尘不着”企图切断与世俗的沟通。换句话说,李氏画佛隐含着自身退隐,全身保真避辱,不贪辞爵的意思,但是吴氏对于被画成佛像,似乎只是淡淡地有感而发。

最后,究竟吴昌硕在孕育新世与困局之际,到底如何看待“无量寿佛”,是否接受世人授予的佛祖形象抑或自身倾向居士佛教的性格,要从收录在《吴昌硕谈艺录》的几篇题词窥探。先从“无量寿”开始,吴昌硕自己也当这三个字为祝贺吉祥语。从他应西泠印社早期成员郑健安(生卒年不详)的要求,替郑的祖母 70 岁生日时作佛画相赠,在《郑健安寿其祖母索佛画》自题诗:

更言大母健在寿正七十春,所我画佛寿大母……吉祥卍字自有不可思议在……寿筵开处罗盘飧,母寿无量我佛云。②

文中写到我(吴)画佛像祝寿这位长者,“卍”字有吉祥万德之所集的意思,象征佛力无限运作、无限延伸、无休无止,因此用“寿无量”祝贺这名女性长者寿命无尽。无量寿和寿无量都是祝寿的吉祥语,当“无量寿”加上具有宗教意涵的“佛”变成“无量寿佛”时,虽然仍用于祝寿,但是吴昌硕的态度就变得严肃了。一幅吴昌硕自题的《无量寿佛》画像中写道:

万古一蒲团,兀然坐空山。不习熊经鸟伸导影术,不炼玉鼎九转却老丹。历劫不坏后天老,阿罗汉体金刚坚。彭祖小子未闻道,麻姑只见沧海田。欢喜无量寿无量,与我长结翰墨缘。写成即是服特健药,何须御风再访蓬莱仙?③

这首诗的语境和《吴昌硕八十大寿图》的款释类似,释道典故频繁。大意是描述画像中有一人垫着草席坐在山里,不做养生功法④,也不用服炼仙丹⑤,发身坚固犹如罗汉,遭到劫难不被磨灭。⑥ 还未得知彭祖(颛顼的玄孙,神话中的长寿仙人)的养生之道⑦,我(吴)身

---

① 李瑞清:《复中国道教会书》,载《清道人遗集佚搞》,(台北)文海出版社 1969 年版,第 280 页。

② 吴昌硕著,收于吴东迈编《吴昌硕谈艺录》,浙江人民美术出版社 2017 年版(下引此书,版本同此),第 22 页。

③ 吴昌硕著,收于吴东迈编《吴昌硕谈艺录》,第 22 页。

④ “熊经鸟伸”指的是古代一种道引养生的运动,后来被华佗(145～208)集大成,演变出“五禽戏”。吴昌硕这句话的典故应该是出自《庄子》原文如下:“……吐故纳新,熊经鸟申,为寿而已矣。此道引之士,养形之人,彭祖寿考者之所好也。”(详见庄周撰,郭象注:《庄子・外篇・刻意第十五》,宋刊《南华真经》卷第六,收于《续古逸丛书》三,江苏古籍 2001 年版,第 1b 页)

⑤ “玉鼎九转”即道教仙人“玉鼎真人”和一种炼丹处方“九转大丹”,这些典故出自《庚道集》,书里还有记载各种丹方制作方法、器具。[详见(宋)佚名编撰:《庚道集》卷九,(台北)艺文印书馆 1962 年版]

⑥ “历劫不磨”佛教辞彙,原指佛祖乃无量寿觉永世常在,或被形容佛法圣地之庄严,近代被用于祝高寿。详见(明)程嘉燧辑《僧德清吴越忠懿国王造铜阿育王舍利塔记》,载《常熟县破山兴福寺志》卷二,崇祯十五年序刊本,第 18A 页。

⑦ “彭祖”与“麻姑”的传说来自葛洪(284～363)的《神仙传》,其中描述“彭祖”活了 700 余岁,教人养生。原文如下:“至殷末世,年七百六十岁而不衰老。……王奉事之……饰以金玉,乃令采女乘轻軿而往,问道于彭祖。……彭祖去殷时,年七百八十岁,非寿终也。”[出自(晋)葛洪:《神仙传》卷一,(台北)台湾商务印书馆 1979 年版,《钦定四库全书・子部・十四・道家类》册一,第 3a 页]

心无比喜悦，常能以笔墨诗文祝寿，完成即是长寿的特效药，哪里需要麻姑（神话传说中长寿仙女）看东海变桑田，巡查蓬莱的水成山陵陆地。[①] 这首题词中隐约带有释道比较的意谓，有关延年益寿的方式，在这里看来佛教里的无量寿佛胜于炼丹养生之术。

目前看来在祝寿这方面吴昌硕倾向于佛教沿革，但他本人的思想信念不一定如此。他在一幅《画像自题》中写道：

挂瓢风已仇双耳，依佛文难成反身。
未是清空未尘土，长裾摇曳尔何人。[②]

吴昌硕首句描写挂在树上的瓠勺不断作响，已具有隐居意味[③]，下一句又说皈依佛门也难以转变自己。尽管清末民国以来，民间佛教信仰禅宗、净土宗最为流行，观世音菩萨、地藏菩萨、阿弥陀佛和弥勒佛是一般民众最崇信的佛教人物。[④] 但是吴昌硕的文字里一边叹“依佛文难成反身”，一边又推脱“学佛还许仙人刚”，始终对皈依佛门兴缺少兴趣，甚至直截了当地在积极参与佛教事业，画佛、崇信观音的挚友王一亭所赠予的寿画《一亭画寿观津》中[⑤]自题：

> 非佛似佛渊乎春，见心见佛存乎人。……手磨铁研心救世，研破可食何忧贫？（原注：君所居曰：“宝铁研斋”）……一亭赠画祝眉寿，方金我亦思灵邻。佛其谓我佛难学，请学韩子排庄荀。[⑥]

吴昌硕在这首诗里明确表露自己的态度。他说这画里的人物像不像佛又能如何，看到的是佛祖还是心意，见仁见智，这里看来他了解王一亭为他祝寿的好意。接着他对在家居士有所言词，文中表示不断地在家里拿着佛珠念经念咒，心里想着拯救苍生，念破了菩提念珠就可以暖衣饱食，没有饔飧不继的烦恼了吗？最后他讲一亭赠画祝我生日，希望我的心灵与他相近，但是佛理对我来说太难学了，不如学习韩非子（前280～前233）反对庄子（前369～前286）、荀子（前313～前238）的隐逸思想。

---

① 吴昌硕引用“麻姑”和“蓬莱”的典故也是来自葛洪的《神仙传》里头麻姑与王远的一段对话，原文摘录如下：“麻姑自说：‘接待以来，已见东海三为桑田，向到蓬莱，水又浅于往昔，会时略半也，岂将复还为陵陆乎。’方平笑曰：‘圣人皆言，海中行复扬尘也。’”[出自：（晋）葛洪：《神仙传》卷三，（台北）台湾商务印书馆1979年版，《钦定四库全书·子部·十四·道家类》册一，第9b页]

② 吴昌硕：《缶卢集》卷二，收于吴东迈编《吴昌硕谈艺录》，第11页。

③ “挂瓢”和“风”的使用应是引用《琴操》曰：“许由无杯器，常以手捧水。人以一瓢遗之，由操饮毕，以瓢挂树。风吹树，飘动历历有声。由以为烦扰，遂取捐之。”详见（宋）李昉等撰：《太平御览器·物部·七》卷七六二，上海书店1985年版，日本覆印宋本原书上海涵芬楼景印，第1b页。后引申为不需要凡间俗物，具有隐居或傲于世的意思，可见纪晓岚（1724～1805）的《滦阳消夏录》里面一段话：“然不甚重隐逸。谓天地生才。原期于世事有补。人人为巢许。则至今洪水横流。并挂瓢饮犊之地。亦不可得矣。”[出自（清）纪晓岚：《滦阳消夏录》二，载《阅微草堂笔记》卷二，（台北）新兴书局1988年版，第3216页]

④ 参见李少兵：《民国时期的佛学与社会思潮》，收于佛光山文教基金会总编《法藏文库·中国佛教学术论典》第5辑第43册，佛光山文教基金会2001年版，第19～20页。

⑤ 吴昌硕与王一亭（1867～1938）交情甚笃，王氏为上海著名实业家、慈善家与画家，一生信佛。[详见松村茂树：《王一亭》，载《近代中国の文化人と书》，（东京）研文出版2000年版，第190页；钟琼宁：《行在家道：民初的上海居士佛教1912～1937》，（台北）政治大学历史研究所硕士论文，1997年，第97、104～105页夹页表4～5]

⑥ 吴昌硕：《缶卢集》卷三，收于吴东迈编《吴昌硕谈艺录》，第55页。

从“念珠无法果腹”的想法可以推测吴昌硕乃主张“经世致用”、提倡入世，务当务之务。然这种价值观在清末中国受到西方文化压迫之际，逐渐在知识分子圈里衍生出“体、用”的观念，自寻一条救国自强之道。[①] 这里能够看到他对念佛相当排斥，甚至带有蔑视的态度，这于先前无量寿佛道贺，写画佛优于炼丹的态度完全相反。事实上，从吴昌硕的思想观里可以看出他完全是一个积极入世的儒士，虽然他中年辞官但并不表示他厌世，只能说不善于官场生态，日后在文艺界却找到自己的出路，游刃有余，并占有一席之地。19世纪末到20世纪初，窃揣历劫之下的中国如何度过苦厄，每个人有自其见解。前文提到李瑞清借“清道人”之名，行隐居上海鬻画糜生之实，又想借佛法之身脱离俗世；王一亭手磨念珠忧苍生，以通商惠工、乐善好施摆渡众生。吴昌硕认为自己难以接受佛教这套救世救心之说，他所写“请学韩子排庄荀”指的是应学习韩非子“夫好显岩穴之士而朝之，则战士怠于行阵”[②]的学说。他担心在朝者建议授予隐居的士绅官职，那么战士则怠于操练，农夫也就不愿意辛勤耕作，终将导致国家积弱不振。假若在国家存亡之际，提倡庄子所言“不当时命而大穷乎天下，则深耕宁极而待，此存身之道也[③]”，躲起来隐居保生养命，或身为知识分子在时机不好时转而自我修行，“待时”复出。[④]

总体来说，吴昌硕同意“无量寿佛”的艺术表现，以及用来象征长寿寓意的功能。但是当“无量寿佛”具备宗教意义，被予以寄托，逃避现实的时候，吴昌硕对此提出异议，甚至直言反对乱世归隐、去就之节和保身怀方的避乱观念。照上述诗词内文来看，吴氏是以积极的责任意识，承担和面对忧患的环境。

（三）西风下的反思

诸闻韵与潘天寿送给老师的生日礼物《吴昌硕八十大寿像》，糅合中西绘画技法和媒材，将于像中人物的头部以西式立体感的炭笔画呈现，头部以外，身躯坐垫，以及文字款释仍保持传统平面性，呈现“兼工带写”“半工半意”的现代意义。最近阮圆（Aida Yien Wong）的一篇《二重视觉效果在现代中国画中的发展》指出，因为民初知识分子支持科学精神，康有为（1858～1927）以推中国画现代化为目标，鼓励以西洋绘画技法为榜样，形成

---

① John K. Fairbank, Kwang-Ching Liu eds., *The Cambridge History of China*, *Vol*. 11: *Late Ch'ing*, 1800-1911 (Cambridge University Press, 2008), p. 201.

② 原文如下：赵主父使李疵视中山可攻不也？还报曰：“中山可伐也，君不亟伐，将后齐、燕。”主父曰：“何故可攻？”李疵对曰：“其君见好岩穴之士，所倾盖与车以见穷闾隘巷之士以十数，伉礼下布衣之士以百数矣。”君曰：“以子言论，是贤君也，安可攻？”疵曰：“不然。夫好显岩穴之士而朝之，则战士怠于行阵；上尊学者，下士居朝，则农夫惰于田。战士怠于行陈者则兵弱也，农夫惰于田者则国贫也。”［出自韩非：《外储说·左上第三十二》，载《韩非子》卷第十一，（台北）商务印书馆1967年版，《四部丛刊初编》册351，景上海涵芬楼藏景宋抄校本，第8b页］

③ 原文：隐故不自隐。古之以谓隐士者，非伏其身而弗见也；非闭其言而不出也，非藏其知而不发也，时命大谬也。当时命而大行乎天下，则反一无跡；不当时命而大穷乎天下，则深耕宁极而待，此存身之道也。“时隐”的观念。（详见庄周撰、郭象注：《庄子·外篇·缮性第十六》，宋刊《南华真经》卷第六，收于《续古逸丛书》三，江苏古籍出版社2001年版，第6a页）

④ 这是孔子厄于陈蔡之间，与子路的对话，孔子自叹：今有其人，不遇其时，虽贤，其能行乎？苟遇其时，何难之有！故君子博学深谋，修身端行，以俟其时。［详见荀卿：《宥坐第二十八》，载《荀子·子卷·第二十》，（台北）商务印书馆1967年版，《四部丛刊初编》册351，景上海涵芬楼藏景宋抄校本，第6b～7b页］

清末上海文化圈在肖像画中保留一种有意识地结合写意和写实的不协调感。[①] 然而，吴昌硕看到这张不协调的画，说是“画二难并古白璧”，无法指出他想赞赏的“二难”是指诸、潘二人还是中、西技法，对于中西技法的见解也是暧昧不清。那么到底如何看待中西技法于一纸背后的文化内涵，可能需要回到潘天寿本人的立场，才能了解画者如何看待西画技法。

《吴昌硕八十大寿像》是在1923年间完成的，此时潘天寿已经27岁，正在上海民国女子工校教绘画。他正式受美术教育的时间是在1915～1920年，期间就读浙江省第一师范学校，1920年开始在高小教书。[②] 根据潘天寿自己在《域外绘画流入中土考略》描述民国元年始有周湘所办之布景传习所，1915年，陈抱一(1893～1945)从日本回国后，提供日本人用石膏像为西画基本练习，上海图画美术专门学校一直要到1918年间较臻完善，在此之前上海尚无研究西画较好的学校团体。1921年代，那时的美术教授方法才渐入正轨。[③] 1925年后自国外学习欧画回中土者，或在中土学习欧画者，大多只能周旋于欧西某一派的人已属不弱。[④] 推算起来潘天寿学画时期，整体环境对西画的接触相当贫乏。从汪亚尘的自述中也可以发现，1905年前后教授西画的方式是把街上绘制追容像的擦笔画家临摹照片的技法当模板，去函授学生绘制写实人像。[⑤] 虽然前文提及19世纪末广州通商口岸和上海土山湾有教授西画机构，但是对于1923年从浙江初到上海的潘天寿而言应该鲜有机会接触，相对民间祖容画师临摹照片的技术比较有可能了解，因此推测《吴昌硕八十大寿像》制作时，人物头像绘制较仰赖民间的照相画，其余部分仍属于传统中国水墨绘画。

如何看待西洋画？中国当时社会对东西文化在审美价值的坚持，在第二章提过明代顾起元记录利玛窦与凹凸画的两篇文章，时人对西方明暗法好奇、困惑并试着将新的视觉图像安放在类似于自己熟悉的图像脉络中，所以将《圣母像》模拟张僧繇的画作。把生疏的事物归类到自己原有的文化符码中，新旧相互揉搓最后融合，这样的模式不断发生。[⑥] 清代郎世宁、王致诚(Jean Denis Attiret，1702～1768)在宫廷以西方技法绘制的作品并不被接受，乾隆要求他学习中国画法，另辟新体，画出带有中国味的西画，以符合中国人的审美观。[⑦] 民国以来，大多数人们是无意识地习惯并认同传统的教育方式，对西学并无信

---

① Aida Yien Wong(阮圆)，“Visual Disjunction as a Modernist Aesthetic in Chinese Painting” [paper presented at the annual meeting for the Through the Kaleidoscope: Modernity, Visual Culture and 20th-Century China(万象更新:现代性、视觉文化与二十世纪中国国际学术研讨会论文集)，May 28-30，2013]，p. 119.

② 参见卢炘选编:《潘天寿研究·附录》年表，第565页。

③ 参见陈抱一:《洋画在中国流传的过程》，载《艺术家》1978年第35期，第19～42页。

④ 清末民初美术教育的情况，潘天寿在《域外绘画流入中土考略》同时引用吴梦非和汪亚尘的自述，潘天寿《域外绘画流入中土考略》(原文为1936年，上海商务印书馆出版)、潘天寿著《中国绘画史》之“附录”，收录于何怀硕编:《近代中国美术论集——艺海钩沈·四》。[(台北)艺术家出版社1991年版，第41页;吴梦非:《“五四”运动前后的美术教育回忆片断》，载《美术研究》1959年3期]

⑤ 全文如下:“1913到1915年一方面自己瞎画，一方面还要用街上留着的擦笔画做范本去函授学生，那时连讲义都写不清楚，现在回忆，还是害人。”详见汪亚尘:《四十自述》，载《文艺茶话》1933年第2卷第3期，第5～12页。

⑥ 敦煌壁画艺术常以这种模式发展，见:ジャック・ジエス:《8世纪半ばよりロ世纪初头にいたる敦煌絵画の技法と表现 II——ギメ美术馆所藏敦煌絵画の编年试论》。[载《西域美术》(东京)讲谈社1994年版，第3～8页]

⑦ 参见卜士礼(Stephen Wootton Bushell)著，戴岳译，蔡元培校《中国美术》，商务印书馆1923年版，第196页。

心。[①] 对西方绘画艺术的看法，社会上仍然没什么人了解油画，甚至很瞧不起洋画，1913年展览会第一次举行时的洋画，也只是国画的变相。[②] 截至于此可以看出民初以来，中国人对西画的认识有限，少有好感，唯至康有为对郎世宁折中派推崇，并在1917年的《万木草堂藏中国画目》手稿中指出中国近世画衰败至极，应以形神为主的院体画，拯救五百年来画论的谬误。[③] 潘天寿对此提出直言，他说康氏不谙中西绘画，主以院画为绘画正宗，是全以个人意志而加以断论者。与维新派和复辟者相似，不足以为准绳。又接着说，民初西画在中土势力逐渐高涨，原因包括维新运动之激动，中土绘画已发挥至最高点，殊有迎受外来要素之必要，以及西欧绘画工具和表现方法有特殊点，有实验意义。在潘氏叙述民初西方绘画日渐流行原因所在，实际上发现这是他仔细比较观察后归纳中西双方绘画的看法。

维新运动下，康有为提倡写实、精细、具象的画作，符合西方“科学”的思想在中国绘画史中寻找类似西洋写实的视觉图像。潘天寿其实不反对绘画中带有科学思想，因为东方绘画的基础在于哲学，西方绘画的基础在于科学，两者根本处虽然相反，却各有特点。如果中西折中或倾向任一边，均会伤害两方之特点与艺术本意。基本上潘天寿相当尊重中西绘画，并重视各自的独特性。此外，他认为西方元素可以刺激长久以来摹似古人毫无推陈出新的中国画家，却又叮咛不要太陷于模仿西画以免变成洋奴隶。[④] 潘天寿眼里的“新”必须由旧中推出，深入知悉传统才能借古开今[⑤]，以至于陆俨少(1909～1993)论潘天寿的诗书画，是以有所法而后能，有所变而后大，新意每出于法度之中，而墨横绝于畦径之外。[⑥] 从潘天寿《吴昌硕八十大寿像》这件早期作品，融合中西于一纸的视觉效果，暗示着潘氏日后不断在一意摹古与一意摹西的狭缝间，这个极易失足之处创新。

19世纪末20世纪初的人物肖像出现脸部采用西方明暗法的写实技法，其他部分维持传统水墨技法的风格现象，这种不中不西或说似中似西的人物肖像，正是这个时代的写照。

本文从《吴昌硕八十大寿像》基本母题、构图形式和吴昌硕的题词中，找出清末民初肖像画面中西元素融合的理由。

首先，回顾中国近代肖像画史，发现兼工带写的技法不是突然出现的，而是源自中国绘画所强调的传神写照，但是到了清代中晚期，受西方绘画技术的影响开始发生变化，乃至于清末民初西方思潮与教育体制的西化，造成视觉上更为明显的差异。

其次，从画作款识、母题、构图形式找出清末民初上海艺术风潮中自身的局限性和内

---

① 徐虹：《海派艺术的文化环境》，载《海派绘画研究文集》，上海书画出版社2001年版，第693～700页。

② 参见汪亚尘：《三十五年来中国之艺术教育》，载俞玉兹、张援编：《中国近现代美育论文选(1840～1949)》，上海教育出版社1999年版，第215～216页。

③ 参见康有为，蒋贵麟译：《万木草堂藏中国画目》，(台北)文史哲出版社1977年版，第91页。

④ 参见潘天寿：《听天阁画谈随笔》，载潘天寿：《潘天寿美术文集》，(台北)华严出版社1989年版，第78页。

⑤ 参见潘天寿：《听天阁画谈随笔》，载潘天寿：《潘天寿美术文集》，(台北)华严出版社1989年版，第77页。

⑥ 参见陆俨少：《论潘天寿山水画及其他》，载许礼平编：《中国近代名家书画全集·23》，(香港)翰墨轩1997年版，第66页。

在的矛盾。画面与构图大致上仍维持传统水墨用色，唯应时代演变局部使用新媒材和技法。

再者，从画作看民初上海画坛的文化风潮，发现写实肖像功能发展持续早期画家与画中人物相互助长的性质。然而具有宗教意涵的肖像画，像中人物通常能接受画中的艺术表现和吉祥寓意，但不一定认同画里的宗教理念。

最后，从画家的视角看待《吴昌硕八十大寿像》的画作风格发现，艺术家仍保有选择中西文化的能力，有意识地在传统中选择部分西化，一方面保有中国肖像传统精神，另一方面善用西法使得人物造型更符合科学。用潘天寿的话来总结：历史上最活跃的时代就是混交时代，因期间外来文化的传入，故具有特殊的民族精神相互作微妙的结合，产生异样的光彩。①

图一　诸闻韵、潘天寿《吴昌硕八十大寿像》，1923 年，轴，纸本水墨炭精笔。

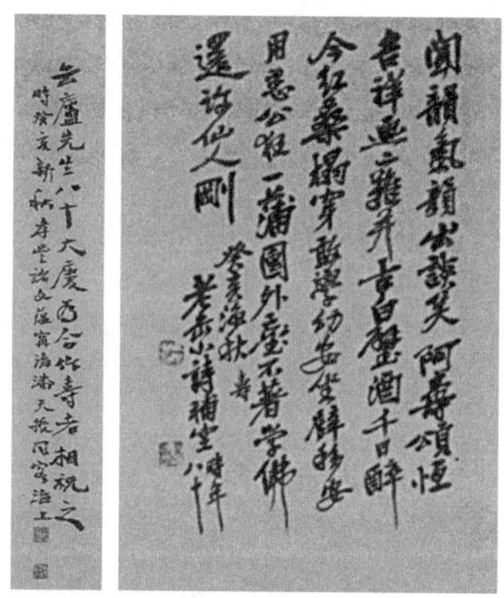

（左款识）　　（右款识）

说明：诸闻韵、潘天寿，《吴昌硕八十大寿像》（局部）。

① 潘天寿在 1928 年的著作《中国绘画史》里头所言，详见顾生岳：《潘天寿与浙派人物画》，收于许礼平编《中国近代名家书画全集·23》，（香港）翰墨轩 1997 年版，第 68 页。

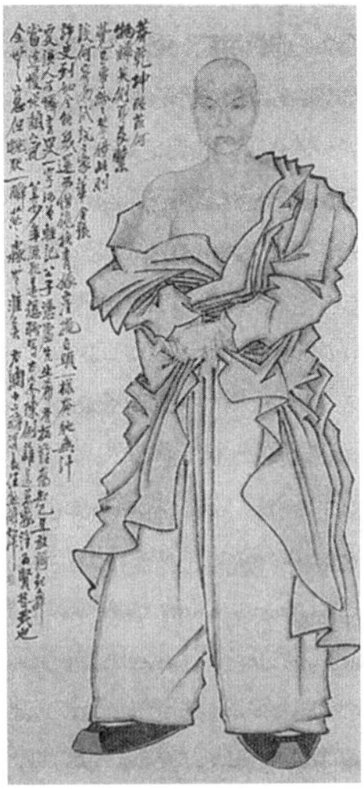

图二　任熊《自画像》，1853 年，轴，纸本水墨炭精笔。

图三　任颐《酸寒尉像》，1888 年，轴，纸本水墨。

图四　关乔昌《伍秉监肖像》，1847 年，水粉纸本设色。

图五　周慕桥《倚石站立的女子》（协和贸易公司广告月份牌），1914，纸本印刷。

图六　齐白石《黎夫人像》,1894 年,轴,纸本设色。

图七　潘天寿《参禅老衲》,1924 年,轴,纸本设色。

图八　任预《无量寿佛》,早于 1890 年代,轴,纸本水墨。

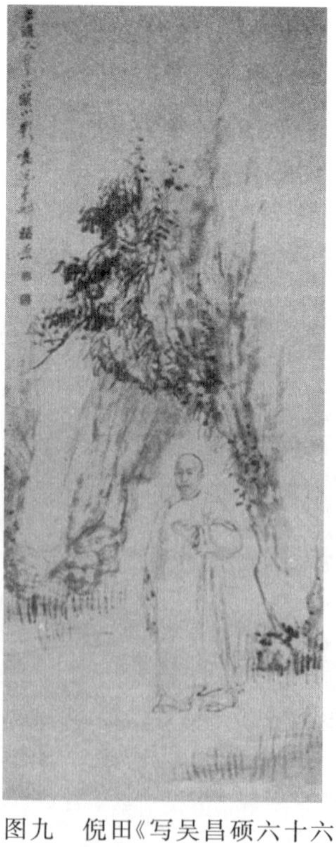

图九　倪田《写吴昌硕六十六岁肖像》,1909～1910 年,轴,纸本水墨。

图十　俞明《黄金荣、杜月笙肖像》，1924 年，轴，纸本水墨。

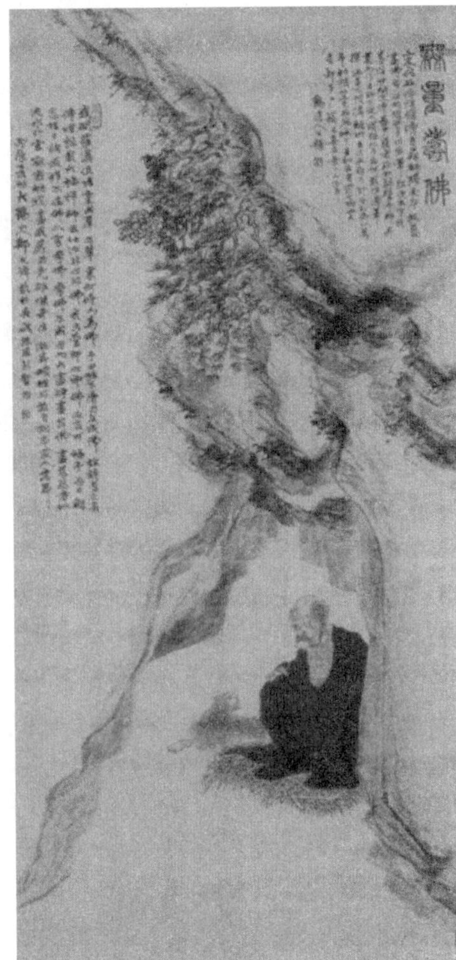

图十一　郑文焯《无量寿佛》，1916 年，轴，纸本设色。

图十二　李瑞清《无量寿佛》,1917 年,轴,纸本水墨。

(陈怡,台南艺术大学艺术史学系硕士)

从《朱峙三日记》看清末“排满”思想在湖北青年学生中的传播

章霈琳

众所周知，“排满”思想对于辛亥革命的意义非同寻常，它不仅凝聚了人心，加速了革命力量的酝酿进程，还是组织革命政党的重要思想基础。[①] 有研究者甚至认为，如无辛亥前十年排满革命的热潮，则恐亦将无辛亥革命。[②] 是以当今“排满”思想为辛亥研究的热点，实属当然。

《朱峙三日记》是一份可以用来分析“排满”思想且能得到相当收获的史料。作为一种民间的反应，从中我们可以看见作者朱峙三如何从“安分守己”转向“反满排满”；该过程中，他表现出怎样的心态特征；其同龄同学面对“排满”思想，又有何行为举措；等等。这些微观的展现有助于我们更深入地了解排满思想以及辛亥革命。

本文遂以《朱峙三日记》（以下简称《日记》）的内容为着眼点，考察朱峙三及其同学对“排满”思想的接受情况。与此同时，本文亦结合其他史实，指出此种思想散播的弊端，例如造成满、汉民族间关系紧张，乃至危及满族民众生命安全，由是提出反思辛亥革命效果的另一维度。

一、“排满”思想的传播与接受

所谓“排满”，顾名思义，是由清政府“不得人心”而起。如有研究者所说：“中国当时的主要社会矛盾，从总体上说有三种：①帝国主义与中国人民大众的民族矛盾；②封建主义与资本主义、广大人民大众的阶级矛盾；③满族作为统治民族与被统治民族的民族矛盾。……所有这些矛盾的焦点集中起来可能都落到了满清统治者身上，因为他既是卖国的政

---

① 当时革命团体的基本纲领几乎都与“排满”相关。兴中会提出了“振兴中华”的口号和“驱除鞑虏，恢复中华，建立合众政府”的纲领，华兴会以“驱除鞑虏，复兴中华”为政纲，光复会以“光复汉族，还我山河，以身许国，功成身退”为宗旨。有研究者认为：“同盟会成立后，党人思想水准不一……不论情况如何，入盟参加革命者最基本的政治条件便是坚决信从排满革命学说。从一定意义上说，正是有赖于排满革命的成功倡导，才确立了孙中山等革命先驱者的领袖身份，并奠定了同盟会的历史地位。”（参见唐文权：《觉醒与迷误——中国近代民族主义思潮研究》，上海人民出版社1993年版，第86页）

② 参见王德昭：《知识分子与辛亥革命》，载《中国文化研究所学报》1995年第1期。

府、封建主义的罪魁祸首，也是民族压迫的施行者。于是，‘排满’可谓是对准了斗争目标。”[①]

然而，“排满”思想得以扩散，又与清政府的教育改革[②]不无关系。一方面，其对于“留日”的大力宣道是清末赴日学生络绎不绝的重要原因[③]，而这些学生中的不少人“受到了革命思想的影响，甚至成为革命派的中坚”[④]；另一方面，新式学堂的广设与新式教学方法的开展，在客观上培育了一个利于革命主张植根的接受群。[⑤] 于是如孙中山所说：“留东学生提倡于先，内地学生附和于后，各省风潮，从此渐作。”[⑥]

事实上，笔者立为个案的朱峙三便是新式学堂的受益者之一。而他首次接触“排满”思想，也正是阅读了留日同乡寄回的革命刊物后。具体可见光绪二十九年十月初一（1903年11月19日）《日记》：

> ……晚间，以前次借来之《猛回头》[⑦]《革命军》[⑧]等书阅之，觉满人入关待汉族极苛，雍正以后文字狱大兴，汉人多被杀害者。则皆系倡革命排满者，为极有道理。幼年初读，并不知满人是何种人，皇帝姓什么，十二岁乃知满族为明代皇帝之大仇敌。向来县衙功令森严，此革命之书竟无人禁止。今日书院师课出题，刘幼浦来说，明日当往一看。[⑨]

---

① 王春霞：《“排满”与民族主义》，社会科学文献出版社2005年版，第6～7页。

② 清末的教育改革基本上按照“三折”设计的程式进行：一、创办近代各级学堂，建立近代的教育体系；二、鼓励出洋留学，加速人才培养；三、改革并最终废除科举考试制度，使科举、学堂合而为一。（详见吴春梅：《一次失控的近代化改革——关于清末新政的理性思考》，安徽大学出版社1998年版，第73页）

③ 清末中国学生的日本留学，大概始于中日甲午战争以后，当时中国甫经创败，变法维新之议腾起，各省亦着意提倡新学，于是多选派学生出国。因为日本距离中国较近，文字易通，且路近费省，俗同易效，又因日本自维新以后，广采西学，大量翻译西书，中国正可以中日文字相近的方便假手日本而吸收西方的文化。因此，中国早期的留学生多赴日本。后变法运动虽然归于失败，但派遣学生出洋留学，却未因变法失败而停办。（见亓冰峰：《清末革命与君宪的论争》，（台北）商务印书馆1966年版，第154页；黄福庆：《清末留日学生》，（台北）“中央研究院”近代史研究所1975年版，第2页）

④ 革命派在海外的活动中心如东京和横滨等地，正是留日学生集中的地方；留日学界“因感于民族已面临危亡”，也因其“渐染自由平等学说”，遂在革命派人士的宣传下，“鼓吹革命排满者日众”。（参见尚小明：《留日学生与清末新政》，江西教育出版社2003年版，第223～224页）

⑤ 这个学生群与封建士人不同，他们受教育的形式是新式学堂，而不是私塾书院；所学内容包含有或主要是西方近代社会科学和自然科学知识。学堂无论官立私立，一般都设有中外历史、中外地理、外文和数理化等课程，学生可以阅读各种学科的西学书籍，了解世界大势。因此，他们对于亡国危机的感受，是一心唯读圣贤书的秀才举子们所无法比拟的。另外，他们大都不是依附于贵族地主和官僚买办，而是追随进步势力的旗帜，政治上要求变革专制制度，追求民主主义，经济上要求发展工商业，使国家走上近代化的轨道，实现独立、民主、富强的理想。［参见桑兵：《晚清学堂学生与社会变迁》，（台北）稻禾出版社1991年版，第70～71页］

⑥ 孙逸仙：《建国方略：建国大纲》，（台北）正中书局1954年版，第81页。

⑦ 陈天华所著。陈天华是激烈的反满主义者，另著有《警世钟》，同为当时颇具影响力的革命宣传物；其用语通俗，悲愤慷慨，易激起读者的感情。［见黄福庆：《清末留日学生》，（台北）“中央研究院”近代史研究所1975年版，第196～199页］

⑧ 邹容所著。颇具影响力的革命宣传物之一。该书文字浅显，故出版不久销路甚佳，所收到的宣传效果很大；邹容被捕入狱以后，该书尤为风行，除对当时一般参加革命活动的青年发生了启发和鼓励作用外，对一般置身于革命阵营以外的知识青年，亦发生了巨大的影响。［参见黄福庆：《清末留日学生》，（台北）“中央研究院”近代史研究所1975年版，第196～198页］

⑨ 《辛亥革命史丛刊》第11辑，湖北人民出版社2002年版（下引此书，版本同此），第311页。

若说此时的朱峙三仅认为“排满”有道理，却还没有共鸣或回应的话，同年冬月初一日(1903 年 12 月 19 日)的记载便有所不同——他开始意识到，“排满革命为吾辈天职也”[①]。再往后到了冬月初八日，其心态又向“排满”靠近了一步：

> 本朝现代虽有恩于百姓，然知识高尚，值此学术昌明之世，满汉之界犹严，吾侪应该思报复此仇矣。元代蒙古当国，其苛杀较本朝轻……今代已二百六十余年矣。吁！悲哉。读此记毕，泣下数行……[②]

不难发现，朱峙三对于“排满”思想的认同与接受，在心理上存在着一个逐渐深化的过程。

此外《日记》显示出，如《朱峙》三这般的青年学生，通常乐于交换彼此对“排满”的见解。譬如光绪三十年四月十九(1904 年 1 月 28 日)《日记》：

> 今日上午，至九曲亭闲坐，遇同学张香亨、严赞卿二人，谈武昌革命暗潮大，一种人联络军队，一种人联络党会，大部分则靠住中学师范的学生。看高深书籍的人，缓缓的宣传，总以达到排满复仇，使汉族为前被文字狱杀害之后人复仇耳。……与予谈两小时，方下山，并以黄兴、宋教仁所办之《二十世纪之支那》杂志交予阅。谓此中辨满汉之义甚明，请君阅后仍还我……[③]

另外，光绪三十四年九月十八日(1908 年 10 月 12 日)记道：

> 今日课毕，在寝室闲谈。……但同人谈到康、雍、乾三朝文字狱时，痛恨至极。予每与人谈时，不觉流涕。[④]

上述内容体现出两点：(1)青年学生相对活跃，善于交流；而交流能够扩大“排满”思想的渗透范围。从这个意义上说，作为个体的学生，既是“接受者”，也是“传播者”。(2)革命刊物对于“排满”思想的传播甚有贡献。此点将于后文中论及。

综而言之，“排满”思想在青年学生中间呈现出泛化、深化的发展趋势；这意味着它将产生颇不轻微的影响。事实也的确如此，譬如《日记》相关内容显示，有学生赞成、同情革命。具体可见宣统三年五月十五日(1911 年 6 月 11 日)记：

> 今日程少松来谈片刻去。彼堂中剪去发辫者多，暗有革命状态。[⑤]

同年六月初二日(1911 年 6 月 27 日)记道：

> 晚阅《民呼报》，各省革命暗潮甚大。省城各学堂、新军有知识者，均同情排满革命，当局正设法制止。[⑥]

---

① 《辛亥革命史丛刊》第 11 辑，第 313 页。

② 《辛亥革命史丛刊》第 11 辑，第 314 页。

③ 《辛亥革命史丛刊》第 11 辑，第 351 页。

④ 《辛亥革命史丛刊》第 12 辑，湖北人民出版社 2005 年版(下引此书，版本同此)，第 190 页。

⑤ 《辛亥革命史丛刊》第 12 辑，第 242 页。

⑥ 《辛亥革命史丛刊》第 12 辑，第 243 页。

并有加入革命团体、新军者[①]，如光绪三十二年十月初六(1906年11月16日)记道：

> 何自新号季达(黄冈人)，每来予室及张朗丞室闲谈，劝人入日知会，鼓吹革命排满。予同堂中有都尔逊、海萮二君为满人，荆州驻防也。……何自新则每夕来为予言。予曰谨慎为好，排满在心，不必出诸口也……[②]

再如光绪三十四年十月十八日(1908年11月11日)记道：

> 仁斋牟鸿勋、邢光祖恐是真革命党，但堂中尚未完全觉察。[③]

宣统元年七月初五日(1911年8月28日)记道：

> 傍晚渡江至《中西报》馆宿，与心如谈各事，知武汉学生、兵士入文学社者多，革命暗潮日甚一日。[④]

从张玉法对革命团体日知会成员所作的身份统计[⑤]，可知"日知会员的出身，以学界和新闻界为主，军界是由学界渗入的，宗教界不过三四人而已"[⑥]。《张文襄公治鄂记》的《湖北编练新军始末》中亦有载："将弁多以学生充当，入伍者亦多具有知识者。"[⑦]还有人回忆说："……武昌学生尔时已感受新潮流，不期而集议于曾公祠者千余人，痛斥清政府辱国丧权。……予等当时所筹议者三事：一在武汉应设立秘密机关，俾得与各地之同志联络。二为应将革命之同志，介绍入军界。……从前秀才当兵为希有之事，数月之间，已成为一种风气矣。"[⑧]

由此可见，在"排满"思想的感召下，青年学生不单在革命准备时期作为指导者或宣传者[⑨]，也在日后的革命中作为积极参与力量而存在。

不仅如此，"排满"思想还有一个不显眼却十分重要的作用：坚定了青年学生对于旧制度"当去"的信念；与此相对的，便是坚实了其"期待"新制度的心理基础。

---

① 清朝的军制，前期为八旗、绿营，中期则依赖由地主团练扩充而成的湘军、淮军、毅军。这些旧式武装，到了清末已趋腐朽，不堪一击，在中日甲午之役中一触即溃。此后，"一时内外交章，争献练兵之策"，清廷只好仿照新法增设新军，其中最早出现，实力又较强的是袁世凯的"新建陆军"和张之洞在两江总督任内编练的"自强军"。光绪二十一年(1895)，张之洞由两江返任湖广总督，带回洋操护军前后两营五百人，又成立工程队一营。这便构成湖北新军的雏形。湖北新军的操法营规，"均参照德、日两国最新军制"，在征募、训练和管理诸方面，都有别于旧式军队。(详见贺觉非、冯天瑜：《辛亥武昌首义史》，武汉大学出版社2006年版，第40～41页)

② 《辛亥革命史丛刊》第11辑，第383页。

③ 《辛亥革命史丛刊》第12辑，第190页。

④ 辛亥革命史研究会、武昌辛亥革命研究中心编：《辛亥革命史丛刊》第12辑，第246页。

⑤ 日知会是当时武昌的一个较为活络的革命团体，其宣传的吸引力很大，每逢星期演讲，听众有时多至千余人，对革命思潮的传播做出卓越的贡献。但是由于过分偏重公开宣传，容易暴露身份，所以不久便遭到破坏。(详见章开沅等：《武昌起义与湖北革命运动》，载辛亥革命史研究会编《辛亥革命史论文选》，三联书店1981年版，第704页)

⑥ 张玉法：《清季的革命团体》，(台北)"中央研究院"近代史研究所1975年版，第553～563页。

⑦ 张继煦：《张文襄公治鄂记》，(台北)台湾开明书店1966年版，第63页。

⑧ 武汉大学历史系中国近代史教研室编：《辛亥革命在湖北史料选辑》，湖北人民出版社1981年版，第531～532页。

⑨ 参见唐文权：《觉醒与迷误——中国近代民族主义思潮研究》，上海人民出版社1993年版，第86页。

以朱峙三为例，其在宣统三年九月初一（1911 年 10 月 22 日）写道：[①]

> 满洲皇帝或者命运已终欤？此则吾辈之愿也。[②]

又，同年十月二十六日（1911 年 12 月 16 日）写道：

> 满运终矣。吾侪尚困守县中何益？[③]

同年冬月十一日（1911 年 12 月 30 日）写道：

> 宣统辛亥总算终了，满清气数二百六十八年已灭亡矣。[④]

同年腊月十一日（1912 年 1 月 29 日）写道：

> 新政府成立，谋事者不拘资格，商务又繁荣。噫！此真新气象耶。[⑤]

与朱峙三相异的，是年龄较长的传统士人“程松师”的态度。可见光绪三十三年六月初四（1907 年 7 月 13 日）写道：

> 从前，癸卯、甲辰两年日本所印各杂志鼓吹革命者，县中亦有人阅看。而程松师甚反对之，谓此为大逆不道之人则阅此等书籍。噫！迂矣。[⑥]

宣统三年十月初一（1911 年 11 月 21 日）记道：

> 程师连日来谈时事，总不愿予往省，谓满汉天下尚难定为谁手也。[⑦]

同年腊月初十（1912 年 1 月 28 日）记道：

> 昨今两日，程松师仍劝予与稚松勿往省。[⑧]

对比的效果十分明显，朱峙三受“排满”思想影响日久且深，因此对于满清命运“必终”有明确的认同感，对民国的建立亦觉得理所当然，且因此欢欣振奋。

事实上，我们知道，清政府的消亡与辛亥革命的爆发，并不意味着中国社会的矛盾都得到了解决；“民国”也正是随诸多棘手问题而来的。但就是在这样的情况下，民众心中对于新政权的期待尤其可贵。从这个意义上说，“排满”思想“功不可没”。

---

① 章开沅在《关于〈朱峙三日即〉的说明》中提道：“南京临时政府成立以后，决定使用公元纪年和阳历，作者对此持冷漠态度，仍然在日记上沿袭干支纪年和阴历月日，所不同的无非是用公元和阳历给以注释而已。”（详见章开沅：《关于〈朱峙三日记〉的说明》，载辛亥革命史研究会、武昌辛亥革命研究中心编：《辛亥革命史丛刊》第 10 辑，湖北人民出版社 1999 年版，第 225～226 页）

② 《辛亥革命史丛刊》第 12 辑，第 258 页。

③ 《辛亥革命史丛刊》第 12 辑，第 264 页。

④ 《辛亥革命史丛刊》第 12 辑，第 267 页。

⑤ 《辛亥革命史丛刊》第 12 辑，第 185 页。

⑥ 《辛亥革命史丛刊》第 12 辑，第 185 页。

⑦ 《辛亥革命史丛刊》第 12 辑，第 262 页。

⑧ 《辛亥革命史丛刊》第 12 辑，第 270 页。

二、朱峙三的心态特征

有研究者认为，一般青年学生对于旧事物的批判较为偏激，带有“浓厚的情绪化色彩”[①]。胡祖舜亦回忆说：“当时所用笔名，曰‘战’，曰‘诛’，曰‘杀’，曰‘迁’等字，每视其题材而择一用之。就上数字字面而言，实觉当日年少气盛，悍然无忌。”[②]

而《日记》内容显示，受到“排满”思想熏陶的朱峙三，虽有“义愤”的一面，却不至于如此激进。这首先表现在他对旁人的偏激言行所持的谨慎态度。如前文提过，光绪三十二年十月初六写道，“何自新则每夕来为予言。予曰谨慎为好，排满在心，不必出诸口也”；再如光绪三十二年十月初八（1906 年 11 月 18 日）写道：

> 何自新来室冷笑曰：“老淫妇何以不死耶？”[③]

又如同年十月初十（1906 年 11 月 20 日）写道：

> 今日例假，又为万寿节，正午备酒席，添四菜，食面及饭，谓之庆寿。牟鸿勳、何自新均笑曰：“此老妪不死，害汉人矣。”[④]

在上述情况下，朱峙三皆未出声，笔者以为，此种情况反映出他在心态上相对理性。

其次，朱峙三对“加入革命团体”一事持保留态度。具体可见光绪三十二年九月二十二日（1906 年 11 月 8 日）记载：

> 晚十时，何自新来劝予入日知会，予未允。[⑤]

另外，同月二十五日记载：

> 晚点名归寝。何自新又劝入日知会，予拒之。[⑥]

宣统三年七月十九日（1911 年 9 月 11 日）记载：

> 闻群英会、文学社、某某社等等俱并为共进会矣。[⑦]

自上述内容不难看出，革命团体这一“存在”并未唤起朱峙三过多的关注或参与热情。综观《日记》辛亥革命前的部分，有关革命团体的记载亦甚少，多半一笔带过。

再次，朱峙三对于宣传“排满”的文字舆论，抱有一定程度的“审视”心态。譬如光绪二十九年十一月十二日（1903 年 12 月 30 日）写道：

---

① 桑兵：《晚清学堂学生与社会变迁》，学林出版社 1995 年版，第 17 页。

② 胡祖舜：《六十谈往》，载武汉大学历史系中国近代史教研室编《辛亥革命在湖北史料选辑》，湖北人民出版社 1981 年版，第 53 页。

③ 《辛亥革命史丛刊》第 11 辑，第 383 页。

④ 《辛亥革命史丛刊》第 11 辑，第 383 页。

⑤ 《辛亥革命史丛刊》第 11 辑，第 380 页。

⑥ 《辛亥革命史丛刊》第 11 辑，第 381 页。

⑦ 《辛亥革命史丛刊》第 12 辑，第 248 页。

> 《江苏》杂志吴稚辉等笔墨极佳，鼓吹革命，引人入胜。[①]

光绪三十年十一月二十二日(1904 年 12 月 28 日)写道：

> 晚间阅《新广东》《新湖南》杂志，皆郑宅借来者，此等杂志鼓吹革命，极有动人之处，并影印忠义照片……[②]

光绪三十五年三月初十(1909 年 4 月 29 日)写道：

> 《民报》首册第一页列有黄帝像，内容有《排满平议》《论立宪必先革命》《论中国宜改民主政府》《请看立宪之真相》等等，文字清朗动听，真可称革命先锋也。其驳梁启超之《新民丛报》谓革命可以召瓜分说，此文尤透辟，精微可诵。[③]

再者，宣统三年正月初七(1911 年 2 月 5 日)写道：

> 今日阅《上海报》《新闻报》《民呼报》三种。《民呼报》为刘、聂、何三君所定，内含革命思想，阅之有味动人。[④]

由此可见，朱峙三在翻阅革命刊物时，并未热血沸腾至忘乎所以的地步。或可以这样说，因为在阅读这类刊物的过程中，他始终(对其行文特色、内涵思想等)抱有一种主动的审视态度，所以其中舆论对他而言，应定位为“鉴赏品”，而非单纯的“宣传品”。当然，这与朱峙三长年习文有关。但“能够审视”毕竟意味着具有一定的“保持客观立场”的能力，这与人的心态更为相关。

此外，朱峙三对周围的革命环境表现出一定的旁观态度，这一点在武昌首义前夕尤为明显。

先看光绪三十四年七月二十二日(1908 年 8 月 18 日)所记：

> 闻昨夕坠星，外间谣传为紫薇星，应在光绪帝。革命党人闻之甚喜。今年革命暗潮甚烈，或者清败亡之征欤。[⑤]

再如前文提过的宣统三年五月十五日记：

> 今日程少松来谈片刻去。彼堂中剪去发辫者多，暗有革命状态。

以及同年六月初二记：

> 晚阅《民呼报》，各省革命暗潮甚大。省城各学堂、新军有知识者，均同情排满革命，当局正设法制止。

另外，宣统三年八月初八(1911 年 9 月 29 日)：

> 晚间刘菊坡来……云革命风声愈急，恐八月十五要动手，如元末八月十五杀鸭子(鞑子)纪念日也。予等一笑而已。[⑥]

---

① 《辛亥革命史丛刊》第 11 辑，第 314 页。
② 《辛亥革命史丛刊》第 11 辑，第 344 页。
③ 《辛亥革命史丛刊》第 12 辑，第 197 页。
④ 《辛亥革命史丛刊》第 12 辑，第 235 页。
⑤ 《辛亥革命史丛刊》第 12 辑，第 186 页。
⑥ 《辛亥革命史丛刊》第 12 辑，第 249 页。

应注意两点:(1)对于时局,朱峙三显然是关注的。(2)从他近未表现出情绪波动(诸如焦灼、紧张、激昂或忧虑)来看,此环境是处于他心理世界之外的。即他以旁观者的眼光来看待周遭的人事变动,并感受这种山雨欲来的革命前兆。

为了对这种旁观心态有更明确的认识,我们不妨看看《日记》的其他内容。

光绪三十三年四月初六(1907 年 5 月 17 日)写道:

> 此间教员卧铺无板子,均以高粱长杆编成板状,铺絮其上背痛难受。予卧具薄,极为苦,心烦乱。见眼前情况如此,太息而已。晚寝,辗转不成寐。[①]

宣统三年六月初五(1911 年 6 月 30 日)写道:

> 今日同学纷纷回家,已散去四分之三矣。学堂久住生厌,此季应毕业而不毕业,皆刘聘之诸人维持其饭碗之过也。可恨! 可恨![②]

同年六月初六(1911 年 7 月 1 日)写道:

> 下水到家值正午。叩见父母,甚欢慰。[③]

同年闰七月初九(1911 年 9 月 1 日)写道:

> 父病转重,饮食少进,家人慌乱,予心更忧。服少圃药不见效。[④]

这一组内容与前一组的记录时段相近,它们表明朱峙三并非没有主观情绪的表达。由此亦可判断,他对当时的革命环境确抱有一定程度的旁观心态。

然而,尽管有上述心理特征的存在,朱峙三还是在"排满"思想的影响下,不可避免地形成了"种族眼光"[⑤],并以此来批判地看待有关清政府的诸多政治现象或事件。

我们可将光绪二十九年十月初一(即朱峙三首次接触"排满"思想时)作为"界点",具体观察他在此前与此后,如何看待"朝廷行为"。譬如他在光绪二十六年十一月初一(1900 年 12 月 22 日)写道:

> 《申报》载,宫内御膳费每日二百余两,由岑春煊办理。皇帝喜食黄芽菜,太后喜食面筋。[⑥]

光绪二十七年正月二十九日(1901 年 3 月 19 日)写道:

---

① 《辛亥革命史丛刊》第 12 辑,第 161 页。

② 《辛亥革命史丛刊》第 12 辑,第 243 页。

③ 《辛亥革命史丛刊》第 12 辑,第 244 页。

④ 《辛亥革命史丛刊》第 12 辑,第 246 页。

⑤ 种族意识在 20 世纪初日益走向自觉。陈天华便说:为同种人死,虽死犹荣;为异种人戕同种人而死,则万死不足以偿其罪;这种族的感情,是从胎里带来的。对于自己种族的人,一定是相亲相爱;对于以外种族的人,一定是相残相杀。(详见刘晴波、彭国兴编校:《陈天华集》,湖南人民出版社 1982 年版,第 10 页;陈天华著,朱钟颐评注:《猛回头·警世钟》,华夏出版社 2002 年版,第 84~87 页)另外《浙江潮》第一期的《民族主义论》有言:合同种,异异种,以建一民族的国家,是曰民族主义……其同也,根之于历史,胎之于风俗,因之于地理,必有一种特别的固结不可解之精神。盖必其族同也,夫然后其国可以立,可以固,不然则否。[详见《民族主义论》,载 1903 年 2 月 17 日《浙江潮》(东京),载罗家伦编:《中华民国史料丛编》,(台北)中国国民党中央委员会党史史料编纂委员会,1968 年影印本]

⑥ 《辛亥革命史丛刊》第 10 辑,湖北人民出版社 2002 年版(下引此书,版本同此),第 303 页。

《申报》载，两宫在西安，去冬皆人食牛乳，养牛六头。现以天气干燥，不愿食，将牛六头发交西安府喂养，每月需银六百两。另筑一大院，为此六牛卧地，设官掌之，其官为正五品。奇哉！阔哉！①

同年七月二十一日（1901 年 9 月 3 日）写道：

报载，西安正筹备两宫回銮大典。此番和议结束，偿款四百兆，想回京后必能思往为儆惕也。②

同年九月二十九日（1901 年 11 月 9 日）写道：

报载，本月二十四日，两宫及随从群臣均由正定府乘火车回京。在京外人男女立正阳门城楼上观之，有持机照相者，不能以“大不敬”之律绳之。③

上述内容包含着三个讯息：(1)朱峙三并未将清政府看作“异族政府”。(2)清皇室的奢风、政府的“辱国”行为，并未激起朱峙三的义愤，遑论如抗争、颠覆等念头。(3)与不少民众相似，清政府或皇室的新闻对于朱峙三而言，更可称为逸闻。

再看“界点”之后。譬如他在光绪三十一年三月初一（1905 年 4 月 5 日）写道：

德人索借鄱阳湖屯练水军，外人久欲占内地要害。满大员只忌汉族，不拒洋人也。④

同年三月初三（1905 年 4 月 7 日）写道：

中国极弱原因，满人主政已二百余年，始而自大以抗外，继以战败割地求和，变为媚外政策矣。⑤

光绪三十二年二月十六日（1906 年 3 月 10 日）写道：

外务部提倡国民捐，表示救国。庆亲王以下均有捐款，满员爱国情不真，所捐亦不多。⑥

光绪三十四年正月初四（1908 年 2 月 5 日）写道：

满人近时歧视汉人，表面犹时曰满汉并用，其实虚伪更甚。⑦

宣统二年二月十七日（1910 年 3 月 27 日）写道：

晚间阅报，派涛贝勒游历各国。政府维新图强，以宗室亲贵赴欧美而不派汉员，

---

① 《辛亥革命史丛刊》第 10 辑，第 307～308 页。
② 《辛亥革命史丛刊》第 10 辑，第 323 页。
③ 《辛亥革命史丛刊》第 10 辑，第 329 页。
④ 《辛亥革命史丛刊》第 11 辑，第 347 页。
⑤ 《辛亥革命史丛刊》第 11 辑，第 347 页。
⑥ 《辛亥革命史丛刊》第 11 辑，第 362 页。
⑦ 《辛亥革命史丛刊》第 12 辑，第 176 页。

何也？[①]

不难看出，朱峙三对"朝廷行为"已形成批判。但需注意，他并非盲目批判，面对相关新闻，他往往有自己的思考，而且颇为自然地把"种族眼光"带入思考过程中。在这种眼光的关照下，各种矛盾集结的原因，总是归为清政府的"不济"，而"朝廷行为"又总是能暴露出种族压迫的痕迹来。

因此，且不论客观事实与朱峙三的思考结论在多大程度上相符，至少有一点很明确，朱峙三已经在心理上认定"满清当排"，这又意味着革命派的鼓吹目的有所达成。而在此"鼓吹"与"接受"的过程中间，如前文已述，革命刊物的作用极其重要。

三、革命刊物的作用

有研究者提到，无论革命派工作的实质内容为何，"其完成必须借助大众媒介的传播则是非常明显的事实[②]，革命派的主张之得以广泛传播于全国，主要是借着报刊的力量"[③]。

但事实上，最初的政论性刊物都是维新派人士创办的。[④] 早期革命派"所用的宣传册子仅有《扬州十日记》《嘉定屠城记》及选录《明夷待访录》内《原君》《原臣》二篇而已"[⑤]。因革命刊物的缺乏，"总括来说，庚子至壬寅（1900～1902）的几年间，中国的革新势力大体上仍为康、梁的论调所左右"[⑥]。

而至1903年，形势便不同了。是年拒俄[⑦]、拒法[⑧]运动出现，《苏报》案[⑨]爆发，江浙地

---

① 《辛亥革命史丛刊》第12辑，第213页。

② 李炳南：《辛亥革命起因之分析》，正中书局1987年版，第158页。

③ 周佳荣：《苏报与清末政治思潮》，昭明出版有限公司1979年版，第81页。

④ 冯自由指出，当时"康有为派"所出版杂志，风行内外。戊戌前有上海《时务报》，澳门《知新报》；戊戌后，有横滨《清议报》《新民丛报》，神户《亚东报》，新加坡《天南新报》，檀香山《新中国报》，三藩市《文兴报》，纽约《维新报》，澳洲《东华新报》，等等，"革命党对之，实属相形见绌"。虽然"己亥秋，总理始遣陈少白至香港组织《中国日报》"，"然因操笔政者，短于欧美新思想，颇不为学者所重视"。［详见冯自由：《革命逸史》，（台北）台湾商务印书馆1969年版，第17页］

⑤ 冯自由：《革命逸史》，（台北）台湾商务印书馆1969年版，第17页。

⑥ 周佳荣：《苏报与清末政治思潮》，昭明出版有限公司1979年版，第2～6页。

⑦ "拒法运动"指1903年春，广西发生了王和顺，陆亚发等人为首的会当起义，清朝军队镇压无效。广西巡抚王之春打算向法国借款借兵来"平乱"。消息传出，留日学生首先起来反对，致电政务处，请将广西巡抚王之春撤职，拒绝法国的侵略行径。（详见耿云志：《论清末的反满革命思潮》，载中南地区辛亥革命史研究会、武昌辛亥革命研究中心编《辛亥风云与近代中国》，贵州人民出版社1991年版，第52～53页）

⑧ "拒俄运动"指1903年爆发的以青年学生为主的群众性反对沙俄侵占东北的爱国运动。（见耿云志：《论清末的反满革命思潮》，载中南地区辛亥革命史研究会、武昌辛亥革命研究中心编《辛亥风云与近代中国》，贵州人民出版社1991年版，第53～55页）

⑨ 《苏报》于1899年在上海创刊，是当时宣传革命思想的报刊。从1903年5月底开始，《苏报》大量登载邹容的《革命军》和章炳麟的《驳康有为论革命书》等反清文章，贬斥光绪为"小丑"，清政府是"野鸡政府"。6月30日，清政府串通公共租界工部局，逮捕章炳麟。次日，邹容出于义愤，自动赴捕房投案。事件发生后，当地舆论广泛抨击，各地人士亦纷起抗议，使清政府引渡章、邹二人的企图未成。1905年4月，邹容在狱中被折磨致死。次年6月，章炳麟刑满释放，随即东渡日本，继续宣传革命。（详见周佳荣：《苏报与清末政治思潮》，昭明出版有限公司1979年版，第9～14页）

区频频发生退学大风潮[①]，爱国知识分子与清政府之间的矛盾激化。再加上革命派长期不懈的宣传工作的效果[②]，各类鼓吹"排满"革命的书报杂志纷纷出现。"这种情况……国外主要出现在日本。当时在日本的中国各省留学生都设有学生会，学生会又多数有自己的刊物，借以鼓吹革命。这些报刊不仅数量比国内多(至辛亥革命时，已达62种)，而且质量也远远胜于国内。"[③]

朱峙三首次接触革命刊物是在1903年，并非偶然。这些刊物对其吸引力之大，也已如前述，它们或可谓是朱峙三的"鉴赏品"。再者《日记》中有载"连日看郑宅借来之《新广东》《浙江潮》杂志"[④]，"每晚则看《江苏》杂志及《浙江潮》"[⑤]，"每晚阅《新广东》《新湖南》杂志"[⑥]，"……予阅三夕方竣"[⑦]，等等。对革命刊物的高度关注也意味着受"排满"思想影响的相当程度，所以尽管朱峙三较为谨慎与客观，却对"排满"一说毫无异议。

当然，受革命刊物影响的不止朱峙三一人。有研究者分析，"这些宣传革命的杂志、书籍和报纸，有的描写清兵入关时暴行，有的描写清廷的腐败，有的描写清廷对满人和汉人的不平等待遇，其影响极大"，使"学生们如饥如渴地读着这些书刊，几乎没有任何力量足以阻止他们"。[⑧] 胡适也说过他对于《革命军》的感受："有一天，王君借来了一本邹容的《革命军》，我们几个人传观，都很受感动。借来的书，是要还人的，所以我们到了晚上，等舍监查夜过去之后，偷偷起来点着蜡烛轮流抄了一本《革命军》……"[⑨]《国民日日报》并有载："苏州有绍兴人王君家荣，家况奇窘，贫不能活……日以所赢之利，积成数角，必至知新书室购阅旬报，如《江苏》《浙江潮》之类……"[⑩]

此外，销量的多少可以反映刊物的影响。[⑪] 有研究指出："在20世纪初年，销量达5000份已属可观，上万份的屈指可数，通常在3000份左右，一些地方性报刊只有千余份甚至数百份。"[⑫]但以《浙江潮》为例，其"第一期第二期再版后未及一月又售罄，第三期前

---

① 章开沅称："用《苏报》的说法，学界风潮是二十世纪初在旧中国的大地上出现的新事物，而江浙则是1903年前后学潮最为鼓荡发达的地区。自从壬寅(1902)夏杭州养正书塾(后改名杭州中学堂)风潮，10月南洋公学200馀学生退学大风潮以后，癸卯(1903)年3月又连续发生了南京陆师学堂散学风潮和浙江大学堂退学风潮，其他杭州蕙兰书院、上海广方言学堂、苏州毓元学堂等校也相继发生风潮。"(详见章开沅：《论一九零三年江浙知识界的新觉醒》，载《江汉论坛》1981年第3期)

② 20世纪初，留学生中不乏宣传民族主义的刊物，但他们大多"讳言排满"。在孙中山等人的启发下，"排满"思想逐渐为部分留学生所接受，冯自由、马君武、周宏业 等"日倡排满"，鄂籍留学生刘成禺还接受了孙中山委托编撰《太平天国战史》以宣传排满的任务。章太炎则说："时香山孙公方客横滨，中外多识其名者……诸生闻孙公无佗犷状，亦渐与亲。种族大义始震播横舍间。"(详见王春霞：《"排满"与民族主义》，第2页)

③ 何扬鸣：《试述〈浙江潮〉的思想内容》，载《浙江学刊》1991年第5期。

④ 《辛亥革命史丛刊》第11辑，第314页。

⑤ 《辛亥革命史丛刊》第11辑，第344页。

⑥ 《辛亥革命史丛刊》第11辑，第344页。

⑦ 《辛亥革命史丛刊》第12辑，第173页。

⑧ 李炳南：《辛亥革命起因之分析》，(台北)正中书局1987年版，第159页。

⑨ 胡适：《四十自述》，(台北)远东图书公司1980年版，第53页。

⑩ 《好读书之奇士》，载1903年8月21日《国民日日报》第4张，第2页，载吴相湘主编《中国史学丛书》，(台北)台湾学生书店1967年版，第151页。

⑪ 参见严昌洪、许小青：《癸卯年万岁 :1903年的革命思潮与革命运动》，华中师范大学出版社2001年版(下引此书，版本同此)，第88页。

⑫ 桑兵：《清末民初传播业的民间化与社会变迁》，载《近代史研究》1991年第6期。

虽增印,亦已无存"[①];且每一版印五千部之多,故其总销量当达万份以上[②]。而《湖北学生界》在第一期出版后,经过几个月的发行,销量亦至七千份以上。[③] 革命刊物受欢迎程度,可见一斑。相较之下,政府官报的发行却困难得多。如同时期由芜湖邮政局代派的《北洋官报》,"每月十五册,定价大洋七角,然购者甚属寥寥"[④]。

朱峙三曾于1903年写道:"向来县衙功令森严,此革命之书竟无人禁止"[⑤],"不知张制军与梁知府曾见此书否?"[⑥]又在1905年,其第一次透露:"两省城教育普及社售革命书,被封禁。"[⑦]由此看来,清政府的禁书行为晚了两年左右,颇令人对其警觉性生疑。若真如此,那么革命刊物能够风行,清政府自身也须负一部分责任。但事实是否如此呢?

经过相关考察,笔者认为,清政府并未如上述那样,放弃过对舆论的监控权。譬如张之洞、端方等,在革命刊物甫入内地、尚未引起相应关注时,便企图予以封杀。有留日学生于1903年6月就此类事实发表评论:"今日政府有查禁《湖北学生界》之谕,或曰是端方之一奏所致,或曰张之洞实为主动力,而端方乃赞成者。然充一《湖北学生界》之力,谓可以倡革命,可以覆旧党,其事犹出于理想。"[⑧]可见1903年已有禁书之举。

事实上,清政府深知文字宣传所产生的力量,所以千方百计阻止国外的革命刊物入内[⑨];设立留日学生监督处、制定约束留学生章程,甚至花费巨金以侦查留日学生的言动等举措,一大目的也是控制舆论[⑩]。既有如此缜密的防外之心,自无理由放任国内的革命刊物流行。由此看来,朱峙三关于"此革命之书竟无人禁止"的疑惑,只能解释为政府"欲禁不能"[⑪]。于是便如《日记》所载:"近来军队中读书人当兵,俱看新书。"[⑫]"本堂学生秘密阅革命书籍者愈多。"[⑬]"牟鸿勋亦定有《民呼报》,同学借阅者极多。"[⑭]"省中各学堂如文普通、高等警察学堂、陆军特别小学,学生阅革命书者极多。"[⑮]"排满"思想扩散风行,植根日深,自在情理当中了。

---

① 《本志紧要广告》,载《浙江潮》(东京),1903年8月12日,第6期第1页。

② 参见严昌洪、许小青:《癸卯年万岁 :1903年的革命思潮与革命运动》,华中师范大学出版社2011年版,第88页。

③ 参见《湖北学生界特别大广告》,载《湖北学生界》,[东京]1903年5月27日第5期。

④ 《官报难销》,载1903年8月20日《国民日日报》,见吴相湘主编《中国史学丛书》,(台北)学生书局1964年版,第140页。

⑤ 《辛亥革命史丛刊》第11辑,第310页。

⑥ 《辛亥革命史丛刊》第11辑,第314页。

⑦ 《辛亥革命史丛刊》第11辑,第346页。

⑧ 严昌洪、许小青:《癸卯年万岁:1903年的革命思潮与革命运动》,第89~90页。

⑨ 参见黄福庆:《清末留日学生》,(台北)"中央研究院"近代史研究所1975年版,第199~200页。

⑩ 参见黄福庆:《清末留日学生》,(台北)"中央研究院"近代史研究所1975年版,第203页。

⑪ 有研究认为,这种情况的出现与清末新政开始实施后,地方的绅权扩展息息相关。清王朝的基层政权仅仅达到县一级,县以下主要靠士绅维系,官绅利益一致,自然政令下达执行便令禁止。但清末地方自治兴起后,绅商与官府的利益分歧扩大为矛盾冲突,统治集团内部出现权力运行阻滞的现象,运作不灵。(详见严昌洪、许小青合著:《癸卯年万岁:1903年的革命思潮与革命运动》,第90页)

⑫ 《辛亥革命史丛刊》第12辑,第190页。

⑬ 《辛亥革命史丛刊》第12辑,第238页。

⑭ 《辛亥革命史丛刊》第12辑,第238页。

⑮ 《辛亥革命史丛刊》第12辑,第239页。

四、“排满”思想的弊端

如前所述，我们知道朱峙三所在的学堂有满族学生，如“都尔逊、海蓄二君”，但“同学对彼二人尚未露排满之语”。[①] 光绪三十三年七月二十一日（1907 年 8 月 29 日）的记载也提到了满族学生：

> 从前老三堂同学两满人俱退学，仅有义斋恩俊一人尚在学堂，闻同学亦未排彼也。[②]

这里的“排满”可以理解为排挤满族同学。仔细分析朱峙三的记述笔调，我们可以发现两个问题：(1)在朱峙三看来，汉人同学“未排彼”是一种仁慈之举。反过来说，他认为学堂中有“排满”行为是在情理之中的。或者说，对于“可以”排挤满族同学这样一种心态，朱峙三持默认态度。(2)个别情况不代表通常，我们无法考证这几人究竟受过何等待遇，但前述心态显然非朱峙三独有，满族学生的境遇，我们大可以合理推想。

然而，关于如何对待普通满人，孙中山曾明确表示：“……假如我们实行革命的时候，那满洲人不来阻害我们，决无寻仇之理。”[③]即便是“国粹派旗手”、大汉族主义色彩较浓的章太炎也说：“排满洲者，排其皇室也，排其官吏也，排其士卒也。……非排一切满人。”[④]

由此可知，“排满”思想在传播过程中出现了偏颇。这种情况绝非青年学生中仅有。事实上，学生之所以“偏颇”，受过激舆论的引导是重要原因。[⑤] 再上溯去看，其实革命派对于“排满”思想的认识亦不一。[⑥] 但此属理论的构成问题，笔者暂不多论。

无论如何，《日记》告诉我们的一个事实是，“排满”思想可能会致使其接受者产生某种程度上的民族情绪偏颇，而不可否认，这种情况对于满族民众而言是不公平的。若再适当“引申”一下，我们会发现，事情其实严重得多。譬如辛亥革命爆发后，一些地区的满族民众受到了残酷的迫害，甚至杀戮。[⑦]

对此，笔者认同章开沅的说法：“对于这些错误的东西，我们过去已经进行了必要的分

---

① 《辛亥革命史丛刊》第 11 辑，第 383 页。

② 《辛亥革命史丛刊》第 12 辑，第 186 页。

③ 广东省社会科学院历史研究室等合编：《孙中山全集》卷一，中华书局 2006 年版，第 325 页。

④ 章太炎：《排满平议》，载（东京）1907 年 6 月 10 日《民报》。

⑤ 邹容《革命军》的某些言论便含有偏激成分。蔡元培曾就此说：“……是时邹蔚丹君作《革命军》一书，尤持‘杀尽胡人’之见解。孑民不甚赞同。曾于《苏报》中揭《释仇满》一文，谓‘满人之血统，久已与汉族混合。其语言及文字，亦已为汉语汉文所淘汰。所可为满人标识者，惟其世袭爵位，及不营实业而坐食之特权耳。苟满人自觉，能放弃其特权，则汉人决无杀尽满人之必要’云云。”（参见高平叔：《蔡元培全集》卷三，中华书局 1984～1989 年版，第 324 页）

⑥ 参见林家有：《辛亥革命与民族问题》，中山大学出版社 1992 年版，第 217 页。

⑦ 据武汉、西安、福州等地的一些辛亥革命目击者回忆，起义爆发后，当地满人受到不同程度的迫害。譬如“三天以来被杀旗人不下四五百名，横尸遍地，不及时处理，恐发生瘟疫”“汉口的市民不约而同地大放鞭炮……无数群众高呼‘杀尽胡儿’‘兴汉灭满’的口号”“一些士兵和领队官杀害了一些不必要杀害的旗兵及其家属，俘虏了很多男女老幼”，还有“旗兵及妇女投河死者数百人”。（详见中国人民政治协商会议全国委员会文史资料研究委员会编：《辛亥革命回忆录》卷七，中华书局 1961～1963 年版，第 42 页；卷二，第 51 页；卷五，第 22 页。潘洪钢：《辛亥革命与驻防八旗》，载《中南民族学院学报》1991 年第 5 期）

析和批判,今后也还需要继续进行分析和批判。”[①]

五、湖北的特殊性

由上文可知,“排满”思想在湖北的青年学生中间得到了较为广泛、深入的传播。笔者以为,这与当时湖北社会的客观环境不无关系。

首先,湖北号称“九省总汇之通衢”[②]。20世纪初时,列强开辟于长江流域的航线中与湖北相关的便有沪汉线、汉宜线、汉口常德线、汉口湘潭线、宜昌各线[③];再者张继煦说过,当时“芦汉铁路揽于比,粤汉铁路揽于美,川汉铁路,比人又施其诡计”[④];还有研究表明,1907年汉口贸易年额一亿三千万两,“夙超天津、广州,今宜位于中国要港之第二”[⑤]。上述记载可充分说明当时湖北、尤其是武汉的交通发达的状况。而近代以来,交通发达的一个直接后果就是通讯的普及。此外《日记》中频频出现的“报载”字样,也不失为通讯普及的有力证据。因此,革命刊物能够得到相对顺畅的发行。

其次,湖广总督张之洞大力宣道新式教育。多份统计材料显示,清末的湖北教育处于全国领先地位[⑥],以致慈禧忧心道:“造就人才的是湖北,我所虑的也在湖北。”[⑦]于是如前文所述,关于“排满”思想,湖北不仅有、而且有一个相对高质量的接受群。

以上两个因素为清末湖北社会的特殊性,而对“排满”思想在青年学生中“风行”这样一个结果而言,不能不说,该特殊性发挥了一定的作用。

---

① 章开沅:《辛亥革命与近代社会》,天津人民出版社1985年版,第64页。

② 宋教仁:《湖北形势地理说》,载熊守晖编《辛亥武昌首义史编》,(台北)台湾中华书局1971年版,第19页。

③ 贺觉非、冯天瑜:《辛亥武昌首义史》,武汉大学出版社2006年版,第23页。

④ 张继煦:《湖北学生革命思潮》,载熊守晖《辛亥武昌首义史编》,(台北)台湾中华书局1971年版,第22页。另见宓汝成:《近代中国铁路史资料》上册,(台北)文海出版社1977年版,第182页;宓汝成:《中国近代铁路史资料:1863～1911》第三册,中华书局1963年版,第1060页;杨勇刚:《中国近代铁路史》,上海书店出版社1997年版,第30～34页。

⑤ 贺觉非、冯天瑜:《辛亥武昌首义史》,(台北)台湾中华书局1971年版,第9页。

⑥ 据研究统计,当时湖北的新式学堂依成立之先后列如下:文高等学堂、文普通学堂、武普通中学堂、方言学堂、农业学堂、五路高等小学堂、初等小学堂、幼稚园、支郡师范学堂、两湖总师范学堂、女子师范学堂、女子量等学堂、省师范学堂、驻东铁路学堂、仕学院、军医学堂、存古学堂、陆军小学堂、造端学堂、日新预备中学堂、民办中学堂、工业传习所、汉阳预备中学堂、荊州预备中学堂、三江旅学堂、四川旅学堂、滋兰女学堂。张之洞提倡“中学为体,西学为用”。以经心书院为例,学科分外政、天文、格致、制造四门,分年轮流学习;后又把上列四门改成天文、舆地、算学、兵法四门,不久又增设图画、格致和几何学。另外,两湖书院的课程分经学、史学、理学、文学、算学和经济学六门,愿习何业,各随才性所近,兼习亦可。文高等学堂日课八小时,课目为经济、中外史学、中外地理、算学、理化、法律学、财政学、兵事学八门。与兴学直接相关的,还有图书馆、教育陈列馆的开设,西洋书籍的编译,官办湖北印刷局的开办,舆图局的设立(绘制湖北地图),等等。另外,湖北当局对于出国留学亦颇重视,甚至认为,入外国学堂一年,胜于中国学堂三年。这样,从1902年以后,湖北留学风气大盛。据1904年对留日学生数量的统计,中国各省学生约3000人,其中“湖北省四百二三十人”,名列各省前茅。截至辛亥革命前夕,湖北留日学生共计5000余人(含自费生),在全国位居第一。此外,湖北还向欧美各国派遣了一定数量的留学生。[详见武汉大学历史系中国近代史教研室编:《辛亥革命在湖北史料选辑》,湖北人民出版社1981年版,第261～265页;贺觉非、冯天瑜:《辛亥武昌首义史》,(台北)台湾中华书局1971年版,第31～37页;石方傑:《晚清湖北教育发展概略》,载《江汉论坛》2004年第12期]

⑦ 贺觉非、冯天瑜:《辛亥武昌首义史》,(台北)台湾中华书局1971年版,第40页。

风行于清末湖北青年学生中的“排满”思想很大程度上源自该地日本留学生的宣传。“排满”思想的影响是不可低估的。在它的感召下，不少湖北青年学生不仅在辛亥革命准备时期作为指导者或宣传者，亦在日后的革命中作为积极参与力量而存在。即便未与革命直接相关者，亦在心理上坚定了去除旧制度的信念。

着眼于朱峙三个人，我们可以发现他在接触“排满”思想的过程中，有自己独特的心态特征，即相对理性和客观。该特征又具体表现为对旁人的偏激言行所持的谨慎态度、对加入革命团体一事的保留态度、对“排满”文字宣传的审视态度，以及对周围革命环境的“旁观”态度。然而，这也无法阻止他接纳“排满”思想。对此，革命刊物发挥了极其重要的作用：在清政府无法有效禁刊的情况下，它们有力地促成了“排满”思想风行扩散、植根日深的局面。

当然，我们也须注意到，青年学生在接受与发扬“排满”思想的过程中出现了偏颇，即他们认为可连带排挤普通的满族民众。此应受批判。

此外，不可忽略，清末湖北社会的特殊环境——例如通讯的发达、新式教育的蓬勃发展——作为客观因素，也使“排满”思想能够在青年学生中间得到较为顺畅的传播。

（章霈琳，香港中文大学历史系博士生）

香港百年(1841～1941)人口变迁之探究

江怡萱

一、香港的人口变动

1839年7月"林维喜事件"[①]后，清廷主持禁烟钦差大臣林则徐向澳门的葡萄牙人施压，要求驱除所有英国商人及家眷。1839年8月，英国臣民离开澳门前赴香港，那是一个距离广州90英里远、方圆30英里的荒凉小岛。[②] 就这样，小小渔村香港岛进入中国近代史的舞台，开始有英国人住下。

香港包括"香港岛""九龙""新界"三部分，分三个时期割让或租借给英国，故研究关于香港人口变动，须注意其土地范围大小不同。时迄1898年加入"新界"后，其土地范围才达到与今日相同的基准。

1842年《南京条约》割让香港岛之前，已有英国驻军进驻香港岛并开始发行当时所谓的"公报"[③]。据当时"公报"首次公布的人口资料：1841年5月香港岛共有华人7450人，1842年3月港岛华人已跃至12361人，即10个月内增加近5000人，新增者约是原有人口的2/3。[④] 到1851年末，香港华人人口达32983人。[⑤] 即香港成为英国殖民地的头10年间，港岛人口增加4倍多。

---

① 一个九龙村村民被酗酒的英国水兵打死，钦差大臣林则徐要求英方商务监督义律(Capt. Charles Elliot)交出凶手，义律拒绝，林则徐则要求澳门葡人驱逐英商。"林维喜事件"成为"穿鼻海战"导火线。[李云汉：《中国近代史》，(台北)三民书局股份有限公司2009年版，第22页]

② 参见徐中约：《中国近代史》(上册)，香港中文大学出版社2001年版，第180页。

③ 英军强行占领香港岛后的1841年5月1日即出版《香港公报》(Hong Kong Gazette)，主要刊载英国官员和军方的命令、公文。另《华友西报》(Friend of China)于1842年3月17日仅出刊一期即与《香港公报》合并成为《中国之友与香港公报》(The Friend of China and Hong Kong Gatte)(亦有翻译为《华友西报与香港公报》)。[江怡萱：《香港百年报业初探》，载《2011年两岸三地历史学研究生研讨会论文集》(台北)国立政治大学历史系、香港珠海学院亚洲研究中心2012年版，第103～112页]

④ 参见《中国丛报》(The Chinese Repository)第10卷第5期(1841年5月15日)及1842年3月24日《中国之友与香港公报》(The Friend of China and Hong Kong Gatte)，转引自徐曰彪《近代香港人口试析》(1841～1941年)，载《近代史研究》1993年第3期。

⑤ *Census of Hong Kong 31st December*, 1853. Hong Kong Government Report Online (1842-1941), HKUL Digital Initiatives, The University of Hong Kong Libraries.

在香港成为英国殖民地的第二个10年(1851～1861),中国内地发生旱灾、蝗灾及太平天国战争,香港华人人口由1851年的3万多人增至1861年的11.6万人(当时非华人及驻军人口不到3000人),增加约3.5倍人口①;同时此期间发生"英法联军"侵华及北方俄国趁火打劫等多项战事,其中1860年签订的中英《北京条约》将九龙半岛割让给英国。

由于九龙半岛的尖沙咀与香港岛北面当时最繁华的维多利亚城(Victoria或City of Victoria)之间隔着宽约1.5公里的海面,是世界少有的天然深水良港,故英国在占领香港岛后,英商及英军就鼓吹应占领九龙半岛。② 占领九龙只为良港,而当时的九龙南半岛很小,与现在大面积填海的规模相去甚远,人口约5000人,占香港总人口的4%～5%,对香港人口基数影响较小,香港岛人口仍占了绝大部分③,其次则是以船为家的"蛋户"④。

1871年后,香港及九龙华人人口为11.5万人(非华人及驻军近9000人),1881年华人人口15万多(非华人及驻军近1万人),1891年华人人口21万多(非华人及驻军1.4万人)。至19世纪末,英国租借"新界"地区之前,香港岛及九龙人口接近28万人。⑤ 故此而观,1871年后的30年,人口增长每十年增加三至四成,此相较于太平天国战乱时期,则属于较和缓的增长速度。

1898年英国租借新界后⑥,当地居民改隶为英国殖民,香港人口基数增大。1901年1月,香港岛及九龙居民约28万人,加上新界8.5万人,总人数达36万多人。

1841～1941年,香港华人人口变化情况如表1所示,香港在成为英国殖民地后,有两个时期的人口增长数特别高,一个是19世纪50年代有大量移民涌进,又在60年代呈现人口负增长,变化异常。另一个是进入20世纪后,如果排除"对日抗战"到港人口难以估计的情况,以平常时期来看,香港在20世纪的10年代及20年代人口变动较为特殊。⑦

表1　1841～1941年100年间的香港华人人口变化(前段未加入新界人口)　单位:人

年 份	人 口	人口增长数	人口增长率
1841	7450	—	—
1851	32983	25533	342.72%

---

① *Census of Hong Kong 31st December*, 1861, *GOVERNMENT NOTIFICATION NO.* 20, Hong Kong Government Report Online (1842-1941), HKUL Digital Initiatives, The University of Hong Kong Libraries.

② 参见刘蜀永主编:《简明香港史新版》,(香港)三联书店2009年版,第27页。

③ 比较1858～1861年人口统计,得出九龙半岛人口约5000人。Census of Hong Kong 31st December, 1861, Hong Kong Government Report Online (1842-1941), HKUL Digital Initiatives, The University of Hong Kong Libraries.

④ 蛋户,多操舟为生,营渔业及水上运输,或作"蛋民""蛋户""蜑户""水鸡"。

⑤ 华人人口274543,若加上非华人,则是283975人,*HONG KONG GOVERNMENT GAZETTE 28TH SEPTANBER* 1901. Hong Kong Government Report Online (1842-1941), HKUL Digital Initiatives, The University of Hong Kong Libraries.

⑥ 1898年,英国通过与清廷签订《中英展拓香港界址专条》及其他一系列租借条约,租借"九龙半岛北部""新界"和邻近的200多个岛屿(九龙寨城除外),租期99年。经过《南京条约》割让香港岛、《北京条约》割让九龙半岛南部及最后对新界地区的租借,形成今日香港的土地面积及人口基数。

⑦ 各年人口数字皆引用自香港政府不同年份之人口统计,Hong Kong Government Report Online (1853-1941), HKUL Digital Initiatives, The University of Hong Kong Libraries.

续表

年 份	人 口	人口增长数	人口增长率
1861	116380	83397	252.85%
1871	115444	-936	-0.8%
1881	150690	35246	30.53%
1891	210995	60305	40.02%
1901	274543	63548	30.12%
加入新界人口后的数字			
1901	368916	—	—
1911	456739	87823	23.81%
1921	571780	115041	25.19%
1931	849751	277971	48.62%
1941	1639300①	789549	92.91%

二、19世纪的香港

香港在英国殖民统治的19世纪50年代有大量移民涌进，人口增长数是8.3万余人。以下我们将人口流动因素分为“中国(内地)内忧外患”“英国治港策略”与“世界劳动力供需”来说明。

(一)中国(内地)内忧外患

19世纪50年代是中国内地内忧外患交加的年代。内忧是，咸丰年间，各地旱灾、蝗灾不断，华南地区以广西最为严重，同时中国内地又处于太平天国战乱时期，社会震荡，华南沿海一带居民大批迁入香港形成移民潮；外患是，“英法联军”侵华及俄国趁火打劫等多项战事。1860年中英《北京条约》将九龙半岛割让给英国。

当时中国内地爆发严重的自然灾害，同时又有太平天国农民战争等因素，人民生活困苦。资料显示咸丰元年至五年(1851～1855)，广西发生了区域性的大旱灾，旱灾则带来大蝗灾，灾害之严重，是广西历史上所罕见。合计广西全区遭受蝗灾的州县共达31个之多，将及全区州县总数的一半，其危害面积之大，为广西历史上从未有过。② 而太平天国时期，华南沿海一带居民大批迁入香港，造成香港人口大增。其中一位到过香港的，是天王洪秀全之堂弟洪仁玕。

① 由于战乱因素，1941年香港人口统计困难，1639300之数转引自徐曰彪：《近代香港人口试析(1841～1941年)》，载《近代史研究》1993年第3期。

② 参见鲁克亮：《清代广西蝗灾研究》，载《广西民族研究》2005年第1期。

洪仁玕在19世纪50年代曾经于香港居住,1859年他将居港见闻及所学撰写成《资政新篇》献给洪秀全,一度受到重视而被封为"干王"。《资政新篇》提及的开设现代银行、颁发专利权、建造铁路轮船等等关于西方科技及制度的内容,皆是洪仁玕在香港这个华洋杂处的特殊环境中的心得。在港期间,他与多位西方传教士交往,一起探讨神学、西方科学、政治及经济学。这些建议是太平天国经济理论的一个重要转变。[①]

(二)英国治港策略

自18世纪中叶,"自由放任"和贸易自由的观念不断在英国发展,而"不列颠东印度公司"却长久垄断对华贸易,直到1834年英国国会取消其贸易垄断权,受利益所驱,大批英国私商涌向广东水域或中国东南沿海,进行鸦片走私,使得鸦片贸易更为猖狂。

对来到香港谋生的人而言,这里最大的吸引力是自由经商、自由贸易的环境,甚至不公义的非法勾当如鸦片走私、苦力贸易、开设赌场及经营妓院,全部都可以在香港进行。禁烟钦差林则徐曾在1839年请美国传教士为他翻译西方著作《国际法》中关于"各国禁止违禁品"和"宣战权利"等三个章节,并两次致函维多利亚女王,请女王进行干预。他将第一封信分发给广州洋人团体,但可能没有到达英国,其中的第二封信,林则徐写道:

> 闻该国禁食鸦片甚严……何忍更以害人之物恣无厌之求?设使别国有人贩鸦片至英国诱人买食,当亦贵国王所深恶而痛觉之也……贵国王自不肯以己所不欲施之于人……

此封信于1840年1月由商船"担麻士葛号"(Thomas Coutts)船主弯喇(Warner)带到伦敦,但英国外交部拒绝接纳。两封信件都无法传递到女王手中。[②]

于是延续英国自由放任主义,早期的香港也完全交由商人发展,商人为了自己的利益而将港口建设完备,其初衷虽非为了繁荣这块小小的殖民地,却也阴错阳差造就了香港成为世界级的转口贸易港口。

早在1841年英军占领港岛后,原住在澳门、广州商馆的一批英资洋行纷纷将公司业务搬来港岛。同年6月14日,英国驻华商务监督义律首次在港岛拍卖土地,得标者包括25家洋行,大部分是英资洋行。他们购得土地后,开始兴建厂房、写字楼、住宅、仓库和码头设施,这是洋行在香港落户的开始。[③] 到1843年年底英资洋行已经接近30家。拍卖土地所得多年来一直是港英政府的首要财源,其次是鸦片贸易税收及鸦片特许专卖权利金。[④]

烟馆、赌馆和妓院是当时英国占领香港后的重要税收来源,所以毒品、赌博和色情行业是公开存在的。1845年,香港政府年度报告宣称鸦片是香港主要的出口货物,是在沿

---

① 参见费正清等编,中国社会学院历史研究所编译室译:《剑桥中国晚清史1800～1911年》上卷,中国社会科学出版社2007年版,第288页。

② 参见徐中约:《中国近代史》(上册),香港中文大学出版社2002年版,第165～177页。

③ 参见卢受采、卢冬青:《香港经济史——公元前约4000～公元2000年》,人民出版社2004年版,第三章英占初期的香港经济(西元1841～1860年)第一节英占初期的政治经济决策。

④ 参见刘蜀永:《从香港史看西方对近代中国社会的影响》,载《史学集刊》1991年第2期。

海贸易中换回铸币的转运物资。香港助理巡理府米切尔(Mitchell. W. H)1850年的一份备忘录指出,1845~1849年,从英属印度输出鸦片220717箱鸦片,其中3/4先集中在香港,然后转销中国其他各地。直至19世纪80年代,香港仍然是鸦片贸易中心。例如1888年香港输入鸦片71512箱,香港当地留用373箱,输出71139箱,转运至广州、汕头、上海、厦门等地。[①]

而港英政府允许烟馆合法经营,也是重要财源。1842年,不足万人的香港岛维多利亚城(City of Victoria)已有24户鸦片商号;1876年的鸦片烟馆、包商及零售业者达214户,1881年222户。这些烟馆大部分是民商经营,也有官办的"公烟局"。1893年的调查,华人社会里,以出卖劳力维生的劳工,有30%吸食鸦片,商人阶层有10%的人吸食鸦片。总体而言,全香港每10个男性就有1个有毒瘾。

赌博在英国殖民之初,并未明确合法或不合法,但因赌风加速警政腐败,港英政府于1867年制定《赌博规则》,经港督批准的赌馆可持牌照经营。当时的港督麦当奴(Sir Richard Graves MacDonnell)将赌博合法化,是为了获取大量财政收入,且赌饷划入"特别基金",未计入年度税收。1869年,港督麦当奴将赌博业的收益从中拨出115000元协助兴建东华医院。[②] 因赌博难以禁绝,不如将收益用作慈善,改善社会福利,也企图改善港英政府的形象。

香港的妓院也是完全合法化的,1857年的《防止性病蔓延法例》规定妓院必须向华民政务司登记,每户按月纳税;1867年规定所有妓院应持有营业牌照;1893年末统计,接待外国嫖客妓院49户,接待华人妓院183户,"有注册妓院"里的娼妓人数与香港总人口比例是1:129,即当时香港每129人就有1个是娼妓。[③]

以上可以得见,香港在历史上就是交由商人"自由发挥""自由发展",除了货舱、工厂、船坞、码头都需要大量工人,香港有较多的工作机会之外,依附在鸦片贸易、烟馆、赌博业和妓院的工作人口也相当可观,这些都是吸引华人远离家乡来到香港打工的原因。

(三)世界劳动力供需

另外,19世纪50年代初美国和澳洲发现金矿,全世界掀起淘金热,也成为吸引华人来到香港的"拉力"之一。来到香港,即通往全世界。估计1852~1875年,单是移居美国的华工就有20万人。[④] 华工自中国内地经香港前往南洋、澳洲或美加,香港及澳门为"苦力贸易"中心,当时运送一个苦力的成本不足5元,每张船票售价为55元,承运华工出洋获利,不只带动了香港航运业发展,码头附近住宿旅社也是一门生意,而大量身在美加、澳洲、南洋的华工对家乡食品、用品的需求,也使相关货运及贸易发达;华工汇款返乡,则带动银行金融业的发展。

---

① 参见刘蜀永:《从香港史看西方对近代中国社会的影响》,载《史学集刊》1991年第2期。

② 参见刘蜀永主编:《简明香港史》,三联书店(香港)有限公司2009年版(下引此书,版本同此),第102~106页。

③ 参见刘蜀永主编:《简明香港史》,第132~140页。

④ 参见陈彬斌:《试论近现代中国内地对香港经济发展的影响》,载《首都师范大学学报》(社会科学版)1997年第4期。

不过当时搭载华工的船只环境差、竞争激烈,饮水、食物、医药等不足,使得很多华工未达目的地即成冤魂,1848～1857 年由香港运送苦力到古巴的死亡率达 14%～45%不等。1854 年英国国会通过《中国乘客法》,对乘客的住宿空间、粮、水、医疗条件作出具体规定,情况才稍有改善。

在表 1 显示经过 19 世纪 50 年代人口暴增后,又在 60 年代呈现人口停滞状态,虽然早年人口调查很难做到百分之百完备,但数据仍可反映香港人口减少的现象。

遍查资料并未特别指出香港人口减少的原因,但经由以上的分析,太平天国战事结束,逃难来到香港的人口回流中国内地的家乡,可以解释香港人口减少的现象;另外,1858 年英国国会对《中国乘客法》修正案,规定英国船载运中国乘客只能前往英国属地①,此后虽然赊单华工②业务未受限制,但契约华工出洋业务转向澳门,不在香港进行,也是 19 世纪 60 年代到港人口减量的因素。

(四)小结

香港在成为殖民地后突然繁荣,开始聚集越来越多的人口,并发展成重要转运港,我们首先看到的是在这"时间点"上,中国内地的天灾及内忧外患,英国的贸易自由放任主义以获取最高税收、最高利益及世界淘金热对劳动力需求,是导致香港能汇聚人口的原因。其次,在"地理环境"上,香港不只是天然深水良港,而且对中国内地而言,香港的后面就连接着全世界,机会无限,对世界或英国而言,香港的另一边就连接着庞大的对华贸易利益,亦吸引着英资洋行和银行。在"人"的因素上,人们自然会逃避天灾及战乱,向容易发展财富的地方迁移。

三、20 世纪前半叶的香港

由我们熟悉的中国近代史看,当时人们对辛亥革命感到失望,建立了亚洲第一个民主共和国之后,人民生活并没有更好。在前面表 1 显示 20 世纪的 10 年代及 20 年代,也就是辛亥革命后,人口再度大量向香港迁移。以下我们从"中国(内地)政局未稳""香港基础建设完备及华资崛起"和"世界经济萧条及排华政策"三方面来观察 20 世纪前半叶的香港。

(一)中国政局未稳

端看中国近代史,民国建立后,国民党在南方势力未稳固,大小军阀混战。1920 年直皖战争爆发;1920～1921 年,陈炯明奉孙中山命伐桂,主要作战地域为广东、广西两省,1922 年,孙中山又命滇桂联军及粤军驱逐陈炯明;同年,第一次直奉战争爆发。1924 年第二次直奉战争及第一次东征爆发,黄埔军校开始招生,训练未及就要投入前线打仗,次年,陈炯明逃往香港,又有"第二次东征"。1925 年,孙中山在北京病逝,廖仲恺遇刺身亡,还

---

① 参见刘蜀永主编:《简明香港史》,第 68～69 页。

② 没有明文工作契约,当作"自由移民"到海外,但劳动所得要按月加利息偿还给经纪人。

有“五卅惨案”,之后又引起“省港大罢工”,国内反帝国主义、反强权欺凌的情绪高涨。整个中国南方的社会情况,是内忧外患、国仇家恨同生。1926 年 7 月 9 日,国民党国民革命军于广州东校场誓师北伐;1927 年起国民党开始“清党”,随着“清党”而来的武装反抗包括八一南昌起义及“广州事件”。政治局势不稳定影响经济发展及商业活动,致大量移民移往香港或经香港前往外地打工。

(二)香港基础建设完备及华资崛起

香港在 19 世纪的 40 年代被割让给英国,到七八十年代,香港已是远东著名的转口贸易中心。香港经济于 19 世纪及 20 世纪占中国内地经济非常大的比例,在 1885 年,大陆和香港贸易占中国对外贸易的 33.1%,1887 年为 46.8%,1893 年为 48%,以后虽未能再升高,但到民国成立,仍保持在 30%左右。[①]

前文提及,英资洋行购得土地后,开始兴建厂房、写字楼、住宅、仓库和码头设施;港英政府为了增加税收,完全放任各种交易,赌、毒、娼三种行业在香港均可持有牌照经营。他们虽非“有心栽花”为香港,却也“无心插柳”造就了香港成为世界级的转口贸易港口。在 19 世纪末 20 世纪初,香港各项交通、基础建设、港口设施已臻完备。其中一项对洋行的研究显示,怡和洋行除直接经营传统的进出口贸易外,它控制着全部或较大部分股权的公司,这些公司掌握着香港的重要基础建设及交通业务:

1848 年成立省港小轮公司经营广东与香港航运业务;1863 年成立香港黄埔船坞公司;1866 年成立香港火险公司;1881 年成立怡和轮船公司;1886 年成立九龙仓公司经营仓储业务和香港电话公司;1889 年成立香港电力公司;1889 年成立香港置地公司经营营造业;1898 年成立天星小轮公司;1904 年的香港电车公司成立。这些都是香港重要基础建设,英资洋行已在 19 世纪为香港先进的运输业务打好了基础。

到 20 世纪初,中国内地政局动荡,英国又因“欧战”而经济衰退。当四周一片经济萧条下,香港造船业却因为战争对航运船只需求增加而异军突起,相对带动了香港的经济发展。

1924 年,进出香港从事转口贸易船只的总吨位数 53731077 吨,1927 年纽约港总吨位数 40022503 吨,伦敦港总吨位数 47064975 吨,香港明显地已经超过这两个港口。[②]

经济发展起来,香港华人资本力量逐渐壮大,内地资本、海外华商资金都不断流向香港;再者香港社会相对稳定、商机无穷,内地的劳动人口亦纷流向香港打工就业。香港在 1922 年的“海员大罢工”及 1925 年的“省港大罢工”后,暂不论各方势力在这两场罢工中的角力,至少这两次罢工迫使殖民政府正视香港工人的待遇及工运团体的力量,对工人而言多一分保障。

资金流入香港的影响所及,商机首先崛起的是纺织、食品、五金的小型加工制造业,接着是百货业兴起,即如 1900 年澳洲华侨在香港开设第一个以西方经营管理方式的大型综合百货公司——先施百货。20 世纪初,一些海外华人来到香港投资,例如 1907 年由澳大

---

① 参见霍启昌:《晚清期间香港对内地经济发展之影响》,载《学术研究》1988 年第 2 期。

② 参见陈明銶:《近代香港与广州的比较研究》,载《学术研究》1988 年第 3 期。

利亚来到香港的郭泉、郭乐兄弟，在香港创办永安百货；1934 年缅甸华侨胡文虎、胡文豹兄弟来到香港，创办星岛集团。海外华人资本汇聚到香港进行投资。

有了资金累积，金融业相应而生。早在 19 世纪 60 年代，是银行业进入香港的高峰，1865 年著名的香港上海汇丰银行在香港创办之前，香港已有 11 家银行开业，除了一家是法国资本外，其余都是英资。而香港上海汇丰银行是首个将总部设在香港的外资银行，获得中国资金的信赖，尤其更多是华侨愿意由海外汇款到香港。经由汇丰银行发行的港币因价值稳定可靠，港币成了广东地区，甚至中国其他通商口岸的交易媒介，尤其在民国初年，广东地区内战不断，在珠江三角洲使用港币进行贸易活动，形成惯例。①

1912 年，在香港便出现了第一个近代化的华资商业银行“广东银行有限公司”，其日后业务更扩大至上海、广州、汉口、曼谷、旧金山、纽约，更成为跨地区的金融集团即为例证。再如迄今仍在香港持续经营的家族企业东亚银行，亦是在此时期创办的。②

由此俱见金融业、百货业、服务业等在香港繁荣发展，已使香港形成百业林立、生气蓬勃之繁荣景象。

香港一直是中国人接触西方科技、西方思想最快、最便捷的地方。1896 年，香港即第一次接触到电影；1898 年，美国爱迪生公司来香港拍摄新闻纪录片，香港的街景已跃上世界舞台；1901 年，香港拥有第一家电影院；1913 年，第一套港产片《庄子试妻》问世，扮演婢女的严珊珊成为中国第一位女电影演员。到 1925 年之前，香港已存在 10 多家电影公司。③

同时香港也是亚洲发展广播业最早的地区。当时的英国在 1922 年建立国家广播公司(BBC)，其殖民地政府在 6 年后的 1928 年成立了“香港广播电台”，转播 BBC 的节目④，此乃广播电视在香港发展的开端。

出版品、刊物、传播媒体报道的内容，直接反映着当地人民的思想、文化。香港，这个很特别的“移民社会”形态，其报业发展也反映了香港社会的特殊性。

甲午战争后，中国知识分子纷纷主张变法革新，之后发展至主张君主立宪的保皇派(维新派)与主推翻清朝的革命派。

保皇派在香港主要报纸有《维新日报》《粤报》《商报》等；革命派的第一份报纸《中国日报》于 1900 年 1 月 25 日在香港出版。辛亥革命前，《中国日报》与香港《商报》、广州《岭海报》等保皇派报纸皆有笔战，而同为革命派之报纸亦因新闻事件观点不同各有千秋。⑤

民国初年，除了亲国民党及亲各军阀的报章外，也有其他政治势力的报纸在香港出现。中国共产党元老聂荣臻于 1919 年在香港创办《香港小日报》；1929 年，汪精卫创办《南华日报》；日本政府于 1930 年创办《香港日报》。⑥

---

① 参见陈明铼：《近代香港与广州的比较研究》，载《学术研究》1988 年第 3 期。

② 参见刘蜀永主编：《简明香港史》，(香港)三联书店 2009 年版，第 165～170 页。

③ 参见柯达群：《港澳当代大众传播简史》，(香港)中国新闻出版社有限公司 2009 年版，第 75～76 页。

④ 参见柯达群：《港澳当代大众传播简史》，(香港)中国新闻出版社有限公司 2009 年版，第 109 页。

⑤ 参见陈昌凤：《香港报业纵横》，法律出版社 1997 年版，第 2～25 页。李少南：《香港的中西报业》，载王赓武主编《香港史新编》下册，(香港)三联书店 1997 年版，第 493～533 页。

⑥ 参见陈昌凤：《香港报业纵横》，法律出版社 1997 年版，第 2～25 页。

1919年创办的《华商总会报》,是"香港华商总会"的机关报,于1925年转手,改版为《华侨日报》。同年亦有《工商日报》问世。[①]

1925年《华侨日报》与《工商日报》"大报"的出现,是香港报业以社会经济民生为主要内容的时代开始,同时商业诉求或报道明星花边消息的"小报"开始蓬勃发展。在20世纪20年代风行香港的"小报",有《大快活》《游乐场》,讲明星花边新闻的《骨子》《华星》《湿碎》,讲石塘嘴风月[②]及歌坛新闻的《开心》《疏肝》。小报内容除了风花雪月,还有黄色性爱小说、名人轶事。这些小报在香港出刊发行,在广东省及广州市亦非常受欢迎。[③]

从出版品、刊物可以直接反映出香港的社会情况,港英政府对香港商业的放任,让香港新闻事业也有如一门自由生意,有资金即可生存,反之则自然淘汰。1941年二战前的香港,是个集航运业、造船业、纺织业、制造业、金融贸易业、服务业、娱乐事业、文化事业等快速发展的国际性城市,同时依附在"烟馆、赌馆、妓院"这三种地方的就业机会也不少,共同形成了人口聚集到香港的原因。

(三)世界经济萧条及排华政策

欧战之后,不只英国经济衰退,且全世界经济一片萧条,香港造船业却因为战争对航运船只需求增加而异军突起,相对带动了香港经济发展。华工经香港远渡重洋到美国、澳洲淘金,到加拿大则是做"铁路工人"。但是在西方世界经济萧条、失业率升高的情况下,当初华人移民到外国做廉价的铁路劳工,到此时却成了压低当地工资、抢夺当地人工作机会的罪魁祸首。

加拿大曾于1885年通过《华人移民法》(Chinese Immigration Act of 1885),向所有进入加拿大的华人征收"人头税",其用意在阻挠底层华人在加拿大太平洋铁路(Canadian Pacific Railway)完工后继续向加拿大移民,但在发觉人头税并不能有效遏止华人移民之后,加拿大政府在1900年和1903年分别增加税额。该项税收到1923年被排华法案所取代。1885~1923年的近40年间,加拿大政府共向8.1万名中国移民征收了总计2300多万加元的人头税。而在1923年则通过《华人移民法案》,被称为"排华法案",完全禁止华人入境加拿大,被容许进入加拿大的华人只有四类,即商人、外交官员、留学生及"特别个案",此法案实施至1947年。笔者推测,原本计划经香港前往加拿大的华工,会因禁止华人赴加的《华人移民法案》而在香港滞留,毕竟以香港此时的繁荣,工作机会亦不亚于外国;或出洋华工会考虑短暂停留后改往他处,这也是导致20世纪20年代香港人口上升的原因之一。

---

① 参见李少南:《香港的中西报业》,载王赓武主编《香港史新编》下册,第493~533页。

② 1904年,石塘嘴有数百间妓院,大型妓院70多家,妓女近2000人,酒楼40家,依靠妓寨维生的人更接近5万人,遂有"塘西风月"之称。以当时香港人口不足50万来说,香港有1/10的人都是依赖石塘嘴生存。此外香港第一间戏院亦是位于石塘嘴,名为太平戏院,是香港当时最大的粤剧戏院。

③ 参见李家园:《香港报业杂谈》,三联书店(香港)有限公司1991年版,第100~110页。李谷城:《香港报业百年沧桑》,(香港)明报出版社有限公司2000年版,第157~159页。

(四)小结

香港在20世纪前半叶持续聚集越来越多人口,并发展成重要国际性大都市,我们首先看到的是在这"时间点"上,内地政局不稳,"欧战"后英国及世界经济萧条,香港抓紧时机大力发展。其次,在"地理环境"上,香港继续扮演着中国与世界联结的角色。最后,在"人"的因素上,香港因为没有战争,成为华人资本投资重地,其与中国其他城市不同的是,这里有英国人建好的近代化基础设施与运输通路,更有西方经营管理方式的商业游戏规则,无疑是海外华资回流的好的选择。

四、结　语

表2显示1931年香港人口结构,从外地到香港谋生的人占大多数,出生于香港本地的人口仅占当时总人口的三成,香港是一个十足的移民社会。

表2　　1931年的香港人口结构(出生地)[①]

出生地	人　数(单位:人)	占总人口百分比(驻军人口除外,单位:%)
香港或新界	270478	32.93
珠江三角洲	377676	45.97
珠江三角洲以外的广东地区	156523	19.1
广东以外的其他中国各省	13160	1.59
中国以外地区	3552	0.44
总计	821429	100.0

香港是个福地,除了1941～1945年被日军占领,香港社会受二战影响经济民生之外,自1841～1941年,她没有遭到战争的直接破坏,更是充当了多次饱受内战人民的避风港。她是英国殖民地,但命运与中国内地紧密联结;她仅是中国的一个小港,却是"西风"吹入中国的窗口。

一般我们所熟悉的中国近现代史,只知道鸦片战争割让了香港,但是香港这小小渔村被割让后是如何与中国,与世界的命运相联结的。本文透过香港历史上的人口流动情况及社会结构的变化,呈现1841年至二战(1941)前投资者和劳动阶层都到香港"淘金"的历史图像。

(江怡萱,香港珠海学院中国历史研究所博士)

---

① Rerort on the census of the colony of Hongkong, 1931 P. 129, Hong Kong Government Report Online (1842-1941), HKUL Digital Initiatives, The University of Hong Kong Libraries.

试论康德黎与近现代香港的关系

罗 慧

康德黎(又译康德利、简地利等,James Cantlie, 1851～1926),英国医生,因为孙中山老师及"伦敦蒙难"营救者而为史界所知。[①] 而在医学界,他亦以在急救医学、热带医学和肝外科手术等方面的先驱而闻名。[②] 其一生跨越了 19、20 世纪,经历了第二次工业革命、第一次世界大战等巨变。他生活在大英"日不落帝国"鼎盛时期,亦目睹了中国帝制的终结和中华民国的诞生。他在香港地区居住的时间只有短短数年,却对其近现代历史进程产生了悄然而深远的影响。

一、康德黎生平简介

康德黎 1851 年出生于苏格兰东北部的一个农场家庭,自幼在苏格兰乡间养成了坚韧慷慨的性格和对苏格兰文化的热爱,并接受了良好的古典学教育。1866 年,他通过贫困学生奖学金考试进入苏格兰阿伯丁大学(University of Aberdeen)国王学院(King's College),就读于文学院(Faculty of Arts),并于 1871 年取得自然科学类荣誉文学硕士学位(M. A. with Honours in Natural Science)。此后他继续在阿伯丁大学学习医学,并于 1873 年以获荣誉医学学士及外科硕士学位(Baccalaureus Medicinae, Chirurgiae Magis-

---

① 参见王存福:《康德黎伦敦营救孙中山》,载《档案时空》2004 年第 3 期;任谢元:《孙中山与康德黎夫妇的情缘》,载《海内与海外》2005 年第 5 期;谭文凤:《孙中山和他的老师康德黎》,载《安徽史学》1993 年第 3 期;谭文凤:《孙中山与康德黎》,载《历史教学》1995 年第 2 期。另外,黄宇和《孙逸仙伦敦蒙难真相——从未披露的史实》([台北]联经出版事业公司 1998 年版)、《三十岁前的孙中山——翠亨、檀岛、香港(1866～1895)》,[中华书局(香港)有限公司 2012 年版]这两书中亦涉及大量孙中山与康德黎的交往史事。

② T. S. Chen and P. S. Chen, "The Accomplishments of Sir James Cantlie," *Journal of Medical Biography*, 7.4 (1999), 197-199. Thomas M. Van Gulik, Jacomina W. Van Den Esschert, "James Cantlie's early messages for hepatic surgeons: how the concept of pre-operative portal vein occlusion was defined," *HPB (Oxford)* 12.2 (2010), 81-83.

ter with Honourable Distinction)。[①]

毕业之后，康德黎即进入伦敦查令十字医院附属医学院(Medical School of Charing Cross Hospital)，任解剖学讲解员(Demonstrator of Anatomy)。他在医学院工作至1886年，期间无论行医、教学或研究写作，均表现优异，备受赞誉，后升至高级外科医师(Senior Surgeon)。[②] 在此期间，他投入至圣约翰救伤会(St. John Ambulance Brigade)的志愿工作，培训急救志愿人员和撰写急救手册；同时，他受爱国热情驱使，倡议成立志愿军医疗救护团(The Volunteer Medical Staff Corps)，向公众和医学界推广当时在军队才有的担架救护法，以期在国家有紧急情况时可派上用场。1885年，该团在军方支持下成立，即今日的皇家地方军医疗救护团(Royal Army Medical Corps of the Territorial Army)。[③]

1887年，康德黎同意接替时在香港行医、后有"热带医学之父"美誉的白文信(又译万巴德、孟生等，Patrick Manson，1844～1922)医生的职位，毅然放弃在查令十字医院的大好前途，举家前往香港，居住至1896年方因健康原因回国。在香港期间，他除原定的行医计划外，积极从事公共医疗服务和社会活动，深为殖民地英人及华人所爱戴。临别时数百人闻讯至码头送行。[④]

回国之后，康德黎重返伦敦查令十字医院行医并执教，并继续医学研究。受往日香港行医的经历和19世纪英国印度殖民地爆发的鼠疫之影响，他大力推广热带医学研究，于1898年出资创办《热带医学杂志》(Journal of Tropical Medicine)；次年与白文信等创立伦敦热带医学校(London School of Tropical Medicine)，即今日伦敦大学(University of London)的卫生与热带医学院(School of Hygiene & Tropical Medicine)；1907年参与英国热带医学与卫生皇家学会(Royal Society of Tropical Medicine and Hygiene)的创会。同时，他又再一次投入早年从事的志愿医疗救护和急救培训工作，特别是在第一次世界大战期间，为英国乃至加拿大、法国等地的战地志愿救护和红十字工作贡献甚巨。1917年，他因为红十字运动和志愿救护事业所做的贡献荣膺爵级司令勋章(Knight Commander of the British Empire，或 K. B. E)。1926年，康德黎病逝于伦敦，享年75岁。死后葬于哈特福郡科特雷德的圣约翰教堂(St. John Church, Cottered, Herts)，墓上用中文刻有他的好友、中国外交部长施肇基博士(Dr. Sao－Ke Alfred Sze，1877～1958)摘自《圣经》的悼

---

① Neil Cantlie and George Seaver, *Sir James Cantlie: a romance in medicine* (London: John Murray, 1939), 1-13. Jane Cantlie Stewart, *The Quality of Mercy: The Live of Sir James and Lady Cantlie* (London: Allen & Unwin, 1983), pp. 1-9. [英]简・康德黎・斯图尔特(Jane Cantlie Stewart)著，施美华、李东译：《仁慈为本——康德黎夫妇的生平》[The Quality of Mercy: The Live of Sir James and Lady Cantlie，世界知识出版社1996年版(下引此书，版本同此)]，第1～12页。

② Neil Cantlie and George Seaver, *Sir James Cantlie: a romance in medicine*, 14-29. Jane Cantlie Stewart, *The Quality of Mercy: The Live of Sir James and Lady Cantlie*, 10-20, 22. [英]简・康德黎・斯图尔特(Jane Cantlie Stewart)著，施美华、李东译：《仁慈为本——康德黎夫妇的生平》，第13～26、49页。

③ Neil Cantlie and George Seaver, *Sir James Cantlie: a romance in medicine*, 20-22, 30-58. Jane Cantlie Stewart, *The Quality of Mercy: The Live of Sir James and Lady Cantlie*, 16-35. [英]简・康德黎・斯图尔特(Jane Cantlie Stewart)著，施美华、李东译：《仁慈为本——康德黎夫妇的生平》，第21～46页。

④ Neil Cantlie and George Seaver, *Sir James Cantlie: a romance in medicine*, 95.

词“福矣矜恤者”(即“Blessed are the merciful for they shall obtain mercy”句)①,教堂中亦有施肇基所立的纪念石碑。

二、康德黎在香港的活动

吸引康德黎来到香港的原因是他对冒险的向往及神秘东方的诱惑,用他自己的话来说:“我已经教了17年的书了,眼看着年轻的医科学生毕业之后纷纷出国,在海军、陆军和殖民地服务,回国以后热烈地谈论国外的疾病和见闻。这些都激起了我的好奇心,使得我满心渴望也能亲眼去看、亲自去学。”②

康德黎在中国地区定居的数年间,除对广州的医学考察外,仅在1894年间短暂地游览上海、天津、北京等地,其他时间一直留在香港。由于《中英展拓香港界址专条》1898年方才签订,故可知康氏一家的活动范围基本限于九龙界限街以南。而在当时,居港英人主要居住活动于香港岛的维多利亚城(Victorian City,即今日中西区、中区至山顶一带)。康德黎的行医和其他社会活动亦基本集中在这一地区,其医疗卫生、慈善志愿事业对香港的发展影响极大。由于香港作为自由港及中西文化传播枢纽的特殊地位,其事业影响辐射亦超出殖民地的弹丸空间。试举康氏最重要的贡献如下:

(一)香港华人西医书院与香港大学

19世纪60~80年代,香港的人口从刚开埠时的2000激增至18万,华人贫民区的居住环境尤为拥挤不卫生,有引发瘟疫的隐忧,这使得香港的医疗资源面对严重缺乏的局面。一方面,西医医院、医生和护理人员都不足:除了伦敦传道会(London Missionary Society)支持的传道会医院(Medical Missionary Hospital)、苏格兰渣甸(Jardine)等洋行赞助的海员医院(Seaman's Hospital)外,第一间政府公立医院(Government Civil Hospital)在1860年方才落成;另一方面,华人不信任西医,而英国人又认为华人开设的东华医院不够正规,视中医与巫术无异。③

与此同时,英国本土正兴起旨在改善劳工阶级教育及文化水平的公共运动,公益事业、公共设施成为社会上的重要议题,伴随而来的是英国民众对大英帝国自豪感的强化。大量商人、专业人士、公务员等从英国涌入各个殖民地,在当地形成相对隔离封闭而日益增长的“中产阶级”(middle class)。这些人受过良好的现代教育,又多活跃于各项社会事务中,故有把公共医疗、教育、图书馆、会所等本国大城市已很普遍的设施带入异国“新领土”的强烈诉求,以及“将大英帝国文明传至世界各地”的骄傲自觉。对于居于香港的英国

---

① Neil Cantlie and George Seaver, *Sir James Cantlie: a romance in medicine*, 126-236. Jane Cantlie Stewart, *The Quality of Mercy: The Live of Sir James and Lady Cantlie*, pp. 96-110, pp. 175-256. [英]简·康德黎·斯图尔特(Jane Cantlie Stewart)著,施美华、李东译:《仁慈为本——康德黎夫妇的生平》,第126~144、233~358页。

② Jane Cantlie Stewart, *The Quality of Mercy: The Live of Sir James and Lady Cantlie*, p. 38. [英]简·康德黎·斯图尔特(Jane Cantlie Stewart)著,施美华、李东译,《仁慈为本——康德黎夫妇的生平》,第49页。

③ L. Fu, “From surgeon-apothecary to statesman: Sun Yat-sen at the Hong Kong College of Medicine,” *Journal of the Royal College of Physicians of Edinburgh* 39. 2 (1999), pp. 166-172.

人而言,同期广东、上海等地西式医院、教育机构等的大量成立,又使得他们有一种复杂的嫉妒心理。[①]

1887年7月27日,康德黎就是在这种时代背景下来到香港,其时邀他前来的白文信已做了大量的先驱工作,包括在1886年成立香港医学会(Hong Kong Medical Society),及积极与伦敦传道会合作筹划一所为香港贫苦华人服务的西医院。在阿伯丁大学华裔校友、医生、律师何启的资助下,雅丽氏纪念医院(Alice Memorial Hospital,即今雅丽氏何妙龄那打素医院前身)已于1887年2月成立。[②] 同期,一所为华人学生提供系统医科训练的医学院应亦已在筹建中,而康德黎很可能在离开伦敦前即已知悉并参与进该计划中来[③],故是年8月30日,康德黎抵港仅30余日,即在雅丽氏纪念医院召集会议,商讨如何促进中国人学习西方医学。与会者有白文信、何启和其他在港执业西医,会上一致同意在香港建立华人西医书院,以"在香港全方位地教授西方医学,并利用书院特有的权利为中国人的诊所批准执照",且书院颁发执照之持有者因而有"医药、外科及产科之执业能力"。该会议被提升为评审委员会(Senate)。[④]

1887年10月1日,香港华人西医书院(Hong Kong College of Medicine for Chinese)的开幕典礼在大会堂(City Hall)举行,港督金马伦(William Gordon Cameron,1827～1913)出席并致辞;首批学员有7人亦出席了该仪式,包括孙中山。[⑤] 曾任香港皇仁书院校长、后任英国殖民大臣(Colonial Secretary)的史钊域(Federick Stewart, 1836～1899)任书院首届掌院(Rector),白文信为教务长(Dean),康德黎为秘书(Secretary)。骆克(J. H. Stewart Lockhart, 1858～1937)后来成为财务长(Treasurer)。[⑥]

这是一所私人创办的学校,只得到港英政府的一定支持。[⑦] 尽管有了高规格的开始,在创立初期,书院的发展亦是十分艰苦的。书院的教员来自伦敦传道会、政府及各诊所的医师,均无偿义务授课;书院亦无专属院舍,而由雅丽氏纪念医院免费提供教学及示范场所。但事实上,老师们并非都是现代意义上从事医学科研工作的学者,而是另有工作,为了迁就老师们的正职,学生的授课地点往往散于香港、九龙的各个医院和诊所。学生亦缴纳一定的学费,但也只能勉强支付学校的基本营运成本。与英国相比,教学医院也缺乏先

---

① Peter Cunich, *A History of the University of Hong Kong: Volume 1, 1911-1945* (Hong Kong: Hong Kong University Press, 2012), pp. 22-30.

② Peter Cunich, *A History of the University of Hong Kong: Volume 1, 1911-1945*, pp. 22-30.

③ Jane Cantlie Stewart, *The Quality of Mercy: The Live of Sir James and Lady Cantlie*, 42: "I (Cantlie) regretted giving up teaching, as that was and is my chief enjoyment in life, so on the way out I contemplated how I could minimize the lose and the College of Medicine was the result." 参见[英]简·康德黎·斯图尔特(Jane Cantlie Stewart)著,施美华、李东译:《仁慈为本——康德黎夫妇的生平》,第55页。

④ Jane Cantlie Stewart, *The Quality of Mercy: The Live of Sir James and Lady Cantlie*, pp. 42-48. 参见[英]简·康德黎·斯图尔特(Jane Cantlie Stewart)著,施美华、李东译:《仁慈为本——康德黎夫妇的生平》,第55～62页。

⑤ Neil Cantlie and George Seaver, *Sir James Cantlie: a romance in medicine*, 76-95. Jane Cantlie Stewart, *The Quality of Mercy: The Live of Sir James and Lady Cantlie*, pp. 42-48. 参见[英]简·康德黎·斯图尔特(Jane Cantlie Stewart)著,施美华、李东译:《仁慈为本——康德黎夫妇的生平》,第55～62页。

⑥ Peter Cunich, *A History of the University of Hong Kong: Volume 1, 1911-1945*, p. 47.

⑦ 参见刘蜀永:《19世纪香港西式学校历史评价》,载《历史研究》1989年第6期。

进的诊断治疗设备,合格的教学辅助人员亦相当缺乏。亦有老师抱怨学生英文、基础科学知识与英国本土医学生有相当差距。①

尽管如此,康德黎仍满怀热情和信心投入书院的建设中。作为唯一有学校教学及运作经验的教员,他在书院的行政和教学方面都承担了非常重要的工作。书院按英国惯例设为五年制,用英语教学,课程设置方面尽量追赶英国正规医学院乃至英国医学总会(General Medical Council)的标准,严格要求;除医学专科外,亦注重化学、植物学、物理学等基础科学的训练,务求学生能与英国医科学生一样,对科学有全面的认识和了解。② 1889年,康德黎接替白文信成为第二任教务长;同年,李鸿章应邀成为书院的名誉赞助人(Honorary Patron)。作为一个广受学生爱戴的"天生的老师",他在解剖学、骨外科等方面的教授不仅严谨系统,更风趣幽默,最为学生欢迎。③ 除了正式教学,他也带领学生进入他所关心的其他医学领域,例如预防医学、救伤工作、护理等,学生们亦先后成为他的得力助手。他亦关心学生的课余娱乐生活,和他们来往甚密,并将英国学生中流行的板球、划船等运动介绍给学生。④

令康德黎感到欣慰的是,他的付出回报是丰厚的。他发现他的中国学生们"意志坚强、学习刻苦、理解能力强、记忆力好"。由于他对学生真诚相待,学生也非常乐于接受他的指导。1888年10月,书院举行了首届年度奖学金授予仪式,康德黎代表抱病缺席的白文信致辞,希望英国人能明白书院能成为向中国人介绍科学重要的文明使团,"英帝国的人民带给中国的是和平的象征而不是战争和武器"是为一种道德义务,而科学能成为建立中、英两国人民之间相互尊敬的纽带。而港督则充分赞扬了康德黎对书院的巨大贡献,肯定了书院"将成为中华帝国的学术中心,加深中英之间的良好关系"的重要地位。⑤

1892年7月,在大会堂,书院首次颁授专业证书(Licentiate)予孙中山在内的2名毕业生,证书由当时的港督罗便臣(William Robinson, 1836～1912)亲自颁发。仪式上,康德黎作为教务长发表了讲话,表达了对学生和书院未来在向中国推广西方现代医学的殷切希望。自此,到1912年香港大学成立,书院并入成为港大医学院止的25年间,共有128名学生入读书院,其中51人取得书院证书。⑥ 考虑到当时的客观条件不尽如人意,这不能不说是非常难得的成就。

康德黎对书院的关心是全方位的,他关心学生和书院的前途,亦时在英国报章、期刊撰文,向英国医学界介绍书院的成就。他更积极地从各层面为书院争取独立院舍、证书之

---

① Peter Cunich, *A history of the University of Hong Kong: Volume* 1, 1911-1945, pp. 63-72.

② 有关学科开设情况,罗香林先生有详细考证。参见罗香林:《国父之大学时代》,(台北)台湾商务印书馆1954年版,第13～26页。

③ Peter Cunich, *A history of the University of Hong Kong: Volume* 1, 1911-1945, pp. 63-64.

④ Jane Cantlie Stewart, *The Quality of Mercy: The Live of Sir James and Lady Cantlie*, pp. 42-48. 参见[英]简·康德黎·斯图尔特(Jane Cantlie Stewart)著,施美华、李东译:《仁慈为本——康德黎夫妇的生平》,第55～62页。

⑤ Jane Cantlie Stewart, *The Quality of Mercy: The Live of Sir James and Lady Cantlie*, 42-48. 参见[英]简·康德黎·斯图尔特(Jane Cantlie Stewart)著,施美华、李东译:《仁慈为本——康德黎夫妇的生平》,第55～62页。

⑥ L. Fu, "From surgeon-apothecary to statesman: Sun Yat-sen at the Hong Kong College of Medicine," pp. 166-172.

认可等权益。[①] 1894年,康德黎亦有在香港成立大学的倡议。[②] 虽然受制于当时的资源问题,他无缘亲眼目睹这些目标的完全实现,但他的贡献亦为香港华人西医书院的成功,乃至日后香港大学的建立和辉煌奠定了相当坚实的基础。

(二)香港圣约翰救护机构与急救医学

甫到香港,康德黎即秉承在伦敦时对救伤服务的热情,投入至香港圣约翰救伤会(Hong Kong Branch of St. John Ambulance Association)的工作中,倡议成立本地救伤队。[③] 1888～1896年坚持为公众开设救伤课程。他的热情吸引了很多欧洲籍的志愿者,课程最初只招收男性学员,后来扩展向女性学员开放。[④] 中国人也渐渐加入其中。[⑤]

康德黎在香港华人西医书院的学生也加入救伤志愿行动,他将这些学生组织起来,仿照他在英国所服务的志愿军医疗救护团,成立有"军事救护公司"(military ambulance company),并为参与者提供统一制服,作为学生在课堂和医院实习之外的要重课外活动之一,令学生从实践中掌握急救医学,培养对救伤事业的热情。康德黎将该组织的指挥权交付于香港炮兵义勇军(Hong Kong Volunteer Artillery),这些中国医学生也因此在实际上成为义勇军急救团成员,据康德黎评价,他们的表现不输他在伦敦教授的学生。[⑥] 而在1891年急救团的50周年大检阅上,康德黎的中国学生团出尽了风头。[⑦] 康德黎在晚年写给友人的一封信中更提到孙中山是其最早的急救术学生,也是最出色的急救人员。[⑧] 后孙中山翻译《赤十字救伤第一法》一书,亦应与此段因缘不无关系。[⑨]

在康德黎离开香港之后,香港圣约翰救护机构(Hong Kong St. John Ambulance)于1900年在香港圣约翰救伤会的基础上正式成立。香港圣约翰救伤队(Hong Kong St. John Ambulance Brigade)第一个支队(即香港青年会支队)则于1916年成立。[⑩] 救伤队成立起即历年"俱组织救伤班,延请名医依法教授",但一直苦于没有合适的中文教材,1927年,圣约翰救伤队总部助理总监翟大光医生取得伦敦圣约翰救伤协会特许,将时已

---

① Peter Cunich, *A history of the University of Hong Kong*: *Volume* 1, 1911-1945, pp. 63-64.

② Peter Cunich, *A history of the University of Hong Kong*: *Volume* 1, 1911-1945, p. 71.

③ 香港圣约翰救伤会成立于1884年。参见香港圣约翰救伤队:《香港圣约翰救伤队九十周年纪念特刊》,香港圣约翰救伤队2006年版(下引此书,版本同此),第38页。

④ Neil Cantlie and George Seaver, Sir James Cantlie: a romance in medicine, p. 71.

⑤ Jane Cantlie Stewart, *The Quality of Mercy*: *The Live of Sir James and Lady Cantlie*, pp. 55-56. 参[英]简·康德黎·斯图尔特(Jane Cantlie Stewart)著,施美华、李东译:《仁慈为本——康德黎夫妇的生平》,第72～73页。

⑥ James Cantlie and C. Sheridan Jones, *Sun Yat Sen and the awakening of China* (London: Jarrold & Sons, 1912), pp. 34-35.

⑦ Jane Cantlie Stewart, *The Quality of Mercy*: *The Live of Sir James and Lady Cantlie*, pp. 55-56. 参见[英]简·康德黎·斯图尔特(Jane Cantlie Stewart)著,施美华、李东译:《仁慈为本——康德黎夫妇的生平》,第72～73页。

⑧ 即1925年8月致亚瑟·斯坦利爵士(Sir Arthur Stanley,1869-1947)的信件,时孙中山已逝世。见Neil Cantlie and George Seaver, *Sir James Cantlie*: *a romance in medicine*, pp. 232-233: "Eight years of my time (1888-96) as a teacher of Ambulance, I spent in Hong Kong where the late President of the Republic, Dr. Sun Yat Sen, was my first Ambulance pupil and most efficient 'first-aider'."

⑨ 参马堪温:《从医人到医德——孙中山的医学生涯》,载《中华医史杂志》1997年第4期。

⑩ 香港圣约翰救伤队:《香港圣约翰救伤队九十周年纪念特刊》,第38、41、45、60页。

过世的康德黎于1901年编著的*First Aid to the Injured*之第37版撷取大意，以浅显通俗的语言，编译成《救伤法撮要》一书出版，由圣约翰救伤队香港青年会支队发行。现存1929年再订版。翟大光在序中言，康德黎该著被圣约翰救伤会公认为课本[①]，即在该译本出版之前，香港圣约翰救伤队或一直采用康德黎的英文原著为教材。该书后多次再版，对香港急救事业贡献良多。自然，随着医学的进步，该书已完成其历史使命而消失在大众的记忆中，然当日康德黎在书中的呼吁，“凡救伤学者，切勿以自己为医师自居。盖常有轻伤，因治理不善，致变重症或致命。故有意外时，立即延医，并用纸写明患者如何受伤，及现在何处，交人带去，胜于用口传述也”[②]，至今看来仍是远见卓识。

香港回归之后，香港圣约翰救护机构脱离英国圣约翰救护机构成为独立组织，摆脱了昔日殖民地志愿军的色彩，成为香港最大的公益组织之一。而当年受益于康德黎著作的香港青年会支队至今仍活跃于香港中华基督教青年会必列者士街会所。

（三）香港卫生事业

在康德黎的职业生涯中，公共卫生和医疗是他始终关心的议题。除了刚到香港的一段时间内，至离港前，康德黎一家都居住于山顶。在康德黎看来，山下城区的卫生环境恶劣、空气亦差，不利于健康，故于1889年在山顶开设山顶医院(Peak Hospital)，为居港西人提供更良好的医疗环境。这是一所规模相当小的家庭医院，但其雇佣培训了香港首位经过正式培训的欧籍护士，后又增设住院病房。康德黎夫人亦亲自参与该医院的服务和管理，并协助丈夫在此进行医学研究。康德黎奋身投入救死扶伤的工作当中，在港期间，该院诊治病患1000余人次。尽管官方一直没有正式承认医院的存在，但医院和康德黎却得到了社会的认可。[③]

在执业之外，康德黎从社会生活中亦积极关注卫生事务。他加入了洁净局(Sanitary Board)，为改善本地环境多有建言，不止一次地敦促政府完善卫生和清洁条例。他积极推广种牛痘以预防天花，最终说服政府在山顶电车公司的底层建成疫苗研究所，实现天花疫苗在本地的生产。但他最关注的还是疟疾、痢疾、麻疹、猩红热等香港流行的热带疾病的研究，除在自家实验室里开展实验研究外，还活跃于香港医学协会(Hong Kong Medical Society)，为该会做了大量的相关演讲；同时，论文和专著不断问世。这为他日后成为热带医学权威奠定了基础。[④]

其中，康德黎最为人称道的是他在麻风病方面的研究。在香港，由于运送麻风病人来港或乞讨都不属非法行为，希望逃离广东麻风院的患者纷纷设法来到香港寻找生计，自

---

① ［英］简地利(James Cantlie)著，翟大光编译：《救伤法撮要》，圣约翰救伤队香港青年会支队1929年版。

② ［英］简地利(James Cantlie)著，翟大光编译：《救伤法撮要》，圣约翰救伤队香港青年会支队1929年版，第8页。

③ Neil Cantlie and George Seaver, *Sir James Cantlie: a romance in medicine*, 71-72. Jane Cantlie Stewart, *The Quality of Mercy: The Live of Sir James and Lady Cantlie*, pp. 54-55. 参见［英］简·康德黎·斯图尔特(Jane Cantlie Stewart)著，施美华、李东译：《仁慈为本——康德黎夫妇的生平》，第71～72页。

④ Jane Cantlie Stewart, *The Quality of Mercy: The Live of Sir James and Lady Cantlie*, pp. 50-59. 参［英］简·康德黎·斯图尔特(Jane Cantlie Stewart)著，施美华、李东译：《仁慈为本——康德黎夫妇的生平》，第63～77页。

19 世纪 70 年代起，在香港维多利亚城一带开始有麻风病人及家庭落户。[①] 但一旦病情公开，未获英国子民资格的中国人即会被转送到中国内地的麻风院，故一旦染上该病，病人多设法隐瞒。[②] 这引起了康德黎的注意，他首次在 1889 年 6 月的日记里提到了麻风病；[③] 同年 9 月，即在香港医学会上作了关于麻风病的演讲。[④] 1890 年 2 月，他出版了《香港的麻风病》(*Leprosy in Hong Kong*)一书。

当时现代实验医学尚未成熟，人们已认识到麻风杆菌的存在，但对麻风病的致病原因、是否遗传、如何传播等尚不了解。康德黎亦只能从环境、卫生方面着手理解，通过今天看来不甚严谨的委托非专业人士进行问卷调查的形式收集有关麻风病流行的情况。[⑤] 他认为环境的卫生程度、病人的卫生习惯影响疾病的发生，由此建议改善香港的居住卫生条件。他亦认为居住在同一屋檐下的人容易传染麻风病，因此建议在加强检疫、驱逐非英国子民的患者之余，更应在香港寻岛屿设立麻风疗养院，用于隔离和治疗麻风患者[⑥]，但该建议在很长一段时间内未能实现；此外他认为更重要的是应马上摧毁麻风患者居住的房子，以有效减少未来发生传染的可能。[⑦]

为了进一步探访麻风病的成因，1890 年 12 月，康德黎偕夫人探访位于广州长洲岛的麻风病村，孙中山同行翻译。[⑧] 康德黎一直关注麻风的研究，后来更通过对英国东南亚殖民地的麻风病研究赢得了英国国家麻风基金会奖项。[⑨] 即使在他 1896 年离开香港之后，他仍未放弃对麻风的研究，并在《热带医学期刊》中继续关注麻风病研究的发展。[⑩]

康德黎的呼吁一定程度上引起了殖民政府的重视，但在当时的实际情况下改善不大，直到 19 世纪末鼠疫大流行时期才不得不有了转变。二战后香港政府在控制消灭麻风上颇有成效，然康德黎方是香港麻风防治的先驱。

1894 年，香港爆发鼠疫流行，华人贫民聚居的太平山街区情况尤为严重，全城陷入恐慌。[⑪] 时康德黎夫妇正在日本度假，一听说消息即立刻投入到香港，顾不得休息即立刻投入到医疗救护及对鼠疫的研究工作中。他在报章撰文对鼠疫爆发和传播的原因作了探讨，并在医学杂志上发表了关于分离鼠疫病菌的论文。这场疫情断续反复，最终导致

---

① James Cantlie, *Leprosy in Hong Kong*, p. 1.

② [英]简・康德黎・斯图尔特(Jane Cantlie Stewart)著，施美华、李东译：《仁慈为本——康德黎夫妇的生平》，第 53～55、74～76 页。

③ [英]简・康德黎・斯图尔特(Jane Cantlie Stewart)著，施美华、李东译：《仁慈为本——康德黎夫妇的生平》，第 74 页。

④ James Cantlie, *Leprosy in Hong Kong*, p. 3.

⑤ 李尚仁：《十九世纪后期英国医学界对中国麻风病情的调查研究》，载《中央研究院历史语言研究所集刊》2003 年第 3 期。

⑥ James Cantlie, *Leprosy in Hong Kong*, p. 60.

⑦ James Cantlie, *Leprosy in Hong Kong*, pp. 17-18, 53-55.

⑧ [英]简・康德黎・斯图尔特(Jane Cantlie Stewart)著，施美华、李东译：《仁慈为本——康德黎夫妇的生平》，第 74～75 页。

⑨ [英]简・康德黎・斯图尔特(Jane Cantlie Stewart)著，施美华、李东译：《仁慈为本——康德黎夫妇的生平》，第 74～75 页。

⑩ 李尚仁：《十九世纪后期英国医学界对中国麻风病情的调查研究》，载《中央研究院历史语言研究所集刊》2003 年第 3 期。

⑪ 杨祥银：《公共卫生与 1894 年香港鼠疫研究》，载《华中师范大学学报》(人文社会科学版)2010 年第 4 期。

1985 年洁净局的改组及新的卫生条例的出炉。尽管政府出台的卫生政策为华人抵制而爆发了罢工冲突，但严格的卫生制度在康德黎为首的委员会的坚持下在城中强制推行开来；当时被认为是疾病温床的太平山街的房屋被永久拆除。[①] 在这场疫情中，华人西医书院的学生在康德黎的影响下也加入救助病人的行列中。[②] 疫症最终得到了控制，但康德黎却不愿居功，把荣誉让给了别人。[③]

香港政府之卫生政策，则在对抗各种传染病的过程逐步完善。今日，香港政府的公共卫生体系以设计科学、运作高效而著称，亦是由康德黎等中外医生的不懈努力奠定了基础。

(四)其他社会活动

在繁重的医学和卫生活动外，康德黎对大众的关怀并未局限在专业的范围内。他留意到在香港商行工作的土生澳葡小职员在“现代奴隶制”式雇用条件下的艰难处境，对此十分同情，公开呼吁英国雇主要有人道主义精神。[④] 而他也以惊人的精力从事其他社会文娱活动，他甚至还建立了辩论协会、文学协会和科学协会等社团组织[⑤]，甚至提出妇女也应加入此类社团活动(这在当时的是极具争议性的)。[⑥] 但其中最突出的活动则是促成了香港第一个面向公众开放的公共图书馆的成立。这个图书馆源于康德黎 1893 年创办的珍本协会(Rare Book Association)，一个集研究文学、科学和辩论于一体的全新社团。在协会的开幕之夜，他首次提出创办公共图书馆的计划，并很快在大会堂举办了一次图书展览，展览上人们打扮得像本书，以激发大众的兴趣。之后几年间，他一直致力于书籍的募捐和图书馆的筹备工作。1896 年，图书馆在康德黎的不懈努力下终于正式免费向公众开放，其时藏书有 2000 册，其中多数从英国运来。[⑦] 康德黎却因积劳成疾，无法出席开幕典礼。现在香港的公共图书馆体系亦自此发展而来。

---

① Jane Cantlie Stewart, *The Quality of Mercy: The Live of Sir James and Lady Cantlie*, pp. 60-85. 参见[英]简·康德黎·斯图尔特(Jane Cantlie Stewart)著，施美华、李东译:《仁慈为本——康德黎夫妇的生平》，第 78～111 页。

② 刘蜀永:《19 世纪香港西式学校历史评价》，载《历史研究》1989 年第 38～48 期。

③ Jane Cantlie Stewart, *The Quality of Mercy: The Live of Sir James and Lady Cantlie*, pp. 60-85. 参见[英]简·康德黎·斯图尔特(Jane Cantlie Stewart)著，施美华、李东译:《仁慈为本——康德黎夫妇的生平》，第 78～111 页。

④ 叶农:《十九世纪后半叶澳门葡萄牙人移居香港考》，载《世界民族》2010 年第 6 期。叶农:《二十世纪前期香港葡人的族群认同》，载《民族研究》2012 年第 3 期。

⑤ Jane Cantlie Stewart, *The Quality of Mercy: The Live of Sir James and Lady Cantlie*, pp. 50-59. 参见[英]简·康德黎·斯图尔特(Jane Cantlie Stewart)著，施美华、李东译:《仁慈为本——康德黎夫妇的生平》，第 63～77 页。

⑥ Peter Cunich, *A history of the University of Hong Kong: Volume* 1, 1911-1945, p. 27.

⑦ Jane Cantlie Stewart, *The Quality of Mercy: The Live of Sir James and Lady Cantlie*, pp. 60-85. 参见[英]简·康德黎·斯图尔特(Jane Cantlie Stewart)著，施美华、李东译:《仁慈为本——康德黎夫妇的生平》，第 78～111 页。

三、结　语

离开香港之后不久，康德黎即因伦敦营救孙中山事，不但令自己的得意门生名声大振，亦将自己放在了英国传媒的焦点之上，但他仍保持了谦逊、实干的本色，重返伦敦医学、救伤界的平淡生活。此后，他再未踏足香港的土地，然而香港却一直没有淡出他的生活，他还继续担任雅丽氏纪念医院的顾问。[①] 1898 年，他应邀向公众演讲，介绍香港殖民地的状况[②]。该讲稿与关于其他英国殖民地的一些演讲一并结集，于 1906 年出版。[③] 而 1912 年，辛亥革命之后，他又应邀撰写《孙逸仙与新中国》(*Sun Yat Sen and the awakening of China*)一书，书中提到了大量他从香港了解到的中国的信息，影响至广。[④]

康德黎的故事可以说是当时为数不少奔赴海外服务的英国医生的缩影：他们出生于国运向上的英国，接受了时代最前沿的科学教育、公共服务的思想、乃至传教士的海外开拓精神，既怀着对科学的信仰和对帝国主义的骄傲，又往往不失对被殖民的弱者的同情。由于特殊的时代和地位，他们往往对他国科学、社会、文化、制度等各方面的现代化发展，造成了举足轻重的影响；亦常与当地的领袖精英人物有所过从，由此从某种意义上又有意无意，或多或少地介入当地历史演变的重大事件。他们的命运，又和大英帝国的海外史，乃至近现代欧洲科技文化思潮变迁密切相关。这些人物的事迹及历史地位，因而呈现出十分错综复杂的面貌，值得进一步系统地整理、研究和探讨。

（罗慧，香港珠海书院历史研究所博士生）

---

① ［英］简・康德黎・斯图尔特(Jane Cantlie Stewart)著，施美华、李东译：《仁慈为本——康德黎夫妇的生平》，第 166 页。

② James Cantlie, *Lecture on Hong Kong* (London: Wellcome Library, 1898).

③ James Cantlie, "Hong Kong," In *India, Ceylon, Straits Settlements, British North Borneo, Hong-Kong* (London: Kegan Paul, trench, Trübner, 1899), pp. 498-531.

④ James Cantlie and C. Sheridan Jones, *Sun Yat Sen and the awakening of China*. 另参见［英］康德黎(James Cantlie)著：《孙逸仙与新中国》，郑启中、陈鹤侣译，民智书局 1930 年版。

上海租界巡捕房组织发展及其作用

谢志良

上海租界像小型的"联合国",而且租界管理之行政、司法、经济大权,均掌握在西人手中,然而租界的居民中大部分多为华人或是在上海谋生之亚洲人。[①] 西人既以其立场将西方母国市政管理观念和制度带进租界,逐渐给中国城市带来巨大的影响与变革,促使中国各地城市近代化快速的崛起。诚如清末名臣丁日昌(1823～1882)所说:"西人入中国,实开千古未创之局。"[②]随着西方市政管理制度的引进,近代警察制度亦移植于租界中。在见贤思齐及取法乎上的规律,在某种程度上培植租界华人遵守法规习惯,成为促进中国近代化城市发展的要素之一。此外,租界有如"国中之国",使得租界成为独立于中国之外的自治区,且成为"冒险家的乐园""犯罪的天堂",导致日后对中国政局、经济、社会各层面产生影响,并且对中国警察制度的建立产生了深远的作用。上海租界自开埠后人口骤增,继而引起公共交通安全、社会秩序、环境卫生等相关的问题,按魏斐德(Frederic Wakeman,Jr.)的说法,巡捕房(Shanghai Municipal Police,SMP)并不只是单纯从事维持社会秩序,而是在"创造秩序与常态",自然就帮助中国增添由传统走向近代化元素。[③]

本文试图就各上海租界巡捕房的形成背景、组织发展,巡捕的人员组成、训练及对上海租界的作用进行系统的分析,借此了解巡捕房组建背景及组织运作,以及对中国近代化作用的影响,俾对史学上作一己芥子微之贡献。

一、上海巡捕房组织的形成

自1840年(道光二十年)外国人先后在中国各沿海、江口岸建立租界,形成"国中之国"的现象,由于租界国将其本国之警察管理机构移植至上海租界,从此中国对外国警察管理制度开始有初步接触与更深的体认。[④] 1854年(咸丰四年),小刀会占据上海县城的时候,英、美、法三国又重新修订《土地章程》(Land Regulations),共计14条。当时,英、美

---

① 参见吴圳义:《清末上海租界社会》,(台北)文史哲出版社1978年版,第1页。

② 吴圳义:《上海租界问题》,(台北)正中书局1981年版,第162页。

③ 参见[美]魏斐德:《上海警察,1927～1937》,章红等译,人民出版社2011年版(下引此书,版本同此),第50～55页。

④ 参见梁翠、王智新:《我国近代警察制度创见的呼唤之声》,载《辽宁警专学报》2009年第3期。

驻沪领事除了着手修改《土地章程》,同时还积极策划筹建更强有力的租界管理机构,并于7月11日,租地外国人选出7人组成市政委员会,对租界执行自治管理权,市政委员会中文名为工部局(Shanghai Municipal Council),这7人成为首届工部局董事会董事,原属于清政府的管理权、行政权转移至外国少数管理者的手中,工部局便成为租界实质上的市政管理机构。[①] 因此,在1855年(咸丰五年)时,英法租界先后设立巡捕房,即积极组建在租界中管理道路交通、维持社会治安、调查犯法行为的巡捕机构。[②]

巡捕房成立之初,捕房的职务颇为复杂,除负责租界内警务外,还兼管税收、公共环境卫生及公共道路施工[③],举凡道路整齐清洁和燃灯问题,有碍公众或公害事物等,均予取缔,有时亦奉领事的命令,搜查军器输入、解除华人武装、征税、建筑道路等,都在其管辖范围。[④] 根据当时社会公共安全及治安需求,陆续在各地区域建立分捕房[⑤],共计成立了14个捕房,形成了一个庞大的巡捕房体系链。早期巡捕人员以欧洲人为主,后来由于大量华人涌入,租界成为"华洋杂居"的样态,在管理上难免更趋于纷杂与困难。

根据当时社会公共安全及治安的需求,又陆续在各区域建立分巡捕房。[⑥] 兹分别就巡捕房组织及其运作任务、发展范围叙述如下:

(1)中央捕房:咸丰四年(1854)工部局总董致函英国驻沪总领事阿礼国,要求在英领馆西南角,划出一块地皮用于建造捕房。又在10月英租界租地人会通过工部局提议,借款修建第一座捕房(即中央捕房)。中央捕房辖区范围,北起山西路向东至黄浦江之间的苏州河,东起苏州河到爱多亚路之间的外滩,南起黄浦江到山东路(含该路)之间的爱多亚路,西起山东路、福州路、山西路往北至山西路桥。[⑦]

(2)老闸捕房:咸丰十年(1860),第一个分捕房在老闸地区建立,位于租界中心区,人口相当密集,同时与主要商业街南京路相邻,维持环境卫生和治安任务繁重。[⑧] 1938年该捕房辖区则为:北从虞洽卿路桥往东至山西路桥之间的苏州河,东由山西路、福州路、山东路(不含)向南至爱多亚路,南从山东路向西至虞洽卿路之间的爱多亚路(以该路中心为界),西从爱多亚路至虞洽卿路桥之间虞洽卿路(路东房子及路面包括在内)。[⑨]

(3)虹口捕房:咸丰十一年(1861),工部局董事会美籍董事金能亨提议在虹口建造一座捕房。[⑩] 1938年,重新规定该捕房辖区范围北为租界北面界线,从北河南路向东至虹口港,东为虹口港从租界北面界线至汉璧礼路桥,沿东汉璧礼路至元芳路(含该路),南为黄

---

① 参见熊月之:《上海通史》,上海人民出版社1999年版,第42页。

② 参见吴志伟:《旧上海租界的印捕风潮》,载《档案春秋》2009年第4期。

③ 参见史梅定主编:《上海租界志·上海市档案编》,上海社会科学院出版社2001年版(下引此书,版本同此),第151页。

④ 参见上海通志馆编:《上海通志馆期刊》第2卷第1期,载《近代中国史料丛刊续编》第39辑,(台北)文海出版社1935年版,第298页。

⑤ 参见马长林:《上海的租界》,天津教育出版社2009年版(下引此书,版本同此),第49页。

⑥ 参见马长林:《上海的租界》,第49页。

⑦ 参见史梅定主编:《上海租界志·上海市档案编》,第245~246页。

⑧ 参见马长林:《上海的租界》,第49页。

⑨ 参见史梅定主编:《上海租界志·上海市档案编》,第247页。

⑩ 参见马长林:《上海的租界》,第50页。

浦江从元芳路码头至苏州河，再从苏州河沿北苏州路往西至北河南路，西为北河南路（不含）从北苏州路向北至租界界线。①

（4）静安寺捕房（又称"卡德路捕房"）：工部局设立静安寺捕房，19 世纪 60 年代，一些外国侨民嫌租界内人口居住密度太大，在远离租界西郊区静安寺一带租地造房，同时自费修筑一条通往租界的道路静安寺路。② 光绪十年（1884）中法战争期间，工部局以上海形势不稳定为由，在卡德路租房设捕房，正式成立了卡德路捕房，捕房费用部分由住在邻近地区的居民分摊，该捕房地产由乃由工部局买下，改称为静安寺路捕房。③ 1934 年，辖区范围东以同孚路、卡德路、麦根路为界，与新闸路捕房辖区相连，南临洋泾浜，北至苏州河，西到租界边界。④

（5）新闸路捕房：光绪二十五年（1899）工部局在新闸路借了一间房子作为该地区临时捕房用，翌年购入一块面朝爱文义路，面积 6.655 亩的地皮，建成新闸路捕房，5 月正式投入使用。1933 年，其辖区范围改为北以苏州河为界，自该河与麦根路接连之地点至西藏路止，东自西藏路起至麦特赫司脱路（含该路）止，西以麦根路为界，至苏州河麦特赫司脱路（含该路）止与中央捕房辖区相接。⑤

（6）杨树浦路捕房（又称"周家嘴捕房"）：19 世纪 80 年代末开始，随着租界向东北地区扩展，工部局又陆续在杨树浦地区建立多个分捕房。⑥ 1938 年，对该捕房辖区范围规定为北租界界线，从杨树浦至黄浦江，东面及南黄浦江，以租界界线至兰路，西兰路（不合该路）从黄浦江至租界界线。⑦

（7）汇司捕房（又称"西虹口捕房"）：光绪十九年（1893）西虹口地区租地人致函工部局，要求在该区设立一小型捕房，（海宁路 41 号）共计 3 亩土地建一捕房，当时称"西虹口捕房"，后改称"汇司捕房"。⑧ 光绪三十一年（1906）董事会接受全胜记索价附加特别费白银，在该捕房建造新房投标。⑨ 1938 年以后，辖区范围为：北租界北面界路，从北浙江路往东至北河南路，东北河南路，从界路至北苏州路，南北苏州路，从北河南路往西至租界界线，西租界界线，从北苏州路至北浙江路至界路。⑩

（8）汇山捕房：光绪二十三年（1897）于汇山地区建捕房，工部局董事会根据警务处督察长提出在汇山地区建一捕房的建议，在熙华德路、百老汇路（茂海路 3 号）购得一块面积约 2 亩的地皮以建捕房。⑪ 光绪二十四年（1898），董事们完全赞同购买土地建议，并认为

---

① 参见史梅定主编：《上海租界志·上海市档案编》，第 247 页。

② 参见马长林：《上海的租界》，第 50 页。

③ 参见马长林：《上海的租界》，第 50 页。

④ 参见史梅定主编：《上海租界志·上海市档案编》，第 248 页。

⑤ 参见史梅定主编：《上海租界志·上海市档案编》，第 248 页。

⑥ 参见马长林：《上海的租界》，第 50 页。

⑦ 参见史梅定主编：《上海租界志·上海市档案编》，第 248 页。

⑧ 参见史梅定主编：《上海租界志·上海市档案编》，第 249 页。

⑨ 参见上海市档案馆编：《工部局董事会会议录》第 16 册，上海古籍出版社 2001 年版（下引此书，版本同此），第 669 页。

⑩ 参见史梅定主编：《上海租界志·上海市档案编》，第 249 页。

⑪ 参见史梅定主编：《上海租界志·上海市档案编》，第 249 页。

此价钱便宜。[①] 会议得知,由于河浜涵洞原因,要获邻近该捕房的那块新地皮地契是相当困难,因此,会议授权工程师着手建造房屋。[②] 1938 年,其辖区范围为北边租界界线,从兆丰路、海拉尔路口至大连湾路,东边大连湾路,从租界界线至杨树浦路,从秦皇岛路(含)至黄浦江,南边黄浦江,从秦皇岛路至元芳路码头,西边元芳路,从黄浦江到东汉璧礼路,到新纪滨路,到东有恒路,到兆丰路到海拉尔路转角。[③]

(9)嘉兴路捕房(又称"哈尔滨路捕房"):光绪三十三年(1907)在哈尔滨路上嘉兴路捕房,因工部局租界(哈尔滨路 1 号)占地 2617 亩,管辖北四川路及北河南路之延伸段,辖区内主要居住是为日本侨民。[④] 1937 年"八一三"事变爆发,该捕房临时迁移,人员先调至工部局内作为临时捕房,后迁至河滨大厦。翌年,其辖区范围为北边租界北面界线,从虹口港至海拉尔路、兆丰路口,东边兆丰路(不含),从海拉尔路向南至东有恒路,南边东有恒路,从兆丰路至新记滨路,至东汉璧礼路(不含上述各路)至狄思威路,西边狄思威路(含),从东汉璧礼路沿朝北方面至租界北面界线。[⑤]

(10)戈登路捕房:宣统元年(1909)工部局警务处建议康脑脱路以北地区由警务处西区教练所管辖,由骑巡巡逻。该建议在董事会会议上获得通过,成立一新警区,并在西区设置一分捕房,取名为戈登路捕房,设在西区教练所内,位于戈登路、康脑脱路转角处(即戈登路 10 号)。[⑥] 1938 年,其辖区范围北部边界为从胶州路转弯往东至苏州河之槟榔路(含),东部边界为苏州河,从槟榔路至麦根路、麦根路和麦特赫司脱路(不含)至新闸路,南部边界为从新闸路、麦特赫司脱路转角,沿新闸路(不含)至租界界线,位胶州路之西约 100 码处,西部边界则为租界界线,从新闸路沿租界西面界线至槟榔路。[⑦]

(11)狄思威路捕房(又称"北四川路捕房"):宣统三年(1911),住在四川路的纳税人,要求工部局增加北四川路延长段的巡捕数量,并要求工部局警务处辖区延伸至邻近北四川路附近小马路,当时该地段归哈尔滨路捕房管辖应纳税人要求。捕房辖区范围为以下各条马路:北四川路,从靠近靶子路边界铁门附近至北四川路延长线,包括北四川路延长线在内,江湾路,从北四川路至体育会路,包括靶子场、虹口公园和游泳池,狄思威路,从天潼路至北四川路,窦乐安路,(从西侧)通向北四川路,包括松庆里、丰乐里和纪家花园,白保罗路和赫林里,施高塔路,从江湾路到祥德路及附近地区。[⑧]

(12)榆林路捕房(又称"韬朋路捕房""威妥玛捕房"):1925 年,工部局决定购入东区 3929 号册地 5.78 亩,建造韬朋路捕房。翌年在齐物蒲路和榆林路购得临街地段 1.007 亩,并将韬朋路捕房改作威妥玛捕房,将这捕房建成。[⑨] 1932 年间榆林路捕房落成,开始

---

① 参见上海市档案馆编:《工部局董事会会议录》第 13 册,上海古籍出版社 2001 年版,第 606 页。

② 参见上海市档案馆编:《工部局董事会会议录》第 14 册,上海古籍出版社 2001 年版,第 490 页。

③ 参见史梅定主编:《上海租界志 · 上海市档案编》,第 249 页。

④ 参见史梅定主编:《上海租界志 · 上海市档案编》,第 249 页。

⑤ 参见史梅定主编:《上海租界志 · 上海市档案编》,第 249 页。

⑥ 参见史梅定主编:《上海租界志 · 上海市档案编》,第 249~250 页。

⑦ 参见史梅定主编:《上海租界志 · 上海市档案编》,第 250 页。

⑧ 参见史梅定主编:《上海租界志 · 上海市档案编》,第 250 页。

⑨ 参见史梅定主编:《上海租界志 · 上海市档案编》,第 250 页。

办公之后,颇能提高东区警务事务效率。[①] 1938 年对该捕房辖区范围又作了新规定,即北边租界线,从大连湾路至杨树浦港,东边杨树浦港(含),从租界界线往南至黄浦江,南边黄浦江,从兰路至秦皇岛路,西边秦皇岛路(不含),从黄浦江至杨树浦路,至大连湾路(不含)至租界界线。[②]

(13)成都路捕房:1932 年,在静安寺路(南京西路)与威海卫路之间工部局西区(成都路 360 号)。翌年成都路捕房亦落成,应于 1934 年 1 月 15 日开始办公(静安寺路与威海卫路)。该捕房辖区北至静安寺路,东至西藏路,大沽路、爱多亚路之间房子包括在内,南至爱多亚路、吕宋路及福佑路,西至慕尔鸣路该捕房所辖地区范围属甲警区。[③]

(14)普陀路捕房:该捕房所辖区域主要为纱厂区,在五卅运动后,工部局警务处为对付工人罢工浪潮不断时所设立。辖区范围北边与东边边界为苏州河,从小沙渡至槟榔路,南部边界槟榔路(不含)从苏州河向西至胶州路,西部边界为租界界线,从胶州路、槟榔路转角往北至苏州河。[④]

表 1　巡捕房租织发展时序表

编号	巡捕房	建立时间	地　点	面　积
1	中央捕房	1854～1943	河南路 14 号 福州路 220 号	3.991 亩
2	老闸捕房	1860～1943	老闸地区 南京路 51 号	7.212 亩
3	虹口捕房	1861～1943	虹口地区 闵行路 16 号	7.5 亩
4	静安寺捕房又称“卡德路捕房”	1884～1943	愚园路 7 号	6.886 亩
5	新闸路捕房	1899～1943	爱文义路 420 号	6.655 亩
6	杨树浦路捕房,又称“周家嘴捕房”	1891～1943	杨树浦地区 杨树浦路 78 号	2.756 亩
7	汇司捕房,又称“西虹口捕房”	1898～1943	西虹口地区 海宁路 41 号	3.亩
8	汇山捕房	1903～1943	汇山地区 茂海路 3 号	2.亩
9	嘉兴路捕房, 又称“哈尔滨捕房”	1907～1943	虹口与汇山地区 哈尔滨路 1 号	2.617 亩
10	戈登路捕房	1909～1943	即戈登路 10 号	

① 上海共同租界工务局编:《上海共同租界工部局年报》,载《近代中国史料丛刊》第三编第 42 辑,(台北)文海出版社 1988 年版,第 109 页。

② 参见史梅定主编:《上海租界志·上海市档案编》,第 250 页。

③ 参见史梅定主编:《上海租界志·上海市档案编》,第 250 页。

④ 参见史梅定主编:《上海租界志·上海市档案编》,第 250～251 页。

续表

编 号	巡捕房	建立时间	地 点	面 积
11	狄思威路捕房,又称“北四川路捕房”	1912～1943	狄思威路751号	
12	榆林路捕房,又称“韬朋路捕房”“威妥玛捕房”	1925～1943	榆林路707号 韬朋路捕房	5.78亩 1.007亩
13	成都路捕房	1933～1943	成都路360号	
14	普陀路捕房	1929～1943	即戈登路511号	3.798亩

资料来源:史梅定主编:《上海租界志·上海市档案编》,上海社会科学院出版社2001年版。

综观之,工部局经过租地人会议或通过纳税人要求等,以及与地主协商或租借、议价、购买等方式,取得土地和扩建巡捕房及改建、修建工程等形成的发展,兴建购买经费来源颇为多元,如中央捕房有部分由苏松太道资助、老闸捕房自行发行债券方式筹集资金等,亦有捕房开支由当地居民和业主负担。捕房地点选择租界中心地区,主要从东北方向及西北方等地建立发展,几乎多靠近黄浦江及苏州河沿岸,人口密集的商业街道为主,在公共租界内前后陆续总共兴建14捕房,掌握整个租界治安及社会秩序等,并配置从数人到几千名巡捕人员,各个捕房管辖范围互相连接,形成一个覆盖整个公共租界区域的巡捕体系链,掌控公共租界,成为难得一见的外国人百年管理上海殖民地的产物。(如图1)

(1)中央捕房(1854～1943)
(2)老闸捕房(1860～1943)
(3)虹口捕房(1861～1943)
(4)静安寺捕房(1884～1943)
(5)新闸路捕房(1899～1943)
(6)杨树浦路捕房(1891～1943)
(7)汇司捕房(1898～1943)

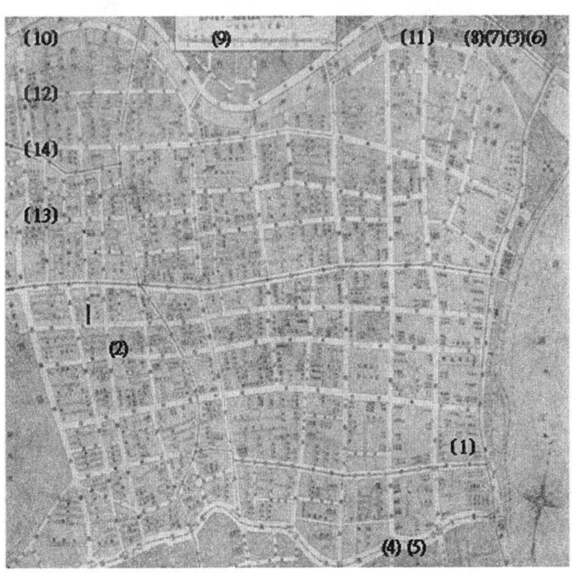

(8)汇山捕房(1903～1943年)
(9)嘉兴路捕房(1907～1943)
(10)戈登路捕房(1909～1943)
(11)狄思威路捕房(1912～1943)
(12)榆林路捕房(1925～1943)
(13)成都路捕房(1933～1943)
(14)普陀路捕房(1929～1943)

图1 巡捕房上海租界各区设立分配图

资料来源:张伟等编著:《老上海地图》,上海锦绣文章出版社2007年版,第14页。

二、上海巡捕房人员之进用与编制

(一)巡捕人员的进用

人员招募及补充:由于巡捕人员来自不同的地方,拥有不同的文化背景,生活沟通管理上确实有困难,所以人员的流动率较高,为寻求最适合的巡捕,必须选择人品德良好不吸鸦片、年轻力强、读书识字及有担保人、无不良嗜好者充任[①] 1898 年招募新人时具备条件身体强壮,年龄在 30 岁左右,熟练上海话,有良好道德品质和生活习惯(不吸食洋烟、酗酒赌博及须由妥当铺户担保)等。[②] 1931 年,布朗痕与约翰逊(F. B. Johnson)和史密斯(Edwin Smith)董事强调对女犯人的检查应该由女巡捕执行的必要性,于是布朗痕答应向警务处长询明,是否有必要增加现有女看守的人数,以担当此种职务。后来贝尔(Bell)提出西籍女犯人数相对来说很少,因此,现有女看守的人数足敷对女犯进行检查之用。[③] 结果董事们也采布朗痕的建议,规定今后女犯可由女看守检查,由此可见对人权方面的重视及尊重。[④]

1937 年,上级指示尽可能从本地招募巡捕,招募人员必须依照足够高的薪金以培育出专业化人才,规范的训练以及上级官员系统化的监督。上海公安局应当成为上述模式现代警察力量,然而它的实现与新城市秩序,成功建立以及警察标准与训练现代化直接相关的常态。[⑤]

(二)巡捕人员的编制

上海租界的第一批的外国巡捕来自不同的国家,其文化背景、语言、生活方式差异较大,加之此时租界内人口骤增,犯罪人数也逐渐增加,因此巡捕人员之进用相对更显出必要性,并逐渐发展成为西捕、华捕、印捕、日捕共存的人员结构。兹将巡捕之发展叙述如下:(如图 2、3、4、5)

西捕:上海租界巡捕队伍组建初期,其成员以英国籍为主,所以习惯上都称为"西捕"。[⑥] 初期西捕纪律很差,彭福尔德向工部局建议设立巡捕学校,对西捕进行改造,使西捕的文化水准提高,并以此作为晋升资格标准。[⑦] 同时,西捕人数也不断增加;到宣统三年(1911)辛亥革命时期,工部局有西捕 262 人;1929 年又招募 128 人,组成了数支分队,试图往捕房中注入新血。[⑧]

---

① 参见梁翠、王智新:《我国近代察警制度创见呼唤之声》,载《辽宁警专学报》2009 年第 3 期。

② 参见[美]魏斐德:《上海警察,1927～1937》,章红等译,第 15 页。

③ 参见上海市档案馆编:《工部局董事会会议录》第 16 册,第 455～606 页。

④ 参见上海市档案馆编:《工部局董事会会议录》第 25 册,第 455 页。

⑤ 参见魏斐德:《上海警察 1927～1937》,章红等译,第 41 页。

⑥ 参见马长林:《上海的租界》,第 52 页。

⑦ 参见史梅定主编:《上海租界志·上海市档案编》,第 251 页。

⑧ 参见马长林:《上海的租界》,第 52 页。

华捕:上海华捕可以追溯至19世纪60年代,当时太平军占领了苏南地区,大量移民涌入上海,造成城市人口膨胀[①],当时租界的“华洋杂居”局面已经形成,而基本上在老闸地区居住的全是中国人,工部局为适应这种局面,同时为弥补西捕人员不足及节约经费和“以华制华”的关系等,所以董事会才决定聘用中国人来当巡捕,习惯上称之为“华捕”。据《沪游杂记·淞南梦影录·沪游梦影》记载形容华捕如下:

短衫窄裤换西装,充捕居然意气昂。寄语途人须检束,因风柳絮最癫狂。[②]

印捕:印捕是印度国籍巡捕的简称。光绪十年(1884),中法战争爆发,促使工部局开始聘用印捕。[③] 工部局将从英属印度旁遮普锡克族中招募来的1个巡长、15个巡捕,共16人巡捕,安排在卡德路捕房执勤,并由1员西籍巡官带队。[④] 由于西捕的薪水较高,为节省开支,因此除了决定继续留用现有的印捕外,还决定继续增加印捕人数。自此之后印捕逐年增加:从1901年时168人到1907年416人,到1915年567人,1934年达到了634人。以后略有减少,1940年557人,1942年465人。[⑤]

日捕:自20世纪初开始,公共租界内日侨骤增,日本总领提出捕房应该招募一定数量的日本人,以便管理日益增加的日本侨民[⑥],工部局开始聘用日籍警官3人作为巡捕房侦探兼译员。[⑦] 1916年,工部局正式设立日捕股,专门从日本东京警视厅招聘了30名警察充任,负责管理虹口一带日本侨民集中居住地区的治安和交通事务。[⑧]

图2 工部局雇用的西捕

资料来源:房建昌:《上海公共租界工部局档期》(1894～1943年简介),载《档案案春秋》2005年第5期。

图3 工部局雇用的印捕与华捕

资料来源:《工部局董事会会议录》第1册,上海古籍出版社2001年版。

① 参见魏斐德:《上海警察1927～1937》,第14页。

② 参见葛元煦等:《沪游杂记 淞南梦影录 沪游梦影》,郑祖安等标点,上海古籍出版社1989年版,第58页。

③ 参见吴志伟:《旧上海租界的印捕风潮》,载《档案春秋》2009年第9期。

④ 参见马长林:《上海的租界》,第54页。

⑤ 参见吴志伟文:《旧上海租界的印捕风潮》,载《档案春秋》2009年第9期。

⑥ 参见上海市档案馆编:《工部局董事会会议录》第17册,上海古籍出版社2001年版,第583页。

⑦ 参见马长林:《上海的租界》,第55页。

⑧ 参见马长林:《上海的租界》,第55页。

图 4　上海的西人、华人、印度、日本巡捕

资料来源：熊月之等选编：《上海的外国人(1842～1949)》，上海古籍出版社 2003 年版。

图 5　上海西人巡捕巡逻情形

图来源：吴志伟文：《旧上海租界的印捕风潮》，2009 年版。

三、巡捕人员训练与奖惩

咸丰四年(1854)，工部局制定捕房督察员职责，内容包括按照捕房人员服务基本要求等，同时分别制定针对各国籍巡捕章程，主要差别体现在薪金、晋升条件、待遇等方面，各项规定对所有巡捕人员都有激励及约束力等。[①] 捕房在人员招募选择条件、训练、薪资、升迁、申诉、奖惩等方面，皆有明确的管理办法。另外，训练方面有技术训练、体能训练、语文学习、管理制度遵循等。

(一)巡捕人员训练

首先建立组织训练管理机构，对新进人员进行基础训练，加速巡捕人员对工作环境的认识及了解，促使认知捕房的工作性质及目标愿景，并辅以学习巡捕人员专业技能，俾能及早参与巡捕工作团队。如下叙述之：

巡捕人员训练：无论本国籍或外国籍人员，刚进入捕房，透过捕房基础课程，使其对组织架构及作业情形，有概括性了解，更以完善训练等，培养出“学有专精，术业有专攻”之巡捕专业。同治六年(1867)巡捕须知之修正：巡捕必须十分慎重，他若不能证明违法具体行为不得捕人。例如：当事人是巡捕认识的该巡捕不得拘捕他，应在回到捕房后向其巡官报告情况。巡捕应避免在吵架激动时进行逮捕有失公平性，无论何时巡捕必须行使一定自由处理权，除非受到殴打，巡捕不得使用警棍，用武力只会激起反抗等因素。[②]

巡捕人员的华语学习：为使来至不同国家及其文化背景不同巡捕人员，在上海租界用华语的地区，在执法上沟通方便，有效率地进行执勤工作及适应当地生活环境，制定巡捕人员都必须学习语言。光绪二十五年(1899)凡规定新进参加捕房工作的人员应强迫进行华语方言学习。[③] 由上述制定训练新捕房人员，强迫一连串华语学习及奖励学习等策略，

① 参见史梅定主编：《上海租界志·上海市档案编》，第 244～245 页。

② 参见上海市档案馆编：《工部局董事会会议录》第 3 册，第 559 页。

③ 参见上海市档案馆编：《工部局董事会会议录》第 14 册，第 518 页。

使得让中西文化差异能融合，这是积极性策略管理。

人员成果检阅：1856 年（咸丰六年）捕房人员接受检验，建议克莱夫顿教道捕房人员做操练时，持续做些简单的操练动作，直至做到动作熟练。捕房巡捕人员每月例行定期接受检阅，可借机检阅成果并做训练及精神教育沟通等。[①]

人员申诉：为使巡捕人员的安心工作及在平常训练及执勤的公平性，于咸丰六年（1856）捕房人员向董事会申诉说，提及他们在夜间值勤时间每次超过 8 小时太长。[②]

（二）巡捕人员薪资

巡捕愿意当巡捕之目的，是希望有一份稳定工作、稳定的收入及健全的福利措施，简单说，薪资为人力资源管理的一环，将薪资制度做到合理，亦有系统地实施、调整及统制，是让人员安定工作等重要元素。如下叙述：

1885 年 1 月（光绪十一年）捕房督察长致函董事会提请注意巡官彼此之间地位反常的情况，正巡官和薪资的一级巡官每月可得 150 元，一名二级巡官每月可得 115 元，而另外两名二级巡官每月只有 100 元，他建议卡梅伦正巡官每月应有 175 元，二等巡官弗莱明和克卢特应升为一级巡官，对前者其薪金应增加至每月 115 元。他还建议今后的薪金标准应如下表：[③]

表 2　工部局各级巡捕年薪统计表（1867 年 4 月 1 日～1868 年 3 月 31 日）（单位：银元）

职　称	人数—西人	薪资—西人	人数—华人	薪资—华人
督察员	1 员	2917		
巡官	2 员	2700		
一等巡长	2 员	1530	1 员	372
二等巡长	3 员	2160	1 员	240
三等巡长	8 员	5280		
一等巡捕	34 员	20400	20 员	1980
二等巡捕	4 员	2160	21 员	1890
三等巡捕	3 员	1440		
乐队指挥	1 员	960		
探员			4 员	720
合计人数	58 员	39547	47 员	5202

① 参见上海市档案馆编：《工部局董事会会议录》第 1 册，第 500、593 页

② 参见上海市档案馆编：《工部局董事会会议录》第 13 册，第 486 页。

③ 一等巡官每月 115 元；二等巡官每月 100 元含养老金和奖金；三等巡官每月 90 元。或一等巡官每月 100 元；二等巡官每月 85 元含养老金和奖金；三等巡官每月 75 元。

以上主管区巡捕的巡官每月可另加薪俸，主管一个区捕房的1级巡官，其薪俸为每月135元。捕房所有人员，在工作满5年后，其回国旅费可免由本人支付等福利制度。[①] 由于各巡捕的进用的时间不同，其薪资结构亦不相同。下面就西捕、华捕、印捕、日捕等薪资分别叙述如下：

西捕：西捕的工资待遇特别丰厚，特别是高级警官，如于光绪二十年(1894)巡捕房人员年薪：西籍督察长7270两，副督察长2000两，巡官1121两，巡长849两，巡捕416两。1916年，西籍警务人员年薪为：督察长12000两，副督察长8400两，帮办督察长5800两，巡官2440两，巡长1135两，巡捕1135两，几乎翻1倍。[②] 1933年，警务处西籍处长年薪38600元，帮办处长年薪10070元等。[③]

华捕：华捕薪金要比西捕低得多，如于1865年为月薪10元；1916年月薪12元，为西捕最低薪金的1/7。[④] 当时华籍巡长月薪20元，教官和译员月薪40～60元。[⑤] 到1867年华捕数量增加到58人，主要工部局支付华捕的工资低所以工部局不断增加雇用华捕，1882年时已达182人，1900年已有571人，1908年时为831人，1909年达到1149人，1912年为1395人。[⑥] 华捕薪给虽少，但忠诚度绝对不后人的工作态度。

印捕：上海租界警察队伍中格外令人注目是印捕，这也是反映租界中带有殖民主义色彩。印捕是“印度国籍巡捕”简称。翌年，会议收到了捕房已婚人员来函，要求准许给予他们的妻子和家庭以医疗和医药免费待遇。[⑦] 同年对印捕按功定薪的建议阿特勒(M. Adler)向会议提交了下述按功定薪的备忘录，这是他为印捕提出的：在工作18个月后，如表现良好，最后6个月无错误者，每月增加1.5元。工作已满3年者，每月再增加1.5元，实际工作已满5年者每月增加3.5元。工作5年后再参加工作满2年，总计工作满7年者，每月再增加1.5元，每月增加4.5元。工作满10年者，可获得相当于12个月薪金的额外奖金回去加尔各答路费，会议决定将此计划提交下届董事会去研究。[⑧]

日捕：1937年底时，有日捕270人。于1939年将西捕股改称“外警第一股”，日捕股改称“外警第二股”。1942年底日警股有302人，日捕工资为145～195元。[⑨]

(三)巡捕人员奖惩制度

巡捕人员奖惩管理办法的主要目的在于提高工作效率及激发巡捕人员的团队士气，保障人员及家属生活的安定，满足人员现况及未来的需要，以吸引更多新进人员及留住旧有人员安心工作。依巡捕人员的升迁制度、抚恤金与退伍补助金、奖励巡捕人员华语教

---

① 参见上海市档案馆编：《工部局董事会会议录》第10册，上海古籍出版社2001年版，第725页。

② 参见马长林：《上海的租界》，第52～53页。

③ 参见史梅定主编：《上海租界志·上海市档案编》，第252～253页。

④ 参见马长林：《上海的租界》，第53页。

⑤ 参见史梅定主编：《上海租界志·上海市档案编》，第254页。

⑥ 参见马长林：《上海的租界》，第53页。

⑦ 参见上海市档案馆编：《工部局董事会会议录》第12册，上海古籍出版社2001年版，第456页。

⑧ 参见上海市档案馆编：《工部局董事会会议录》第8册，上海古籍出版社2001年版，第590～604页。

⑨ 参见史梅定主编：《上海租界志·上海市档案编》，第256页。

育、巡捕人员奖励基金、设置巡捕医院及其他奖励、惩罚方式等方面。分别叙明：①

抚恤金与退伍补助金：当巡捕人员有一份稳定工作及稳定的收入后，更希望有保障制度。1863 年 2 月(同治二年)，为使巡捕有保障，制定抚恤金与退伍补助金作为退休或丧失工作能力者的保障草案。规定丧失工作能力并优质服务 2 年、5 年和 10 年以上的人员抚恤金其标准：优质服务 2 年者，可以得到一张回国的免费船票；优质服务 5 年者；可以得到一张回国的免费船票和一笔相当于一年薪金的抚恤金；工作超过 5 年直至 10 年者，每年按比例依此类推；优质服务 10 年者，可以得到一张回国的免费船票和相当于两年薪金的抚恤金。②

奖励巡捕人员华语教育：从西人在上海租界管理角度来看，语言是文化及生活沟通的桥梁，所以华语教育是巡捕与人民沟通及管理上的基本一环，也是人员为升迁的依据。如法国驻沪法领事白藻泰(Georges Gaston Servan de Bezaure 1852～?)于 1898 年 3 月 4 日(光绪二十四年)照会沪道，要求推广租界华语。自光绪三十三年(1907)工部局规定所有西捕在最初三年内必须学习华语，每半年进行一次考试成绩优异者晋升时予以特别考虑，以此刺激西捕学习华语积极性。③ 巡捕人员奖励基金：为奖励巡捕工作更积极更有保障，工部局一直建立奖励制度，董事会会议经决议设立"捕房奖励基金"除董事会三位董事捐献 100 两银子外。凡是由捕房处罚所得的一切款项，以及由捕房经手得来一切均入账。每隔 3 个月的月底，征收的犯法案件罚款，其中 3/4 将在品行表现最好的巡捕中进行分配。

其他奖励方式：1865 年 6 月(同治四年)为奖励巡捕工作更积极，生活舒适环境及退休更有保障，董事会建议，付诸实行督察员的有关建议，即适当改善中央捕房膳宿状况，将饭厅与宿舍分开及警服等物不乱堆在宿舍内。董事会正考虑出资设置一间合适盥洗室，这在夏天对于健康和舒适是至关重要。因此，他们希望下次董事会上能给予批准。④ 1856 年 6 月(咸丰四年)又建立结婚奖金，巡捕沃特斯(Waters)即将于本月结婚，他是最早参加捕房的人，董事会建议给他一个月的薪金(30 元)作为奖金。⑤ 于 1914 年 4 月(民国三年)设"巡捕体育奖赏基金"，董事会又决定以前所称的"体育基金"今后将改称为"巡捕体育奖赏基金"，这样其范围会更为清楚。⑥

巡捕行为不端者：凡巡捕在执行任务时玩忽职守或行为不端、不服从上级的命令、无故脱岗、酗酒、不按时上下班、勒索钱财，还有巡捕不得蓄养情妇、逛妓院、出入名声不好的酒吧及餐馆等，违者一律免职。⑦ 直接或间接索贿受贿、诬告他人、假装生病、无正当理由

---

① 为奖惩巡捕人员在工作上有好的表现，工部局规定捕房人员于 1891 年 3 月实施了晋升管理方案项目如下：巡捕 试用 6 个月，三级工作满 12 个月才能晋升二级，二级工作满 18 个月才能晋升一级。巡长 三级工作满 2 年，二级工作满 3 年才能晋升。捕房人员晋升主要条件是：其品行在各方面都能令人满意，凡品质恶劣者将予降。(参见《工部局董事会会议录》第 10 册，上海古籍出版社 2001 年版，第 732 页)

② 参见上海市档案馆编：《工部局董事会会议录》第 20 册，上海古籍出版社 2001 年版，第 741 页。

③ 参见马长林：《上海的租界》，第 52 页。

④ 参见上海市档案馆编：《工部局董事会会议录》第 2 册，第 506 页。

⑤ 参见上海市档案馆编：《工部局董事会会议录》第 1 册，第 587 页。

⑥ 参见上海市档案馆编：《工部局董事会会议录》第 19 册，上海古籍出版社 2001 年版，第 534 页。

⑦ 参见熊月之等选编：《上海的外国人(1842～1949)》，上海古籍出版社 2003 年版，第 76 页。

请假者、生病后拖延治疗、煽动其他捕房人员违反以上规定及其他被认为是不合适的行为都要受到降职、降级、罚款直至开除的处分。[①]

四、巡捕房对租界社会作用及影响

从社会管理学角度看，就近代城市发展而言，很少有比上海租界的巡捕房更为重要的机构，作为维护社会秩序和预防公共危害的公权力，警察扮演多重角色，承担着广泛沉重的社会责任，他们不仅维护秩序、防止犯罪、保护人民生命财产及自己的安危，还要救火、镇压罪恶、协助健康服务、指挥交通、搜捕逃犯。近代化的重要标志之一上海城市管理，较早引进和实施环境卫生管理方法的区域，租界当局通过设置专职机构、制定环境卫生法规、改进环境卫生设备、监督环境卫生工程的实施、向市民宣传环境卫生保护知识及对违犯环境卫生的行为进行管理，对保证环境卫生的品质、防治疾病等起了一定的影响，同时也为华界树立了一个规范。兹就巡捕房对租界社会的作用及影响，叙述如下：

(一)租界交通的崛起

上海逐渐发展繁荣至今，成为世界上巨大的城市，主要的衡量标准是城市基础设施的发展。城市的基础设施，就如同生命的共同体，随着城市道路建设、交通进步、房地产兴起、港口码头兴建等设施，亦发生着显著的变化。

(二)租界环境卫生的管理

上海租界在发展过程中，环境卫生观念和相关管理逐渐兴起和发展，最终形成一套健全的城市环境卫生管理体制。实施先进的环境卫生管理方法，设置专职机构，制定环境卫生法规，改进环境卫生设备，进行环境卫生监督，宣传环境卫生保护知识，惩处违犯环境卫生的行为，对保证环境卫生的品质、防治疾病等起了一定的作用，对城市环境卫生管理也做了一系列的措施，基本上保证了城市居住环境卫生，对垃圾环境卫生的改进方法，从卫生处负责的垃圾处理工作全部移交给工务处。基于“预防胜于治疗”观念和健康为生命之泉源。[②] 公共租界在公共卫生事业方面，各有管理机构，各有章程，各自为政，互不统属，由于公共卫生范围的广阔性，带来了管理的特殊性，在某种意义上而言它是不受行政体制限制的，比如预防传染病，饮水卫生问题，食品卫生问题等。因此，后期租界在食品检疫、传染病防治方面都很重视。[③]

(三)中西文化的社会

上海开埠随着外国侨民的急剧增多，欧风美雨不断袭击中国，社会的风起云涌发生了变化，如租界华人崇洋心态、及投机及冒险乐园，然而乐园也创造上海租界经济的“软实力

---

① 参见史梅定主编：《上海租界志・上海市档案编》，第 245 页。

② 参见刘岸冰：《近代上海城市环境卫生管理初探》，载《史林》2006 年第 2 期。

③ 参见何小莲：《冲突与合作：1927～1930 年上海公共卫生》，载《史林》2007 年第 3 期。

的生命力”[1]。

中国如此大的国家，欲求社会秩序安定与和谐的维护，自然有其传统的管理策略，虽然其时代背景不同，此种传统管理名称不同，但其目的及其功能却并无二致。对于近代上海租界而言，巡捕房的管理与清廷政府部门对照来看，巡捕房实际上较先进，亦从巡捕房典章制度及巡捕一系列的教育、专业执法训练及奖惩制度，都有法可以依循的管理，对于近代中国警政的演变有着莫大的贡献及影响力。

自 19 世纪以来，租界社会层面不断扩张，警察的功能相对日益彰显，维护社会秩序安全的武装性质更专业，是城市管理的重要工具，按其任务分交通安全、消防、治安、司法、卫生、肃奸、缉毒、防谍、乞丐、苦役、调查户口、街道等，大小事多管能，已经成为近代化国家不可或缺的一环。[2]

中国在“甲午战争”前后，亦逐渐了解警察的重要性，在中国建立警察制度的常态，为清朝政府办理警政奠定了一定的基础，并推动了中国警察制度的发展，产生了广泛积极的影响力。[3] 诚如张之洞(1837～1909)“新政”、郑观应 (1837～1909)“警政思想的教育”、黄遵宪“政体必当法英”、陈炽(1855～1900)、袁世凯(1859～1916)等代表人物，积极引进西方警察制度的优势，亦而以革除清朝政府封建衙役制度等弊端，并提出改革方针，必须“学习西方长处”或如“中学为体，西学为用”引进警察制度，因此，新的警察制度的出现往往有其特定的社会背景和思想渊源。[4]

(谢志良，香港珠海学院中国历史研究所博士生)

---

① 参见吴圳义:《清末上海租界社会》,(台湾)文史哲出版社 1978 年版,第 82～83 页。

② 参见中国社会科学院法制史研究室编著:《中国警察制度简论》,群众出版社 1985 年版,第 1 页。

③ 参见梁翠、王智新:《我国近代警察制度创见呼唤之声》,载《辽宁警专学报》2009 年第 3 期。

④ 参见韩延龙、苏亦工等:《中国近代警察史》上册,社会科学文献出版社 2000 年版,第 3 页。

祸兮？福兮？

——“九一八”事变之于蒋介石

钟　健

近年来，蒋介石研究已经从“险学”走向“显学”。但过往的研究更多侧重于蒋介石的事功方面，而对于逆向思维的蒋介石是如何“炼”成的，则关注稍显不够。陈红民教授以“蒋介石与抗日战争”为例，指出可以从两个理路去理解：一是蒋介石的作为对抗日战争诸方面的具体影响与评价；二是抗日战争在蒋介石个人生涯、思想与事功方面的作用与地位。目前的研究成果，主要集中在前一理路上，而后一理路的研究亟待加强。① 循着后一理路去探寻不难发现，“九一八”事变对蒋介石个人的军政生涯极其重要。有论者指出，“九一八”事变后，蒋介石的对日政策受到普遍责难。同年12月15日，蒋介石被迫第二次下野，这是蒋介石一生中极为困难的时期，也是他开始调整国内外政策的起点。② 笔者甚为赞同，这也反证“九一八”事变到底对蒋有何影响是值得细究的。

质言之，“九一八”事变将蒋介石推向了内外交困的谷底，促使其更彻底地反省与总结，痛下决心改革，这为蒋规划以后的军政生涯做了充分的思想准备。追根溯源，本文即拟考察“九一八”事变爆发到第二次下野期间的蒋介石，探究蒋独孤求变的心路历程。③

一、悲愤：蒋对“九一八”事变的直接反应

1931年9月18日晚，日本关东军遽然进攻沈阳北大营，未遭遇抵抗，随即迅速进占沈阳城，史称“九一八”事变。19日，正赶往江西督战“剿匪”的蒋介石甫抵南昌，叠报纷至，知东北已出事，苦痛万分。蒋记道：

> 是倭寇果乘粤逆叛变，内部分裂之时，而来侵略我东省矣。呜呼，痛哉！夫我内

---

① 参见陈红民、曹明臣：《新资料与新观念：蒋介石与抗日战争研究述论》（2000～2011），载《抗日战争研究》2012年第3期。

② 参见杨天石：《九一八事变后的蒋介石——调整国内外政策的开端》，载《找寻真实的蒋介石：蒋介石日记解读》（上），山西人民出版社2008年版（下引此书，版本同此），第119～218页。

③ 代表性研究成果有，金以林：《蒋介石的第二次下野与再起》，载《历史研究》2006年第2期；刘维开：《蒋中正先生的东北经验与“九一八”事变的应变作为——兼论所谓的“铣电”及“蒋张会面说”》，载《政治大学历史学报》2002年第19期。

> 乱不止，叛逆既毫无悔祸之意，国民亦少有爱国之心，社会无组织，政府不健全，如此民族、如此国家，殊不易存于今日之世界，而况天灾频仍，匪祸纠缠，国家元气衰敝已极，虽欲强起御侮，其如力不足何，呜呼痛哉！虽然余所恃者，惟有一片爱国丹心，此时明知危亡在即，亦惟有鞠躬尽瘁死而后已，拼以一身，报我总理，报我先烈，报我民族，毋忝我之所生而已，呜呼痛哉，夫复何言。①

20日晨，在进一步确认情报后，蒋感叹道："倭寇野心既一爆发，必难再收，东亚从此无宁日矣。"急召何应钦、陈铭枢、熊式辉协商处置急变策略。陈铭枢回忆当时的情形称："我前去，直入蒋的办公室，见蒋及何应钦、熊式辉三人，呆坐一室，神气颓丧，面面相觑，形同木偶，我入内也没有人招呼。"②蒋当日记下：

> 苟为我祖我宗之子孙，而不收回东省，则永无人格矣，小子勉之。因欲平定内乱，实现统一，终岁焦劳，迄无暇晷，以致对于外交太不注意，今则卧薪尝胆，教养生聚，忍辱负重，以求必济，是我今日之事也乎。倭寇处心积虑侵略东省，不幸今竟成为已成事实，一时殊觉无法补救。然而如我国内果能从此团结一致，未始非转祸为福之机。盖人之来侮，其根在我自侮，我苟自觉自悟，一心一德，则泱泱华夏，何惧彼么么小夷哉，是故对于内部当更远谋团结也。③

透过蒋在事变后第一时间的反应，可知其非常气愤，尽情宣泄，誓要收回东省不可；但同时蒋也清醒地认识到，外患的根源在于自身，内部纷争不息，"匪祸"纠缠，致使国家凋敝，往后唯有卧薪尝胆，忍辱负重，借机团结国内，才有出路，并反省对外交太不注意。对事变本身，蒋亦深知事态的严重性，日本人的侵略野心再难收敛，东亚从此恐无安宁。他认为日本对东省的侵略已是既定事实，很难挽救。

二、奈何：国联的疲软和日本的蛮横

事变发生后，蒋介石力主诉诸公理，希望国联能出面调解。21日，蒋匆匆返抵南京，召集干部商讨对策，主张"以日本占领东省事实，先行提出国际联盟会与签订非战公约诸国，此时惟有诉诸于公理也。一面则团结国内，共赴国难，忍耐至于相当程度，乃出以自卫最后之行动"④。蒋之所以这样决定，是出于对现实的考虑。日本入侵东北已是既定事实，且其野心极大，要想恢复事变前的状态绝无可能，如直接与之谈判，日本必挟军事上的淫威，迫使中国签订城下之盟，丧权辱国。蒋在接见张学良的私人代表万福麟时，交代称："请回语汉卿（张学良），外交形势尚有公理，东省地位必系整个，切勿单独交涉而妥签丧土辱国之约，且倭人狡横，速了非易，不如委诸国联仲裁，尚或有根本收回之望。"⑤更深层次

---

① 高素兰编注：《蒋中正总统档案·事略稿本》（余下简称《蒋档·事略稿本》）第12册，（台北）"国史馆"2004年版（下引此书，版本同此），第78～79页。

② 陈铭枢：《陈铭枢回忆录》，中国文史出版社2012年版，第90页。

③ 高素兰编注：《蒋档·事略稿本》第12册，第80～81页。

④ 高素兰编注：《蒋档·事略稿本》第12册，第83～84页。

⑤ 高素兰编注：《蒋档·事略稿本》第12册，第93页。

的原因还在于，蒋对东北问题一直以来就有自己的认识和感知。有学者在考察 1914 年蒋的东北之行及梳理其对东北的相关言论后指出，蒋认为东北问题有其国际性、复杂性，而不是单纯的东北问题，特别是对日本在东北的势力，有其个人的体识；东北问题亦是边疆问题的一部分，“主采取边疆自治的放任政策”[①]。所以，蒋除了要求张学良不得与日方进行直接交涉，外交上听命于中央外，基本上十分尊重张学良的意见。但张学良也是束手无策，乐见南京中央出面解决，未在军事上采取足够的抵抗。

蒋寄希望于国联调处，是否完全相信国联能彻底解决东北争端，非也，而是出于国际上的考虑。10 月 6 日，蒋致电张学良称：“此案发生后，中央所以尽力于使国联负解决此案之责任者，因维持中国在国际上之地位，与减少日本直接压迫中国之力量，途径惟在于此”。[②] 从中不难看出蒋寻求国际援助的意图所在，即“维持中国在国际上之地位”。倘若中国向日本宣战或与之直接交涉媾和，中国必会遭到失败或丧权辱国，从此便在国际上无地位。“七七”事变以后，中国迟至 1941 年太平洋战争爆发后才对日宣战，原因即在于此。换言之，蒋并非希望国联能彻底解决东北问题，实际上也做不到，关键在于各国对此事的态度如何。

在这种情形下，蒋介石尤关切外交方面的进展，着力颇多，但失望和愤怒也注定不少。

9 月 22 日，国联会议决议，通知中日两国停止战时行动，双方军队退回原防，听候联盟会派委员查察裁判。蒋认为“此实为一外交之转机，亦对内统一之良机，如天果不亡中国，则此次外交，当不致失败也”[③]。24 日，日本政府复函国联，蛮横地拒绝调查，声称“满洲事件”不容国联及第三国置喙，主张中日直接交涉，国联态度因之软化，转而赞成日本主张。[④] 蒋闻讯后极为愤怒：

> 如此则暴日之凶欲将更张矣，倘与之直接交涉，或听其地方交涉，则必无良好结果，我断不能任其枭（嚣）张横行，决与之决一死战，以定最后之存亡。与其不战而亡，不如战而亡，盖可以存我中华民族之正气与人格也。余今决心移首都于西北，集中军队主力于陇海路，严阵以待之也。
>
> 军事之猛毒，外交之阴险，宣传之诡恶，世界上惟日本人兼之，可愤可叹。[⑤]

蒋个性刚烈，有不屈不挠、坚毅的一面。面对日本的强硬表态，蒋毫不示弱，要与之“决一死战”，同时大骂日人“猛毒”“阴险”“诡恶”。战场上“不抵抗”，外交上无进展，政府不免面临社会的问责。28 日，中央大学学生齐集外交部闹事，并殴伤外交部长王正廷，同时上海学生来京请愿者，络绎不绝。蒋闻讯后极为担忧，“此或为反动派所主使，而有政治作用乎？时局严重已极，人心散堕，国亡无日……万一不测，当见危授命”[⑥]。其时，蒋已

① 刘维开：《蒋中正的东北经验与九一八事变的应变作为——兼论所谓“铣电”及“蒋张会面说”》，载《九一八事变与近代中日关系——九一八事变 70 周年国际学术讨论会论文集》，社会科学文献出版社 2004 年版，第 426 页。

② 高素兰编注：《蒋档·事略稿本》第 12 册，第 138 页。

③ 黄自进、潘光哲编：《困勉记》上册，（台北）“国史馆”2011 年版（下引此书，版本同此），第 303 页。

④ 参见杨天石：《九一八事变后的蒋介石——调整国内外政策的开端》，载《找寻真实的蒋介石：蒋介石日记解读》（上），第 201 页。

⑤ 高素兰编注：《蒋档·事略稿本》第 12 册，第 101～102 页。

⑥ 《困勉记》上册，第 304～305 页。

成为众矢之的，心理压力极大，不得不考虑自身的安危，立下遗嘱：

> 持其复仇之志，毋暴雪耻之气，兄弟阋墙，外御其侮，愿我同胞团结一致，在中国国民党指挥之下，坚忍刻苦，生聚教训，严守秩序，服从纪律，期于十年之内，湔雪今日无上之耻辱，完成国民革命之大业。是所至嘱。[①]

日本不接受国联的撤兵决议，要求中日直接交涉，中方则坚持以撤兵为前提，才能交涉，国联一时也没有办法，日本则肆无忌惮地扩大侵略。

10月初，日本为了给中方更大的压力，扬言要派军舰50艘，来长江示威，在南京下关的日军舰频频动作示威，形势骤然紧张。显然，蒋是无法容忍日军在长江中下游地区的军事侵略。3日，蒋与熊式辉谈备战计划，有意将西北作为抗战的大后方，"此次对日，无论和战，而西北实为我政府之第二根据地，准备首都迁于洛阳，以便持久作战，即在平时，洛阳与西安亦可为陪都也"[②]。蒋还手拟战时对各国宣言电稿。但蒋并不认为中国可以在军事上与日本相抗衡。"此次对日作战，其关系不在战斗之胜负，而在民族精神之消长与夫国家人格之存亡也。余固深知我国民固有之勇气与决心，早已丧失殆尽，徒凭一时之兴奋，不具此长期之坚持，非惟于国无益，而且反速其亡，默察熟虑，无可恃也。"[③]

11日，顾维钧向蒋转达英公使接英国外交部长来电，劝蒋勿再坚持以撤兵为交涉条件，告之英、美舆论渐趋一致。蒋极为失望，"英国外交部长之言，殊属令人骇异，余决心既定，不论各国之态度如何，不计国联会议之结果如何，余为保障我国土与世界公理计，任何牺牲在所不惜，且余亦深知非与日本决一死战，则我中国断难完成革命也"[④]。

随着日本不断挑衅和扩大侵略，蒋对日的憎恶感与日俱增。20日，蒋出席太平洋国交讨论会，会见各国公使，日本公使亦在内。蒋日记云："吾见日本代表，感想无穷，始见之，似甚和柔，一与之近，则狡狯之色，轻傲之气，令人可憎。若欧美各国代表，则皆可亲可爱，未有如日本人之恶劣者也。嗟彼倭奴，畏强欺弱，绝不知有信义，我东方之文化，尽被倭奴摧残矣。吾甚耻与相见也。"[⑤]因东北问题，蒋对日公使观感不良，"耻与相见"。

在中方的一再要求下，国联理事会出台决议案草案，要求日本在下次国联开会以前（11月16日）将军队撤退至南满铁路区域以内，建议中日双方立即派代表协商撤兵及接收事宜，一俟撤兵完成，中日两国开始直接交涉两国之悬案。[⑥] 蒋心甚满意，但担忧日方不接受。

果然，日方很快向国联理事会声明，关于日本撤兵决议案及日本修正案均不成立，日本仅有依五项基础大纲与中国政府开始商议，并大向南满区域外增兵，事态进一步恶化。外交特种委员会开会商讨对策，顾维钧主张与日本直接谈判，戴季陶、宋子文等委员积极商讨后表示赞成，并向蒋报告。随即，蒋组织干部开会讨论，但蒋最终还是未能听取顾维

① 高素兰编注：《蒋档·事略稿本》第12册，第105～106页。
② 《困勉记》上册，第307页。
③ 高素兰编注：《蒋档·事略稿本》第12册，第140～141页。
④ 高素兰编注：《蒋档·事略稿本》第12册，第150～151页。
⑤ 高素兰编注：《蒋档·事略稿本》第12册，第190页。
⑥ 高素兰编注：《蒋档·事略稿本》第12册，第194页。

钧等人的意见，而是采纳了国联卫生局主任拉西曼的建议，并由拉氏起草训令，依旧坚持中国应该明确拒绝和日本谈判，而依赖国联行政院的决议，要求日本从占领区撤军。[①]

中国以拒绝谈判来回答日本送交国际行政院的提议，实际上造成了僵局，并且给日本在东北的军事当局一个借口，继续进军，在东北占领尽可能多的土地。日军已向锦州推进，北边到达吉林，甚至进入黑龙江。[②] 11 月 16 日，国联理事会在巴黎开会，并未就中日僵局给出解决办法，而日军则持续向黑龙江发动攻势。蒋迫于无奈，考虑北上抗战。

17 日，蒋召集各同志谈话，表示"决心率师北上与倭决战，对内则放弃选举竞争，诚意退让，期与粤方合作，一致对外。又期民众信仰本党，甘受本党领导，共起御侮也"。谈话结束后，蒋电嘱陈铭枢赴沪，邀请汪精卫来京，主持中央。[③] 次日，蒋到宋子文寓中，与谈外交，知国联形势不佳。日本方面进一步扩大事态，向锦州发动进攻。蒋记道，"倭奴进逼益亟，国联形势又恶，但余心甚安定，而率师北上之心则更急矣"，当晚再与干部相商北上事宜。[④] 19 日，南京国民党第四次全体大会"一致通过蒋中正同志亲自北上，首赴国难"[⑤]。蒋颇感欣慰，认为"此为本党一大成功，数月以来，惟此较有生机也"[⑥]。

蒋信誓旦旦要北上抗战，是对国联无力约束日本心急如焚的表现，但蒋北上无异于对日不宣而战，势必会给日方以借口扩大事态，蒋不得不慎重行事，实际上未成行。另外，蒋此举亦是为应付民意不得已而为之。顾维钧致电张学良透露，"晚间(顾)承蒋招入见。据称，为应付激昂之民意起见，固属不能不有此举。然如赴津、榆，则津浦线上后防布置极可顾虑。蒋谓此行仍属重在对内，北上时，拟即驻顺德、石家庄一带，以资据中筹控"[⑦]。

11 月 20 日，日本驻国联代表芳泽向国联声明，日人生命财产，纵似获有保障，日本亦将维持中国东北之军事占领。蒋颇为无奈，"日寇之欲永占满洲，已明目张胆如此，国联虽派遣调查委员，其效不将等于零乎"[⑧]。蒋不得不起用主张与日本直接谈判的顾维钧，任命顾为外交部长。其时，日本已经占领了长春和哈尔滨，正在攻占东北军军政机关所在地锦州。顾上任后，便制订计划，要求日本停止前进，并开始谈判。在谈判未有结果前，使日本当局正要占领的锦州暂时中立化，在要求日本军队不进入锦州时，中国军队亦离开锦州，停驻城外，以避免出现导致严重敌对行动的冲突。国民政府批准了该计划，日本亦曾暂停向锦州前进。[⑨] 锦州中立案一经传出，国内一片哗然，反蒋派趁机大肆攻击，学生运动更是此起彼伏，社会情形愈加混乱，加之英、美、法等国反应消极，国民政府不得不放弃锦州中立案。12 月底，国联行政院决定派遣委员会调查满洲的情势，蒋介石下野返乡，日

---

① 参见中国社会科学院近代史研究所译：《顾维钧回忆录》第 1 册，中华书局 1983 年版(下引此书，版本同此)，第 416～418 页。

② 参见中国社会科学院近代史研究所译：《顾维钧回忆录》第 1 册，第 422 页。

③ 参见高素兰编注：《蒋档·事略稿本》第 12 册，第 352～353 页。

④ 参见高素兰编注：《蒋档·事略稿本》第 12 册，第 354 页。

⑤ 参见荣孟源：《中国国民党历次代表大会及中央全会资料》(下)，光明日报出版社 1985 年版，第 36 页。

⑥ 《困勉记》上册，第 314 页。

⑦ 参见《顾维钧等致张学良密电稿》，1931 年 11 月 23 日，转引自中国第二历史档案馆《"九一八"事变后顾维钧等致张学良密电选》(下)，载《民国档案》1985 年第 2 期。

⑧ 参见高素兰编注：《蒋档·事略稿本》第 12 册，第 372～373 页。

⑨ 参见中国社会科学院近代史研究所译：《顾维钧回忆录》第 1 册，第 422 页。

本侵占东北悬而未决，两国交涉亦暂告一段落。

"九一八"事变后，蒋介石基于对东北的认识及现实和国际上的考虑，诉诸国联维持正义，结果无疑是令人失望的。日本非但没有正视国联的决议，而且还增兵扩大侵略，大有非把整个东北吞噬誓不罢休之势。非唯如此，日本在还天津制造事端，派军舰云集长江中下游，大加挑衅，对华北、京沪等地造成极大的威胁。面对国联的疲软和日本的蛮横，蒋忍无可忍，不时放狠话，要与日决战，甚至曾立下遗嘱，也一度计划北上领战。但蒋介石终究是个"现实主义的政治家"[①]，能够依据现实处境作决策，极度忍耐，始终未向日宣战，利用国联、《非战公约》《九国公约》等外交手段与暴日周旋。

三、失望：欲求国内团结而不得

（一）对粤方"反动派"的失望

"九一八"事变发生时，正值宁粤对峙。蒋介石认为，日本侵略东北，是粤方相勾结的结果。1931 年 5 月底，广州国民政府成立；6 月，外交部长陈友仁访日。蒋深信"九一八"事变与此有关。尽管同年 12 月 3 日陈友仁曾面见蒋并述其对日往来经过情形，但蒋仍旧认为"友仁对于日本，其难言隐衷，虽未吐露，而其赴日以后，即引起日军占领东三省之野心，则已昭然若揭矣"[②]。蒋对粤方有百般不满，但仍能以大局为重，为宁粤和解而努力。

9 月 21 日，蒋返回南京，即召集干部商谈，表示"至对广东以诚挚赤忱求其合作。(1)令粤方觉悟，迅集南京加入政府；(2)只要粤方能负统一责任，到达南京，改组政府，则我南京中央干部，均可退让，断无异议；(3)如粤方以为胡（汉民）、汪（精卫）、蒋合作，共任艰巨，则我方亦当不顾一切，完全以国难为重也"[③]。当晚，蒋则派定陈铭枢赴粤，并向陈交代如粤方必欲以其下野为条件者，亦愿接受，如愿共同合作而充实政府，亦均可照办等项。[④] 次日，蒋找吴稚晖、戴季陶等心腹谈话，坦然表明己之怀抱与感想，急求汪、胡合作，自愿交出政权。[⑤]

粤方亦表示愿意合作，并且很快就有了回音。30 日，蒋接到蔡元培等自香港发来的电报，转达粤方的意思，其中包括"（蒋）发一通电，为时局危急引咎，并声明议定统一政府办法时，立即下野。粤亦发一通电，向国民引咎，并说非统一不能救国，赴京开会，取消（广州）国民政府……两电同时发表"[⑥]。蒋心有不满，表示"个人去就不成问题早经陈明，惟两方通电时间，若与实际解决相去过远，照目前形势深虑于外交、财政发生影响"，要求粤方尽速赴沪，共商大计。[⑦] 10 月 2 日，蒋获电悉粤方坚持主张蒋先发表下野通电的日期，

---

① 中国社会科学院近代史研究所译：《顾维钧回忆录》第 1 册，第 425 页。

② 高素兰编注：《蒋档・事略稿本》第 12 册，第 438～439 页。

③ 高素兰编注：《蒋档・事略稿本》第 12 册，第 83～84 页。

④ 参见王仰清、许映湖标注：《邵元冲日记》1931 年 9 月 21 日，上海人民出版社 1990 年版，第 775～776 页。

⑤ 参见高素兰编注：《蒋档・事略稿本》第 12 册，第 89～90 页。

⑥ 陈铭枢：《陈铭枢回忆录》，中国文史出版社 2012 年版，第 92 页。

⑦ 参见高素兰编注：《蒋档・事略稿本》第 12 册，第 112 页。

大怒。蒋在日记中痛斥道:“是直等于儿戏耳。夫国事危急至此,而若辈尚以敌对态度要胁(挟)不止。对国内与中央则强施压迫,对倭寇则勾结迁就,若辈是诚无人心者矣。呜呼,人心已死,可叹孰甚!”①

外患日亟,中枢不可一日无主,粤方的要求显然太过牵强。宁粤合作的症结在于胡汉民自由身的恢复。12 日,陈铭枢回到南京,向蒋提出释放胡的问题,蒋允之。13 日,胡汉民恢复自由,14 日赴沪。21 日,汪精卫、孙科等粤方代表抵沪,蒋亦于 22 日飞抵上海,宁粤上海和谈正式举行。蒋在会中发言:“诸同志皆党中前辈,本人为后进,向来服从前辈。此次诸同志议定办法,反胡、汪先生同意的事,我无不同意照行;若我不行,尽可严责。”②但蒋对粤方所提的推倒政府现有组织,第一、二、三届中委任党事,极为不满,认为“否认政府根本法纪”,对坚持尤甚的胡汉民更是恼怒。蒋记道:

> 展堂何尚有意捣乱哉,其将使余进退两难矣。夫若辈既不敢负此国政重责,又不肯知难而退,更不肯置之不问,真令人可痛、可鄙、可恶、可笑、又可怜也。乃若辈反以此等手段自谓得计,隔岸观火,壁上观战,而又下井投石,必使一切罪恶归于余之一身,置党国败亡于不顾,增国家纷乱而后快。此等卑劣之政客,既陷总理于前,今又加于余身,毁党卖国,毫无天良,余尤痛惜展堂之终不悔改也。③

宁粤双方前后共进行了七次会议。其间,双方提案针锋相对,钩心斗角,极尽诡谲之能事。④ 粤方提出党政改革提案后,蒋极为不快,指责粤方“以为中央已无办法,故提此苛刻无理之要求”⑤。

胡汉民铁了心反蒋,汪、孙有意与南京方面合作,但碍于胡的情面,未敢明白表示,宁粤合作进展缓慢。11 月 6 日,蒋作出让步,同意宁粤分开四全大会,但必须在南京召开四届一中全会。其实,蒋作出这一决定,也是背负了巨大的压力。他说:“余既迁就,许以分开,但本党威信,扫地尽矣! 中心忧焚,不知所怀!”⑥12 日,宁、粤两方分别在南京、广州召开四全大会。粤方内部出现分裂,竟然在会上上演“全武行”,部分代表宣告退席。汪派出走上海,孙科负气转赴港澳。胡汉民南下调解,粤方态度趋向强硬,用中常会名义作出决议:“至 20 日若蒋下野事未办到,即在粤召开一中全会。”蒋表态愿立即下野,并同意粤方提出的以孙科继任行政院长。⑦

事实上,蒋并不甘愿下野,只是国难当头,急求国内统一,以退为进的一种策略。12 月 12 日,蒋介石与吴稚晖、李石曾、何应钦商讨下野问题。蒋言:“此时救国,惟有余不退之一法,但欲余不退,惟有改为军政时期,一切政治,皆听命于余一人,则国始能救。否则,如目前群言庞杂,主张不一,而又不许余主持一切,彼此互相牵制,徒以无责任、无意识、无

---

① 参见高素兰编注:《蒋档·事略稿本》第 12 册,第 126～127 页。
② 陈铭枢:《陈铭枢回忆录》,第 95 页。
③ 参见高素兰编注:《蒋档·事略稿本》第 12 册,第 195～196 页。
④ 参见陈铭枢:《陈铭枢回忆录》,第 96 页。
⑤ 参见高素兰编注:《蒋档·事略稿本》第 12 册,第 197 页。
⑥ 参见《困勉记》上册,第 313 页。
⑦ 参见陈铭枢:《陈铭枢回忆录》,第 97 页。

政府之心理，利用领袖为傀儡，则国必愈乱。余虽身败名裂，个人无论如何牺牲，亦不能救国之危亡。”[①]蒋自信地表示，欲救国，非他主政不可，并且听命于他一人，但目前群言庞杂，多方掣肘，尽管他有不顾名声，垄权操纵一切的雄心，恐怕也无济于事，还不如主动下野，以退为进。可见，此时蒋权衡利弊一番，去意已决。

次日，蒋托陈铭枢转告粤方：“如粤方十六日尚不来，则以后余再不与调和，使大局日趋艰危，如其十六日以前来，则余可早一日辞让也。”[②]12 月 15 日，蒋向国民党中常会提交辞呈，辞去国民政府主席及本兼各职。22 日，象征团结的四届一中全会在南京开幕，蒋出席开幕式，随后便偕夫人宋美龄返回家乡奉化，正式下野。

26 日，蒋得何应钦电，始知其与胡汉民、汪精卫被推为政治会议主席团，且被委任为监察院院长职。蒋非常不屑，“彼辈腐化、恶化反动分子集合一堂，分官摊爵，如绳之见血，自称其快可也，而又来污及于余。余虽出污泥而不染，然不肯复为人之傀儡矣”[③]，电何拒绝一切职位。28 日晚，蒋静思独坐，若有所悟：

> 涉世愈深，则识世愈明，今得数语曰，救党者必为党员所毁，救国者必为国民所恨，救人者未有不为被救之人所陷害者也。自十四年总理逝世以后，本党之可危极矣。右派胡汉民、左派汪精卫、腐化分子、恶化分子、西山派、第三党，皆以残贼本党为甘心，而尤以苏俄共产党之祸，过于洪水猛兽，非仅本党危殆，国将不国，民难聊生。余乃下决心，出死力，以救回党国与民众，而今日余所受德之结果乃如此，是固情势之所当然耳。[④]

下野返乡，时空的置换令蒋冷静并深刻地回顾其与党内外“反动派”的恩怨，这也为其东山再起做了充分的思想准备。

(二)对京中老干部和青年学生的不满

10 月 10 日为中华民国国庆日，也是蒋当选国民政府主席三周年纪念日，本该是普天同庆之时，当晚蒋却看到首都南京街上行人稀少，触景生情，黯然神伤，哀叹：

> 余自十七年双十节就职国府主席以来，至今正三年矣。此三年之中，战乱频乘，祸患迭起，而尤以最近半年之内为特甚，此皆余之智力不足，用人失当，不能自拔之过也。夫外侮内忧天灾人祸之来，固由余德薄之致。而所以致余至此者，乃自名为老党员诸人，争权夺利，卸责避怨，宁使党国灭亡，而不愿新近继起，其意气用事，时时掣余之肘，强余为彼傀儡，此实足以致于灭亡而有余也。[⑤]

在蒋看来，其执政短短三年，内战外祸迭起，是其用人失当所致，老党员争权夺利，卸责避怨，意气用事，对他常施掣肘，又不愿让位于新进。

---

① 参见高素兰编注：《蒋档·事略稿本》第 12 册，第 457 页。

② 参见高素兰编注：《蒋档·事略稿本》第 12 册，第 458 页。

③ 参见高素兰编注：《蒋档·事略稿本》第 12 册，第 488～489 页。

④ 参见高素兰编注：《蒋档·事略稿本》第 12 册，第 507～508 页。

⑤ 参见高素兰编注：《蒋档·事略稿本》第 12 册，第 148～149 页。

四全大会会期渐近，国民党内又开始了新一轮的争权夺利，为中委的名额争斗不休。国民党元老李石曾因此闹辞职，蒋致电解释称："公辞代表之意，弟早了解……大会代表，本拟于粤方加入在全会特提案加派，便将公所举者加入，则不着痕迹。今粤方既不参加，则再特提加派代表案，于党章及大会组织法皆不合，不如在选举时提案人为候选人，免为少数人破坏组织法，致人借口也。"①

11月14日，四全大会第一次正式会议，蒋为主席，会毕叹曰："余今日主席于此老衰病与幼稚病合并症之会议席上，实令我只有悲痛惶愧而已。故余为主席多次，而以今日之主席为最费心力，于是余之体力，亦更觉瘦倦矣，呜呼。本党现象如此，能不令人忧惧哉。"②次日，蒋出席财政委员会成立会并致开会词，景象亦不佳，"国难至此，而经济不能与军事相应，银行界中人，亦太忍心矣，痛哉，痛哉"③。会后，蒋亲自修改大会对世界各国之宣言稿，直至夜十二时方停笔，叹"本党人才之缺乏甚矣。即此区区宣言，非余亲自笔削不可，思之悲哀曷已"④。21日召开第七次会议，蒋任主席，讨论由中执委提出的恢复党籍名单，有部分人反对。蒋尤为悲愤并痛切发言称："以前党员之叛变者，皆非为中央与政府也，大抵独为中正一人之故耳，故余自觉愧惶无地，以余一人而使党国益限于危艰，则从前一切错误，皆当由余一人任之。而于开除党籍者，非恢复之不可。"⑤蒋将一切责任归咎于自身，提案方才通过。会后，蒋反省道：

> 今日大会席上发言，以一般皆不能切实认识中国目前所处之严重危境，余乃激烈言之。态度欠和，此余修养之功力不足也，戒之。⑥

国难之际，蒋为了党内团结，捐弃前嫌，做了不少工作，可惜京中亦有部分干部仍不识大体，令蒋失望不已。

24日，蒋召集熊式辉等干部商谈北上抗日和下野事，仍有人不明了蒋之心思，对北上坚持不可，对辞职下野，赞否参半。蒋非常不解，慷慨陈词：

> 余唯以国家利益为前提，如果余下野之后，国家能统一，外交能解决，则余之下野，不失为革命者之立场。否则余不下野，决率师北进，与倭寇决战，虽自知无战胜之理，然可以留民族人格与革命精神于历史上，亦可以引起太平洋之战争，而我国家复兴之机会在是矣。乃尔等干部阻我北上，谓当避免倭寇之挑衅，而可求苟安于一时，此等意见能不令人痛恨。呜呼，国弱民愚，党军政中人多悲衰老病，而青年学生又多患幼稚病，我民族病剧如此，实无可救药矣。⑦

进入12月份以后，蒋为下野作最后的部署，在人事上有所安排，以备东山再起。蒋之心腹

---

① 参见高素兰编注:《蒋档·事略稿本》第12册，第253页。
② 参见高素兰编注:《蒋档·事略稿本》第12册，第310页。
③ 参见高素兰编注:《蒋档·事略稿本》第12册，第314页。
④ 参见高素兰编注:《蒋档·事略稿本》第12册，第314～315页。
⑤ 参见高素兰编注:《蒋档·事略稿本》第12册，第374页。
⑥ 参见高素兰编注:《蒋档·事略稿本》第12册，第376页。
⑦ 参见高素兰编注:《蒋档·事略稿本》第12册，第413～414页。

何应钦却推托不就，令蒋异常生气，“何敬之每到紧要关头，常不肯负责，且怨恨无权，可叹”[①]！蒋颇为器重的陈铭枢则直接来电劝蒋早日下野，“胡汉民、孙科等必欲钧座辞职始快，职思当此时机，钧座似亦暂避为宜”，令蒋备觉心寒。“真如（陈铭枢）亦受若辈之迷矣！殊不知以余为领袖，而又有坚强之干部，国虽危，尚可为也！乃干部动以退让为得计，以余辞职为可苟安，是内部之心不一，领袖之志难行！”[②]内外交困的蒋介石，亟须干部左右的理解与支持，然而结果却常令蒋失望。

“九一八”事变后，社会各界对蒋苛责甚多，学生请愿接二连三，蒋被迫出而接见请愿学生。初始学生较理性、守秩序，蒋还认为是可喜之现象，反省自己训话太过。9 月 29 日召集上海各大学学生 5000 人，训话一小时余皆散去。蒋认为：“此乃我中国一最好现象，青年爱国，能守法律，听受沉痛之教训，蓄养精锐之国力，余今见此，认为难得至宝，更当维护之，使不为反动派断丧也。”[③]

但事态进一步恶化，尤其是锦州中立案出台以后，学生运动愈演愈烈，越发难以控制。蒋对学生运动的态度因此而改变，并定性为受反动派所蛊惑，故意捣乱，令其难堪。12 月 9 日，蒋思学生示威暴动仍不衰止，感叹道：

> 今日之事，如以为非我任怨负责，不能救国，则任何罪名亦所不辞。奈何以区区青年示威为虑也。救国于此危急之局，余其以菩萨心肠，而下雷震之威，济宽以猛，施仁以勇，可乎？否乎？此时余惟患本身之自馁自败，而无有决断耳，若能自立自强，不顾一切，由一己以及于左右造成新环境与新生命，由小而大，自近而远，则何国之不能救哉。[④]

可见，蒋不再优柔寡断，下定决心从严处置青年学生。当日蒋出席中政会，商谈对付学生的请愿办法。蒋力主从严的策略未被通过，多数委员仍主张放任，不事制裁。蒋异常失望，“余岂不爱护青年哉，唯以爱之、适之、害之为可痛耳。书生谋国，贻误必多，是何异以妇人之仁，而纵容不孝之子也，余乃有良策，不能通过，坐视民乱国败，可不悲乎”[⑤]。就在蒋递交辞呈之日，请愿学生竟然示威放枪，并胁持蔡元培、陈铭枢，蒋忧虑不止。“学生暴横至此，而老辈诸公，犹主宽柔，竟使全国秩序不安，如此无政府放任主义，何以能完成革命立国之责任哉，余今已辞职，然大为继任者忧也。”[⑥]

学生运动令蒋极感挫败，自我反省道：“对于学者及智识阶级太不注意，各地党部成为各地学者之仇敌，以致学生运动，全为反动派操纵，而党部毫无管教能力，徒增扰乱。”[⑦]

蒋欲求国内团结而不得，失望至极，不得不反躬自省，其中尤以下面一则为深刻：

> 此次革命失败之由，此皆余一人之过也。余之过有二，一在不能自主而迁就于人。始则迁就老者，以致俄国对左派，皆不能贯彻原定主张；再则迁就胡孙，以致招垢

① 《困勉记》上册，第 317 页。
② 《困勉记》上册，第 317～318 页。
③ 参见高素兰编注：《蒋档·事略稿本》第 12 册，第 107、109 页。
④ 参见高素兰编注：《蒋档·事略稿本》第 12 册，第 449 页。
⑤ 参见高素兰编注：《蒋档·事略稿本》第 12 册，第 449～450 页。
⑥ 参见高素兰编注：《蒋档·事略稿本》第 12 册，第 464 页。
⑦ 参见高素兰编注：《蒋档·事略稿本》第 12 册，第 440～441 页。

纳污,浊渚党政,不可向迩,不可收拾。二在不能用人,而无干部、无组织、无情报,遂至外交派唐绍仪、陈友仁、伍朝枢等,勾结倭寇以卖国,而余未能预知。陈济棠勾结左、桂各派,古应芬又利用陈逆,共来谋我,而余初犹不信。主义未能深入人心,教育仍操于反动者之手,不能自主。夫余有此二过,其陷于内外夹攻之境亦宜也。曾子自省,孟子自反,余今以自反、自省之方式,而自知有过如此。[①]

四、余论:祸兮?福兮?

上述论述,基本上是蒋介石在日记中的原话(部分有略微差异),那么该如何去解读?

首先,日记内容非常真实地反映了蒋介石的真性情。例如,当蒋得知日军入侵东北时,日记云"不收回东省,则永无人格矣,小子勉之";日本表态中日交涉不容第三国置喙,国联态度因此而软化,蒋也不示弱,"决与之决一死战,以定最后之存亡";蒋对胡汉民的不满,在日记中痛斥胡"真令人可痛、可鄙、可恶、可笑、又可怜也";谈到时局,蒋表示"此时救国,惟有余不退之一法,但欲余不退,惟有改为军政时期,一切政治,皆听命于余一人,则国始能救"。这些话都非常能体现蒋之个性,其个性刚烈,不轻易服输,有高度的自我意识,对他人很难信任,时常抱有苛责,功归于己,诿过于人。

其次,应该全面地去看待蒋有所为,亦有所不为。蒋在日记中的很多设想,未必都能付诸实施。最明显的例子就是蒋多次表态要与日本"决一死战""率师北上",诚如前述,蒋基于现实和国际上的考虑,不得不极度忍耐,但这并非表示蒋不抗日,恰恰相反,蒋对日本恨之入骨。蒋日记的一大功能是宣泄不良情绪,通过写日记宣泄恶劣情绪与各种不满,不会影响其权威形象、权力运作与现实的人际关系,因而成为他平衡个人心理的特殊方式。[②] 遂蒋对何应钦、陈铭枢等老党员的不满,未必就表示老党员反他,有意与他作对,或者蒋对这些人彻底失去信任,陈铭枢与蒋决裂也是后面才有的事,何应钦等京中干部依旧是蒋非常倚重的部下。

再次,蒋日记中"自我反省"占极大的比重,对蒋个人而言也意义最大。如"九一八"事变刚爆发,蒋反省称"人之来侮,其根在我自侮……是故对于内部当更远谋团结也",这也成为蒋积极寻求宁粤和解的思想依据;"内乱平定之不遑,以致对外交太不注意,余之罪戾,尚可赎乎"[③],蒋反省太注重对内,而疏于对外,也还算到位。但有时蒋的反省未必正确,符合实际,例如蒋认为"九一八"事变是陈友仁与日本相勾结的结果;认定青年学生运动被"反动派"操控,是由于对学者及智识阶级太不注意;将革命失败归结于"不能自主"等。显然,蒋在认识上的某些偏差,将会极大地影响到其日后施政。

最后,从蒋这段时期的日记内容判断,蒋处于内外交迫的艰难处境中,其中的压力或许并非我们常人所能体认的,那么这些苦痛的经历是否成为其军政生涯中不可或缺的一部分,为他以后的军政生涯做了充分的思想准备?笔者认为答案是肯定的。"九一八"事

---

① 参见高素兰编注:《蒋档·事略稿本》第12册,第482~483页。

② 参见陈红民:《台湾时期蒋介石与陈诚关系探微(1949~1965)》,载《近代史研究》2013年第2期。

③ 黄自进、潘光哲编:《省克记》,(台北)"国史馆"2011年版,第55页。

变开启了中国长达十四年的抗战序幕，其重要性不言而喻；第二次下野是蒋执政生涯中一次巨大的挫败，促使他痛下决心改革；学生运动的波涛汹涌，也是蒋执政以来面临的巨大考验，使蒋意识到对社会舆论和群众运动管制的重要性。试举几例加以说明。

"九一八"事变尚未平息，"一二·八"事变又爆发了。当时南京国民政府一片紊乱，无名无分的蒋不得不出来负责。蒋采取了更为灵活实用的外交政策，一面交涉，一面抵抗，同时积极防御。由于中日双方军事差距使然，最终不免一败，但客观上却打击了日军的侵略气焰，亦赢得了中日双方较长时间的和缓局面，为持久抗战的各项准备赢得了时间和空间。十四年抗战的最后胜利与此不无关系。

历经第二次下野之后，蒋明显转变了执政方式，蒋甚至认为，不掌握核心组织，不宜掌权。此后，蒋极为推崇法西斯式的统治，钟爱俾斯麦的铁血政策，注重培养完全听命于他的干部，组设为他服务的组织，开始创建以他为中心的威权体制。如 1932 年 2 月 28 日，在蒋的授意下，成立了以黄埔学生为基干的秘密组织力行社。成立之前，蒋曾向主要负责人贺衷寒、康泽等面授机宜，直言："余必欲组织一秘密奋斗之机关，该机关人员，必人尽其才，个个有力，而足以控制全国，如手足之于头目，血气息息相关，方得完成革命，如仅为普通组织，则必腐化而易消灭也……抗日锄奸，为党牺牲，实行主义，革命革心，矢勇矢勤，严守忠精，勿泄秘密，服从命令，无愧无怍，无忝所生，如违誓词，愿受极刑。"①

蒋汲取了以往对知识界联络不够的教训，不厌其烦地与学者见面，虚心讨教，并重用钱昌照、翁文瀚、吴鼎昌等一批知识界人士，为国家的治理和建设广延人才，取得了良好的成效。

从实际效果来看，也是显而易见的。以 1932 年 3 月 18 日就职军事委员会委员长为标志，蒋东山再起，从此在国民党内各派系中未遇有较大的挑战，政权日臻稳固，1938 年 8 月当选国民党总裁，则完全确立了其在国民党内的最高统治地位。

最后用蒋介石的原话作结。1931 年底，蒋偕宋美龄返回奉化，本该享受清净、悠闲，岂料不几日，宋却身体抱恙，蒋在担忧之余，还悟出了一翻哲理。蒋日记云：

> 福兮福所依，祸兮福所伏，成与败、得与失，皆相邻而无分者也，故得不足喜，失不足忧也。昨今两日，以妻病甚忧，余亦太不明有病不足虑，无病实可忧之理矣。②

祸与福，相邻而无分，不足喜忧，换个角度思之，"九一八"事变至下野这段经历，对蒋而言，又何尝不是一笔宝贵的财富呢？

（钟健，浙江大学历史系博士生）

① 参见高素兰编注：《蒋档·事略稿本》第 13 册，(台北)"国史馆"2006 年版，第 267～268 页。

② 高素兰编注：《蒋档·事略稿本》第 12 册，(台北)"国史馆"2004 年版，第 512～513 页。

国民经济建设运动委员会的成立及其组织探讨

刘得佑

1935年成立的国民经济建设运动委员会，虽以经济建设为名，但其性质与职掌实与以往的经济建设机构如建设工商部、委员会、资源委员会并不相同。关于国民经济建设运动委员会的设立，蒋介石在国民党第七次全国代表大会的开幕致词上曾如此说道："中正在'九一八'以后，一面倡导新生活运动和国民经济建设运动，对抗日战争做精神与物质的准备。"[①]由此可知，国民经济建设运动的推展与委员会的设立，实与对日抗战的准备工作密切相关。但仅从"准备抗战"此一角度来理解国民经济建设运动，实忽略了国民经济建设运动在蒋介石建设现代国家理想中的重要性。1935年9月，蒋介石在峨眉军官训练团总理纪念周的活动中发表演讲，主张现代国家的建设，唯有透过教育、武力、经济三管齐下方能成功，国民经济建设运动即扮演着从经济方面振衰起弊的角色。[②]

为推展此一运动，国民政府特地成立"国民经济建设运动委员会"，其《总章》开宗明义指出："本会以中央地方官民一致合作运动，协助政府，倡导社会发展经济建设事业为宗旨。"[③]为使中央、地方密切合作，该委员会在各省市设立分会、各县设立县支会。[④] 透过国民经济建设运动委员会，南京国民政府期能推行关于各省生产资料的调查与统计作业、全国性的手工艺品展览会等活动。[⑤] 且从江苏省分会、安徽省分会所作的报告可见，国民经济建设运动实有相当的成绩。[⑥]

除了组织结构的特殊性之外，其人事组成亦值得注意。国民经济建设运动委员会的总会长为蒋介石，主任委员为吴鼎昌，两名常务委员为翁文灏与孔祥熙。这四人在该委员会成立的1936年，分别担任行政院长、实业部长、行政院秘书长与财政部长，皆为国民政

---

① 蒋介石：《对本党第七次全国代表大会开幕致词》，收入秦孝仪主编《先总统蒋公思想言论总集》第25卷，(台北)中国国民党中央委员会党史委员会1984年版(下引此书，版本同此)，第122页。

② 参见方勇：《蒋介石与国民经济建设运动》，载《亚洲研究》2010第63期。

③ 国民经济建设运动委员会总会编：《会务丛刊》，国民经济建设运动委员会总会1937年版(下引此书，版本同此)，第2页。

④ 参见国民经济建设运动委员会总会编：《会务丛刊》，第9～10页；《国民经济建设运动消息》，载《国民经济建设月刊》1936年第1期。

⑤ 参见国民经济建设运动委员会总会编：《会务丛刊》，第22～34页。

⑥ 参见《国民经济建设运动消息》，载《国民经济建设月刊》1937年第1期；国民经济建设运动委员会安徽省分会：《经济建设半月刊》1937年第11期。

府的重要官员，由这些官员领道，将全国党、政、商、学界精英网罗入会，其意义不容忽视，值得吾人研究探讨。所以本文尝试以国民经济建设运动委员会总会作为考察对象。

一、国民经济建设运动推行之背景

1931 年“九一八”事变之后，日本的侵略日亟，加以世界性经济危机之影响，中国的经济遂日渐衰落与恶化，从 1930 年、1934 年农业与工业两大产业的产量变化，以及 1929～1935 年国民政府的收入、开支与赤字金额，即可窥见 1930 年代中国的经济发展困境。下表为 1931 与 1934 年的农作物产量比较表：

表 1　1931 年与 1934 年农作物产量比较表

农作物	1931 年产量(千担)	1934 年产量(千担)
稻米	930353	883937
小麦	464238	462261
高粱	221531	204966
小米	188183	179452
玉米	167734	149243
大豆	220224	186238

资料来源：严中平：《中国近代经济史统计资料选辑》，科学出版社 1955 年版，第 360 页。

在与 1931 年的产量比较之下，1934 年各种主要农作物的产量皆呈现下降的趋势，其中尤以稻米与大豆的下跌的幅度最大，分别为 96386 与 33985 千担，约为 10%。其余作物的减产的规模虽不若稻米与大豆，但也分别减少 1977 到 18491 千担不等的产量。而工业产量的变化趋势则如下表：

表 2　1931 年与 1934 年工业产品产量比较表

工业产品	1931 年产量	1934 年产量
棉纺业	100%	44.9%
丝织业	100%	56.2%
染织业	100%	64%
针织业	100%	50%
面粉业	100%	60.1%
搪瓷业	100%	41.7%
橡胶业	100%	40%

资料来源：《民国经济史》，上海银行学会银行周报社 1948 年版，第 254 页。

此表系将 1931 年的产量作为基数，将其视为 100%，用以检视 1934 年产量的变化情况。从表中的数据可以知道，工业产品的产量皆呈现下降的趋势，最大的幅度（如橡胶业）高达 60%，最少亦有 36%的减产。将此表与表 1 合而观之，应能发现中国在 1934 年前后，不论是农业或是工业领域，都呈现产量下降的趋势。

而经济的困境除了反映在农工产业的产量下降之外，亦可从国民政府 1929～1935 年收入、支出与赤字金额的变化窥见端倪。下表为国民政府 1929～1935 年的收入、支出与赤字的统计资料：

表 3　　国民政府 1929～1935 年支出、收入与赤字金额统计表

年代	支出（百万元）	收入（百万元）	赤字（百分比为借款所占的比例）
1929	434	334	100(23%)
1930	585	484	101(17.3%)
1931	775	558	217(28%)
1932	749	619	130(17.4%)
1933	699	614	86(12.3%)
1934	836	689	147(17.6%)
1935	941	745	196(20.8%)

资料来源：[美]阿瑟·恩·杨格：《一九二七至一九三七年中国财政经济情况》，陈译宪等译，中国社会科学院出版社 1981 年版，第 104 页。

从此表中可见，自 1929 年起，南京国民政府的财政始终处于赤字的情况。虽然 1935 年的收入与 1929 年相比有稳定的成长，但随着"剿共"与抗战准备工作的展开，致使财政入不敷出，赤字的金额遂于 1935 年达到历年新高。

由于经济环境的日渐困窘、恶化，蒋介石越发感受到经济建设的重要性，因此其于抗战前曾多次发表关于经济建设之演说，呼吁从事经济建设。1931 年 5 月，蒋介石在国民会议上进行演讲，主张经济建设为中国推行三民主义、摆脱民族困境之根本，唯有经济富强，才能使中国独立自主，施行三民主义。①

1932 年 10 月 31 日，蒋介石在长沙的扩大纪念周上发表演讲，指出立国的要素有二，其中一个即为经济的基础。蒋介石认为："经济的基础，能使社会安宁，人民能够生活。……我们救国第一个要素就是经济。"②从此段材料中可见，蒋介石企图透过史证，强调经济建设与社会稳定、文明进步之间的关系，可见其对经济建设的重视。

在 1935 年 4 月蒋介石前往贵州视察剿共事宜时所举行的对外记者招待会上，蒋氏首次提及国民经济建设运动的构想与定位。③ 对于国民经济建设运动的定位，蒋介石将其

① 参见蒋介石：《对本党第七次全国代表大会开幕致词》，收于秦孝仪主编《先总统蒋公思想言论总集》第 25 卷，第 122 页。

② 中国第二历史档案馆编：《中央党务月刊(1928.8～1936.12)》第 21 册，南京出版社 1994 年版，第 98 页。

③ 参见国史馆：《事略稿本——民国二十四年四月》，载《蒋中正总统文物》，入藏登录号：002000000575A。

视为与新生活运动同等重要之运动，即国民经济建设运动与新生活运动两者为“体用”关系，同样为奠定、复兴民族精神之基础。[①]

同年 8 月，贵州发生严重的水灾，蒋介石于 8 月 10 号贵州视察灾区之后，随即通电全国表达推动国民经济建设运动的原因与必要性：“中国今日根本之危机，全在国民经济之残破。……自经此次水灾，亦觉国民经济建设为刻不容缓之要图。”[②]而在 10 月 10 号所发布的文告中，蒋介石则从国民性的角度出发，检讨国民经济凋敝的原因，再次强调推动国民经济建设运动的重要性。除此之外，在此篇文告中，蒋介石将国民经济建设运动的总目标订为“尽人力、辟地利、均供求、畅流通”。至于要如何达到这个总目标，蒋氏认为有八项实施要领与五个初步工作方向。八项要领分别为振兴农业、鼓励垦收、开发矿产、提倡征工、促进工业、调节消费、流畅货运、调整金融；五个工作方向则为调查统计、研究设计、训练人才、集中人才与宣传指导。[③]

在蒋介石提出国民经济建设运动的总目标、实施要领与工作方向之后，国民党即开始研拟相关的实施策略，1935 年 12 月国民党于五届一中全会通过《确立国民经济建设实施大纲案》，除了确立国民经济建设运动的两个步骤与最后使命之外，亦颁布《国民经济建设运动工作纲要》。国民经济建设的两个步骤分别为复兴农村与工业化，而最后使命则是使中国跻身现代国家之境域[④]。

至于《国民经济建设运动工作纲要》则明确规定中央与地方在国民经济建设运动中之职责与运动之经费来源，下图为具体的工作大纲：

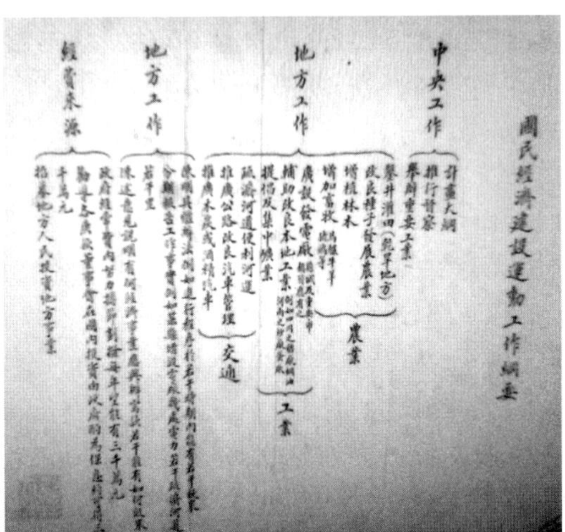

图 1 国民经济建设运动工作纲要

资料来源：国史馆：《社团与新生活运动》(二)，载《蒋中正总统文物》，入藏登录号：002000001359A。

① 参见蒋介石：《国民经济建设运动之意义及其实施》，中央训练团 1939 年版，第 2～3 页。

② 国史馆：《事略稿本——民国二十四年八月》，载《蒋中正总统文物》，入藏登录号：002000000579A。

③ 参见蒋介石：《国民经中国国民党执委会宣传部 1936 年版，济建设运动之意义及其实施》，中央训练团 1939 年版，第 8～10 页。

④ 参见国史馆：《社团及新生活运动》(二)，载《蒋中正总统文物》，入藏登录号：002000001359A。

从此一纲要的规划可以知道，在国民经济建设运动中，中央政府的主要职责有三，即计划经济发展大纲、监督地方政府运动的推动情形、举办重要工业。而地方则扮演推动经济发展的重要角色，推行项目主要为农业、工业与交通三种，目的在改善、提升地方产业的水准。除此之外，地方还需要与中央保持密切联系，共同讨论经济建设问题。

对于国民经济建设运动的定位、目标与工作内容有所讨论之后，下文将进一步处理推动国民经济建设运动的重要机构——"国民经济建设运动委员会"的筹备与成立过程，以求厘清国民经济建设运动如何从理论转向实际运作的层面。

二、国民经济建设运动委员会的筹备与成立

自国民党于1928年北伐统一中国以后，南京国民政府(下称"国民政府")即致力于推动各种国家建设，其中"经济发展"自然是国家建设中不容忽视的一环。为促进国内的经济发展，国民政府陆续成立经济相关的专责机构。此种专责机构大致可以分为两种类型：一为常规性的，属于政府组织基本部门，如1928年3月设立的农矿部与工商部，以及1930年两部合并后成立的实业部；另一种为非常规性的，如1929年的建设委员会、1931年的全国经济委员会与1935年的资源委员会等组织。

1928年3月成立的农矿部与工商部，隶属于行政院，两部的职掌分别为"综理全国农业、矿业等行政事务"与"依法令综理全国工商行政事务"。[①] 1930年12月，国民政府将农矿、工商两部合并，新设实业部，同样属行政院管辖，旨在管理全国的实业行政事务。实业部下设一署、七司与29个委员会。此外，其直属机关尚有国际贸易局等34个机构。[②] 从上述可见实业部规模庞大，且沿革时间较长，直到1938年经济部成立之后才与之合并，可谓是抗战前全国经济建设的主掌机构。

在非常规性专责机构方面，1929年设立的建设委员会系由张静江、孙科等人组织成立，直辖于南京国民政府，其宗旨在以经营、管理国营工业为主要目标。[③] 除此之外，建设委员会亦主张"根据商业经营原理，科学治事精神，用最少量之劳力与经济，期获最巨之效率"[④]。然而，受限于经费问题，成效十分有限。1931年成立的全国经济委员会亦隶属于国民政府，并同样以国营企业的经营为主要目标，然与建设委员会的不同之处在于，全国经济委员会具有审核国营事业建设或计划预算与经费的权力，以及国营企业发展方向的指导权。[⑤] 全国经济委员会先后成立各种委员会，扩大国营企业的规模与体系，因此该组织在当时被视为"中国统制经济的最高机关"[⑥]。而1935年创设的资源委员会则以矿产

---

① 农矿部下设有祕书处与农务、农民、矿业三司，而工商部除秘书处外，设有工业司、商业司与劳工司。[参见张连红：《民国时期中央经济机构演变述略》，载《南京师大学报》(社会科学版)1997年第1期]

② 参见立法院编译处编：《中华民国法规汇编》，立法院编译处1933年版，第98～103页。

③ 参见罗家伦主编：《革命文献》第22辑，(台北)中国国民党党史史料编纂委员会1960年版，第366页。

④ 罗家伦主编：《革命文献》第26辑，(台北)中国国民党党史史料编纂委员会1963年版，第84页。

⑤ 参见赵兴胜：《传统经验与现代理想——南京国民政府时期的国营工业研究》，齐鲁书社2004年版，第134页。

⑥ 章乃器：《中国经济恐慌与经济改造》，(上海)中华书局1935年版，第93页。

资源的开发为主，负责指导全国矿业的开发与重工业的建设，透过资源委员会的努力，国民政府在抗战前大体能够掌握中国重工业与矿业的开发、指导权。[①]

从前文的讨论中可以知道，国民经济建设运动并非仅是一个口号，蒋介石与国民政府对于此一运动有明确的定位、具体的实施要领与工作大纲，但由于运动的工作内容庞杂，所以蒋介石在 1935 年 9 月时，即电请翁文灏尽速挑选国民经济建设运动的总负责人员，并设立一机构统筹办理[②]，此机构即为后来的国民经济建设运动委员会。

对于蒋介石而言，若能主导国民经济建设运动的推行，应能增加其在国民政府中的影响力，因此蒋氏相当重视委员会的筹备。蒋介石曾于 1935 年 9 月、1936 年 4 月两次电请翁文灏与吴鼎昌统筹办理相关事宜，且在第二次的电文中，蒋氏展现出对于国民经济建设运动之期盼，其认为国民经济建设运动为“今日行政院唯一之要务，如及今石图则时不再来，图留后悔，请兄与达铨部长负责切商，务期于下月内确定人选与具体进行程序”[③]。从上述的电文中，除了能看出蒋介石的态度之外，亦能看出 1935～1936 年国民政府权力结构的变化情况。1935 年 12 月 16 日，汪精卫辞去行政院院长职务，陈公博同时去职，蒋介石被选为行政院长，而负责筹备国民经济建设运动的翁文灏与吴鼎昌皆因与蒋关系密切，同时被举为行政院秘书长与实业部长，因此委员会的筹办业务便从军事委员会转由行政院主道办理。

在蒋介石第二次电请翁文灏与吴鼎昌的两个月后，1936 年 6 月 3 日，蒋介石通电全国，颁布国民经济建设运动委员会总章。在电文中蒋介石再次重申国民经济建设运动的理念，同时陈述委员会的目标在于实践国民经济建设运动。此外，蒋氏于电文中亦呼吁各省县应由省政府主席或县长主道成立国民经济建设运动委员分会筹备处，期能与总会同步成立。[④]

而随着电文一起颁布的国民经济建设运动委员会总章中，业已清楚陈述委员会初步的组织结构与工作内容。总章中规定国民经济建设运动委员会的宗旨在于协助、倡导社会发展经济建设事业，且将于南京设立国民经济建设运动委员会总会，由蒋介石自任会长，并在各省与直辖市设立分会、各县设立县支会，使中央与地方政府合为一体，合作运动。而委员会的工作内容主要有五：协助推行中央及地方政府经济建设计划；倡导社会各种经济建设事业；培养及训练各种经济建设人才；研究发展全国农工副业及地方特殊产品；倡导节约，推行国货。至于委员会的经费来源则分别由中央政府与各地方政府筹拨。[⑤]

1936 年 6 月 16 日晚上，吴鼎昌于中央广播电台演讲“国民经济建设运动之意义”，宣传国民经济建设运动委员会总会即将成立之消息，并诠释总章与蒋介石于 1935 年 10 月

---

① 参见程麟荪：《中国计划经济的起源与资源委员会》，载《二十一世纪双月刊》2004 年总第 82 期。

② 参见国史馆：《事略稿本——民国二十四年九月》(一)，载《蒋中正总统文物》，入藏登录号：002000000580A。

③ 国史馆：《事略稿本——民国二十五年四月》，载《蒋中正总统文物》，入藏登录号：002000000591A。

④ 参见国史馆：《事略稿本——民国二十五年六月》，载《蒋中正总统文物》，入藏登录号：002000000594A。

⑤ 参见国史馆：《事略稿本——民国二十五年六月》，载《蒋中正总统文物》，入藏登录号：002000000594A。

10 日所发布的文告之间的关系。[①]

演讲中，吴鼎昌首先摘录文告中的重点，复次则向全国民众解释国民经济建设运动委员会总章的要点，其目的在使国民经济建设运动的内容与意义更为明了。[②] 而吴氏认为总章中当属第一条与第三条最为重要。总章的第一条为："本会以中央地方官民一致合作运动，协助政府，倡导社会发展经济建设事业为宗旨。"[③]吴氏认为这一条重申了蒋氏对于国民经济建设运动的诉求，即政府、民众都应承担一部分经济建设事业的责任。但要如何担负起此种责任，吴氏主张按照蒋介石于文告中所说的，在积极面增加产量、工作机会、贸易量、保障投资；在消极面尽力解决内外在与心理上阻碍生产之因素，并使货物通畅。而国民经济建设运委员会创立之目的即在于透过宣传与推广，使政府与人民体会、理解，进而承担起上述责任。[④]

总章第三条的内容即为前文所述国民经济建设运动委员会的五项主要工作内容，吴氏认为此条是委员会具体要做的事，是故逐项解释办理的原因，彰显其意义。[⑤] 第一项与第二项业务[⑥]所指的是委员会需扮演桥梁的角色，破除以往中央地方不相闻问的弊病，并指导双方依照所颁布的八项实施要领从事经济建设。而第三项业务[⑦]推动的原因在于中国经济人才本少，加以人才配置不当，故人才的训练与介绍当有一机关统一办理。[⑧]

第四项则是因为在当时的中国，农业人口的比例仍占全国的 80%，为恢复农村经济，实有必要推展农工副业与特殊产品，以求增加农民的收入。第五项的目的则在于希望中国人能够减少消费、使用国货，以求国民经济的复兴。[⑨] 吴鼎昌此篇演讲稿后被收录于《国民经济建设运动之理论与实际》一书，供各地推动国民经济建设运动者参考。

在吴氏演讲完的半个月后，1936 年 7 月 4 日，国民经济建设运动委员会总会在南京正式成立，尔后各省市分会亦相继成立，截至 1936 年年底，总会加分会共有 11 处，下表为总会及各省市分会成立顺序、时间与会长名称：

表 4　　总会暨各省市分会成立时间表

成立时间	总会与省市分会	会长名称
1936 年 7 月 4 日	南京总会	蒋介石
1936 年 7 月 10 日	江苏省分会	陈果夫

① 参见吴鼎昌:《国民经济建设运动之意义》，载《国民经济建设运动之理论与实际》，中国国民党执委会宣传部 1936 年版(下引此书，版本同此)，第 50 页。

② 参见吴鼎昌:《国民经济建设运动之意义》，载《国民经济建设运动之理论与实际》，第 50 页。

③ 国民经济建设运动委员会总会编:《会务丛刊》，国民经济建设运动委员会总会 1935 年刊发(下引此书，版本同此)，第 2 页。

④ 参见吴鼎昌:《国民经济建设运动之意义》，载《国民经济建设运动之理论与实际》，第 52 页。

⑤ 参见吴鼎昌:《国民经济建设运动之意义》，载《国民经济建设运动之理论与实际》，第 54～56 页。

⑥ 第一项与第二项业务分别为协助推行中央及地方政府经济建设计划、倡导社会各种经济建设事业。参见国民经济建设运动委员会总会编:《会务丛刊》，第 2 页。

⑦ 第三项业务为培养训练及介绍各种经济人才。国民经济建设运动委员会总会编:《会务丛刊》，第 2 页。

⑧ 参见吴鼎昌:《国民经济建设运动之意义》，载《国民经济建设运动之理论与实际》，第 55 页。

⑨ 参见吴鼎昌:《国民经济建设运动之意义》，载《国民经济建设运动之理论与实际》，第 56～57 页。

续表

成立时间	总会与省市分会	会长名称
1936年8月13日	威海卫分会	孙玺凤
1936年8月15日	安徽省分会	刘镇华
1936年8月15日	宁夏省分会	马鸿逵
1936年9月16日	广东省分会	黄慕松
1936年9月19日	南京市分会	马超俊
1936年10月1日	福建省分会	陈　仪
1936年10月10日	贵州省分会	顾祝同
1936年10月28日	青海省分会	马步芳
1936年12月22日	山东省分会	韩复榘

资料来源：国民经济建设运动委员会总会编：《会务丛刊》，第43～44页。

除了已经成立的10处分会之外，另外有13省市提出申请成立的计划案，并已选出主任筹备委员着手进行相关工作[①]，从各省市分会的成立速度来看，地方政府可以说是较为积极地参与此一运动。到了1937年，国民经济建设运动委员会总会通过《海外支会组织须知》，订定海外支会的成立办法与规则，使在国外的华侨亦能够参与国民经济建设运动，以达到拉拢华侨、促进国际贸易等目的。[②]

从上述对于国民经济建设运动委员会筹备与成立过程的讨论可以知道，该委员会成立的意义在于将国民经济建设运动从理论、实施方法的讨论转向具体实践的层面，并在各省市与海外设立分会，以谋求国民经济之发展。下文将进一步分析国民经济建设运动委员会的组织结构、成员与工作职掌，以求厘清国民经济建设运动委员会的运作情况。

三、国民经济建设运动委员会总会组织结构与成员分析

1936年7月4日，国民经济建设运动委员会总会正式成立，而委员会的运作办法与工作职掌则规定于1936年6月24日所颁布的《国民经济建设运动委员会总会章程》中。下文将根据总会章程之内容，分别考察国民经济建设运动委员会的外部组织、人事组织与工作事务组织，并针对参加成员的背景作一分析。

据总会章程之规定，国民经济建设运动委员会总会隶属于行政院实业部，且运作经费从实业部预算中筹拨，但实业部预算所无或不足者需由会长自行筹划。[③] 从上述的总章规定中可见，国民经济建设运动委员会总会的外部组织实为一种垂直式的组织结构，示意图如下：

① 国民经济建设运动委员会总会编：《会务丛刊》，第45页。

② 《国民经济建设运动消息》，载《国民经济建设月刊》1937年第2卷第3期。

③ 国民经济建设运动委员会总会编：《会务丛刊》，第5页。

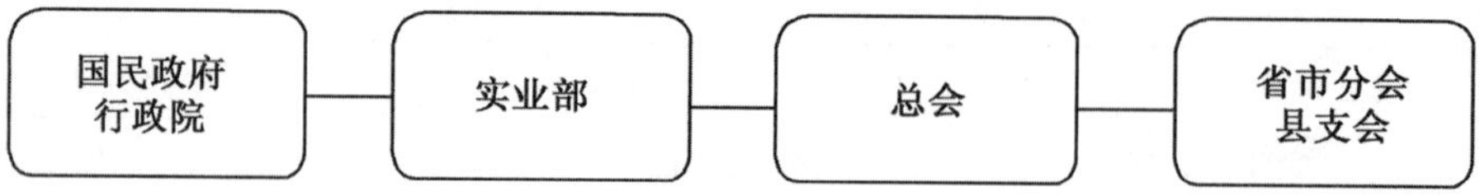

图 2　国民经济建设运动委员会外部组织示意图

资料来源：国民经济建设运动委员会总会编：《会务丛刊》，第 3～5 页。

国民经济建设运动委员会之所以隶属于实业部，除了有业务性质的考量之外，亦与国民政府的权力变化密切相关。在汪精卫与陈公博主道行政院与实业部时，国民经济建设运动委员会的筹备工作已然展开，但蒋介石却未曾与汪、陈二人商谈此事，反而多次电请翁文灏与吴鼎昌两人筹备相关业务，并由武昌行营提供筹备处经费。[①] 仅就组织发展而言，此并非正常现象，如前文所述，可能的原因系为蒋介石希冀透过实业部以外的组织，掌握国民经济建设的主道权，试图扩大其在国民政府中的影响力。但汪、陈二人于 1935 年 12 月去职，蒋介石在担任行政院长的情况之下，自然将国民经济建设运动委员变成体制内的正式组织，改由中央发放筹备经费。

厘清外部组织的结构与特色以后，下文将进一步析论国民经济建设运动委员会总会的人事组织结构。依总会章程之规定，会长之下设置常务委员 3～5 人，并指定一人为主任常务委员，常务委员之下再设委员与专员若干人。[②] 从总会于 1937 年 1 月所发行的《会务丛刊》中的职名录可以知道，国民经济建设运动委员会总会成立之初，是由蒋介石担任总会会长，主任常务委员为吴鼎昌，另外两位常务委员分别是翁文灏与孔祥熙。四人底下聘请委员 322 人、委员兼专员 71 人、专员 173 人，共计 566 人。[③] 而总会的人事组织结构同外部组织结构一样，为一种垂直式的组织结构，示意图如下：

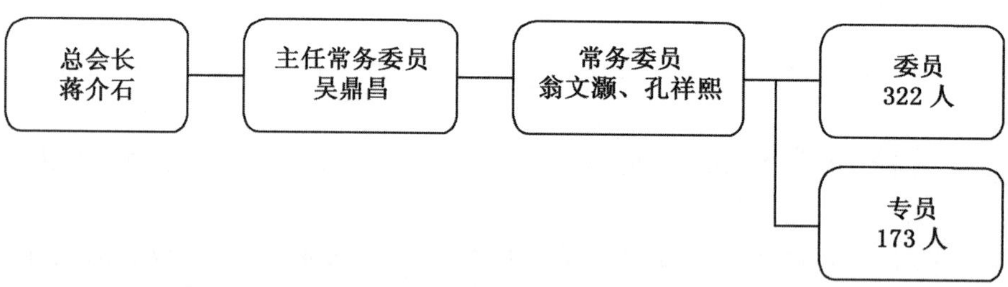

图 3　国民经济建设运动委员会总会人事组织示意图

资料来源：国民经济建设运动委员会总会编：《会务丛刊》，第 3～5 页。

此种人事组织结构与传统组织结构的不同之处在于，统治者（会长）的统治权威是透

① 参见国史馆：《筹笔——统一时期》（一三九），载《蒋中正总统文物》，入藏登录号：002000000155A。

② 国民经济建设运动委员会总会编：《会务丛刊》，第 5 页。

③ 参见《国民经济建设运动消息》，载《国民经济建设月刊》1936 年第 1 卷第 1 期。

过法律、规则或制度所赋予的[1]，如总会章程中规定总会会务系由会长一人所总览。[2] 从章程的内容可以知道，该组织统治权威的建立，并非仰赖于统治者的个人魅力或在上位者的个人意志，而是具有法理的基础，从理论上来说，应是章程的规定赋予了会长（统治者）统领该组织的权威与权力。但就实际层面而言，在 1930 年代的中国，国民经济建设运动委员会总会之所以能够顺利运作，并在组织中建立统治者的权威，很大程度还是取决于蒋介石的个人魅力与权力。因为在 1935～1936 年间，蒋介石于国民党、国民政府中的势力与影响力都逐渐扩大[3]，所以国民经济建设委员会总会才得以在南京成立，并先后在各省市设立分会与县支会，开始推行国民经济建设运动。如果蒋介石像于 1932～1935 年先后担任行政院长的孙科与汪精卫一样，无法掌握党内与政府内部的实权，纵使组织有明确的章程与规定，也没有运作与实施的可能性，统治者的权威亦难以通过法理建立起来。

在理清楚人事组织的结构，并简要分析其特色之后，下文将进一步从《会务丛刊》所附的职名录，对组织成员进行分析，借以厘清该人事组织的特点与其背后所展现的社会网络关系。对于国民经济建设运动委员会总会而言，其组织成员主要可以区分为两个群体，即主道委员会运作的会长蒋介石、主任常务委员吴鼎昌、常务委员孔祥熙与翁文灏四人；以及四人底下所属的 566 位专员、委员。下文将针对此二群体进行分析。

在国民经济建设运动委员会总会中，蒋介石为何挑选吴鼎昌、孔祥熙与翁文灏三人担任主要成员，应与四人在 1930 年代初期的合作经历相关。1931 年"九一八"事变以后，时任国民政府教育部常务次长与国民政府秘书长的钱昌照向蒋介石呈文，在文中钱氏指出中国的经济发展与国防力量落后，势必无法抵挡日本的侵略，所以钱氏主张设立专门机构，聘请专家从事国防建设的研究、调查与设计工作。[4] 钱昌照呈文之后，蒋介石有感于形势急迫，随即在 1932 年夏天于庐山召见政商与教育界名流，其中翁文灏、吴鼎昌皆有参与此次晤谈，蒋氏亦与专家学者们共同商讨国防设计委员会的筹备事宜。[5]

庐山会谈之后，钱昌照即着手进行筹备工作，在筹备时期钱昌照常透过孔祥熙与外国专家拉西门讨论国防设计委员会的筹备事宜[6]，故孔祥熙实有参与国防设计委员会的筹备工作。1932 年 11 月 1 日，国防设计委员会正式成立之后，由蒋介石自任委员长，同时钱昌照延揽翁文灏一同主持国防设计委员会，而吴鼎昌则为国防设计委员会的成员之一。[7]

有了国防设计委员会时期的合作经验，蒋介石于 1935 年担任行政院长时，即分别任命孔祥熙、翁文灏、吴鼎昌为财政部长、行政院秘书长与实业部长。若依当时国民政府的组织架构而言，担任行政院长与秘书长的蒋介石与翁文灏有权主道行政院的运作，而与经济事业相关的财政部、实业部，则分别为孔祥熙与吴鼎昌所掌握。从此份内阁名单来看，蒋介石确

---

① 参见 David Beetham：《马克斯·韦伯与现代政治理论》，徐鸿宾等译，（台北）桂冠图书股份有限公司 1994 年版，第 61～71 页。

② 参见国民经济建设运动委员会总会编：《会务丛刊》，第 6 页。

③ 参见[美]易劳逸：《1927～1937 年国民党统治下的中国流产的革命》，陈谦平等译，中国青年出版社 1992 年版，第 83～98 页。

④ 参见钱昌照：《钱昌照回忆录》，东方出版社 2011 年版，第 54～58 页。

⑤ 参见王卫星：《论国防设计委员会》，载《学海》2004 年第 6 期。

⑥ 参见虞宝棠：《国民政府与民国经济》，华东师范大学出版社 1998 年版，第 272 页。

⑦ 参见王卫星：《论国防设计委员会》，载《学海》2004 年第 6 期。

实已经掌握了当时行政院中掌管经济事业的部门，所以推动国民经济建设运动、筹办国民经济建设运动委员会等业务便从军事委员会转为行政院的相关业务。既然成为行政院之业务，蒋介石即指定孔祥熙、翁文灏与吴鼎昌进行筹备工作，并于成立后担任重要成员。

除了有先前的合作经历之外，因国民经济建设运动实属于经济相关事务，吴鼎昌与孔祥熙二人皆具备财经相关的专业背景与从商之经验，自然为蒋介石所重用。而蒋氏通过孔、吴二人推行国民经济建设运动，除了给予外界一种由经济专家、经济专业人士主持的形象之外，亦能看出蒋氏希冀透过二人建立起国民政府与金融界、商界友好关系之意图。

至于翁文灏的背景与经历实迥异于上述两人，翁氏早年赴比利时攻读地质学，其在担任国防设计委员会秘书长、行政院秘书长之前，实较活跃于学术界与教育界，予人一种学者的形象。[①] 而蒋介石起用翁文灏的原因，可能在于翁氏并不属于任何党派，没有明显的派系色彩，且又为学术界、教育界的名流之士，利于与各界精英相互合作。除此之外，蒋介石亦可以透过翁文灏拉拢学界，给予外界"学者与专家治国"的形象。

从蒋介石、孔祥熙、吴鼎昌与翁文灏这个组合中，除可以看到蒋介石对于财经专业的重视，亦可看出蒋氏希望透过三人拉拢商业、金融界与学界，构筑关系网络的企图。在分析完控制运作的主要群体之后，下文将进一步讨论国民经济建设运动委员会专员与委员的组成结构。

据 1937 年刊行的《会务丛刊》中公布的职名录可以知道，国民经济建设运动委员会总会的委员共 322 人、委员兼专员共 71 人、专员共 173 人。[②] 专员的部分由于组成分子的学经历、背景资料查询不易，故本文先针对委员、委员兼专员的部分人员进行分析与讨论。通过江苏省分会机关杂志《国民经济建设》中关于国民经济建设运动委员会总会委员的学经历与背景之调查资料，可以初步将组成成员分为五类：国民党成员、国民政府官员、大学校长与教育界成员、实业界领袖、华侨巨子。[③] 下表为各类成员的数量与所占的比例：

表 5　国民经济建设运动委员会总会委员与专员成员类型与数量表

成员类型	成员数量	所占比例
国民党党部成员	50 人	13%
国民政府官员	110 人	28%
大学校长与教育界成员	102 人	26%
实业界领袖	97 人	25%
华侨巨子	34 人	8%
总计	393 人	100%

资料来源：《国民经济建设运动消息》，载《国民经济建设月刊》1936 第 1 卷第 1 期。

就成员种类言之，国民经济建设运动委员会总会的成员来源十分多元，但其中以三类

① 参见黄波：《平生自问尚无差——〈翁文灏选集〉读后》，载《书屋》2005 年第 3 期。

② 参见国民经济建设运动委员会总会编：《会务丛刊》，第 73～77 页。

③ 《国民经济建设运动消息》，载《国民经济建设月刊》1936 年第 1 卷第 1 期。

人最多，分别为国民政府官员、教育界与实业界领袖。国民政府官员中，不仅是实业部官员需要参与，除行政院以外的四院院长——孙科、居正、戴季陶与于右任，皆为当然委员，各院所下辖的各部会会长亦然。除了有国民政府官员的参与之外，国民党成员的参与亦十分积极，而且各派系、地方实力派皆有参与，如CC系的陈立夫、陈果夫兄弟；汪派的汪精卫、陈璧君、陈公博；桂系的黄绍雄、具军事实力的唐生智、马超俊等人。[①]

除了有不少的党政要员参与之外，亦有49位大学校长与53位教育界相关人士担任国民经济建设运动委员会总会的委员。此种现象的产生可能与蒋介石于总章中所规定的，国民经济建设运动委员会应办理调查、训练人才的业务有关。[②] 国民经济建设运动的成功与否，其中一个重要的因素在于能否拥有适切的经济人才、训练经济人才的体制是否完善。而人才的训练与调查，实与教育界密切相关，故国民经济建设运动委员会总会实有不少教育界的相关人士参与。

至于实业界领袖的部分，其组成成员亦可分为五类，即银行、商会、民生产业、重工业与其他。下表为成员数量与比例表：

表6　实业界领袖成员类型与数量表

成员类型	成员数量	所占比例
银行业	35人	40%
商会	22人	25%
民生产业（包含农业）	15人	17%
重工业	10人	16%
其他	6人	6%
总计	88人	100%

资料来源：《国民经济建设运动消息》，载《国民经济建设月刊》1936年第1卷第1期。

从上述成员的组成比例中可见，实以银行业所占的比例最多，其次为商会人士，此种现象的产生可能与孔祥熙于1935年所推动的银行业改革密切相关。时任国民政府财政部长的孔祥熙为解决国民政府的经济困境，以振兴衰落的工业与银行业为由，要求增加中央银行团的存款。为达到此一目的，孔祥熙下令两个主要的私营银行——中国银行与交通银行认购国民政府所发行的公债，使资金迅速流向政府，政府便成为两家银行的主要股东。随后中央银行团又并购中国工业、四明与中国通商等银行，使政府握有全国银行资本的70%。[③] 经过这次改革以后，银行业的资本便为国民政府所掌握，是故银行业参与的情况十分踊跃。

除了银行业所占的比例偏高之外，笔者认为此种委员、委员兼专员的组成比例，对于推动国民经济建设运动而言，似有一定的局限性，如当时中国的产业结构还是以农业为

① 参见《国民经济建设运动消息》，载《国民经济建设月刊》第1卷第1期。

② 参见国民经济建设运动委员会总会编：《会务丛刊》，第73～77页。

③ 参见[美]易劳逸：《流产的革命：1927～1937年国民党统治下的中国》，中国青年出版社1992年版，第283页。

主，但在这份委员名单中，农业相关委员所占的比例仅有17%，工商业相关的却占71%，比例悬殊。所以，国民经济建设运动虽以改善经济发展为宗旨，以复兴农村与工业化为两大步骤，但此种委员的组成比例实对于工商业的发展与资本累积较为有利，对于农业的投入与关注则相较不足。

在厘清国民经济建设运动委员会的外部组织与人事组织结构以后，下文将继续分析国民经济建设运动委员会的事务组织结构。按《国民经济建设运动委员会总会章程》之规定，国民经济建设运动委员会的事务组织是由会长指定总干事一名，在会长与主任常务委员的同意之下办理关于总会的一切事务。总干事之下设总务、执行与调查三股，各设主任与副主任一人，执行总章规定之事务。① 下图为国民经济建设运动委员会事务组织示意图：

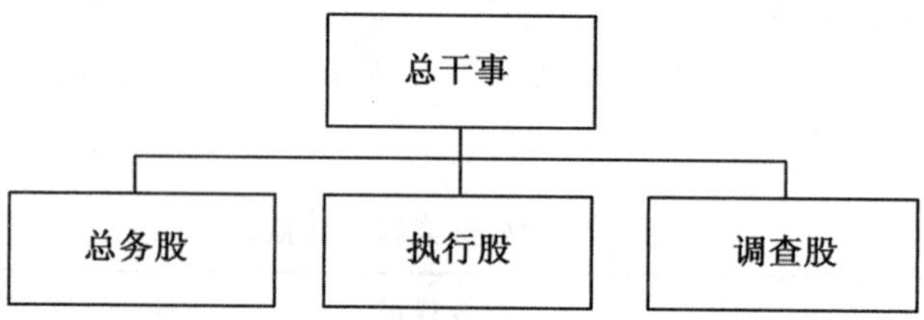

图4　国民经济建设运动委员会总会事务组织示意图

资料来源：国民经济建设运动委员会总会编：《会务丛刊》，第6～7页。

据《国民经济建设》上所刊载的国民经济建设运动委员会总会的初步工作范围，总务股主管宣传、文书、会计与庶务等业务，其中以宣传为主要办理业务。总会所规定的宣传工作主要有四项，第一项是由广播进行宣传；第二项为各省市分会、县支会成立之时，会长、分会会长需出席开幕典礼并致词；第三项为各地巡回演讲；第四项为刊行国民经济建设运动的相关文章，如1936年9月所出版的《国民经济建设运动之理论与实际》。②

执行股则主要办理国民经济建设运动总章中所规定的执行事宜，如与教育部、各大学校长接洽并办理训练人才的相关事宜；将中央所办理的经济建设事业通过国民经济建设运动委员会传达给地方，使中央与地方、民众合力建设。除此之外，亦会要求专员将地方办理的经济建设事业上达中央，除了协助办理，也会视情况发放预算进行补助；此外，提倡节约运动，改善人民的生活、生产与消费习惯亦为执行股的重要工作。

至于调查股则主道相关的调查工作，并要求各省市分会进行农工产业与地方产品的调查，如国民经济建设运动委员会总会与广东省分会分别于1937年4月、5月出版《广东省基本工业、特殊工业、农村副业调查报告书》与《南京缎锦业调查报告》。江苏省分会与安徽省分会的机关杂志《国民经济建设》《经济建设半月刊》，每期皆有刊登该省的农工产业与副业的相关调查报告与统计资料。③

综合前文的讨论，国民经济建设运动委员会总会在外部组织、人事组织与事务组织的

① 参见国民经济建设运动委员会总会编：《会务丛刊》，第6～7页。

② 参见《国民经济建设运动消息》，载《国民经济建设月刊》第1卷第1期。

③ 参见《国民经济建设运动消息》，载《国民经济建设月刊》第1卷第1期。

组织结构方面，皆具备科层组织的特色，可谓一种管理方式的现代化。而从成员组成中则可看出国民政府希望借着国民经济建设运动，延揽各界的专家与人才，企图构筑国民政府与社会各界的良好关系。除此之外，通过“国民经济建设运动委员总会—各省市分会—县支会”此种事务组织结构，利用调查统计、宣传、出版期刊、审核发放预算补助地方企业等方式，除了建立起中央与地方之间经济建设的桥梁之外，亦让国家资本有机会进入地方与私人所兴办的企业，在发达国家资本、改善经济体制的同时，亦能达到经济动员以准备对日抗战的目标。

本文旨在厘清国民经济建设运动委员会的创办背景、筹备过程、组织结构与人事组成之特色。

1935 年 8 月，蒋介石通电全国推行国民经济建设运动，其主要目的有二：解决中国的经济困境；为抗战做经济准备。在电文中，蒋介石将国民经济建设运动的总目标订为“尽人力，辟地利，均供求，畅流通”，并提出八项实施要领与五项初步工作方向。在蒋介石提出总目标、实施要领之后，国民党随即于五届一中全会通过《确立国民经济建设实施大纲案》与《国民经济建设运动工作纲要》，明确规定国民经济建设运动的两个步骤、最后使命与具体实施策略。

为使国民经济建设运动付诸实行，蒋介石电请翁文灏与吴鼎昌挑选适合人选，并主张设立专责机构统筹办理相关事务，此即后来的国民经济建设运动委员会。1936 年 6 月，国民政府颁布《国民经济建设运动委员会总章》，总章规定由蒋介石担任总会长、吴鼎昌为主任常务委员、孔祥熙与翁文灏则为常务委员，7 月南京总会成立，该年年底共 10 处分会设立，1937 年更成立海外分会，可见国民政府希冀借助华侨的经济实力以从事经济建设。

按国民政府公布的《国民经济建设运动委员会总会章程》之规定，在外部组织方面，总会隶属实业部，下设分会与支会，形成由中央到地方的垂直组织结构；人事组织方面，会长下辖常务委员、委员与专员；事务组织方面则分调查、执行与总务三股。而从总会“领道成员”的分析中，可以看出蒋介石似是希望以吴鼎昌、孔祥熙与翁文灏三人为首，构筑国民政府与党、政、商、学的关系；从“参与成员”的组成结构，则可看出蒋介石欲通过该委员会企图整合银行业与实业界之力量。

综合上述的讨论，从国民经济建设运动委员会总会的设立及其组织结构、组成成员的分析中，可以清楚地窥见蒋介石在 1935 年后为解决中国经济困境以及为抗日战争做准备时，力图动员政府与民间力量，从中央到地方推动经济建设的努力。

（刘得佑，台湾师范大学历史学系硕士研究生）

1949年台币改革过程

——陈诚在李宗仁、蒋中正权力竞逐下的肆应

余庆俊

一、前　言

1945年8月日本投降后，中国政府重新恢复了对台湾地区的行政管理。国民政府在正式接收前，拟定《台湾金融接管计划草案》，在第三条中明确规定台湾银行，除将其发行及代理国库业务移交中央银行外，应该为台湾省银行，由省政府主持接管改组及事项。[①]在台湾货币的部分，在《台湾接管计划纲要草案》明订接管后应由中央银行发行印有台湾地名之法币，并规定其与日本占领时代货币之兑换率及其期间。在兑换期间内，旧币暂准流通，旧币持有人应于期内按法定兑换率兑换法币，逾期旧币一概作废。[②] 国民政府拟定以法币为基准的台湾流通券作为未来台湾回归后的流通货币。

陈仪被任命为行政长官后，并不愿已通货膨胀严重的法币流入台湾。不过法币是国民政府授权中央银行发行的国币，理应成为台湾光复后的货币，但陈仪为阻止法币恶性通货膨胀浪潮袭击台湾，故希望将台湾变成一个独立币制区，因而颁布了《处理省内日银券办法》，推翻了上述为接收台湾货政策所拟定的各种计划。[③] 事实上，自民国肇建后中国各省多以省银行发行地方货币，1928年北伐胜利后，中央亟欲收回货币发权，在1935年实施法币政策，以此统一全国货币机制。虽是如此，但并未完全废除地方币制，在1936年10月公布《省银行或地方银行印制辅币券暂行规则》。甚至在1941年举行第三次全国财政会议时，财政部长孔祥熙提出获得通过的议案《省地方银行应遵奉中央金融政策切实推行以利抗战建国案》，其中在巩固省币信用中提及：

1. 省地方银行如有发行元券辅币券必要者，应切实应照管理各省银行或地方银

---

① 参见秦孝仪：《光复台湾之筹划与受降接收》，(台北)国民党党史会1990年版，第176页。

② 海峡两岸出版交流中心编：《馆藏民国台湾档案》第24册，九州岛出版社2007年版，第298页。

③ 张翰中：《战后初期台湾货币改革之研究——从“台湾银行券”到“台币”的发行》，(台南)国立成功大学历史研究所硕士论文2009年版，第45页。

行发行一元券及辅币券办法办理。2. 各省地方银行发行省钞,应以流通本省省境以内为限。[①]

此可谓是给予各省发行省币的再一次确认。不过由于地方货币需要省银行发行,而当时台湾银行尚未改组,并不能发行货币。故陈仪提议采用前株式会社台湾银行发行的台湾银行券作为发行新币前的过渡使用,获得国民政府主席蒋中正支持。[②] 财政部亦于10月31日公布《台湾省当地银行钞票及金融机关处理办法》,准许台湾仍采用前株式会社台湾银行发行的台湾银行券、日本银行发行的日本银行券、日本政府及日本银行发行之硬辅币券等。[③] 11月,台湾省警备总司令部再次通告严禁中央政府的法币在台湾流通,彻底贯彻台湾必须使用台湾地方货币的政策。[④] 台湾银行券的使用一直至来年5月台湾银行改组完成,公告将以1∶1的比例收回台湾银行券,台币成为省内流通货币。台湾省发行台币,虽严禁法币在台流通以作为经济区隔,不过法币仍可透过汇兑换取台币,造成台币持续受到法币的连带影响。在法币与台币兑换汇率,法币明显被高估。台币发行总额为30亿元,但透过法币汇兑,使台币不敷使用,必须加印钞票。至1948年8月19日财经政策紧急处分,发行金圆券取代法币。台湾虽未是金圆券流通区域,不过依旧可以经过汇兑取得台币。至12月金圆券改革失败,大陆巨额资金流入台湾,通过汇兑致使台湾通货膨胀更为剧烈。[⑤] 受到冲击的台币,势必要因应现况进行改革。

1948年,中华民国政府成立,正、副总统分别为颇有嫌隙的蒋中正、李宗仁担任。辽沈、平津、徐蚌三大会战,中国共产党领导的中国人民解放军重创蒋中正的嫡系部队,致使桂系白崇禧等人公开要求蒋氏辞职并与中共展开和谈。[⑥] 桂系联合湖南、河南、四川等省采取行动,目的就是要逼迫蒋中正请辞。[⑦] 蒋、李间的权力冲突加剧,蒋中正开始筹划布建后方基地,在下野前任命重要部将陈诚为台湾省主席。陈诚上任半个月后蒋中正便宣布下野。一个由前总统任命的重要地方官面对一位与前总统相处不融洽的代理总统,其作为是否继续听命于中央或是仿效过去的军阀在省内专政,这值得来探讨。在1949年台湾省内的改革牵连中央、地方关系最深者,莫过于台币改革。中国大陆由于战争影响,致使法币崩溃,1948年中华民国政府成立后翁文灏内阁为改革此一窘境,收购民间外汇、黄

---

① 郭荣生编:《中国省银行史略》,(台北)中央银行经济研究处1967年版,第12页。

② 参见薛化元:《陈诚与国民政府统治基盘的奠定:以一九四九年台湾省主席任内为中心的探讨》,收录于《一九四九年——中国的关键年代学术讨论会论文集》,(台北)"国史馆"2000年版(下引此书,版本同此),第280页。

③ 参见尤文信:《台湾银行五十年》,(台北)台湾银行1996年版,第129页。

④ 参见薛化元:《陈诚与国民政府统治基盘的奠定:以一九四九年台湾省主席任内为中心的探讨》,收录于《一九四九年——中国的关键年代学术讨论会论文集》,第280页。

⑤ 参见薛化元:《陈诚与国民政府统治基盘的奠定:以一九四九年台湾省主席任内为中心的探讨》,收录于《一九四九年——中国的关键年代学术讨论会论文集》,第281页。

⑥ 美国驻中华民国大使司徒雷登(John. L. Stuart)向甫接任行政院长的孙科表示:"一、美国政府希望蒋氏下野;二、希望新阁主和。"加上1948年11月底国军在徐蚌战场失利几乎已成为定局,桂系的白崇禧在武汉地区的数十万部队成为国军最主要的力量。[参见刘维开:《蒋中正的一九四九:从下野到复行视事》,(台北)时英出版社2009年版,第14~15页]

⑦ 首先发难的是桂系时任华中剿匪总司令的白崇禧,接续有湖南省主席程潜、河南省主席张轸、川康经济建设委员会秘书长邓汉翔要求蒋中正下野,以俾和谈。[参见林桶法:《1949大撤退》,(台北)联经出版社2009年版,第73页]

金后，废法币改发行金圆券。但持续的内战致使中国经济环境并未好转，金圆券无法抑制物价的通货膨胀，此外高估的币值也透过汇兑影响台币，使其币值大幅滑落，台币亦呈现恶性膨胀，因此改革显得势在必行。台币要改革如按过往台湾银行券、旧台币皆为独立的地方货币，由省银行发行可不受中央管制。但新台币欠缺发行准备金，台湾省政府当时所能仰赖的准备金是中央政府暂存于台湾的黄金。如要动用中央银行准备金就必须牵连中央政府，因而省主席陈诚、代总统李宗仁势必相互角力，加上国民党总裁蒋中正，此间的权力竞逐值得探讨。

台币改革的研究史料著述相当丰富。《台湾银行季刊》自 1947 年发行，当中记述台湾金融原始数据。①《台湾省币制改革》是最早研究台币改革的专书，但此书内容大多是舆情反应与政策倡导，缺乏深入研究与评论。② 陈荣复《台湾之金融史料》，对于数据上有进一步分析。③ 这类型的研究、专书大多距今时间较久远。近期针对台币改革的研究：王绣雯《新台币改革分析》认为台币改革反映台湾脱离大陆体制而自谋发展的政经变迁，目的在于提高并维持国府(中华民国政府)对台湾民间资源的汲取程度，书中肯定台币改革成功利于国府的存续与资源分配，进而强化国府在台湾政经体制的支配性。④ 王涟漪《台币改革(1945～1952)以人物及其政策为中心之探讨》，书中侧重于国府接收台湾后从日占时期台湾银行券转换成台币的过程，台币历经法币及金圆券崩盘的拖累致使必须改革发行新台币，以挽救台湾的金融秩序。此与王绣雯著作的不同之处在于，该著强调国府在台湾的主政者包含陈仪、魏道明、陈诚、吴国桢、严家淦等人的作为。以人物为核心，分析每位主政者对于台币的改革的决策过程。⑤ 薛化元《陈诚与国民政府统治基盘的奠定——以一九四九年台湾省主席任内为中心探讨》中提及陈诚进行台币改革中之所以成功的关键在于断绝台湾与中国大陆汇兑的关系，致使大陆货币膨胀不再威胁台湾币制。薛著认为台币的改革不仅是币制改革，也是台湾与中国大陆经贸关系切断，重新建构经济网络的转折点。⑥ 吴淑凤《1949 年宋子文对中华民国政府退守的谋划》，该文探讨重点虽然不是台币改革，但吴淑凤认为 1949 年台币会进行改革，宋子文扮演了一个很重要的角色。虽然陈诚、严家淦最后并未采纳宋子文的主张以改革币制，但促使蒋中正开始关注台省经济问题和新台币得以迅速规划、发行，且能初步稳定台湾金融，宋子文的努力仍不可抹杀。⑦ 上述专书、论文主要都是将台币改革聚焦于以台湾省政府方面的陈诚、严家淦等人的决策与作为。不过此时台湾省政府仍是地方政府，在法理上仍须受到中央政府的节制，但目前的研究成果，并未针对当时台湾省政府与中央政府对于台币改革的过程进行讨论。尤其是下野前任命陈诚出任台湾省主席的国民党总裁蒋中正，在也这其中所扮演的角色为何，

① 季刊中如袁璧文撰《台湾之货币发行》《台湾经济日志》皆为当时台币改革发行时重要史料记录。

② 台湾银行金融研究室编印：《台湾省币制改革》，(台北)台湾银行 1951 年版。

③ 参见陈荣富：《台湾之金融史料》，(台北)台湾银行 1953 年版。

④ 参见王绣雯：《新台币改革之分析》，(台北)台湾大学政治学研究所硕士论文，1991 年。

⑤ 参见王涟漪：《台币改革(1945～1952 年)——以人物及其政策为中心之探讨》，(台北)淡江大学历史学研究所在职专班硕士论文，2009 年。

⑥ 参见薛化元：《陈诚与国民政府统治基盘的奠定——以一九四九年台湾省主席任内为中心探讨》，收录于《一九四九年——中国的关键年代学术讨论会论文集》，第 283 页。

⑦ 参见吴淑凤：《1949 年宋子文对中华民国政府退守的谋划》，载《国史馆刊》2009 年第 12 期。

这也值得进行探索。因此本文将针对台币改革前以陈诚为首的台湾省政府,与代总统李宗仁和蒋中正间往来进行探究,以期能更深入地了解台币改革背后在1949年中的权力竞逐。

二、陈诚接任省主席与台湾经济状况

陈诚在日本投降后担任参谋总长兼海军总司令,并任国民党三民主义青年团书记长。1947年奉派至东北取代熊式辉担任东北行辕主任,主持东北"剿共"事宜并裁撤关东军。但1948年东北军事失利加上胃疾复发,国民政府以卫立煌取代陈诚在东北职务,陈诚先赴上海治疗,辞参谋总长后赴台湾养病。1948年12月底,南京中央发出了一纸紧急电报,任命为陈诚台湾省主席。[①]

因此陈诚于1949年1月5日至南京述职,正式成为台湾省主席。不过陈诚所面临的问题有:因国共内战,不断有大陆人士涌入台湾,其中不乏夹杂散兵游勇;农村租佃问题存在;金圆券制度崩盘,恶性通货膨胀严重,加上两岸汇兑的关系因此也受到金圆券崩盘的影响,导致台湾金融波动、物价飞涨,中央在台军公教费用及公营事业之资金多由省府垫借,造成省府财政严重负担;此外为供应前线战事向台湾征收米粮作物,使台湾发生粮荒。

其中陈诚就任后,即面对台币严重的通货膨胀问题,原因有二。首先,战后法币虽被禁止在台湾流通,不过可以利用汇兑换得台币,1946年5月台币来取代日治时代的台湾银行券,法币采取固定汇率,规定1元台币换30元法币。但至1948年8月已贬至1∶1635。1948年8月19日政府颁布《八·一九改革》的财政金融紧急处分令,以金圆券取代已经恶性膨胀的法币。金圆券推出以1元兑换台币1835元,在8月23日实施固定比率,在11月1日改为机动调整,但金圆券面值明显被高估,透过汇兑关系使得大量金圆券流入台湾。从11月1日的金圆券对台币1∶1000,到12月30日1∶222,1949年更是狂贬从1月的1∶80,到4月底南京遭解放军攻破,金圆券价值一泻千里,对台币汇兑变成2000∶1。[②] 无论是法币或金圆券虽被禁止在台湾流通,但透过汇兑,依旧可以换取台币。而在汇对调整原则上采取钉住政策,故在调整以后往往要经过数天或数月始再调整,因此造成法币、金圆券贬值之时,对台币汇率并未及时调整,造成台币严重的汇差。[③]

再者许多军政机关疏散到台湾,汇入大量军政费用,台湾银行为应付短期内大陆大量流入的资金提现,不得不增加发行高面额台币,台币大量的印制也使台币的币值急速下降。游资因而充斥,在市场上抢购物资,更促使通货膨胀进一步恶化。

不仅台币有着严重膨胀问题,中央部分单位、军队纷纷播迁到台湾,其在台湾经费又必须由省政府垫付,给省方财政带来极大的负担。此外影响经济甚巨的是资源委员会(以下简称"资委会")垄断了台湾主要的生产事业单位,并且在各国营或国省合营工厂生产之物资几乎皆运回大陆,然其收入归资委会所有,省方也难有额外收入来挹助财源。因而陈

---

① 参见陈诚口述,吴锡泽笔记:《陈诚主台政一年的回忆》,载《传记文学》1994年第17期。

② 参见刘进庆:《台湾战后经济分析》,(台北)人间出版社2001年版,第44页。

③ 参见赵兰坪:《现代中国货币制度》,(台北)中华文化出版事业委员会1955年版,第232页。

诚上任五天后即电呈蒋中正总统台湾省政府在财政上的困境：

> 扭转颓势，再争取民心。而治安要义，则在不与民争利，台省各种生产企业机构特多，不无零乱重复浪费之处。而控制过广，徒增民怨。及宜调整，以裕民生。譬如资委会在台，宜以专办国防工业为主。轻工业及民生工业，似宜即交地方经营，或民营为妥。又中央迁台部队机关工厂等人员，及自行逃离来者，截至去年底止，共达二十余万，后至者且踵相接，预计可能超过五十万人。即以目前情形论，如经济财政不能配合，全赖发行台币维持，则台币现已呈现慢性膨胀，三五个月后，势必演至恶性膨胀，至无法收拾……①

针对上述电文，蒋中正回复陈诚主要着墨于资委会部分，认为资委会在台湾事业单位的调整，在不违背中央之政策，与不过分变更成规之原则下，可与资委会孙越崎主任委员商拟。不过蒋中正认为中央与台湾原属一体，本未分割，则国营、省营并无差别，因此不必强为分割。② 这是蒋中正在下野前针对台湾的财政、经济给陈诚的指示，当中并没有提及台币的改革。由此得知在蒋中正下野前，中央方面并未就台币膨胀问题进行商讨。在台币改革未能得到南京中央政府首肯前，陈诚也仅能就台币通货膨胀现况进行亡羊补牢，在 1 月 14 日省政府委员会议通过《台湾省境内黄金外币买卖取缔及收兑办法》③，意在打击外币、黄金黑市交易，以稳定台币币信与价值。

三、台币改革决策过程中陈诚与李宗仁关系

1 月 21 日，蒋中正发布《引退谋和文告》后下野，陈诚带领财政厅长严家淦等人于 21 日由台北搭乘飞机前往南京述职并商讨台湾的财经政策，飞机在中途接到电示于杭州降落。降落后陈诚方知蒋中正总统引退下野，蒋、陈等人于笕桥航校用餐并商讨后续事宜。次日蒋中正返回溪口，陈诚则搭乘专机前往南京。陈诚除谒见代总统李宗仁、行政院长孙科，还与财政部徐堪商讨台湾的财政与食盐问题。④ 此时李宗仁所关注的事项并非是台湾的财政问题，而是上海中央银行运往台湾的库存黄金。

中央银行所存黄金系为金圆券发行准备金，金圆券可以直接兑换黄金⑤，因此为确保金圆券的使用，作为发行准备的黄金，为保持币信故运到安全地区成为必要考虑。早在 1948 年 10 月蒋中正召见中央银行总裁俞鸿钧，指示要做最坏的打算，把黄金运到安全的地方。⑥ 11 月底中央银发行局呈俞鸿钧的公文，表示库存黄金 200 万余两已完成搬运至台湾的准备，等待处置。12 月 1 日，中央银行利用海关缉私舰“海星号”，将第一批黄金运

---

① 何智霖编：《陈诚先生书信集》，（台北）“国史馆”2007 年版（下引此书，版本同此），第 724 页。

② 参见何智霖编：《陈诚先生书信集》，第 725 页。

③ 参见叶惠芬编：《陈诚先生从政史料选辑 台湾省政府委员会会议记录》（上），（台北）“国史馆”2007 年版，第 4 页。

④ 参见薛月顺编：《陈诚先生回忆录——建设台湾》（上），（台北）“国史馆”2005 年版（下引此书，版本同此），第 18 页。

⑤ 在 1948 年 8 月 19 日开始实施的《金圆券发行办法》只准以金银外币兑换金圆券，不得以金圆券兑换金银外币。不过至 11 月为稳定金圆券币值，公布《修正金圆券发行办法》准许金圆券兑出黄金。

⑥ 参见吴兴镛：《黄金档案——国府黄金运台一九四九年》，（台北）时英出版社 2007 年版，第 20 页。

往台湾。1949 年 1 月 10 日起，俞鸿钧、吴嵩庆等人再将存于上海国库的 100 万两黄金、3000 吨纯银及 7000 万美元运往厦门鼓浪屿。[①] 1 月 21 日，蒋中正下野，俞鸿钧亦辞去中央银行总裁，由副总裁刘攻芸继任。总计在蒋中正下野前，已将超过 200 万两的库存黄金运往台湾等地。[②] 1 月 24 日，刘攻芸面告俞鸿钧，代总统李宗仁派邱昌渭到中央银行查询黄金事宜并嘱勿再外运。[③] 3 月，孙科请辞行政院长，由何应钦接任。3 月 15 日，李宗仁电召陈诚赴南京商讨与中共和谈事宜，李氏再次要求陈诚将中央银行暂存台湾的黄金、白银及外汇运返大陆以供作战经费需要。[④] 另一方面，李宗仁发动立法委员向财政部、中央银行施压，要求运回存于台、厦的黄金。[⑤] 但美国对于何应钦内阁是否能取回在台湾的黄金与外汇感到悲观。[⑥] 李宗仁认为，担任代总统在施政上遇到许多掣肘，最大的问题在于蒋中正，因此在 5 月 2 日召集阎锡山、居正、李文范进行商谈，会谈内容称为《谈话记录》，要其转交给蒋中正。在《谈话记录》中明白要求蒋中正同意将所有前移存台湾之国家银行金银外汇，由政府命令运回配拨各部使用。[⑦] 蒋中正则回函表示在职期间之所以会将国库所存金银转移系避免国家财富为共产党所劫持；引退后则未曾再与闻，一切收纳支出依常规进行，财政部及中央银行皆有簿册可考。[⑧] 李宗仁认为，这是蒋中正的推诿之词，将责任推往财政部、中央银行及暂时保管黄金的台湾省主席陈诚身上。而掌控保管黄金的陈诚又奉蒋中正暗示，对中央政府指示置之不理，因而造成财政困窘之境。[⑨] 李宗仁在离开南京后，返回广西，甚少至广州主持政务，为了解决财政上的问题，行政院长何应钦于 5 月 16 日在广州召开粮政会议，会议中，徐堪表示金圆券现仅在广州、重庆可以行使，其他区域已成为废纸，必须再进行币制改革。财政部长刘攻芸表示台湾现存 4 亿多美元外汇、黄金，尽量可以此为储备发行新币。不过此意见首先遭到在场的台湾省主席陈诚的反对。与会的白崇禧认为除陈诚的反对外，席间也没有任何人员敢向蒋中正提出利用库存台湾

---

① 俞鸿钧在 1 月 24 日，呈蒋中正的电文表示："本月哿日运厦之白银五十箱计二千万元已到达，又存穗只黄金约三十万两亦以悉数到厦门。"《领袖复行视事》(一)，载《蒋中正总统文物》，国史馆藏，典藏号：002-090104-00001-080，入藏登录号：002000002106A。根据蒋经国的记述，中央银行金银之转运于安全地带，是一个重要的工作，但以少数金融财政主管当局，最初对此不甚了解，故经过种种之接洽、说明与布置，直至今日，始能将大部分金银运存台湾和厦门，上海只留二十万两黄金。(参见蒋经国：《风雨中的宁静》，(台北)黎明文教 1982 年版，第 151 页)

② 中央银行总裁刘攻芸于 1949 年 2 月 8 日向蒋中正随从秘书周宏涛表示："全国黄金存量，运到台北二百六十万两、厦门九十万两，放在美国三十八万两，上海仅存二十万两，承兑之用四十万两，以及敌伪珠宝约一千一百条，准备运到香港贮存；此外还有数千万银元。"(参见周宏涛：《蒋公与我 见证中华民国关键变局》，(台北)天下文化 2003 年版，第 94 页)

③ 参见《领袖复行视事》(一)，载《蒋中正总统文物》，国史馆藏，典藏号：002-090104-00001-080，入藏登录号：002000002106A。

④ 参见薛月顺编：《陈诚先生回忆录——建设台湾》(下)，(台北)"国史馆"2005 年版(下引此书，版本同此)，第 501 页。

⑤ 参见秦孝仪总编：《总统蒋公大事长编初稿》卷七，(台北)中正文教基金会 1978 年版(下引此书，版本同此)，第 263 页。

⑥ 参见王景弘：《美国外交档案密录 1949 大流亡》，(台北)玉山社 2011 年版，第 94 页。

⑦ 参见刘维开：《蒋中正的一九四九：从下野到复行视事》，(台湾)时英出版社 2009 年版，第 133 页。

⑧ 参见秦孝仪总编：《总统蒋公大事长编初稿》卷七，(台北)中正文教基金会 1978 年版，第 294 页。

⑨ 参见唐德刚：《李宗仁回忆录》(下)，(台北)李敖出版社 1988 年版，第 934 页。

黄金改革金圆券的要求。[1] 5月18日解放军进攻上海时，京沪杭警备司令汤恩伯将中央银行库存上海黄金近20万两及白银运往台湾[2]，此对李宗仁为首的中央政府可谓雪上加霜。至月底何应钦眼见财政状况无法改善，遂请辞行政院长。随后李宗仁提名居正出任行政院长，但遭立法院否决。再提名阎锡山，卒获通过，6月10日上任。到6月15日台币宣布进行改革前，以李宗仁为主的中央政府并未就台币改革一事进行探讨，所关注的仍是以中央银行暂存台湾的黄金。

四、台币改革决策过程中陈诚与蒋中正的关系

蒋中正在1949年1月21日下野后，曾在21日陈诚赴南京述职前与其会面，不过当时讨论事务，并未涉及台币的改革工作。至3月3日，陈诚电呈蒋中正《台省情形冀为亡羊补牢之计》，再次提及台湾最大的财政问题有两项。首先，省政府垫付中央机关在台费用，负担沉重，在军费上每月约需负担500亿元，资源委员会各机关每月需借贷200亿元，综合中央各项垫款，每月约1000亿元。而台币发行现达2000多亿元，如此情况继续下去，唯有增加发行，影响物价，逐步高涨，造成台币通货膨胀加速。其二，中央在台经营各种事业，既要由台湾省垫付资金，而其产品均属中央。而台湾所需物资，又须在内地照市价购回，这样不仅对台湾省民不公平，亦加重其经济负担。陈诚认为解决之道，首先请财政部派员到台湾，统筹办理中央在台省如关税、盐税集及资委会之收入，以垫付中央在台机关之费用。再来为解决台省币制，由中央另发行新币，或由中央酌一部分资金，交台省银行，加发台币。[3]

这是陈诚接任台湾省主席后，第一次明确表示为了解决恶性膨胀问题，台币必须要进行改革。3月何应钦组阁后，陈诚在结束南京的活动两度赴浙江溪口谒见蒋中正。此时蒋中正召见的党政军要员几乎都商讨国共和谈之事宜，不过与陈诚的两次会晤，3月17日是陈诚报告与李宗仁会谈内容，包括李氏提出的释放张学良及拟提取存台黄金事。3月24日则主要讨论台湾财政。[4] 此时蒋中正可谓开始重视台币恶性膨胀的问题，在27日召见宋子文商谈金融与外交政策。[5] 其后派宋子文赴台湾了解台币膨胀问题。

3月底，宋子文抵台会晤陈诚并进行初步洽谈，但省财政厅长严家淦赴南京并未能一同商讨。[6] 4月2日宋子文电呈蒋中正，台湾的经济状况已非常恶劣，如果不从速解决，殊

---

① 参见程思远：《白崇禧传》，(台北)晓园出版社1989年版，第302页。

② 1949年5月18日中央银行致汤恩伯电："为适应军事，本行所报现存黄金银元除业务局必需准暂留黄金五千两、银元三十万元外，其余黄金十九万八千两，银元及半圆一百二十万元即刻移送安全地点。"(参见吴兴镛：《黄金档案——国府黄金运台一九四九年》，[台北]时英出版社2007年版，第204页)

③ 参见何智霖编：《陈诚先生书信集：与蒋中正先生往来函电》(下)，(台北)"国史馆"2007年版，第727～728页。

④ 参见秦孝仪总编：《总统蒋公大事长编初稿》卷七，(台北)中正文教基金会1978年版(下引此书，版本同此)，第263页。

⑤ 参见秦孝仪总编：《总统蒋公大事长编初稿》卷七，第264页。

⑥ 参见《革命文献——政治：政经重要设施》(二)，载《蒋中正总统文物》，国史馆藏，典藏号：002-020400-00037-036，入藏登录号：002000000441A。

多危机。[①] 同时于溪口约见前中央银行总裁俞鸿钧，商讨中央信托局长人选与广东、台湾金融改革问题。[②] 4 月中旬，宋子文与俞鸿钧在香港商讨台币改革问题，除明确支持台币改革，并将中国银行在美国委印之钞票 989 箱运往台湾。[③] 在蒋中正的授意下，宋子文、俞鸿钧开始研拟台币改革方案，此一时期台湾省政府亦研拟相关计划。5 月 2 日，宋子文电呈蒋中正台湾省金融改革方案已拟竣[④]，同日俞鸿钧谒见蒋氏，商谈经济问题与台湾币制改革基金。[⑤] 台币改革欲推动，必须克服三大问题，其一是发行新台币所需的准备金；再者台湾省政府代垫中央单位款项庞大；加上台湾诸多生产事业是属资源委员会所管辖，其收入无法进入台湾省政府。蒋中正令宋子文、俞鸿钧多与台湾省政府方面进行协调改革事宜。台币改革所需发行准备金，无论是宋、俞二氏或是台湾省政府都认为应该利用国库暂存台湾的黄金作为准备金。但在此时有新闻报导蒋中正欲以暂存台湾的全部黄金作为大陆银圆券发行准备金，宋子文立即电呈蒋氏台币改革不宜延缓，应将存量中一部分作为台币改革准备基金，并作在台省部队之用。[⑥] 5 月 11 日，俞鸿钧奉蒋中正之命与中央银行总裁刘攻芸于厦门会晤，商讨以暂存台湾黄金作为新台币发行的可行性。[⑦] 宋子文提出的台币改革方案使用中国银行钞票，以英镑为计算单位，并在福建、广东、台湾通行使用。俞鸿钧带着宋子文的改革方案赴台湾与陈诚、严家淦商讨，宋氏的改革方法却并未得到台湾省方的同意。相反的，省方是希望使用台湾银行钞票，采取美金计价且仅台湾一省使用为限。[⑧] 宋子文与陈诚在台币改革政策上的落差，主要是宋子文不依国际货币以美元为主流，而以英镑为计算单位来改革台币，所考虑的因素是广东、香港商业来往频繁，而西南亦与英、法来往较多有关；至于让闽、粤、台三省同时改用新台币，应是借此举将闽、粤、台三省联成一气，加强华南一体共同命运，以防御中共南侵。在宋子文的观念里，如果华南战事有所改观，即能赢得美援，国共内战便有转机。显然，陈诚的盘算并非如此，其目的是确保台湾一省。但若以法理而言，台湾的货币自光复后一直处于独立的地方币区，以省银行发行，仅流通于该省，如以宋氏之方案将发行银行改为中国银行，流通范围扩及台、闽、粤三省，此便会产生若干问题。包括新币由中国银行发行有违法之虞，加上跨省流通，已不能属于地方货币的范畴。再者，若要形成国币，根据《中央银行法》，需要由中央银行

---

① 参见《革命文献——政治：政经重要设施》(二)，载《蒋中正总统文物》，国史馆藏，典藏号：002-020400-00037-037，入藏登录号：002000000441A。

② 《事略稿本——民国三十八年四月》，载《蒋中正总统文物》，国史馆藏，典藏号：002-060100-00251-002，入藏登录号：002000000731A。

③ 参见《革命文献——政治：政经重要设施》(二)，载《蒋中正总统文物》，国史馆藏，典藏号：002-020400-00037-042，入藏登录号：002000000441A。

④ 《事略稿本——民国三十八年五月》，载《蒋中正总统文物》，国史馆藏，典藏号：002-060100-00252-002，入藏登录号：002000000732A。

⑤ 《事略稿本——民国三十八年五月》，载《蒋中正总统文物》，国史馆藏，典藏号：002-060100-00252-005，入藏登录号：002000000732A。

⑥ 参见《革命文献——政治：政经重要设施》(二)，载《蒋中正总统文物》，国史馆藏，典藏号：002-020400-00037-050，入藏登录号：002000000441A。

⑦ 参见《革命文献——政治：政经重要设施》(二)，载《蒋中正总统文物》，国史馆藏，典藏号：002-020400-00037-049，入藏登录号：002000000441A。

⑧ 薛月顺：《陈诚先生回忆录——建设台湾》(上)，第 66 页。

发行,而当时中央政府是以代总统李宗仁为首,李氏未必会同意发行新币;但如李氏同意,恐加强赋予其要求台湾省政府将中央银行暂存台湾之黄金运回大陆的正当性。双方在改革政策上的落差,陈诚虽称这是宋子文与严家淦之间的误会[①],但宋子文与陈诚的摩擦并非始于台币改革,在4月8日抵达台湾时,曾在停留间会晤美国领事艾德加(Donald D. Edgar),宋氏向埃达加透露台湾制定政治、经济、军事防御方案的一些设想。当中埃达加向宋子文谈及陈诚关于稳定台湾经济的三点计划,包括加强台币、保持40%的出口收入、进口食物等。宋子文对于陈诚这些政策多所批评,甚至认为陈诚不配谈经济问题。[②] 在军事上肯定孙立人的带兵胜于陈诚,但对于陈诚的施政则数度表达不满。[③]

另一位协助者俞鸿钧与陈诚会晤后,随即电呈蒋中正表示:

> 关于台币改革问题均认为台省目前亟应注意如何谋政治经济财政社会各项措施之配合以达到稳定币值之目的,换言之在未改革币制以前应具备各种先决条件,如把握物资增加生产,节约消费平衡财政收支促进对外贸易等皆须有相当准备期。似未可操切。宋院长所拟方案原则虽属可行,时机似尚未到。[④]

由电文看来,宋氏改革方案不仅未获陈诚采用,连蒋中正指派与宋子文共同研拟改革方案的俞鸿钧虽没有直接否定,但也以时机未到而委婉否决。5月18日,俞鸿钧在澎湖马公谒见蒋中正报告台湾省币制改革问题,认为台币改革应将以省政府方案为主。[⑤] 宋子文的方案遭台湾省方完全否定,此时宋子文也以养病为由,离开中国飞赴欧洲。因此蒋中正亦不再坚持宋子文之方案,改由俞鸿钧接替宋子文,直接协助台湾省进行币制改革及建立金融体制。[⑥] 在此同时行政院于广州召开粮政会议,陈诚亲自参与,会议中陈诚再度向行政院提出改革台湾经济方案,终于获得行政院院长何应钦同意:(一)关于军公教费垫款,中央允以存在台湾的物资与黄金折算归垫。(二)中央允将在台生产事业完全交由省方负责管理,进出口贸易及外汇管理,亦由省方统筹调度。(三)中央拨借黄金80万两作为改革币制基金。[⑦]

其中暂存台湾的黄金可作为新台币发行准备金,与资委会在台湾的生产单位归省府管理,这两项要件使得台币改革最大的两个阻碍已经完全消失。5月31日,台湾省政府宣布成立"台湾省生产事业管理委员会",统一管理台湾省内各生产事业单位。[⑧] 省政府之所以可以成立该委员会,除了粮政会议上的具体结论外,另外就是资委会主要干部纷纷

---

① 参见薛月顺编:《陈诚先生回忆录——建设台湾》(上),第66页。

② 参见杨者圣:《国民党金融之父宋子文》,上海人民出版社2001年版,第470页。

③ 参见吴景平:《宋子文政治生涯编年》,福建人民出版社1998年版,第536页。

④ 参见《革命文献——政治:政经重要设施》(二),载《蒋中正总统文物》,国史馆藏,典藏号:002-020400-00037-051,入藏登录号:002000000441A。

⑤ 参见《事略稿本——民国三十八年五月》,载《蒋中正总统文物》,国史馆藏,典藏号:002-060100-00252-018,入藏登录号:002000000732A。

⑥ 参见王绍斋、章君谷:《俞鸿君传》,(台北)中外杂志社1986年版,第181页。秦孝仪总编:《总统蒋公大事长编初稿》卷七,(台北)中正文教基金会1978年版,第299页。

⑦ 参见薛月顺编:《陈诚先生回忆录——建设台湾》(上),第64页。

⑧ 参见陈思宇:《台湾区生产事业管理委员会与经济发展策略(1949Á1953)——以公营事业为中心的探讨》,(台北)国立政治大学历史系2002年版,第89页。

投共，致使资委会内群龙无首，对台湾相关生产事业亦无法进行管理。① 6 月 2 日，蒋中正召见俞鸿钧、刘攻芸、严家淦听取外汇头寸及厦门存金之支配情形报告，并指拨台湾银行基金共计 5000 万美金。② 陈诚、严家淦虽紧锣密鼓地进行台币改革方案研拟，但此攸关台湾全省之重大财经事件却十分秘密地进行。翻阅台湾省政府委员会从 3 月到 6 月的会议记录，完全没有提及改革之事，可料想到新旧台币兑换价值悬殊，倘若公开进行讨论，恐会造成抛售旧币风潮，使市场更为动荡。直到 6 月 15 日台湾省政府颁布《台湾省币制改革方案》《新台币发行办法》及《新台币发行准备监理委员会组织规程》，进行币制改革。在省主席陈诚与财政厅长严家淦的主导下，新台币改革由台湾银行发行新台币总额 2 亿元以美金计价，对美金之汇率以新台币 5 元折合美金 1 元。新台币对旧台币之折合率，定为旧台币 4 万元，折合新台币 1 元。③

长达数月的台币改革计划终获得落实。由此观之，在台币改革案中，除陈诚领导的台湾省政府外，代总统李宗仁自始至终所关切的仍是中央银行暂存台湾的黄金、外汇是否能运回大陆，不过都遭陈诚排拒；反观国民党总裁蒋中正除嘱陈诚坚守黄金、外汇外，另先后派宋子文、俞鸿钧来台协助台币改革，只不过最后仍是以省方的方案完成台币改革。

五、结　论

蒋中正指派陈诚出任台湾省主席，陈诚身为一省最高行政官员，必须挽救濒于崩溃的台湾经济。如果单以台湾的币制改革而言，从 1945 年回归中国后，一直都维持别于法币、金圆券的大陆货币制度，成为一个独立的地方币制系统。在 1949 年要进行台币改革，依循过往省币发行模式，并不会与中央有所牵连。但当时台币改革发行新币，最关键的因素就是准备金。不过台湾省政府与台湾银行并没有充分等价物品来当发行准备金，唯一能寄望的便是中央银行暂存于台湾的黄金与外汇，此便造成台币改革牵连中央与地方的关系。过程中，陈诚是中华民国政府内一省的行政官员，在台币的改革上并未对中央有过多的咨询，主要的请求是以中央将暂存台湾的黄金、外汇作为新台币发行准备金。以李宗仁为主的中央政府也并未太过于干涉台湾的币制改革，所在意的是催促陈诚将中央暂存于台湾的黄金、外汇运回中国大陆，以供政府开支与军饷。李宗仁认为负责保管黄金、外汇的陈诚是奉蒋中正的暗示对其命令充耳不闻，究其因是蒋中正在引退之前就准备放弃大陆，退保台湾。

由 1949 年台币改革不难看出，自民国以来地方势力依旧可以掌握地方上绝对的权力。陈诚主政下的台湾从出入境管理、戒严令发布、三七五减租等政策亦呈现此状态，但不同于一般地方军阀的是，陈诚主导下的台湾银行发行新台币在当时并不属于“国币”，改

---

① 参见程玉凤：《一九四九年前后的资源委员会》，收录于《一九四九年：中国的关键年代学术讨论会论文集》，(台北)“国史馆”2000 年版，第 433 页。

② 参见《事略稿本——民国三十八年六月》，载《蒋中正总统文物》，国史馆藏，典藏号：002-060100-00253-003，入藏登录号：002000000733A。

③ 参见薛月顺编：《陈诚先生回忆录——建设台湾》(上)，第 64～65 页。

革发行并无违法之虞。[①] 陈诚虽不奉行代总统李宗仁命令将中央暂存于台湾的黄金、外汇运回大陆，但也不敢直接开启在台湾的黄金进行币制改革。在程序上仍是向行政院请示，直至5月19日粮政会议上行政院同意后，台湾省政府才将资委会在台湾的生产事业机构接收，再启用所核准的暂存在台黄金、外汇开始进行改革。

综观1949年台币改革，仍可以清楚地看出蒋中正与李宗仁之间的权力争夺。蒋中正利用陈诚主政台湾，将中央银行暂存台湾的黄金、外汇进行扣留，致使李宗仁虽居代总统职位却无法进行支配与大陆的财经改革，只得继续发行已失去价值的金圆券。反观陈诚虽是协助蒋中正将中央银行黄金、外汇扣存台湾，不过可以看出陈诚扣留此批黄金、外汇不仅只是要帮助蒋中正抵制李宗仁，更重要的是着眼于台湾金融改革所需的资本。陈诚虽在台湾的重要施政、事务均会汇报蒋中正，但对蒋氏也并非绝对顺服，其在台币改革决策过程中的表现无疑是一件最有力的证明。蒋中正起初以妻舅宋子文作为整个台币改革的规划师，宋子文所提的方案势必呈报蒋中正后，方才向台湾省政府提出，且宋氏之方案连接大陆华南地区，更符合蒋中正的坚定保卫华南的精神。未料宋子文所拟方案与台湾省方有极大的落差，因而造成双方摩擦。但在台湾省政府拥有实际黄金、外汇掌控权的情形下，致使仅具国民党总裁身份的蒋中正让步，改由俞鸿钧作为其与台湾省政府对于币制改革的联系窗口，最终仍以台湾省政府的方案实施。

由此看出，以台币改革可谓是蒋、李权力争夺的一个延伸战场，但在这场争斗中，陈诚的角色显得格外重要。一方面他是中华民国政府底下的台湾省主席，另一方面也是拥护国民党总裁蒋中正的忠贞党员，因此在分寸的拿捏上显得格外小心。在奉行蒋氏扣留暂存黄金的命令时，亦不敢擅自启用该批黄金，以避免引发地方擅权的口实。

不过在行政院同意后，陈诚开始改革，台湾省政府最终仍控有台币改革的主导权，坚持台湾省币制独立自主并与大陆进行切割。这与蒋中正、宋子文原本构想相左情形下，仍获得落实，足以显示1949年台湾省主席陈诚所掌握绝对的实质权力，特别在保"台"事务上有许多坚持。除上述所言，台币改革仅限于台湾省流通且不同于过往旧台币，新台币完全禁绝与中国大陆汇兑，以维持币值。此外，蒋中正曾要求陈诚运送台粮赴福建支持，但遭到陈诚反对。蒋中正甚至在日记上批评陈诚"拒绝拨借福建军粮，并以封建自居"[②]。这些都与过往认为1949年蒋中正指派陈诚为台湾省主席后，即使下野仍可以完全操控台湾省政的一切是有所出入的。

（余庆俊，台湾政治大学台湾史研究所硕士）

---

① 根据《中央银行法》第十三条规定：中华民国货币，由本行发行之。在1949年6月15日台湾省政府发行新台币，当时中华民国政府正式的货币仍为金圆券，且当时中央政府所在地在广州。

② 陈进金：《蒋中正迁台初期的人事布局》，收录于黄克武主编《迁台初期的蒋中正》，（台北）"国立"中正纪念堂管理处2011年版，第124页。

1940年代浙江省记者群体的重组

——战后中国的新闻记者公会新建、重建的背景

[日]铃木航

写作本文的目的，是通过探讨1940年代浙江省记者群体的变化，来研究战后记者群体和国家的关系。新闻记者公会，是指1920年代末期到1930年代中期在全国各个城市成立的，被各报社雇佣的职业性记者的群体。徐小群对上海新闻记者公会考察的研究，在一方面说明了国民党对自由职业者的政策，另一方面反映了提倡言论自由和公民权利等只关乎记者自身职业，并不一定是一个社团执行国民党意愿的保障。1930年代，沿海地域的经济发展推动了大城市中媒体的商业化、多样化，所以当时已经不是几位著名新闻记者的时代，而是新闻记者群体的时代。比如1933年1月镇江的记者刘煜生被江苏省主席顾祝同枪决，之后各地新闻记者公会等记者群体分别发表强烈抗议，呼吁言论自由。在全面抗战开始以前，虽然国民政府出台了各种管制新闻媒体的政策，但却不能完全对记者群体进行统治。

系统的记者管理构想，可以从1943年公布的《新闻记者法》中得以了解。该法也受到记者群体的反对，此外因与宪政方针不符合，事实上该法被无期暂缓施行。抗战时期一方面国家进行战时新闻管制，另一方面记者群体在政治上的影响也在提高。战后不只是在沿海大城市，在地方性的城市新闻媒体和记者团体也在增加。

这些记者群体与国家的关系该怎样解释？在中国新闻媒体史上记者群体的研究为数不多。其中有两项比较重要的研究。赵建国《分解与重构：清季民初的报界团体》，考察了中国报业团体的初建到第一次全国性团体成立的概况。这些报业团体里面包括之后的新闻记者群体，但是中国记者群体1930年代才开始明显地拥有职业性。这个观点是上述徐小群在《民国时期的国家与社会：自由职业团体在上海的兴起》中的看法。徐小群研究的特征是从自由职业团体的视野考察记者群体等城市中层阶级。我们需要注意的是，新闻记者与其他自由职业者——律师、医师、会计师等——相比不尽相同。因为记者一般是被报社雇佣的从业人员，没有正式的国家资格，不是真正的独立自由职业者。

在此，本文的重要内容是以下三点：其一是注重记者本身的职业性。问题就是新闻记者的范围。当时中国从事报业的人员大概都是被称为新闻记者或记者。其二是分析浙江省记者群体。很早以来，浙江省就是国民党政权地方政策的实验性基地，所以国民党政权在此地的影响力很大。关于浙江省新闻史，徐运嘉、杨萍萍的《杭州报刊史概述》，以及王

文科、张扣林主编的《浙江新闻史》有比较详细的介绍，却都没有突破地方性的观点，后者对于记者群体的观点比较少。其三是考察宪政与记者群体的关联。本稿注重的1940年代相当于从训政到宪政的转换时期。根据中村元哉的先驱性研究，由于宪政改革的影响，战后中国媒体在比较自由的环境中发展到1947年左右。因此，本稿的焦点之一就是1947～1948的“行宪”，在此基础上探讨有关记者群体的问题。

以下，第一部分概括1940年到抗战结束浙江省记者群体的变化，第二部分以《新闻记者法》为中心探讨，第三部分考察战后记者群体的变化与记者资格问题。

一、1940～1945年浙江省内新闻记者公会的变迁

浙江省新闻事业主要集中在杭州、绍兴、宁波（鄞县）、温州（永嘉县）等城市，其发展较发达。1920年代末期，这四大媒体中心城市已经存在职业性记者群体。南京国民政府成立以前新闻记者团体的名称是“联欢会”或“联合会”等，到1930年代中期，因为国民政府制定了社会团体有关的法制，大多记者团体统一称为“新闻记者公会”①。

抗日战争开始后记者群体的形式变化更加明显。1937年12月，首都南京失守，随后浙江省省会杭州也被日军占领。浙江省政府被分别转移到金华及近邻的永康、丽水等县市。出于军事上的考虑，省政府设在永康，但是媒体仍主要集中在金华，成为抗战文化的据点。金华和重庆、桂林、西安、兰州被国民政府指定为“五大文化站”，是当时资讯及通信的重要据点。《东南日报》《正报》这两大杭州的报纸就曾被迁往金华，很多杂志也都在金华创刊。浙江省战时新闻学会于1938年4月18日在金华成立。② 值得注意的是，虽然省会杭州陷落，但是绍兴、宁波、温州等城市到1942年还没有陷落。抗战时期省政府主席黄绍竑为了构筑战时体制，广泛招收各方面的知识分子、专家，大规模地组织政治工作队，战略性地录用各种人才。在这样的背景下，浙江省政府成立了半官半民性质的浙江省战时教育文化事业委员会，并在其组织下成立新闻、出版、文艺、美术、音乐、电化教育等各种教育文化团体。从上海、杭州等地避难来的知识分子对这些组织给予了大力的合作。③ 战时新闻学会就是这样的文化团体之一。

该会于同年9月开始发行杂志《战时记者》，并在绍兴、宁波、温州设立支部，其构成人员包括报社的社长、编辑、记者，以及其他新闻从业人员。理事会由上海复旦大学新闻系出身、《东南日报》编辑的杜绍文主持，杜并担任其机关报《战时记者》的主编。该会在战争期间探索新的报道形式，并且非常重视新形势下记者之间的相互团结及以新闻学为基础的职业性人才培养。从该会成立当日的《东南日报》的社论《战时新闻界》(1938年4月18日，可以推测为杜绍文撰稿)就可以看到证明该会立场的内容。

---

① 参见徐运嘉、杨萍萍编著：《杭州报刊史概述》，浙江大学出版社1989年版，第152～158页。绍兴市志编纂委员会编：《绍兴市志》，浙江人民出版社1996年版，第2743页。宁波市志编纂委员会编：《宁波市志》，中华书局1995年版，第2672页。温州市志编纂委员会编：《温州市志》，中华书局1998年版，第2647～2648页。

② 参见金华县志编纂委员会编：《金华县志》，浙江人民出版社1992年版，第762～768页。

③ 参见《浙江省文化事业委员会组织大纲》，载《浙江战时教育文化》1939年第1期。袁成毅：《浙江通史》第12卷《民国卷》(下)，浙江人民出版社2005年版，第231～237页。

首先，该文阐述了诸如“我国过去之新闻界，自国族利益之立场言，可谓失败”这样的对之前报界反省的同时，提出了以下两处缺陷。

一曰缺乏中心组织也：我国新闻界无一中心组织……善为支配，于是各自活动，陷于无政府……中。战兴以后之报馆报人，武汉香港等处，则嫌过多，而若干重要地区则痛感贫乏。而报馆与报馆之间，从无交换意见之机构，可作有效有力之调整；报人和报人之间，只有局部感情之往还，夙少密切生动之联合，终至问题无从讨论，意见难以磋商，深刻一致见解，不易激发与蔚成。

二曰缺乏健全之训练也：我国报人绝对多数非出身于新闻专门教育，而凭个人一鳞半爪之经验以从事；其余新闻学校毕业者，亦多偏于新闻之理论。对实际问题观察或判断，常觉研究工具之缺如。以负编辑责任报人而言，生活日夜颠倒，工作往往过度，修养机会……如何使忙迫之报人，有余力余时以接受健全之训练，由此训练以提高工作效率，系我国战时新闻界的一大问题，此而不决，则正确报道，付诸空谈。①

为此，该社论强调了有必要改革记者群体现状的重要性，提出“过去新闻记者公会，其组织虽遍布四方，但绩效则并不显著”，并指出了以下新的战时记者团体应该努力研究的课题。“战时报人之组织，应有极度之加强，举凡战时报纸之分布，报业困难之解除，工作技术之提高，工作环境之改善均为当务之急。至于报人训练，尤与普通文化工作者殊科，工作讨论会技术训练班等集体切磋，不无小补。”②

诸如在前线地区及农村进行报纸发行、经营运输途径的改善、战地取材，以及农村取材等，记者面临的新的要求是多方面的，并且伴随着很多困难。为了克服这些困难，该会开展了有组织性和职业性的讨论研究活动。这些活动随着战况的恶化而告终。1941年4月，日军沿浙赣线南下，加强了对金华的进攻（浙赣战役）。次年5月29日，金华完全沦陷。主要报刊《东南日报》分成两路避难，一路经丽水至云和，发行“云和版”。另一路经江山、龙游入福建，发行“南平版”。战时新闻学会于金华沦陷前解散，其机关报《战时记者》则持续发行到1941年2月。③

1945年4月，浙江省新闻记者公会在云和成立。④ 云和是当时浙江省政府的所在地。该会可以说是在《新闻记者法》之规定的基础上成立的。该法的意图之一是重组全国性的记者公会组织及其网络。该法于1941年开始准备起草，之后于1943年颁布，但是实际的施行一直延期。这反映了记者群体和国家之间的紧张关系。次章将对此进行考察。

二、《新闻记者法》与新闻记者公会

1941年3月，中国新闻学会作为全国性新的新闻界团体在重庆举行成立大会，通过

---

① 《社论：战时新闻界》，载1938年4月18日《东南日报》。

② 《社论：战时新闻界》，载1938年4月18日《东南日报》。

③ 参见王遂今：《胡健中和〈东南日报〉》，载全国政协文史资料委员会编《中华文史资料文库》第16卷《社会科学》，中国文史出版社1996年版，第400～408页。张根福：《抗战时期〈东南日报〉的南迁及其出版活动》，载《浙江师范大学学报》（社会科学版）2005年第30期。

④ 参见《浙江省新闻记者公会会务动态》，载1947年9月1日《浙江记者》创刊号。

“拟定记者信条案”及“请政府速定记者公会法组织记者公会案”等，表明新闻记者组织的制度化要求。[①] 重庆国民政府就新闻记者身份问题进行立法方面的研讨恰好于同年开始。在得到国民党中央宣传部要求向新的立法提出建议的请求后，该学会理事会向全体会员发出信件，广泛征求会员的意见，并决定以会员的意见为基础向政府提出建议。次年1月，国民政府的内政、宣传、外交、社会四部共同起草了《新闻记者条例草案》。在1942年9月1日召开的新闻学会第一次年会上，通过了“应该同时颁布《新闻记者公会法》”的建议，并把该建议提交给政府。此法的主旨是在全国范围内设立新闻记者公会。虽然当时作为记者的成舍我提出《新闻记条例》将威胁记者的地位，要求终止审议和修改草案，但是此建议没有被采纳。1943年1月，涵盖了《新闻记者条例》和《新闻记者公会法》二者内容的《新闻记者法》正式在国民政府立法院得到通过，并于次年2月正式颁布。[②] 该法的特征是两个制度化，即一是建立新闻记者资格制度，二是定位新闻记者公会的法制。其中新闻记者的定义、有权申请记者证的资格及不得给予或取消记者证的条件如下。

> 第一条　本法所称新闻记者，谓在日报社或通讯社担任发行人、撰述、编辑、采访或主办发行及广告之人。
>
> 第二条　依本法声请核准领有新闻记者证书者，得在日报社或通讯社执行新闻记者之职务。
>
> 第三条　具有左列各款资格之一者，得申请给予新闻记者证书：一、在教育部认可之国内外大学或独立学院之新闻系或新闻专科学校毕业，得有证书者；二、除前款外在教育部认可之国内外大学独立学院或专门学校修习文学、教育、社会、政治、经济或法律各学科毕业，得有证书者；三、曾在公立或经立案之大学专门学校经前二款各学科教授一年以上者；四、在教育部认可之高级中学或旧制中学毕业，并曾执行新闻记者职务二年以上，有证明文件者；五、曾执行新闻记者职务三年以上，有证明文件者。
>
> 第四条　有左列情事之一者，不得给予新闻记者证书，其已领有新闻记者证书者，撤销其证书：一、背叛中华民国，证据确实者；二、因违反出版法第二十一条之规定，或因贪污或诈欺行为，被处徒刑者；三、禁治产者；四、褫夺公权者；五、受新闻记者公会之会员除名处分者；六、国内无住所者。[③]

另外，在一方面规定“新闻记者于法律认许之范围内，得自由发表其言论”的同时，也包括了例如“新闻记者不得有违反国策不利于国家或民族之言论”“新闻记者不得利用其职务为诈欺或恐吓之行为”等诸多禁止条款，这也是该法案的特点之一。根据以上条文，如果一个记者可以被市县、省、全国各级行政区的记者公会除名的话，就同时意味着记者资格也将被剥夺。这是将记者资格和作为其组织的记者公会联系在一起的制度架构。这样的

---

① 参见《中国新闻学会成立》，载1941年3月17日《中央日报》。

② 参见《立法院通过新闻记者法》，载1943年1月31日《中央日报》。

③ “呈请公布新闻记者法〔附‘新闻记者法’原文〕”：《立法院呈国民政府主席（建呈237号）》，（台湾）国史馆所藏《国民政府档案》，001000001440A：《新闻记者法案》。

法律条款有可能对记者的言论自由造成威胁,这正是成舍我所忧虑的。[①]

随着政治局势的巨大变化,国民政府有关记者法的政策也发生了变化。1943年9月6日开幕的国民党第五届中央执行委员会第十一次全体会议(十一中全会)决定"在战争结束一年内召开国民大会制定宪法"。共产党向全国发表了"停止内战"的声明。美国驻华外交官里也出现了批判国民党官僚腐败、重视共产党的言论。国民党政策转换的背景是为了应付来自国内外的批判,而作出一种继而进行民主化的姿态。对于国民党的政策转换,重庆的新闻界把它作为面向"宪政"实施阶段性政治改革的信号,表示了欢迎的态度。[②]

同年10月召开的中国新闻学会第二届年会中提出的对《新闻记者法》的修正意见提案值得注意。在新的形势下,成舍我再度提起了这个问题。即由于《新闻记者法》没有规定详细的手续,在没有给本人解释机会的情况下致使当局可以随便剥夺记者资格。他在强烈抨击这些问题的同时,提议大会制定修正案并提交政府审议。同样的要求在上一次年会遭到否决,但是由于各地记者团体强烈地提出修改要求,大会最终就此达成了"对全国记者及新闻事业极为重要"的共识,决定将该提案向政府建议。[③] 考虑到当时的记者以及知识分子或被当作政治犯逮捕,或被剥夺参政员资格的情况屡见不鲜,这个问题是关系到记者"人身自由"的重大问题。

之后,经过政府内部的一定修正,1945年6月9日发表了题为"新闻记者法定自民国三十四年七月一日起实施"的政令。但是此举也受到以新闻界为首的各界的强烈反对,国民政府不得已于同年6月23日明令宣布"展缓施行",此后该法案一直处于搁置状态。[④]

用更开阔的视野审视这个问题,可以发现这个问题的背景,即要求停止内战、政治民主化的舆论的高涨,以及就此舆论各政治势力之间战后构想的对抗。国民党的第六次全国代表大会(六全大会)于1945年5月召开,在此之前的1945年4月,中国共产党在延安召开了第七次全国代表大会,两者都提出了各自的战后构想。国民党拒绝了共产党成立"联合政府"的要求,提出了单独召开国民大会,主张实施宪政的方针路线。出于舆论的要求,六全大会的各项决议提出重视经济建设的同时,也要重视政治建设,尤其是宪政实施的具体措施,并明确指出"保障言论的自由"。据称,当时压倒性的舆论呼声是强烈要求稳定城市各阶层人民的生活,要求"和平改革"。《新闻记者法》的延缓实施反映了这样的情势。

但是该法也包括有关宪政的重要因素,即正在每个行政区设置记者公会的方针。这就为国民党主道的宪政过渡提供必不可少的职业团体的重组。因为以实施宪政的国民大会为首,各种选举均设有职业团体的代表名额,能够成为代表的必须是职业团体的成员。《新闻记者法》虽然由于其非民主性的条文受到以新闻界为首的各界舆论的强烈抨击不得

---

① 参见成舍我:《新闻记者法的欠点及其补救弁法》,载《新闻战线》1943年第3期。

② 参见[日]中村元哉:《战时言论政策と内外情势过》,载石岛纪之、久保亨编《重庆国民政府史の研究》,(东京)东京大学出版会2004年版,第281~300页。

③ 参见《中国新闻学会二届年会连开两次大会》,载1943年10月2日《中央日报》。

④ "新闻记者法著展缓施行"《国防最高委员会秘书处公函,55037号》,(台湾)国史馆所藏《国民政府档案》,001000001440A。

不延期施行,但是对国民党来说,局限在个别地区进行实质上的职业团体的组织化还是有必要的。以上情况可以看作浙江省记者公会成立的背景。

三、战后记者公会的复兴与记者资格问题

1945 年 9 月战争结束后,媒体情况相比战时改变了许多。国民党立即在各主要城市对日本占领下经营的报纸、广播、电影等媒体资产进行接收,并将其转由国家管理。《东南日报》也很早就着手准备,并于 9 月 1 日以接收《浙江日报》的设施、设备的形式复刊其杭州版。[①] 诸如此类媒体管制的强化是一面。另一方面,10 月,政府开始实行停止战时新闻检查制度,媒体统制的缓和也是战后媒体的重要特征。因此各民间报纸、杂志很多得到复刊或创刊。据中村元哉的研究,由于舆论的高涨和政府的新政策,这个时期(至少到 1947 年)的媒体环境比较自由。记者群体的情况也反映了以上媒体环境的转变。1946 年 3 月鄞县新闻记者公会、绍兴县新闻记者公会,4 月杭州市记者公会、永嘉县新闻记者公会继续重建。浙江省其他各县,以前没有记者群体的,也随之新建了新闻记者公会。战后记者群体的扩大意味着新闻媒体的复兴,我们应该从新的局势上探讨其背景。

当时的战后形势是,国共两党的重庆会谈在 1945 年 10 月举行,并决定在 1946 年 1 月举行政治协商会议时再次举行谈判。政治协商会议为了尽量回避内战(当然也有美苏的压力),对宪法草案的《五五宪草》进行了大篇幅的修改。修改的内容在限制总统权力的同时,强化了立法院的权限,可以说是向实质性的议会内阁制的靠近。可是国民党不能完全接受此修正案,美国的调停活动也无果而终,国共两党间进入内战状态。与此同时,国民党政权推进其主道的宪政过渡手续,于 1946 年 11 月断然召开制宪国民大会,并于次年 1 月颁布《中华民国宪法》。政府在制宪国大上,不能靠反对内战、表明不参加大会的民主同盟,只能靠青年党、民社党制定宪政。在以后的"行政"上,为了确保其正当性,应该需要接受民意的政党以外的方法。因此,对国民政府来说,各种职业团体也有对于施行宪政——就是立法院委员选举——的重要意义。

于是,作为参与并选举出职业团体代表的母体,新闻记者公会担当了重要的角色。为了推进记者公会的组织化,1947 年 4～7 月,省政府向省下各县发出指令,要求其提交记者公会会员名册,推进正确地调查新闻记者公会等职业团体的人员。[②] 杭州市记者公会的《杭市记者》和浙江省新闻记者公会的《浙江记者》分别于同年 7 月、9 月创刊。全省性的《浙江记者》在其创刊词中用"鼓吹宪政建国"的词语来说明记者群体的目的:"中央不得已决定厉行总动员戡乱建国,这是顺徇民意的必要措施,我们拥护,我们更要继续过去的光荣,来宣传动员戡乱,鼓吹宪政建国。这是我们今日的任务,而这任务是万分艰巨的!"[③]

战后浙江省新闻从业人员在战时扩大的媒体基础上和战后比较自由的环境中越来越

---

① 参见王文科、张扣林主编:《浙江新闻史》,浙江大学出版社 2010 年版,第 186～189 页。

② 参见《厘整会籍及吸收新会员》,载 1947 年 7 月 1 日《杭市记者》创刊号。

③ 《发刊词》,载 1947 年 9 月 1 日《浙江记者》创刊号。

多，在“戡乱建国”的方针下，这些才又要被国家动员到战争了。不过，这次动员未必带来《新闻记者法》规定的严格统制，也有宪政的意义，因此围绕记者情况比较复杂与混乱。浙江省新闻记者公会在第二次会员大会上决定，为了促进各县在一定期间内成立记者公会，向各县提供一定支援的方针。杭州市新闻记者公会，向会员发放公交车费用补助等比较实惠性措施，与理念性浓厚的战时记者群体相反的。[①] 还有，浙江省内几个县出现了扩大“记者”的范围来充数的。以下是对兰溪县记者公会真实状况的报告。

> 兰溪新闻记者公会，是胜利后才成立的，现在常务理事是郎伯龄，会员一百六十余人，会址现在县党部（以前设在道报社内）。记者公会创立的时候，会员人数很少。现有会员，以男性最多数，女性如凤毛麟角，而在这许多会员中，现在报社记者的也少，多数是个机关职员，一部是商界中人，而经常选稿的人，也难得有几位。记者公会没有健全的组织，没有充裕的经费，没有人经常主持，这是?? 的缺点，应该改进的地方。并且在这一百六十多位会员中，有的不免是“滥竽充数”，挂一块证章，出入公共娱乐场所，以看荣耀，以做记者为威风，这使社会人士多少要留下坏印象，我们希望，兰溪记者公会要来一次整风运动。[②]

通过以上报告可以看出，该县记者公会的成员大部分不是从事专门记者的人，而是党政机关的职员、商界人士等。还有那些地方县城也出现了过去大城市所特有的衰颓记者问题，就是钟韵玉所说记者整肃问题。

另外，时任《工商报》副社长、杭州市记者公会理事的钟韵玉向《浙江记者》投稿，就当时媒体、记者中间存在的一些问题提出质疑，诸如依仗记者的地位身份，到处吃喝、名不副实的通讯社的存在。钟韵玉将其原因归纳为以下三点：

> ①〔除了律师、医生、会计师等以外〕惟独新闻记者，向来成为政客、学者、教授、文人、广告商、印刷商、纸商所利用之名辞，甚至党、团、军人、宗教家、戏剧家，以致普通商人亦无不可加以利用，任何一界之失业者，均有随时办报，办通讯社，或投身于报社通讯社之自由，任何一人，向市县政府索取数纸新闻纸杂志登记申请书，即可呈准许可给照发行，于是在政府未严格厘定新闻记者资格情形之下，新闻记者之出身，可说是五光十色，包罗万有。因为其中有许多是为了一时的利用，根本他们就不明白什么叫办报，办通讯社。
>
> ②记者法虽尚未正式发布，但其草案规定，可以加入公会之记者，已包括发行人，社长、经理、主笔、撰述、编辑人、外勤记者、印刷广告发行之主管人、电务员及广播员，而近内政部更规定，凡各电台之广播员，特派记者、特约撰述、各地通讯员、可以称为新闻记者。这样宽泛的规定，于是在广播电台报告节目宣传商店广告的播音员，可以称为记者；报社或通讯社为布置新闻网，易于联络取得新闻，在各机关、学校、车站、医院、旅馆、戏院倘特约一些人员，亦可称为记者，于是记者人数激增，这里面学识思想，大有不同，谁又保证不会发生违法的事。

---

① 参见《会务要闻报告》，载1947年7月1日《杭市记者》创刊号。

② 《浙江各地新闻事业近貌》，载1947年9月1日《浙江记者》创刊号。

③记者之薪酬较之工商业及公教人员更菲薄,因收入过低,于是难免易于被交际费事件之类所引动。[①]

可见这时期的记者人员的混乱程度。针对这些问题,钟韵玉提出政府应将记者资格区分为“新闻业商”“新闻从业员”“新闻记者”,并就其职能进行严格的规定,并按照其资格分别组织“新闻社·通讯社同业公会”“从业员职业公会”“新闻记者公会”。据钟韵玉的文章,内政部却发表了对新闻记者的广义解释。尽管对记者的定义看上去似乎比较困难,但使用“五光十色,包罗万有”来定义记者,其用意何在?

四、结论

1948年1月举行了立法委员直接选举,《东南日报》社长胡健中在浙江省新闻行业团体投票中以得票数最高当选。投票总数为杭州市434票,杭州市以外的浙江省3889票,也就是说浙江省的新闻职业团体共组织了4000人以上的“新闻记者”[②]。

战后国民党政权赋予新闻记者公会的地位是选举实施宪政的国民大会代表的基本单位之一。可以认为其目的是:作为支撑政权的重要基础,通过在每个行政单位内部建立诸如新闻记者公会的行业团体,有效地将城市及基层社会的中间阶层组织起来。在浙江省,抗战时期成立的战时新闻学会超越党派,起用各种意识形态的人才,培训了一批职业新闻记者。此政策的结果是强化了浙江省新闻媒体工作的基础。正因为有了这样的基础,浙江省才有可能走在设立面向战后的新闻记者公会的前面。

同时,新闻记者公会那样的职业团体作为实施宪政时选举制度的母体作用是必不可缺的。浙江省的一部分县市实现了记者公会的组织化。这些组织动员了许多所谓的“新闻记者”,可以说对选举的实施起到了辅助的作用。但是在战后媒体环境中,记者的身份发生了许多混乱,其中包括不是专门的新闻记者。就连该会理事也不禁提出质疑与批评。此时的新闻记者公会已经和曾经主要反映其职业意识的新闻记者公会相距甚远。战后的新闻记者公会,与其说是为了具体反映新闻记者的要求及舆论,不如说是为了配合实施制宪国民大会选举的要求下被组织起来的。

总而言之,战时,政府与记者精英在国家管制下合作,而战后,政府把握的记者群体不仅是专门职业记者,而是相关新闻事业的中产阶级。本稿探讨了记者团体在时代变迁中的性格变化。如果把视点聚焦得更微观,可以想象记者团体在县或者更基层的单位也发挥了一定的作用。另外,1949年之后媒体与基层社会的关系发生了怎样的变化,或者说怎样延续其自身的历史,将成为今后研究的课题。

([日]铃木航,日本一桥大学大学院社会研究科博士)

---

① 钟韵玉:《记者整肃问题》,载《浙江记者》1947年第1卷第2期。

② 《新闻职业团体立法委员投票揭晓》,载1948年5月1日《杭市记者》。

转型时代下武术家的关怀

——以孙禄堂的武术理论为例

刘继尧

孙禄堂(1860～1933)是近代武术名家,在当时大有名气。民国时期出版的《国术名人录》说孙禄堂"著有太极拳学,形意拳学,八卦拳学,孙客奉时,曾击走俄大力士,降伏恶道士,其事迹均为武术家所称道者"[①]。孙禄堂传世的著作有:《形意拳学》《八卦拳学》《太极拳学》《拳意述真》及《八卦剑学》,分别成书于 1915 年、1916 年、1919 年、1923 年及 1925 年。[②] 孙禄堂在《八卦拳学》指出:

> 大圣贤正心诚意,无不与拳术之道息息相通。[③]

"正心诚意"与拳术有何关系?两者之间的结合点是什么?孙禄堂以什么方法将两者结合在一起?这不能不求教于研究孙禄堂的先行者。

一、研究回顾

孙禄堂是近代武术名家,以孙禄堂为研究对象的著作及论文为数不少。[④] 关于孙禄堂的武学思想,童旭东指出:"自 1915 年起,孙禄堂率先撰写了《形意拳学》《八卦拳学》《太极拳学》《拳意述真》《八卦剑学》及一系列武学专著,创立并阐明拳与道合的武学思想及理论技术体系……孙禄堂的武学体系是以拳与道合的武学思想为总纲,以易、丹二经及儒释道之学为理论。"[⑤]

---

① 金恩忠:《国术名人录》,山西科学技术出版社 2000 年版(下引此书,版本同此),第 98 页。

② 孙禄堂传世著作的出版时间,参见《孙禄堂先生生平及大事记》,载孙禄堂著,孙剑云编《孙禄堂武学录》,人民体育出版社 2001 年版(下引此书,版本同此),第 397～409 页。

③ 孙禄堂著,孙剑云编:《孙禄堂武学录》,第 130～131 页。

④ 万会珍撰:《孙禄堂武学研究综述》一文,将研究孙禄堂的著作文章加以分类,得五项:(1)对孙禄堂其人的研究;(2)孙式太极方面的研究;(3)孙氏武学的产生;(4)孙禄堂武学思想体系;(5)孙式武学的继承与发展。(载《搏击·武术科学》2005 年第 8 期,第 24～26 页)本文主要探讨孙禄堂的武学与儒学的关系,而不是孙氏武术的动作、技巧等。因此,研究孙禄堂武术的动作、技巧等文章,不会详述于文献回顾,因而从略。

⑤ 童旭东:《不朽的武学思想 划时代的武学宗师——纪念孙禄堂逝世七十周年》,载《体育文化道刊》2003 年 11 月。

孙禄堂的武学与儒释道相合，已有不少先行者提出。[①] 本文的重心在于探讨孙氏武学与儒学的关系。[②] 由于本文讨论重心所限，本部分只会回顾有关探讨孙氏武学与儒学思想关系的研究。

童旭东指出，孙禄堂的武学体系与儒学有关，并说"孙氏武学体系首次历史性地使武术从一种搏斗技能升华为一门以体用兼备为特征，以开启人的良知良能为目的的修身实学……孙禄堂的武学体系也是对当时武学研究水平的全面超越"[③]。童氏对孙禄堂的评价不可谓不高，可惜童氏没有进一步考究孙氏武学与修身之间的关系，特别是武术如何修身及其方法。另外，亦没有将孙氏武学著作与其同时代的人物作比较。

万会珍与骆方成的《孙禄堂武学思想的儒家文化印痕》[④]，比较详细地谈论了孙氏武学与儒学之间的关系。他们在文中指出四点：1. 以易阐拳；2. 中和之道；3. 无极而太极；4. 格物致知。[⑤] 孙禄堂说"大圣贤正心诚意，无不与拳术之道息息相通"。拳术与正心诚意之间的关系如何？武术通过什么方法来通向正心诚意？以上这两问题，似乎还没有解说。

有不少先行者探讨武术与儒学的关系，例如探讨儒家思想中的仁、爱国、尊师、谦让、以德服人及自强不息等观念，如何影响中华武术的内涵、发展，以及对习武者的要求。这些研究是讨论儒学如何影响武术，并从而产生一套外在的规范。[⑥] 亦有先行者指出儒学

---

① 除了童旭东一文外，尚有尤志心：《孙禄堂武术思想初探——为纪念孙禄堂先生诞辰150周年而作》，载《搏击》2010年第11期。亦有先行者提出孙禄堂的重要处在于提出"以拳入道"，习拳与修道相合，并指出拳术背后，有哲学思想作为原则。[详见李志明：《孙禄堂拳学的身心教育观》，(台北)阿含文化有限公司2003年版]

② 武术与儒释道有千丝万缕的关系。先行者对此已有一定研究。例如，乔凤杰：《中华武术与传统文化》，社会科学文献出版社2006年版；陈刚、蒋苏：《三教武魂贯千古——儒、道、释对中华武术的影响》，载《搏击》2008年第5期；李巧玲：《儒、道、释家思想对武术文化的影响》，载《搏击》2011年第7期，第20～23页。对于儒家与武术的关系，多数研究指出儒家思想包括无极太极、德行、仪礼等思想对武术产生影响。对于德行与武术，先行者的重点在于阐发儒家思想外在规范的作用。亦有先行者提出，儒家修养德性的思想对武术产生影响。问题是，就儒学而言，修养德性可从"道问学"或"尊德性"切入，而武术通过什么方法来修养德性？孙禄堂的武术思想，无疑提出一个比较系统的说法，这便是本文讨论重点之一。

③ 童氏认为，孙禄堂在武学技理方面有五点贡献：(1)创立了拳与道合的武学思想体系，率先提出拳学修习的目的在于完备人的良知良能，并建立了相应的理论技术体系。(2)创立了以《易》学为核心的武学基本理论。即：先后天八卦相合理论和明、暗、化、三步功夫进阶理论。(3)创立了以中和和内劲为核心的三拳合一的技术体系。(4)提出了"空而不空，感而遂通，不勉而中、从容中道"，"拳无拳、意无意、无意之中是真意"和"得来万法皆无用，身形应当似水流"等拳学体用的道艺标准。(5)提出拳术能体物不遗及文武一理互补兼容的体育思想。(详见童旭东：《不朽的武学思想 划时代的武学宗师——纪念孙禄堂逝世七十周年》，载《体育文化道刊》2003年11月)

④ 万会珍、骆方成：《孙禄堂武学思想的儒家文化印痕》，载《网络财富》2008年第7期。

⑤ 万氏尚有其他论文谈论孙禄堂的武学思想，著有，万会珍：《孙禄堂武学研究综述》，载《搏击·武术科学》2005年第8期。合著有，万会珍、陈彬：《孙禄堂武学思想的文化价值剖析》，载《体育成人教育学刊》2006年第6期；万会珍、骆方成：《孙禄堂"拳与道合"的武学思想》，载《搏击》2008年第6期；万会珍、骆方成：《解读孙氏太极拳的中国传统哲学思想》，载《搏击》2008年第1期。

⑥ 这类研究有，毛勇、吴光远：《儒家伦理思想对传统武术道德的影响》，载《山东体育学院学报》1998年第2期；林之刚：《儒家"仁礼"思想对武术的影响及其现实价值》，载《山东师范大学学报》2006年第2期；曾凡鑫：《儒家文化思想对中华武术技术风格的影响》，载《搏击》2006年第11期；贾还如、康庆武：《儒家思想对武术的重要规范作用》，载《湖北体育科技》2006年第5期；董元元、郭学松：《传统武德中蕴含的儒家思想》，载《三峡大学学报》2010年第32卷。

与武术之间内在衔接的一面，例如乔凤杰的“超验心”认为儒学与武术终极目标相通[①]；黄莉的“正己修身”，认为修行的好坏、德行的高低、功夫的深浅不在于外界的条件，而在于修炼者的内部环境。[②] 这些研究讨论练武者内在的品德修养，但武术如何能培养品德，尚需要具体进行考察。

本文的重点有三：(1)就孙禄堂的研究而言，已有先行者指出孙氏武学与儒学有关，但武术如何达到修身成德，这点尚需解释；(2)就武术与儒学的关系而言，了解孙禄堂用何方法，使武术能通向修身成德，这点可以进一步厘清练武如何造就人格的问题；(3)孙禄堂为何要打通武术与修身成德，这需要将孙氏的论著放入清末民国的场景下，配合当时的武术家及知识分子的言论，以考其关怀。最后，笔者认为研究孙禄堂的武学思想，尚需要配合当时武术家的论著[③]以及明清时期的武术论著[④]加以比较，才见其独特处。

二、孙禄堂的“气论”

骆方成、万会珍《解读孙氏太极拳的中国传统哲学思想》中，有论述孙氏太极中的“气论”，说“孙氏太极拳包含有形意拳的思想，故孙氏太极拳也是讲究用‘气’的，主张不求呼吸，以致真息，式正气从”[⑤]。

骆方成与万会珍虽重点解释孙氏太极拳的“气论”，但已经借用孙氏形意拳“气论”的解释，可见研究孙氏武学思想，《形意拳学》《八卦学拳》《太极拳学》等著书是互通的，可以互相发明。[⑥] 骆氏与万氏解释孙禄堂“气论”近于内丹术的一面，说“不求呼吸，以致真息”[⑦]。本节，笔者主要讨论孙氏“气论”汇通儒学的一面。

孙禄堂没有专门文章论气，而是散见于其著作，他在《形意拳学》说：

> 虚无生一气者，是逆运先天真一之气也。但此气不是死的，便是活的，其中有一点生机藏焉。此机名曰：先天真一之气，为人性命之根、造化之源、生死之本、形意拳

---

① 乔凤杰提出：“从孔子开始，儒家就已经开始关注可以作为道德理想之终极依据、能够导致人们最理想道德行为的超验心。超验心，是规范形式的制作依据，是道德行为的直接发出者”，武术的理想状态都是超验心的表现，于是武术与儒家得到很好的衔接。（详见乔凤杰：《无极而太极——论武术与儒家在超验心层面的思想会通》，载《广州体育学院学报》2006 年第 2 期）

② 黄莉：《中华武术与儒家文化》，载《武汉体育学院学报》2001 年第 3 期。这类研究还有张君贤、成承：《中国武术的终极目标：修身养性》，载《搏击》2012 年第 6 期。

③ 关于民国时期的武术著作，笔者主要参考由山西科学技术出版的古拳谱系列。这系列所收集的作品主要民国时期的刊本，更为重要的是他们的作者为武术学派的传人。

④ 根据由周伟良编的高等学校教材《中国武术史》，明清时期的主要武术论述有唐顺之《武编》、俞大猷《剑经》、戚继光《纪效新书》、程宗猷《耕余剩技》、吴殳《手臂录》、黄百家《内家拳法》、苌乃周《苌氏武技书》、王宗岳《太极拳论》和《十三势力解》，张鸣鹗、曹焕斗、张孔昭《拳经拳法备要》。（详见周伟良编：《中国武术史》，高等教育出版社 2003 年版，第 101～103 页）

⑤ 万会珍、骆方成：《解读孙氏太极拳的中国传统哲学思想》，载《搏击》2008 年第 1 期。

⑥ 孙禄堂于《八卦拳学》“形意拳、八卦拳与太极拳，三家汇合而为一体，一体又分为三派之形式，三派之姿势虽不同，其理则一也”。（详见孙禄堂著，孙剑云编：《孙禄堂武学录》，第 178～179 页）

⑦ 万会珍、骆方成：《解读孙氏太极拳的中国传统哲学思想》，载《搏击》2008 年第 1 期。

之基础也。[①]

在《太极拳学》说：

夫人生于天地之间，秉阴阳之性，本有浑然之元气。[②]

据徐震的考察及经验，“先天真一之气”和“元气”是一种体内的类似气流的现象，或者是神经的波动，它虽不是鼻中呼吸之气，却与呼吸之气相应。前者用于道书，后者用于医书。[③]

明清时期的武术著作言气，有言气为“先天真一之气”“元气”一类，例如清人苌乃周《苌氏武技书》“中气者，即仙经所谓元阳，医者所谓元气，以其居人身之正中，故武备名曰中气。此气即先天真乙之气”[④]。亦有言“气”为“浩然之气”，例如明人毕坤《混元剑经》说“昔亚圣云浩然之气，至刚至大，直养无害，塞于天地之间。夫浩然之气，在于天地间则保合太和之气，以之生成。在人则空灵无间之气也，即真气”[⑤]。毕坤之说可谓开了将“浩然之气”等同体内“真气”的先声，可惜毕坤没有详细指出练气的方法，也没有将武术与修身养德等同起来。

民国时期的武术著作亦有将气解释为“元气”一类的，例如黄柏年《龙形八卦掌》指“以修养正气，活动关节为主……每作深呼吸，浊气多为之排除矣”[⑥]；刘殿琛《形意拳术抉微》指“人非气血不生……若先天之气亏，后天即须补救，补之之道，要在充其气，养其血”[⑦]。亦有将“气”解作“浩然之气”，例如薛颠《象形拳法真诠》“论语乡党篇言，孔子屏气似不息者，老子谓虚其心实其腹，庄子云，至人之息以踵，孟子曰，善养吾浩然之气，此四子者，不但得式术之三昧，及养生秘诀，并且存心养性，守中抱一，得列圣相传之道统……吾侪之欲研究国术者，岂可不尊为神明，以为却病延年卫国保民之基础”[⑧]。

---

① 孙禄堂著，孙剑云编：《孙禄堂武学录》，第 16 页。

② 孙禄堂著，孙剑云编：《孙禄堂武学录》，第 189 页。

③ 参见徐震：《苌乃周武术学》，山西科学出版社 2006 年版，第 36 页。

④ 苌乃周：《苌氏武技书》，载马力编著《中国古典武学秘籍录》下卷，人民体育出版社 2006 年版，第 228 页。需要说明的是，苌乃周在《苌氏武技书》“论正气”一节指出：“志一撼动正气，气至动志，磨砺持志，善养浩然之气，刚大充塞天地，人之赋性禀受，辗转寤寐思维，其大无外小无内，费而隐兮隐而费。”（详见苌乃周：《苌氏武技书》，第 283 页）似乎苌乃周论气，也包含“浩然之气”。可是，苌乃周只是在此节论浩然之气，而不在其“养气论”“练气诀”“纳气”等节加以论述。可见，苌氏未将“浩然之气”与“元气”“先天一之气”等同起来。苌氏言的“浩然之气”，是倾向勇气，苌氏在“勇气根源”说“天气正气集吾中，盛大流行遍体充。孟氏所谓浩然者，更有何气比其能”。（详见苌乃周：《苌氏武技书》，第 251 页）有研究者亦言苌氏论气，“不是儒家孟子知言养气那一套，乃是由道教丹法及医学上转化而来的”。（详见龚鹏程：《武艺丛谈》，山东画报出版社 2009 年版，第 220 页）

⑤ 毕坤：《混元剑经》，载马力编《中国古典武学秘籍录》上卷，人民体育出版社 2006 年版，第 176 页。

⑥ 黄柏年：《龙形八卦掌》，山西科学技术出版社 2000 年版，第 1 页。黄柏年（1880～1954），拜师于民国武术名家李存义门下，学习形意拳及八卦掌。

⑦ 刘殿琛：《形意拳术抉微》，山西科学技术出版社 2003 年版，第 1 页。刘殿琛，为形意拳名家刘奇兰之子，《国术名人录》记“奇兰之子殿臣（笔者按，即殿琛），得其精奥，并著形意拳抉微一书”。（详见金恩忠：《国术名人录》，第 137 页）

⑧ 薛颠：《象形拳法真诠》，山西科学技术出版社 2007 年版，第 19 页。薛颠（1887～1953），曾任天津国术馆馆长。其《象形拳法真诠》在 1932 年出版，在孙禄堂著作之后。薛颠说“孔子屏气似不息者，老子谓虚其心实其腹；庄子云，至人之息以踵；孟子曰，善养吾浩然之气。此四者……不但得式术之三昧，及养生秘诀，并且存心养性，守中抱一，得列圣相传之道统”，与孙氏之武学将“元气”“先天真一之气”“浩然之气”打拼归一，非常相似，两者一先一后，颇能见民国武术发展的次第。

孙禄堂论气的特别之处，是其“气”包含了浩然之气、先天真一之气，以及元气。武术中的“气”包含浩然之气，已见于明清的武术著作，出现在孙氏之前。孙氏接续前人，并更进一步，明确指出如习武练气，不但使“身体生发”，还“能进于德”，一举两得。孙禄堂在《形意拳学》说：

> 乾道成男，坤道成女，而人道生焉……气无二气，理无二理。然物得气之偏，故其理亦偏。人得气之全，故其理亦全……至于人，则全受天地之气，全得天地之理。今守一理，而不能格致万物之理，以其全其性命，岂非人之罪哉。……今人若能于十二形拳中，潜心玩索，以思其理，身体力行，知行合一，不惟能进于德，且身体之生发，亦可以日强矣……①

“乾道成男，坤道成女”引自《易・系辞》②；“气无二气，理无二理。然物得气之偏，故其理亦偏。人得气之全，故其理亦全”，“至于人，则全受天地之气，全得天地之理”则引自吕祖谦《东莱左氏博议》。③《系辞》为《易传》之一，钱穆指出《易传》与《礼记》是“改进道家自然主义之宇宙观以完成儒家传统的人文主义之人生论之要旨”④。至于吕祖谦之说，是指出天理落实到人身上，就形成了人的德行。人之一身，由于得气之全，于是天理也完备。⑤

“气”在儒学中是含有“德性”的意义，借徐复观之言便是“良心(道德理性)的自觉”⑥。孙禄堂在《详论形意八卦太极之原理》指出：“至大至刚，养吾浩然之气。与儒家诚中形外之理，一以贯之。此形意拳之大概也。”⑦孙氏论气，明显糅合了儒学元素。

孙禄堂的“气”论，是医家“元气”、道家“先天真一之气”及儒家“浩然之气”的综合，名虽异而实一。故孙氏说：

> 夫人诚有是气至圣之德，至诚之道，亦可以知，亦可以为矣……学者知此，则形意拳中之内劲即天地之理也。又人之性也，亦道家之金丹也。劲也，理也，性也，金丹也，形名虽异，其理则一。其劲能与诸家道理合一。……⑧

又说：

> 中庸所谓致中和，孟子所谓直养而无害皆此气也。⑨

人的浩然之气(元气、先天真一之气)本来完备，但因某些原因而出现流失。孙氏说：

> 先天元气，赋予后天形质，后天形质，包含先天元气，故人为先后天合一之形体

---

① 孙禄堂著，孙剑云编：《孙禄堂武学录》，第 51 页。

② 参见周振甫译注：《周易译注》，中华书局 1991 年版，第 230 页。

③ 参见吕祖谦：《东莱先生左氏博议》卷三，中华书局 1985 年版，第 22 页。

④ 钱穆：《〈易传〉与〈小戴礼记〉中之宇宙论》，载《中国学术思想史论丛》(二)，安徽教育出版社 2004 年版，第 31 页。

⑤ 以上对吕祖谦思想的解说，详见蒋伟胜《合内外之道：吕祖谦哲学研究》，浙江工商大学出版社 2012 年版，第 129～130 页。

⑥ 徐复观：《孟子知言养气章试释》，载《中国思想史论集》，(台北)台湾学生书局 1959 年版，第 146～147 页。

⑦ 孙禄堂著，孙剑云编：《孙禄堂武学录》，第 376 页。

⑧ 孙禄堂著，孙剑云编：《孙禄堂武学录》，第 100 页。

⑨ 孙禄堂著，孙剑云编：《孙禄堂武学录》，第 117 页。

也。人自有知识情欲，阴阳参差，先天元气渐消，后天之气渐长。阳衰阴盛，又为六气所侵(六气者，即风、寒、暑、湿、燥、火也)，七情所感。故身躯日弱，而百病迭生。[①]

孙禄堂武术著作皆说以养正气或浩然之气为宗旨[②]，其气论由于包括了"元气""先天真一之气"及"浩然之气"，即是"体内的气流"以及"良心的自觉"，于是，习武不仅"身体生发"，并"能进于德"。下一步需要追问的是，练气的具体方法如何？这便进一步考察孙氏的中和论。

三、武术与成德——致中和

孙禄堂极重视"中和"，认为这是拳术核心之一。孙氏说：

极未动时，为未发之和，极已动时，为已发之中。所以拳术一道，首重中和。中和之外，无元妙也。[③]

研究孙禄堂的先行者，已经察觉孙氏甚重视中和。万会珍与陈彬在《孙禄堂武学思想的文化价值剖析》一文说："孙禄堂的武学思想将贵和持中的思想体现得淋漓尽致。"[④]万会珍与骆方成《孙禄堂武学思想的儒家印痕》一文说："孙禄堂非常看重中和，认为守中和是太极拳的最高原则之一。"[⑤]两文重点在于解释孙氏如何运用"中和"解释拳术，而笔者这节的重点是解释"中和"如何能培养"浩然之气"。

孙禄堂的《形意拳学》《八卦拳学》《太极拳学》及《八卦剑学》中的招式都是由无极到太极。孙禄堂说："以无极式为之根，以太极式为之体。斯二者，乃拳中万式之基础也。"[⑥]既然无极、太极二式在孙禄堂的武学中如此重要，我们不妨借此二式窥看孙氏武学达到"中和"的方法。

孙禄堂的《形意拳学》关于太极学、两仪学的拳术时说：[⑦]

起点身法由静而动，不可前栽，不可后仰，不可左斜，不可右歪，要和而不流，中立而不倚。……起点之时，心意如同人在平地立竿，将立定之时，心气自然平稳沉静，亦无偏倚，谓之心与意合，意与气合，气与力合，此之谓内三合也。不如是心，始有毫之差，而终有千里之谬也……[⑧]

---

① 孙禄堂著，孙剑云编：《孙禄堂武学录》，第177页。

② 孙禄堂在《形意拳学》《八卦拳学》《太极拳学》说"是发明此拳之性质，纯以养正气为宗旨"。(详见孙禄堂著，孙剑云编：《孙禄堂武学录》，第11页)在《太极拳学》则说："是编拳术不尚血气，纯任自然，不能伤其后天之力，专以善养人之浩然之气为主"。(详见孙禄堂著，孙剑云编：《孙禄堂武学录》，第181～182页)

③ 孙禄堂著，孙剑云编：《孙禄堂武学录》，第377页。

④ 万会珍、陈彬：《孙禄堂武学思想的文化价值剖析》，载《体育成人教育学刊》2006年第6期。

⑤ 万会珍、骆方成：《孙禄堂武学思想的儒家文化印痕》，载《网络财富》2008年第7期。

⑥ 孙禄堂著，孙剑云编：《孙禄堂武学录》，第181页。

⑦ 孙禄堂在《形意拳学》中的"形意无极学""形意太极学""形意两仪学"及"形意三体学"是形意拳三体式的演化过程。三体式在形意拳非常重要。几乎形意拳的所有动作都出于三体式，故孙氏说"万法皆出于三体式，此式乃入道之门，形意拳中之总机关也"。(详见孙禄堂著，孙剑云编：《孙禄堂武学录》，第20页)

⑧ 孙禄堂著，孙剑云编：《孙禄堂武学录》，第17页。

在《八卦拳学》指出无极学拳术：

> 起点面正，身子直立，两手下垂，两足为九十度之形式，如图是也。[①]

又在《太极拳学》指出无极学拳术：

> 起点：面向正方，身子直立，两手下垂，两肩不可向下用力，下垂要自然，两足为九十度之形式，如图是也。[②]

在孙氏武学里，作为起源、总纲及贯穿所有动作的无极学及太极学，都有一要旨：直立、中立。在外形上，直立、中立的姿态是不前栽、不后仰、不左斜及不右歪，亦即中正。孙氏之女孙剑云说："所谓中正，既为不前俯后仰，又不左偏右倚，躯干、手足、上下呼应，内外一体。"[③]

明清、民国时期的一些武术论著亦要求动作"直立""中立""中正"（下文统一称中正）。例如清代张孔昭《拳经拳法备要》"身法提要"中提到"直竖身"[④]，李塨《学射录》中提到"身端体直"[⑤]，纪鉴《贯虱心传》中提到"立身之法，状似蹲鹰，勿挺勿曲"[⑥]。

民国时的武术著作如黄柏年的《龙形八卦掌》说："凡初学者，其姿势之正确与否。实为将来比较胜负之结果。故习时，先必忌四形：(1)不可前伏(2)不可后仰(3)不可左斜(4)不可右歪。"[⑦]金一明《中国技击精华》说："最忌者，初学拳时，身歪步斜，手迟目钝，全无身法步法。"[⑧]

孙氏论中正的精彩处是，通过中正的姿势，便可以后返先天，兼修养德性。首先人在原初，元气完备，孙氏说：

> 人自赋性含生以后，本藏有养生之元气，不仰不俯，不偏不倚，和而不流，至善至极，是为真阳，所谓中和之气也。[⑨]

可是，由于种种原因，元气日减。孙氏说：

> 人自有知识情欲，阴阳参差，先天元气渐消，后天之气渐长。阳衰阴盛，又为六气所侵（六气者，即风、寒、暑、湿、燥、火也），七情所感。故身躯日弱，而百病迭生。[⑩]

要补充元气，必须后天返先天，以正中的要求习武，便是渠道之一。[⑪] 孙氏说：

---

① 孙禄堂著，孙剑云编：《孙禄堂武学录》，第 133 页。

② 孙禄堂著，孙剑云编：《孙禄堂武学录》，第 190 页。

③ 孙禄堂著，孙剑云编：《孙禄堂武学录》，第 258 页。

④ 张孔昭撰，曹焕斗注：《拳经拳法备要》，载《丛书集成续编》，（台北）新文丰出版公司 1989 年版，第 531 页。

⑤ 李塨：《学射录》，载马力编《中国古典武学秘籍录》上卷，人民体育出版社 2006 年版（下引此书，版本同此），第 218 页。

⑥ 纪鉴：《贯虱心传》，载马力编《中国古典武学秘籍录》上卷，第 229 页。

⑦ 黄柏年：《龙形八卦掌》，第 7 页。

⑧ 金一明：《中国技击精华》，山西科学技术出版社 2003 年版，第 34 页。金一明（？～1966），师承孙禄堂等武术大师。

⑨ 孙禄堂著，孙剑云编：《孙禄堂武学录》，第 180 页。

⑩ 孙禄堂著，孙剑云编：《孙禄堂武学录》，第 177 页。

⑪ 当中还要配合其他要点。

> 惟圣人知逆转之机,修身之本,还元之道……一气伸缩之道,明善复初之功,求立于至善之极点,以复先天之元气。和而不流,中立而不倚,可与后世做法,亦可为万物立命……[①]

上节指出,孙氏的"气论"除了包含医书"元气"、道书"先天真一之气"外,还包含儒学具有德性的"浩然之气"。因此以"中正"的姿态练武,日久便能后天返先天,恢复"气"的完备状态,对"身体""德性"皆有裨益。[②] 故孙氏说:"身体力行,知行合一,不惟能进于德,且身体之生发,亦可以日强矣。"[③]

武术向来重视"德",明清、民国武术著作亦是如此。例如苌乃周《苌氏武技书》:"学拳宜以德性为先。凡事恭敬谦逊,不与人争,方是正人君子。……学拳宜以涵养为本,举动要心平气和,善其迎人,方免灾殃。"[④]陈鑫《陈氏太极拳图说》"学拳须知"中说:"学太极拳不可狂,狂则生事,不但手不可狂,即言亦不可狂,外面形迹必带儒雅风气,不然狂与外必失于中。……学太极拳不可凌厉欺压,人一凌厉欺压,即犯众怒罪之魁也。"[⑤]孙氏接续先贤,将儒学"浩然之气"融入武术中,配合习武时候的"中正"姿态,便能达到"致中和"的效果,从而后天返先天。这便是孙禄堂武术成德的理论。

武术对习武者的德行要求,多是一种外在的规范。而孙氏的武学理论,"气"除指"元气""先天真一"外,还有德性的含义,通过"致中和"的方法,练武的同时,兼修养自己德的性,从而知是知非。于是,习武的德行,除了外在的规范以外,还可以通过内在的修养而成。孙氏以此武学观来回顾历史人物,关羽和岳飞皆知大义,这与其武功是密不可分的,孙氏说:"吾人立身涉世,处处皆是诚中形外,拳术何独不然。试观古来名将,如关壮缪、岳忠武等,皆以识春秋大义,说礼乐而敦诗书,故千秋后使人生敬仰崇拜之心。"[⑥]无怪孙禄堂说:"大圣贤正心诚意,无不与拳术之道息息相通。"[⑦]易言之,孙禄堂的武学,是将德行与武术紧扣起来,武术从此成为内在修养德性的渠道之一。

简略而言,孙禄堂的武学至少有三个特点:(1)接续先贤,将具有德性意义的"浩然之气"融入武术。(2)以"致中和"为方法,道出武术除了健体外,还能涵养一己的德性。

---

① 孙禄堂著,孙剑云编:《孙禄堂武学录》,第133页。

② 需要指出一点,姿态中正与养气有关。这观点在孙禄堂之前有,例如纪鉴《贯虱心传》"正己养气篇"的要求是"立身之法,状似蹲鹰,勿挺勿曲,双膝力匀,不丁不八,两足整平,间尺有咫,务与肩停。前小指傍,对的中心;随方正己,养气凝神",纪鉴:《贯虱心传》,载马力编《中国古典武学秘籍录·上卷》,人民体育出版社2006年版,第231页。

③ 孙禄堂著,孙剑云编:《孙禄堂武学录》,第51页。

④ 本注释所引之文,乃苌乃周《苌氏武技书》中"初学条目"其中两点。"初学条目"中尚有其他德行的要求。(详见苌乃周:《苌氏武技书》,载马力编《中国古典武学秘籍录》下卷,第255～256页)

⑤ 陈鑫:《学拳须知》,载《陈氏太极拳图说》,山西科学技术出版社2003年版,第2页。陈鑫(1849～1929),河南陈家沟人。陈家沟以太极拳著名,陈鑫可谓学于家传之学。

⑥ 孙禄堂著,孙剑云编:《孙禄堂武学录》,第380页。

⑦ 孙禄堂著,孙剑云编:《孙禄堂武学录》,第130～131页。

(3)武术对修炼者有一定的规范及要求,孙氏将这规范及要求转为其个人内在的自觉。[①]

下文将会以近代中国转型时期为背景,尝试探讨孙禄堂为将武术转化成成德桥梁之原因。

四、武术与成德:以近代转型时期为背景作分析

尤志心认为孙禄堂将儒、释、道归入拳术的原因有二:(1)强国、强种;(2)改造完善人格。[②] 问题是孙氏为何要将完善人格与拳术结合?这需要结合清末民初这一转型时期的背景作分析。

武术与传统文化息息相关,这点应该是毋庸置疑的。清末民初,由于国势衰弱以及外来思想输入,传统文化面临巨大的挑战。作为传统文化一部分的武术,亦面临如此的挑战。林小美说:

> 在清末民初这样特殊的时代背景下,受国人"强国强种"愿望的影响以及在西方近代体育思想的冲击下,武术作为一种极具中国特色的体育被推上了历史的舞台。这一时期的武术发展并不同于以往单纯在技术上的改进,而是一度出现了对武术进行全方位的诠释,给予其全新的定义。[③]

简言之,在清末民初这变动的时局下,需要重新发掘、阐释武术的意义。周维良认为:"任何文化冲撞,说到底其根本的核心是观念的冲撞。就武术而言,争论的内容主要集中在两个方面:武术是否具有锻炼价值,提倡武术是否符合中国社会的发展需要。"[④]响应这两问题的答案,主要有四点:(1)强身强国之方[⑤];(2)为吾国粹;(3)合于科学;(4)进德之途。

关于第一点。民国时期出版的武术书籍,多强调武术是强身、强国之途径,例如由侯敬舆、吴志清及异军合著的《国术理论概要》指出:"国术重光,武风丕振,小而锻炼筋骨,强健身心,大之冲锋折敌,捍国卫敏,振萎靡怠惰之风。"[⑥]李剑秋在《形意拳术》说:"夫拳术为用大矣,强健身体,防御外侮,其大纲也。"[⑦]宝鼎《形意拳谱》说:"国民之体力,一国之强弱系焉。……阅此者(笔者按:《形意拳谱》)循行而弗怠,必能韧筋砺骨,强毅有为,以树奇功于当世。"[⑧]

---

① 需要说明的是孙禄堂认为武学能通向德性这观念,其实自由来源。孙禄堂的《拳意述真》可见其中消息。万会珍在《孙禄堂武学研究综述》一文指出:"童旭东《孙氏武学的产生与发展》文中论道,孙氏武学产生于本世纪初,是孙禄堂先生在前人研究经验的基础上,经过自身数十年卓绝的研究与实践,揭示出了武学的本质与基本规律,进而创立了拳与道合的武学思想及理论技术体系。"(万会珍:《搏击·武术科学》2005年第8期)本文主旨主要讨论孙氏武学中习武与成德的关系,故此孙氏武学思想的来源只能在此略为一说。

② 尤志心:《孙禄堂武术思想初探——为纪念孙禄堂先生诞辰150周年而作》,载《搏击》2010年第11期。

③ 林小美等:《清末民初中国武术文化发展研究》,浙江大学出版社2012年版,第1页。

④ 周伟良编著:《中国武术史》,高等教育出版社2003年版,第115页。

⑤ 当时有人认为武术合乎卫生之说,可以成为建体良方。这点与强身吻合,因此笔者不将此说独立为一点。

⑥ 卞人杰、侯敬舆等:《国技概论·国术理论概要》,山西科学技术出版社2011年版(下引此书,版本同此),第48页。吴志清,精于查拳等,在上海创中华武术会。侯敬舆,武术名家,曾任教与江苏无锡国学专修学校。异军,不详。

⑦ 李剑秋:《形意拳术》,山西科学技术出版社2001年版,第1页。李剑秋,形意拳名家,曾任教与清华大学。

⑧ 宝鼎:《形意拳谱》,山西科学技术出版社2000年版,第32页。宝鼎(1865～1942),晚晴武举人,后传攻武术。

关于第二点。武术作为传统文化的一部分,相对于西方的体育而言,是中国固有的,因此将武术等同于"国粹"①,需要保留及发扬。例如王尚同为任致诚的《阴阳八盘掌》写序言时说:"武术为我国固有国粹。"②李存义在《南北拳术教范》中说:"拳术实为吾国固有之国粹……是书之编,亦正欲提倡武术,宣扬国粹也。"③

关于第三点。民国时期,新文化运动展开,"科学"成为一种衡量的准则。在这种思潮的影响下,武术的意义亦需要与科学建立某程度上的联系。例如吴图南在《国术太极拳》说:"吾人提倡国术之方针,在使国术科学化,太极拳则业经科学化之国术也。"④姜容樵认为由于种种原因,武术应该属于社会科学。他曾说:"国术现在成了纯粹的社会科学了。"⑤

关于第四点。武术与德性向来有关,民国时期的武术著作亦如是观,例如《国术理论概要》指出:"武术注重的,不只是强健的体格,而是高尚的德性。"⑥下文会再谈及。

就孙禄堂的武学思想而言,孙氏明显没有将武术学科化的倾向,至少在其武术论著里,不见其将武术与科学拉上关系。孙氏同意拳术是健身强国之方,他说:"富强之道,在乎黎庶之振作。振作之主义在精神,若无精神则弱矣。人民弱,国何强?欲图国强,须使人民勿论何界,以体操为不可缺之一科。如此则精神振矣,国奚不强。"⑦另外,孙氏认为:"拳术之理,亦所以与圣道合而为一是也,其理即与圣道相合。"⑧孙氏虽未曾名言拳术为国粹,但观其说拳术能与圣道合,拳术与国粹之间,确实有一定的联系。拳术为国粹之一,这应该不悖于孙氏之武学。

孙禄堂既然认为武术能健身强国,是国粹,那么为何孙氏还要完成一套以拳术"改造完善人格"的武学?这问题在于健身强国与国粹不能突出武术的重要性。拳术是传统文化的一部分,视之为国粹,这自然的,但拳术仅为固有的东西,其价值并不突出。至于拳术可作健身之用,继而强国,拳术若退至健身之作用,这便可以被其他运动所取代,拳术→健身→强国可以替换为任何运动→健身→强国。⑨ 这必然削弱拳术之重要性。

拳术本具有技击之用,但自火器出现后,拳术的功用开始减退,任致诚《阴阳八盘掌》

---

① 郝子华在《国术之源流及今后科学化之方法》指出:"'国'字是表明此是我国一种固有的武术……毫无褒贬之意在内",详见《军医》1929年第2/3期。

② 任致诚:《阴阳八盘掌》,山西科学技术出版社2001年版,第1页。

③ 李存义:《南北拳术教范》,(台北)东方文化书局1951年版,第2页。

④ 吴图南:《国术太极拳》,山西科学技术出版社2001年版,第2页。吴图南,蒙古人,吴式太极名家。武术科学化对中国武术的发展,也有一定的裨益,周伟良指出:"在这一时期(武术科学化)可以看到,一些较有学术截止的论著层出,其中许多研究成果至今仍闪烁着难能可贵的理论光彩。尽管有些阐释也许在今人看来似觉肤浅,在研究方法上有的也显得稚嫩、不足,但这些研究者所尽力营建的是一座不同于前代的武术理论殿堂。"(周伟良编著:《中国武术史》,第117页)

⑤ 姜容樵:《从哲学科学说到国术》,载《求是月刊》1936年第11期。

⑥ 卞人杰、侯敬舆等著:《国技概论·国术理论概要》,山西科学技术出版社2013年版,第50页。

⑦ 孙禄堂著,孙剑云编:《孙禄堂武学录》,第8页。有关武术列入体育、体操一科,参见林小美等著:《清末明初中国武术文化发展研究》,浙江大学出版社2012年版,第77～101页。

⑧ 孙禄堂著,孙剑云编:《孙禄堂武学录》,第173页。

⑨ 有人反对。

说“自民国以来，科学武器日精，技击一道，几失其效用”[①]，亦有人指“谓近代科学倡明，时代巨轮日趋演进，世界列强之所恃以制霸者乃机械之精良，非武技之优长也。我国武术已成落伍，可以休矣”[②]。孙禄堂也有这考虑，据尤志心的记载：“他（笔者按：孙禄堂）的师傅程廷华先生于1900年死于八国联军的火器之下，给他很大的震动。他认识到功夫再好，也经不住火器的攻击。所以，他后来的教学就更注重拳术的教化功用。他的三本武术著作《形意拳学》《八卦拳学》《太极拳学》，只字不讲技击法，只讲修身养性。”[③]

火器出现致使拳术效用日减，如尤志心的记载，这是孙禄堂将教学转移至教化的重要原因。但问题是，拳术在民国以前已有教化，注重道德的功能，孙禄堂为何还要创立一套与“圣道”相合的武术思想？这便要回归于周伟良所说：“武术是否具有锻炼价值，提倡武术是否符合中国社会需要。”从孙禄堂的学术著作来看，孙氏分别在《形意拳学·凡例》说“此十二形之体操，关系全身精神。久疾者能愈，不起者能痊，又不仅于习拳已也”[④]，在《八卦拳学·凡例》说“此八卦拳术关系全体精神，而能祛病延年，又不仅于习拳已也”[⑤]，《太极拳学·凡例》说“是编专讲究为修身而作”[⑥]。加上笔者在本文的考察——孙禄堂如何将武术与成德结合，孙禄堂确实是非常看重武术修养德性的功能。

民国时期将武术与德行挂钩，并进一步认为是当时社会所需。这并不鲜见。如时人白剑英撰《国术与道德》一文，说：

> 在这国家飘摇，社会窳败的险恶环境中，道德的藩篱，早已被邪魔攻破了……我们打算挽救中华民国目前的危急，首先就要恢复中国固有的道德……在人们脑海里，放射出光辉，须把我们祖宗遗留下来的健身御侮最宝贵的国术：提倡起来！[⑦]

又如陈炳藜《精武与人格》说：

> 吾国今日之社会，道德堕落，民风浇漓，声色货利，机械诈变之事，日有加而无已……论者遂讲道德教育，发展人格之说以救济之……而精武能发展人格之伟大功效，知若纂鲜。[⑧]

林小美亦有同样的考察，认为当时的武术发展，与道德迷失及振兴道德有关。[⑨] 对于民国社会的问题是关于道德问题，不只是由一些提倡武术者提出，一些知识分子亦如是观，例如王森然在《近代二十家评传》自序中开宗明义地说：

> 今日之社会，乃一黑暗卑污暴乱衰颓之社会。上自国政，下及民生，无分公家事

---

① 任致诚：《阴阳八盘掌》，山西科学技术出版社2001年版，第4页。

② 蔡仪庭：《太极蕴真·序》，载宋史元《太极蕴真》，山西科学技术出版社2008年版。

③ 尤志心主编：《孙氏三十六手太极拳》，山西科学技术出版社2012年版，第26页。

④ 孙禄堂著，孙剑云编：《孙禄堂武学录》，第11页。

⑤ 孙禄堂著，孙剑云编：《孙禄堂武学录》，第123～124页。

⑥ 孙禄堂著，孙剑云编：《孙禄堂武学录》，第182页。

⑦ 白剑英：《国术与道德》，载金恩忠《国术名人录》附录一，山西科学技术出版社2000年版，第32～33页。

⑧ 陈炳藜：《精武与人格》，载林小美主编《民国时期武术运动文选》，浙江大学出版社2012年版，第142页。

⑨ 参见林小美：《道德迷失与武术认同》，载《清末民初中国武术文化发展研究》，浙江大学出版社2012年版，第72～75页。

> 业，及私人行为；映于日闻于耳者，无不令人震惊迷惘失望伤怀。此种现象，既无愈于数十年前……救之之道，端在改正国民之根本信念。根本信念：一为学术系统，一为实用道德。[①]

马一浮曾在给袁心灿的信件表露说：

> 今天下大患，惟在徇物肆欲而不知率性循理。此战祸之所由来，不独系于一国家、一民族也……言富强者必极于不仁……至今垂百年，从变法自强递变为科学救国，为革命抗战，只是魏源流派所衍，不能出其范围。
>
> 三十年前出一梁启超，驱人于俗，十余年来继出一胡适之，驱人于偷，国以是为政，学校以是为教……故谓克己复礼，正如收复失地战胜攻克一般，须是扎硬寨、打死仗才行。[②]

孙禄堂生于1860年，王森然与马一浮分别生于1895年及1883年。以年龄论，王氏与马氏为孙禄堂的后辈，现多举一个与孙氏年纪相约之知识分子，生于1865年的唐文治。唐文治在《学校培养人才论》说：

> 培养之道，宜加意者，在讲明道德，本身以作则。蒙尝有言：道德，基础也，科学，屋宇垣墉也。彼淹贯科学，当世宁无其人？然或忘身徇利，一旦名誉扫地，譬诸基础未筑，则屋宇垣墉，势必为风雨所飘摇而不能久固。[③]

唐文治、王森然、马一浮对时局的考察虽稍有异，但他们对道德的关怀则一。民国以来，一些知识分子注重中国道德的社会效能，新儒家的学者则完成道德本体化的学理论证。[④]

孙禄堂与唐文治、王森然、马一浮等知识分子一样，处于一个转型的时代。无独有偶，孙禄堂强调武术与成德的一面，其实与当时一些知识分子注重道德的社会效能及对社会的重要性一样。就民国以来，注重道德这思想伏流而言，武术与修养结合，自然有锻炼的价值，并符合中国社会的发展需要。孙禄堂在这伏流下，打通武术与成德，练武、成德融汇而一。

童旭东指出："孙禄堂的武学体系也是对当时武学研究水平的全面超越。"[⑤]这超越就像新儒家的学者完成道德本体化的学理论证[⑥]，孙氏完成了武术道德本体化的学理论证，即是习武者可以通过练武来完善自己的德性。

孙禄堂之女孙剑云回顾其父传授武术的情况说：

> 先父禄堂公一生传授武术极重武德。故其所授莫不从修养两字出发，在讲武之

---

① 王森然：《近代二十家评传》，载《民国丛书》第五编，上海书店1996年版，第1页。

② 马一浮：《马一浮集》第2册，浙江古籍出版社1996年版，第873～874、878页。

③ 唐文治：《学校培养人才论》，载刘露茜、王桐荪编注《唐文治教育文选》，西安交通大学出版社1995年版，第29页。

④ 关于民国时期，知识分子关注中国道德方面的研究。涉及文化保守主义者可以参考何晓明：《返本与开新——近代中国文化保守主义新论》，商务印书馆2006年版。

⑤ 童旭东：《不朽的武学思想 划时代的武学宗师——纪念孙禄堂逝世七十周年》，载《体育文化导刊》2003年第11期，第71页。

⑥ 参见何晓明：《返本与开新——近代中国文化保守主义新论》，商务印书馆2006年版，第8页。

> 暇训诲学生:“练拳宜自己下工夫,不要在人前卖弄精神。品论他人技艺长短,务以德行为先,要恭敬谦逊,以涵养为本。”[①]

从孙剑云之回忆,确实可见孙禄堂对德行的重视,亦可窥见处身于转型时期的武术家,如何暗合当时思想的伏流,别出心裁而成就一套以武术通向成德的理论,从而指出武术在当时存在的价值,以及可以对社会做出的贡献。

周群在《中国近代武术家群体研究的视角问题》指出,近代武术家作为中国近代众多不同社群之一,同样面对社会转型的问题,实值得深入探讨。[②]

在这一思路下,本文以转型时期的中国作为背景,探讨孙禄堂的武学如何贯通武术与成德。明显可见,孙氏的武学重点,并非是将武术科学化,而是建构将武术通向德性的自觉。这透露了在转型时期,中国武术面对何去何从的问题时,作为一个武术家的选择。这选择不但折射了一股思想的伏流,而且反映了一个武术家的关怀,以及其为此所做出的努力。

(刘继尧,香港浸会大学历史系博士生)

---

① 孙禄堂著,孙剑云编:《孙禄堂武学录》,第260页。

② 参见周群:《中国近代武术家群体研究的视角问题》,载《安庆师范学院学报》2009年第28卷第7期。

试论华北乡村家族文化的变迁

——以近代以来山东台头村为例

高思峰

村落家族文化是我们了解乡土中国的一个重要切入点。探讨家族文化在近代的生存和发展是当下学术界研究的热点。华南家族文化研究起步较早，成果较为丰富。[①] 作为回应，华北家族文化研究也展现出一系列成就。[②] 近代华北地区地域广袤，家族文化呈现出多样性和复杂性。但以往研究对象往往集中于华北腹地，研究成果倾向于对现代状况的描述，研究旨趣则围绕于“他者”对于乡土社会的价值定位，如此的价值取向和表达方式既碎化了乡村文化图景，也缺乏对于沿海村落家族文化进行专题性的写实（短时段的微观描述）与写意（长时段的宏观叙事）的分析研究。

本文的考察对象山东台头村，是一个造就了较多研究成果的学术名村：杨懋春教授的《一个中国村庄：山东台头》、密歇根大学戴蒙德的 *Model Villages and Village Realities*、中央民族大学潘守永的《重访抬头：中国基层社会文化变迁的田野研究》，以及山东大学师生的调研等。这些学术调研既为新时期对台头村家族文化的深入研究奠定了基础，也为进一步的学术对话和讨论提供了空间，是我们拓展相关研究的平台和起点。

近代以来，台头村区域受到了现代化的持续冲击，家族文化在新形势下的生存和发展成为一个值得关注的话题。而近年来，对台头村的文化变迁尤其是以家族为点的，探讨其与城市化互动关系的田野考察和历史研究却鲜有提及，学术性的调查研究未能进一步延续。台头村家族文化的演化历程和文化特性是怎样的？如何审视城市化进程中家族的近代化转型？这些都是本文的关注所在。

---

① 代表作有：[英]费里德曼：《中国东南的宗族组织》，刘晓春译，上海人民出版社 2000 年版；林耀华：《金翼：中国家族制度的社会学研究》，庄孔韶等译，三联书店 2008 年版；陈支平：《近五百年来福建的家族社会与文化》，三联书店 1991 年版；周大鸣：《当代华南的宗族与社会》，黑龙江人民出版社 2003 年版；[日]濑川昌久：《族谱：华南汉族的宗族・风水・移居》，钱杭译，上海书店出版社 1999 年版。

② 代表作有：兰林友：《庙无寻处——华北满铁调查村落的人类学再研究》，黑龙江人民出版社 2007 年版；[美]黄宗智：《华北的小农经济与社会变迁》，中华书局 2000 年版（下引此书，版本同此）；[美]杜赞奇：《文化、权力与国家：1900～1942 年的华北农村》，王福明译，江苏人民出版社 2003 年；唐军：《蛰伏与绵延：当代华北村落家族的生长历程》，中国社会科学出版社 2001 年版。

一、近代初期台头村的家族文化

(一)家族的历史与构成

1. 台头村的家族渊源

台头村是位于胶州湾西侧的一个沿海村落,其正式称谓为青岛市黄岛区辛安街道台头社区,学术界习惯上称其为台头村,本文沿用了台头村这个"传统"称谓。

台头村所在区域属于移民村落。明代永乐年间,"皇诏播迁",大批山西、云南居民移民至此。[①]《台头村志》记录了村庄移民的渊源:潘族于明永乐年间第一个自云南迁入,是村庄的"门头户";陈族于清康熙年间从诸城红石头迁入;杨族于清乾隆年间从诸城下河城迁入;刘族于清嘉庆年间从刘家岛迁入。以上四姓构成了台头村家族来源的主体。[②] 潘、陈、杨、刘为村中"四大家族"。

2. 台头村的家族组织

从历史上看,家族组织以自然经济和小农经济为经济基础的社会基层组织,其以血缘家族和地域为联结纽带,稳定而有效地实现对乡村的控制。

近代初期的台头村家族聚族而居:潘族居住在村庄中东部,陈族居住在村庄中西部,杨族和陈族比邻,刘族居住在村庄中西部[③],形成了如陈家胡同、杨家胡同等。台头村的家族等级分明:家有家长,族有族长;家长一般是家中年长而有农业劳动经验的男性,负责家庭的全部生产和生活规划;族长的权威和影响得到族人充分认可,家族中的重大事件都要向族长请示[④];家族功能完备:家族在祖先祭祀、资助教育、济贫扶弱、调节矛盾、教化惩戒等方面发挥重大作用[⑤];家族意识强烈:家族借助于一系列的家族仪式和活动来积聚和强化其凝聚力。[⑥]

(二)家族的功能表现形式

在台头村家族自身发展的过程中,村里有限的资源和空间开始受到挤压。家族功能形式不得不借助于不断的冲突和整合来实现。

---

① 参见赵继梅:《辛安镇志》,内部刊行 1994 年版,第 96 页。

② 关于家族的定义,学术界有不同的解释。本文研究基于杨懋春先生对于家族的相关界定:家族是家庭的集合体;大多住得很近,相互之间保持密切关系;家族通过亲属关系,相互的权利义务连接在一起,连接的纽带是非正式的,但很强有力;从组织层面而言,家族被视为家庭和村落之间的过渡性组织。(详见杨懋春:《一个中国村庄:山东台头》,张雄等译,江苏人民出版社 2001 年版,第 131 页)

③ 参见潘守永:《访抬头:中国基层社会文化变迁的田野研究》,中央民族大学博士学位论文,1999 年,第 55 页。

④ 在台头村,族长属于非官方权威,他们左右着政府决策,支配着公共舆论,是村庄绅士重要组成,也是乡村社会权力的实际控制者;保持家族的和谐和稳定是族长最主要的职责;年长、富裕、人品好、有学识、可靠都是族长的特征,所以一个族长身上可能集中了几种身份,如族长、学校教师、乡绅、当地学者等。(参见杨懋春:《一个中国村庄:山东台头》,江苏人民出版社 2001 年版,第 177、179～180、183 页)

⑤ 参见杨懋春:《一个中国村庄:山东台头》,江苏人民出版社 2012 年版(下引此书,版本同此),第 134 页。

⑥ 在台头村并不是每个家族都拥有祠堂、族谱、族田、族学等,潘族体现得最为完备。

1. 在政治权力博弈中的表现

从历史上看,家族始终处于国家政权或松或紧的控制中,族权和政权一直在进行着权力的互补。攫取基层政治权力和话语权是家族政治功能的重要体现。

在台头村,围绕着村庄管理与控制,家族间进行过激烈角逐。潘族作为村庄中的"开门户"和大族,人多势众(参见表1),更容易在争夺中占据优势。据《台头村志》关于村领导的沿袭情况(参见表2),从1894年始设村长到1945年解放,村领导的位置基本上由潘族和陈族两家轮流担任,而以潘族居多,弱小家族基本被排斥在村庄领导层之外。这样,潘族就可以把一些在家族会议上讨论的话题提升到村庄的层级中来讨论,在公共权力的庇护下,其家族利益得到进一步扩大就成为可能。

表1 20世纪40年代台头村家族人口统计表

家族	潘族	陈族	杨族	刘族	其他	总计
户数	88	12	12	4	4	120
人数	528	72	72	24	24	720

资料来源:杨懋春:《一个中国村庄:山东台头》,江苏人民出版社2001年版,第11、131～132页。

表2 解放前台头村村长(保长)沿袭表

时间	1894～1913	1914～1925	1926～1931	1932～1935	1936～1944	1943～1945	1945
村(保)长	潘经	陈凤玉	潘继	潘洪申	潘洪利	陈锡洲	潘立富、潘洪九

资料来源:陈锡法、潘进光:《台头村志·政治军事志》,1984年手写本。

2. 在宗教信仰冲突中的表现

近代以来,基督教文化逐步渗入华北的沿海和腹地。民国初年即有不少台头村民从事宗教活动,信徒以杨姓、陈姓居多。他们大多家境较差、社会地位不高,为了"促进彼此的利益获和保护彼此的责任"①,他们借助于基督教起来抗争,并在基督家庭群体、教会小学形成了自己的势力范围。"现代"的基督教理念与传统家族观念有很大抵触,如教徒提倡自由、平等的基督教精神以及不敬神、不烧香、不修庙、不祭祖的方式形成了对传统礼教和家族文化的冲击。双方在祭拜祖先、分摊祭神费用、医疗方式等方面发生了诸多矛盾和冲突。②

值得注意的是,基督教加强了女性在家庭和社会中的地位,很多接受洗礼的女性敢于坚持自己的主见。③ 在中西文化冲突中,传统家族观念不断受到撼动。

---

① 马林诺夫斯基:《文化论》,费孝通译,中国民间文艺出版社1987年版,第78页。

② 关于群体的冲突,我们发现即使在基督教内部也存在着天主教和新教的对抗,二者围绕争夺村传道士的职位一度发生冲突;家族是区分宗教群体的重要但非绝对依据,比如基督教并不涵盖所有陈姓族人,但却有少数潘族成员加入天主教,相似的家庭的地位是一个重要的划分依据(参见杨懋春:《一个中国村庄:山东台头》,第183～184页)

③ 参见杨懋春:《一个中国村庄:山东台头》,第153～155页。

3. 在教育资源争夺中的表现

家族教育是家族的重要功能之一。村民重视"学术声誉",把教育看成提高社会地位的途径,而不仅仅是对年轻人发展的关心。[①] 村中第一所学校是潘族于 1894 年建的"博古堂"。在此读书被认为是家庭身份和社会地位提高的象征,家长经常就教育事宜进行商议,围绕着"博古堂"形成了一个以潘族为中心的"话语空间"。势力较小的陈族和杨族认为自己的孩子不能得到平等的对待,他们借助教会力量于 1922 年建立了一座教会学校——"信义小学",学生男女皆收。

"博古堂"属于传统的私塾教育,学生以潘族居多,教授内容多符合乡土社会的需求。"信义小学"属于新式学堂,学生以信教子女居多。教授内容更符合国家新式教育理念。谣言、相互警告、对于对方学识的攻击,以及对于县级教育经费的争夺,时而缓解,时而加剧。潘、杨两族以学校为手段的较量持续多年,学校之间的冲突也构成了村庄的历史。

(三)家族的形态分析

家族作为乡土社会中一种最基本的结构组织,具有契合乡土社会结构的特质和一套维持自身稳定、有序的文化特征和功能。近代初期的台头村,家长、族长的有效管理是建立在乡土传统文化的被尊重和非正式治理手段被认可的基础上的。"忍"是保持家族和谐的重要文化传统[②],《潘氏族谱》中潘氏十规"一奉祖先,二孝父母,三和兄弟,四睦宗族,五结相邻,六教弟子,七戒习染,八尊法度,九慎婚嫁,十急赋税",体现出家族"可以作为社会控制系统"[③]的重要特征。"如果没有那么多的传统、礼仪和社会制裁作为控制手段起作用,即使是非常老练而有技巧的家长,也不可能完成这项任务。"[④]

家族文化具有接纳、调适、融合的内在张力和文化特质。村中"四大家族"围绕着资源和公交空间的话语权展开针锋相对的争夺和博弈,家族偏见、信仰差异和族间猜疑加剧了家族冲突,但并没有达到不可控的局面:潘族并不过分地压制异族的发展空间[⑤];杨族在相邻的村庄是"开户姓",势力也很大;陈族虽力量不强,但注重借助教会力量等拓展家族影响力。与冲突形成对应的是家族间的妥协和调适:村庄领导的选举须有"四大家族"的代表参加;两所学校自动划分了招生范围;村民对外来宗教逐渐熟悉,年轻一代的基督教徒不断觉悟并与其他群体展开合作。在家族文化内在张力及乡土社会内在的调节机制的作用下,各方力量呈现相对均衡的态势。

20 世纪以来,乡村社会出现了新的社会趋势,给予家族有力冲击。首先,"由于地方政权、农民和村庄在二十世纪的变化……导致了一套完全不同的国家—社会关系,和一个

---

① 如果家族不能从中分享到荣誉和利益,家族将丧失对教育投资的兴趣。(参见杨懋春:《一个中国村庄:山东台头》,第 138 页)

② 忍耐、仁慈、正直、忠诚等行事的原则在家族聚会时不断被告诫。(参见杨懋春:《一个中国村庄:山东台头》,第 136 页)

③ 王先明:《晚清士绅基层社会地位的历史变动》,载《历史研究》1996 年第 1 期。

④ 杨懋春:《一个中国村庄:山东台头》,第 68 页。

⑤ 土地是家族维系的重要经济资源,我们发现潘族以占村庄 73%的人口占有村庄 80%的土地,这个比例表明"开门户"潘族并没有过多的侵占他族的土地资源。

新的社会政治结构的出现"[①]。就台头村而言,国家对基层社会控制的不断加强[②]、基层政权的不断内卷,以及持续不断的政治动荡和社会混乱等,打破了村民对于原有生活方式的绝对依赖[③],"大多数年轻人不再顺从家庭和家族的长者,他们越来越依靠自己,越来越不信任他们的长辈"[④],这使家族影响明显减弱了。其次,伴随着国家对于外来文化的接受,家族文化开始受到部分新思想和外来文化的挑战,基督教和传统礼教成为村落中的两个主要的思维价值规范;家族的矛盾和妥协实际上是中、西文化的冲突和调适,村落家族文化呈现多元状态。再次,村落和城市联系的日益密切也弱化了家族观念。随着青岛的发展和交通的改善,村庄也越来越感到现代城市和商业的影响,年轻人在"织布穿衣"等问题上有了自己的主见,逐步表现为新的家庭内部冲突。[⑤]

二、改革开放以来台头村的家族文化

(一)家族的裂变与重构

1949年后的集体化时代,国家对家族势力采取了压制政策,家族的组织和结构逐渐解体。祠堂、族谱、族产被毁掉或没收,家族墓地被取缔,大家族裂变为小家庭,家族组织、家族观念受到重创。"文革"结束后,国家对农村的控制有所削弱,家族呈现蓬勃复兴之势。改革开放之初,家族意识一度强化,但短暂的合作之后,家族功能即被个体家庭所取代。近年来,有老人开始热心于族谱修撰等活动,试图让后代"明世次,辨亲疏,寻根认祖",家族呈现"回归"与"复兴"的苗头(与此对应的是更大程度上传统习俗的"回归",拜把兄弟、认干亲、看风水、婚丧嫁娶讲究排场等)。但此时老一辈已无力管理家族事务,凡事大都由年轻人做主,而年轻人几乎把精力都放在经济收益上,对修谱、修祠堂、修庙等事务无暇顾及甚至不屑一顾。家族内多在节日进行礼节性的拜访,"同宗不同心"的状况普遍存在。家族仪式的缺失和日常实践的弱化使得家族观念在现代生活中呈现出"断层形态"的延续。

(二)家族的功能表现形式

1. 政治理念的蜕变

在法理社会,就家族自身功能而言,其既无法做村庄管理的"正式的治理者",也不能做村庄管理的"非正式的影响者"[⑥],是一个尴尬的角色。

---

① [美]黄宗智:《华北的小农经济与社会变迁》,中华书局2000年版,第300页。

② 《关于查薛家岛至辛安、灵山卫、阴岛至马庄哥设警备电话情况的训令》,1940年,档号:A0018/003/00068,青岛市档案馆藏。

③ 《胶县第五区长薛雨臣向辛安集等村民强索子弹费的报告》,1939年,档号:B0023/001/00399,青岛市档案馆藏。

④ 杨懋春:《一个中国村庄:山东台头》,第138页。

⑤ 年轻人和孩子青睐青岛棉纺厂的棉纱及机器织布,老年人由于阻挡不了年轻人对吃力而低效的传统纺纱织布技术的反感,只能寻求妥协。参见杨懋春:《一个中国村庄:山东台头》,第46页。

⑥ 肖唐镖:《从正式治理者到非正式治理者——宗族在乡村治理中的角色变迁》,载《东岳论丛》2008年第9期。

但就现代政治生活而言，家族从来没有游离于政治之外。家族标签在村民的平常生活中并不外现，但在村庄政治权力的争夺即村委会人员的竞选中，同族同宗却成为拉票竞选的一张有力的亲情牌，成为能够左右制度层面的隐性力量。在选举中胜出的人员往往属于实力较强的家族。同时，新机制下的选举形式既承认了各家族对选举的影响力，又保证了村庄政治权力不为某一家族所垄断。"四大家族"的权力博弈依旧，不过是在符合国家要求的框架中进行。雄心勃勃者在现行体制内巧妙地运用掺杂了物质利益的家族情感进行活动。家族文化还在相当程度上影响甚至支配着人们的思维和行动。

2. 教育思想的蜕变

以"博古堂"和"信义会"为代表的、以教育资源和话语空间的争夺为外在表现形式的家族博弈局面最终以国家强制介入而告终。1949 年后，政府成立了台头小学作为唯一合法学校。现在村中的学校是 1997 年修建的市级"标准化工程"学校——"抬头小学"，在很多年长村民心中，其"承载着全村父老乡亲的期望，透射出台头村的兴衰，延续着台头村的未来"。

家族已不承担族人教育义务，教育已为单个家庭所普遍关心。家族间的教育资源的争夺已转化为家庭对于教育资源的争夺。村民普遍认为"对教育的投出终会有回报"，大多数村民还认为获得更高的教育还可以为家庭乃至村庄带来较好的声誉，村民往往很容易记住有孩子上大学的家庭，认为这些孩子为家庭"争了光"。这种"回报论"和"学术声誉"历经百年仍得以传承。

3. 信仰观念的蜕变

1949 年后，外来宗教被取缔，教堂被拆毁，宗教活动陷入沉寂。改革开放以来，国家倡导宗教信仰自由，村中的家庭教会又开始活动，每周礼拜制度恢复，教民们聚在一起诵经、唱赞美诗及进行基督节日庆祝，陈族仍然担任"教会会首"。

当下村中的信教群众有减少的趋势，很多教民家中出现了断层。大多村民认为现在生活过得不错，可以参加的活动很多，生活比较充实，没有必要信教，对信教能带给人的"种种好处"不以为然，不少村民直言"现在年轻人已经不信这个东西了"，但对于宗教教义的善、德方面予以肯定，认为信教的村民是"善男信女"。宗教已为普通村民所理解和包容，本土化的外来信仰和传统的祖先崇拜相安无事地渗入村民的日常生活中。

（三）家族的形态分析

家族文化自身的历史积淀与内在韧性、情感归属与理念关怀构成其穿越时代的特质与力量。改革开放之后，家族文化获得某种层面上的复兴，存在若干历史渊源。尽管在解放后，家族处于被国家强力压制态势。然而，国家举措对"宗法制度在社会结构与社会意识中的深厚基础却触动不够"[①]。在台头村，村民内心的那种世代相传的血缘情感和家族观念并没彻底泯灭，仍然在影响着人们的生活。[②] 此外，台头村历史上没有出过强宗大族，也未发现大族过分欺压小族、富户欺压贫户的现象。村中相对温和的家族冲突和相对

---

① 肖唐镖：《从正式治理者到非正式治理者——宗族在乡村治理中的角色变迁》，载《东岳论丛》2008 年第 9 期。

② 家庭烙印既在生产队划分、阶级矛盾斗争等外在方面体现，又在家庭秘密祭祀等内在方面体现。

缓和的阶级压迫，亦为家族观念延续之因素。

在异质多元的现代社会，家族文化面临的挑战严峻而紧迫。在当前社会，与经济模式多元化同步的是社区的功能凸现：各种协会、团体、培训班、俱乐部等构成的社会组织，各种教育、医疗、保险、救助构成的保障体系，各种报纸、广播、网络组成的舆论空间；各种政策、法规、条文精神组成的权威秩序等，逐步形成一套现代的组织系统和社会关系网络，构成了对原有家族功能的补位和替代，家族很难再次拥有绝对支配的地位。但由于社区功能还不完善，家族文化仍存在发展的空间。在台头村，丧葬、节庆、祭祀等“重要事件”仍然是家族情感最浓烈的时刻。

蜕化成为这个时期家族文化的写照和特性。在现代化、城市化进程中，人们的价值诉求日趋市场化，对物质利益表现出更多的关切。村民往往强调的是“个人—家庭”利益的最大化，这就导致传统的基于血缘的“个人—家族”社会联结机制日趋消解，与此对应的是传统家族文化的蜕化和迷失。如过年家族聚会的传统虽在，但形式超过意义；血缘关系在婚姻中被一再淡化，有被“业缘”“学缘”取代的趋势；家族祠堂没有恢复，族谱修编一再搁置；老人在家庭生活中被边缘化……蜕化建立在新环境下对群体利益和社会资源的重新整合的基础上，呈现传统、现代多元文化的累积交融和层叠覆盖状态，或可视为一种过渡形态。

三、台头村家族文化变迁的特点及原因

(一)以经济收益为视角

村民经济收入水平的稳步提高、收入方式的多元化及现代市场经济意识，是家族文化变迁的深层致因。综观近代初期到改革开放前的台头村，虽然有劳务输出，也存在手工作坊和小工厂，但规模都不大，村中最稳定、最主要的收入还是农业收入，这对于维系家族观念有着重要作用。改革开放以来，大批村民脱离农业生产而从事个体、私营、承包、租赁等商业活动，获得了前所未有的经济收益(参见表3)。而20世纪90年代兴起至今不衰的工业园的建设不仅解决了部分村民的就业，大量外来务工人员所带来的房屋租赁又成为村民的一项重要收入。

表3　　20世纪80年代至今台头村民收入情况表

年　份	1980	1983	1987	1992	2007	2012
人均收入(元)	192	491	1000	1700	8263	17617

资料来源：《关于接待美国密西根大学教授诺玛戴蒙德的情况报告》，1985年，档号：C0026/005/00076，青岛市档案馆藏；高思峰：《台头村的文化转型研究——20世纪30年代至今》，山东大学硕士学位论文，2008年，第66页。

在这样的背景下，市场经济意识便形成了对传统家族观念的重大冲击。调查表明，现在村中不同年龄段的人的家族观念分化明显，老年人家族观念较重，但包括年轻人在内的大多数村民则认为能赚钱才算有能耐。村落中权威基础已不单单是血缘地位，而是市场

经济下各种因素的综合。[①] "利益至上"已成为普遍的思维意识和价值取向。在这种观念的影响下,亲情关系淡薄,乡信礼义弱化,家族文化式微,家族文化在村民思想中更多的是一种"历史的残留"。

(二)以外部环境为视角

村庄外部环境的变化和辐射也是导致家族观念变化的一个重要的因素,这既包括国家层面政策法规的影响,也包括外来文化渗透、城市的功能拓展的影响。

政策法规的影响主要体现在有关政策、法规、文件及其实施对村落家族文化的影响。"国家制度及其在地方社会进行统治的策略的变化",可视为地域社会变化的"根源之一"[②]。20世纪以来国家对新型保甲制的推广、科举制的废除、新型公学制的推行给予家族深刻的影响;解放后国家的土地改革"彻底消灭了家族制度的经济基础";新《婚姻法》打破了潘杨不婚的家族历史顽疾;合作化时期家族的经济协作被打破;"文革"时期鼓励村民揭发祭祖行为;新时期下的计划生育政策、改革开放政策、设立沿海开放城市举措,以及区域发展规划等都从不同层面冲击了家族文化。新修《潘氏族谱》直书:"鉴于计划生育政策,古代的略直系入谱,当代男女平等,打破重男轻女的恶习,这是开了潘氏修谱的先河。"

外来文化的渗透主要体现在基督教文化的渗透,以及以城市文化为代表的多元文化的冲击。20世纪初,基督教文化对村落的文化空间进行了重构。而随着村庄和外部信息的传递和交流渠道不断拓宽,大批年轻人开始走出村庄,他们的经历给留在村里的人产生了巨大影响。[③] 在信息化、网络化的时代中,台头村民与外界交流的渠道更为便捷;都市生活、世界名牌、流行时尚已成为村民街头巷尾谈论的话题;大量外地人员的涌入带来了多元的思想观念和生活方式。[④] 台头村现在已是一个"具有世界性倾向"的社区。

城市功能拓展的影响主要体现在城市近代化进程对于周边地区巨大的辐射作用,这是台头村独特的地域性因素。近代以来,台头村始终和青岛保持着一定的经济联系(包括贸易和雇佣)。随着这个新兴的工商业城市的逐渐发展以及区域交通的改善[⑤],商品化和工业化对村落的影响更加体现出来,村庄对青岛的依赖程度被不断加强,甚至超过了县城。[⑥] 改革开放以来,城市化成为这个时期村落无法绕开的主旋律。台头村在内的沿海农村被纳入整个大青岛发展框架,村庄的每一步规划和发展都是对城市功能的积极回应。

---

① 参见王沪宁:《当代中国村落家族文化——对中国社会现代化的一项探索》,上海人民出版社1999年版,第166页。

② 李金铮:《区域路径:近代中国乡村社会经济史研究方法论》,载《河北学刊》2007年第5期。

③ 参见杨懋春:《一个中国村庄:山东台头》,第196页。

④ 截至2012年年底,台头村民总数为1683人,外来务工人数约为8000人。

⑤ 1892年青岛港始建,1897年11月德国强占胶州湾成为青岛建城之始,开始了青岛的近代城市规划和建设。"青岛在十九世纪还是一个渔村,但到1938年,已成为一个有592000人口的城市。"([美]黄宗智:《华北的小农经济与社会变迁》,第140页)

⑥ 参见杨懋春:《一个中国村庄:山东台头》,第193~194页。

现代化进程给予了沿海村庄更多机会和更大的发展空间。[①] 2010 年,台头村所在的辛安街道作为国际生态智慧城建设的主要区域,根据"工业中心、城市新区"的发展定位,台头村民将按照部署搬迁改造。2012 年,开发区"传承台头历史文化,打造黄岛文化名片"的规划再次给予村庄发展定好坐标。

(三)以土地变动为视角

耕地的减少、农业生产模式的转变也是影响村民家族观念的重要因素。传统的自然经济条件下,家族行使其经济职能,村民十分重视乡土。近代初期,"台头村的人口一直是比较稳定的,很少有家庭迁离村庄。尽管个人经常流动,许多年轻人到较大的镇上去工作,但他们与家乡的亲属保持着密切的联系,而且常常回村庄,最终在村庄里定居下来"[②]。集体化时期,根据辛安公社的安排,村庄大批土地被划给临近的村庄。[③] 改革开放以来,特别是 20 世纪 90 年代以来,村庄土地大量减少,农业的生产模式发生重要变化,农用机械被普及,家族的经济协作功能被进一步淡化,农业变成"副业"并渐渐萎缩,第二、第三产业蒸蒸日上,"外向谋生"成为村民的主要生活方式。现在村中已没有耕地,农产品收入已不存在,传统农民身份已终结。随着自然经济的终结和谋生方式的转变,建立在其上的契约、族规和家族教化和经济协作功能受到重大冲击,家族的凝聚力越来越小。此外,随着生产模式的转变,人口也出现较大流动,村子逐渐呈现出杂姓、混居现象,单一姓氏聚族而居的格局逐渐被打破,潘家胡同、陈家胡同、杨家胡同等都在旧村改造中消失了,聚族而居只剩下些残迹。

"在现代化的过程中,我们已开始抛离乡土社会。"[④]台头村的家族文化变迁历程为我们描绘了一幅华北沿海村落家族文化变迁的画卷,这并非一个田园诗般的场景:执着与叛逆、冲突与妥协、同质与异化、绵延与断裂、蛰伏与回归充斥着整个历程,而"巨变的失落和超越的艰难"[⑤]更是交织其中。但是,面对生存危机,家族文化从未停止过自我调适、重组和蜕变,寻求新的生存空间。回顾近代以来现代化推进过程,台头村人没有强烈地固守家族传统的自觉,不乏村民积极主动的调适与迎合。当然,"不是任何旧事物都能适应社会巨大变化的,事物被淘汰是正常现象,而家族能够应变、自变地生存下来,自应有其内在的因素"[⑥],在现代社区生活中,大量传统因素得到延续说明家族文化有其契合社会结构和社会变迁的特质。从某种意义上说,过去的、传统的东西未必都是近代化、城市化的消极

① 在 20 世纪 80 年代中期黄岛开发区建设的序曲中,台头村民纷纷贷款、承包修路、搞运输、做生意、找关系;在 20 世纪 90 年代开发区全面建设热潮中,兴起的工业园给村庄带来了大量就业机会和大批就业岗位,也繁荣了村落房地产经济。2001 年,开发区被定位为"青岛新的经济重心"的宏伟目标,并享受一系列加快发展的权限。2011 年通车的胶州湾跨海大桥和胶州湾隧道使得青岛—开发区半小时城市圈实现。

② 杨懋春:《一个中国村庄:山东台头》,第 15 页。

③ 村庄所剩耕地远离水源,对农业经济结构和产粮影响较大。参见 Norma Diamond, "Model Villages and Village Realities", Modern China, vol. 9, no. 2, pp. 161-181.

④ 费孝通:《乡土中国　生育制度》,北京大学出版社 1998 年版,第 17 页。

⑤ 李培林:《巨变:村落的终结——都市里的村庄研究》,载《中国社会科学》2002 年第 1 期。

⑥ 冯尔康:《18 世纪以来中国家族的现代转向》,上海人民出版社 2005 年版,第 27 页。

障碍,未必不是促成向近代社会转化的积极力量。[①] 家族文化体现出的互助帮扶、社会公益、长幼有序、忠诚信义、知恩图报等特点与社区的和谐改造及城市化的有序推进是契合的。同时,家族文化本身的韧性和张力,家族文化与现代文明对生命关怀、价值取向、情感依托等的共通之处,都为家族文化留下生存空间。族谱中"互敬互爱,遵纪守法,爱国爱家乡,为社会献力量,为后生树榜样,更为后代所借鉴,有所考据矣"体现出的正是其家、国一体的文化共通特性。

台头村的家族文化将何去何从?就国家层面而言,正确解读家族文化特性[②],积极引导家族文化转型,或许是解决"'因乡村建设而致乡村破坏'悖论"[③]的一条渠道。就家族层面而言,与民众普遍追求的经济利益等价值思维相契合,有机糅合现代社会理念,充分表达社会人文关怀,可视为家族能否再次彰显其文化韧性和张力的关键。当下,城市化推进的时代价值取向以及国家层面的政策、规划无疑是影响其变迁的强大外部致因。此外,从乡村建设的历史实践来看,单纯的制度依赖并不能真正解决乡村问题,要脱离"他者"价值语境,承认并尊重乡民的乡村文化主体性地位,须知"乡村文化的根本特点是其实践理性"[④]。在时代风云中,台头村人将以自己的性格和行为实践着村庄传统与家族文化的最终归宿。

(高思峰,南开大学历史学院博士研究生、天津财经大学珠江学院讲师)

---

① 参见张思:《19世纪天津、烟台的对外贸易与传统市场网络——以洋纱洋布的输入与运销为例》,载《史林》2004年第4期。

② 一般而言,"底层所表达的物质需求,总会以某种合法的文化形式表现出来"。(详见王晓毅、渠敬东编:《斯科特与中国乡村:研究与对话》,民族出版社2009年版,第172页)

③ 赵兴胜:《现代性与乡村传统文化的未来》,载《人民论坛·学术前沿》2013年第6期。

④ 乡村社会的基层性、乡村文化形态的实践性需求的意义,以及乡村社会结构体系的特点是决定实践是传承和塑型乡村文化的关键所在。(详见赵兴胜:《乡村文化研究要兼顾"大小传统"》,载《人民论坛》2011年第26期)

环境史研究中的人与自然对象性关系

房小捷

一般认为，由于当代世界环境危机的日益加剧，在战后环境保护运动的推动下，环境史作为一门历史学的分支学科得以于20世纪六七十年代的美国——现代资本主义世界体系的中枢兴起。[①] 近半个世纪以来，各国学者们在明确环境史的学科对象、探索环境史的研究方法、阐述环境史的社会功用、展开环境史的具体实证研究等方面取得了一批丰硕的研究成果。在这个坚实的基础之上，环境史正在完成从一个特定的研究领域或考察问题的某种视角，向一种新生的，包含一定价值诉求、研究纲领和公认范例的研究范式的转化。[②] 正处于"范式化"转型关键时期的环境史学，迫切需要由一组核心概念支撑起一套自然一社会一体化的新认知图式，进而为理论批判的深化提供一批能够从整体上反映人与自然的历史性关系的经验材料，并为生态运动实践的深入发展提供一幅能够有力表达人们现实诉求的生态化的世界图景，以实现学科自身进步和现实回应能力的双重突破。笔者认为，青年马克思在《1844年经济学哲学手稿》中提出的"人与自然的对象性关系"概念，可以作为支撑起自然一社会一体化的新认知图式的一组核心概念中的关键一环。

---

① 由美国环境史学会（American Society for Environmental History）于1976年创刊的著名杂志《环境史评论》（Environmental History Review）可以看作环境史作为一门独立的历史学分支领域在美国学术界地位巩固的标志。有关该问题的具体论述可参看迈克尔·威廉斯：《环境史与历史地理的关系》，载马宝建、雷洪德译《中国历史地理论丛》2003年第4期；包茂宏：《环境史：历史、理论和方法》，载《史学理论研究》2000年第4期；高国荣：《环境史学在美国的兴起及其早期发展研究》，中国社会科学院研究生院博士学位论文，2005年版，第52页。

② 参见 William Cronon, "A Place for Stories: Nature, History, and Narrative," *Journal of American History*, 1992(78. March), pp. 1347-1376. I. G. Simmons, *Environmental History: A Concise Introduction*. Oxford: Blackwell, 1993. Donald Worster, "Appendix: Doing Environment History," in *The Ends of the Earth: Perspectives on Modern Environmental History*, edited by Donald Worster, Cambridge: Cambridge University Press, 1998, pp. 289-307. Carolyn Merchant, *The Columbia Guide to American Environmental History*. New York: Columbia University Press, 2002.［美］詹姆斯·奥康纳：《自然的理由——生态学马克思主义研究》，唐正东、臧佩洪译，南京大学出版社2003年版；梅雪芹：《马克思主义环境史学论纲》，载《史学月刊》2004年第3期；王利华：《中国生态史学的思想框架和研究理路》，载《南开学报》2006年第2期；王利华：《生态环境史的学术界域与学科定位》，载《学术研究》2006年第9期；梅雪芹：《从环境的历史到环境史——关于环境史研究的一种认识》，载《学术研究》2006年第9期；王利华：《作为一种新史学的环境史》，载《清华大学学报》（哲学社会科学版）2008年第1期；［美］J. 唐纳德·休斯：《什么是环境史》，梅雪芹译，北京大学出版社2008年版；梅雪芹：《环境史研究叙论》，中国环境科学出版社2011年版；包茂红：《环境史学的起源和发展》，北京大学出版社2012年版。

一、“人与自然的对象性关系”的提出及其内涵

19世纪40年代中期是马克思主义诞生的关键时期。在这一时期，马克思的思想发展极为迅速，他从对旧的资产阶级政治经济学和德国古典哲学的批判入手，完成了从青年黑格尔学派的激进民主主义者向共产主义者的转变，初创了新的政治经济学体系，并为历史唯物主义理论奠定了基础。这一时期的重要著作《1844年经济学哲学手稿》(以下简称《手稿》)虽然还不是他对新的世界观的系统阐发，但却在对国民经济学和黑格尔哲学的摘录与批判中，宣告了与旧的资产阶级国民经济学体系和黑格尔主观唯心主义哲学体系的决裂，提供了新的世界观的萌芽，具有重要的思想史价值。青年马克思在《手稿》中借助“对象”“对象化”“对象性活动”“对象性关系”等一组黑格尔式的术语，完成了对青年黑格尔学派中“抽象的自然”“抽象的人”的扬弃，将人和自然按照其本来面目纳入到了具体的、历史的“对象性关系”当中[①]，赋予了“对象性关系”以新的意义，形成了马克思主义的“对象性关系”概念。这一概念是指客观事物之间普遍存在的相互依存、互为对象、相互确证对方存在、相互表现对方性质的直接的、具体的联系，是马克思哲学的主导原则——“实践”的初拟形式。这一概念为我们认识和把握自然生态过程中的历史和历史过程中的自然生态提供了一个具有足够适用性的描述工具，为人类历史图景的生态化开辟了道路。

要使用“人与自然的对象性关系”概念对自然与历史展开讨论，首先必须对“自然”这个日常词汇进行一番必要的学术界定。我们日常所谈论的自然，以人类主体性的呈现为疆界，可以划分为以下两个相互关联又严格区别的事物：一个是所谓“自在自然”，另一个是“人化自然”。对于环境史研究来说，这两种自然具有各自不同的意义。

“自在自然”作为一种尚未和人类结成“对象性关系”的自然，无法为我们所感知和把握，在认识论上加以谈论没有丝毫意义[②]，马克思主义将这种非历史的自然逐出科学研究的疆界，将人类思想从神学臆测和意识形态束缚中解放出来，开辟了科学发展的道路。但是，在认识论领域中拿去“自在自然”这个无法成为认识对象的事物，并不等于否认这件事物在其他领域的意义，并不等于否定其对人类的精神、情感和其他方面的价值。保留“自在自然”的存在权实质上是对人的有限性的承认和对世界开放性的保留。这种思想中的悬设和情感上的关照，一是可以提醒我们不要在将上帝从物质世界中赶走的同时，扮演起全知全能的人间神的角色，以至于通过滥用启蒙理性的“庸俗唯物论”滑向主观唯心主义的唯意志论；二是能够为人化自然和自在自然之间的相互转化留下余地，避免某种形式的“历史终结论”。不过，“自在自然”毕竟不是我们讨论的重点，而且只能是我们内心中的一份情感关照和对人类局限性的警醒。

“人化自然”即与人类结成“对象性关系”的自然，“人与自然对象性关系”的内涵主要有以下四个方面，“人化自然”对于历史认知的意义也就体现于其中：

---

① 参见[德]马克思：《1844年经济学哲学手稿》，载《马克思恩格斯全集》第3卷，人民出版社2002年版(下引此书，版本同此)，第312～338页。

② 参见[德]马克思：《1844年经济学哲学手稿》，载《马克思恩格斯全集》第3卷，第335页。

第一,处于和人结成的对象性关系中的自然,通过人类的实践活动完成了人化过程,从而具备了直接的社会历史意义。具体说来,一方面,人类通过实践这种"有意识的生命活动把人同动物的生命活动直接区别开来"①,使自然界成为人"自身之外的对象"②,结束了人与自然界原始的混同状态,实现了人与自然界的分离。这种分离,使得自然成为人们需要面对的问题,成为人类活动的对象,从而为环境和环境史的诞生提供了前提条件。另一方面,同样是通过人类的实践活动,自然的人化得以完成,自然从此进入了人类实践领域从而具备了社会历史性,实现了与人类历史的统一。这种具备了社会历史性的自然,即构成了环境史研究中的所谓环境,使得所谓人与环境的关系和"环境史"成为了一种现实。人化自然的诞生过程实质上也就是所谓环境和环境史的诞生过程。

第二,作为自然产物的人类,只能以成为环境的自然为其活动的对象和依据。一方面,作为"人类生活的永恒的自然条件"的生产活动"一边是人及其劳动,另一边是自然及其物质"③,人类只能通过符合自然规定性的生产活动在人与自然之间实现物质变换,完成物质财富的创造过程,构筑人类的生存基础,"没有自然界,没有感性的外部世界,工人什么也不能创造"④。另一方面,由人组成的人类社会则是在"与自然的斗争"中形成的⑤,处理人与自然关系的物质资料生产活动始终是人类社会赖以存在和发展的基础,"是最基本的实践活动,是决定其他一切活动的东西"⑥。人类自诞生之日起就不断地从自然界中获得物质生活资料,并在这个基础上展开和变革现实的社会关系,形成人类历史。不论是个人还是组成社会的人类,不论到什么时候,都不能忘记自然界对自身活动的决定作用。

第三,人类的历史只能在人与自然的对象性关系之中存在和发展。在人类以成为环境的自然为对象的实践活动中,一方面人作为"能动的自然存在物",以自然为实现自己本质的对象,将自然界"首先作为人的直接的生活资料,其次作为人的生命活动的对象(材料)和工具——变成人的无机的身体"⑦,展现出人的本质力量,完成"自然的人化";另一方面,"人作为自然的、肉体的、感性的、对象性的存在物,同动植物一样,是受动的、受制约的和受限制的存在物"⑧,也受到自然的制约,体现着自然的本质,并将自然规律和自然的力量纳入自身,完成"人的自然化"。这种同时发生的"自然的人化"和"人的自然化"过程,使得人类的历史与自然的历史相互交织,不可分离⑨,使得人类的历史只能在人与自然的对象性关系之中存在和发展。

---

① [德]马克思:《1844年经济学哲学手稿》,载《马克思恩格斯全集》第3卷,第273页。

② [德]马克思:《1844年经济学哲学手稿》,载《马克思恩格斯全集》第3卷,第325页。

③ [德]马克思:《绝对剩余价值的生产》,载《资本论》第1卷,人民出版社2004年版,第215页。

④ [德]马克思:《1844年经济学哲学手稿》,载《马克思恩格斯全集》第3卷,第269页。

⑤ [美]H. 马尔库塞:《反革命和造反》,载[美]H. 马尔库塞主编《工业社会和新左派》,任立编译,商务印书馆1982年版,第127页。

⑥ 毛泽东:《实践论:论认识和实践的关系——知和行的关系》,载《毛泽东选集》(合订一卷本),人民出版社1967年版,第259页。

⑦ [德]马克思:《1844年经济学哲学手稿》,载《马克思恩格斯全集》第3卷,第272页。

⑧ [德]马克思:《1844年经济学哲学手稿》,载《马克思恩格斯全集》第3卷,第324页。

⑨ 参见高国荣:《年鉴学派与环境史学》,载《史学理论研究》2005年第3期;梅雪芹:《从"人"的角度看环境史家与年鉴学派的异同》,载《安徽师范大学学报》(人文社会科学版)2006年第34卷第1期;[美]J. 唐纳德·休斯:《环境史的三个维度》,梅雪芹译,载《学术研究》2009年第6期。

第四,人与环境关系的历史在人与人关系的历史中展开。在人与自然(环境)的对象性关系当中,自然界面对的人,是结成一定社会关系的生产者;人所面对的自然界,是在社会性活动中不断人化的自然界。因此,"一切生产都是个人在一定的社会形式中并借这种社会形式而进行的对自然的占有"[①],也就是说,以自然为对象的人类实践活动,是通过以他人为对象而结成的具体的社会历史关系来完成的。正如马克思在《手稿》中所说:"只有在社会中,自然界对人来说才是人与人联系的纽带,才是他为别人的存在和别人为他的存在,只有在社会中,自然界才是人自己的人的存在的基础,才是人的现实的生活要素。"[②]既然人与人的关系是具体的、历史的,那么在人与人的关系的历史中展开的人与自然的关系也必然是具体的、历史的,是过程性的,并进而具备了社会历史性的一切特征。

借助"对象性关系"的概念,马克思抛弃了对"抽象的自然界"的讨论[③],把我们从各种形而上学的幻想重新拉回了人间,让我们得以凭借人和自然之间发生的直接的、具体的、过程性的关系去理解一个现实存在的人与自然一体化的世界。在这个世界中"人与自然"之间、"自然与历史"之间、"人的科学与自然科学"之间,在人与自然结成对象性关系的基础上实现了具体的、历史的统一,环境史也因之在本质上成为一门"人的科学与自然科学"相统一的学科。

二、"人与自然的对象性关系"中的环境史

在与自然结成的对象性关系当中,自然的人化和人的自然化是同时展开的,"只要有人存在,自然史和人类史就彼此相互制约"[④]。人与人关系的展开离不开自然的规定性,人类在对自然的占有、处分和使用中结成了人与人之间的关系;而人与自然关系的展开同样依赖于人与人关系的规定性,对自然的占有、处分和使用无不是在特定的社会关系中实现的。自从处于和自然的对象性关系中的人类诞生起,人与成为了环境的自然之间的关系就作为一个问题摆在了人类面前,而人与人之间的关系和人与环境之间的关系,就在彼此的历史中不断展开。以人与自然对象性关系的发生、发展为视角,可将迄今为止的人类环境史大致划分为以下四个已经和正在经历的阶段:

第一,人与自然对象性关系的萌生阶段。这一阶段自人类诞生起至原始社会末期,涵盖人类文明史前阶段的绝大部分时期。在这个采集、游猎的年代中,极其有限的人口以极其简陋的工具和幼稚的幻想面对自然,当然无力频繁制造日后文明时代发生的那些环境破坏灾难,但是,这段历史占人类历史发展阶段99.8%以上的漫长年代绝不是自然主义者幻想当中的天堂。一是因为这一时期人类在与自然的关系中完全处于被动地位,难以抵御强大自然力的威胁,人们的个体意识和自我意识尚处于萌芽状态,只能在幻想中去征服世界。当时的人类活动范围狭窄,获得生存资料的方式几乎是完全被动的,严重依赖自

① [德]马克思:《经济学手稿(1857~1858年)》(手稿前半部分),载《马克思恩格斯全集》第30卷,人民出版社1995年版,第324页。

② [德]马克思:《1844年经济学哲学手稿》,载《马克思恩格斯全集》第3卷,第301页。

③ [德]马克思:《1844年经济学哲学手稿》,载《马克思恩格斯全集》第3卷,第310~311页。

④ 马克思、恩格斯:《德意志意识形态》,载《马克思恩格斯全集》第1卷,人民出版社1995年版,第66页。

然禀赋的丰歉变化，生活十分困窘，时刻面临自然灾害和野兽袭击的威胁，新生儿存活率只有不到50%，平均寿命只有20～25岁。① 二是因为在这个人类尚不能将自己与自然明确区分，甚至连自我意识都尚模糊的时代，是根本谈不上什么环境意识的。在遭受着自然强大威胁的同时也对自然进行着动物式的掠夺式利用，只是因为自身种群数量和改造自然能力的弱小而没有对全球生态系统造成普遍性威胁罢了。即便如此，对自然规律掌握水平极其有限的人类为了生存，在某些情况下还是无法避免竭泽而渔，使得自身活动成为了气候和环境变化之外某些生物灭绝和局部生态崩溃的重要原因。② 三是因为人类所遭受的自然压迫往往转化成人与人之间的纷争和矛盾，对自然资源的争夺往往引起古代和现代原始部族之间的矛盾和仇杀。虽然原始社群内部的成员之间平等团结，但是不同群体之间经常会因为争夺生存资料而发生战争。某些至今尚处于原始社会发展阶段的部族甚至在前不久还保留着血亲复仇和吃人肉的习俗③，在16～19世纪的复活节岛和今日非洲的卢旺达等地发生的生态崩溃和人类自相残杀的惨剧就是原始状态下的人类与自然并不和谐的明证。④

第二，人与自然对象性关系的确立阶段。这一阶段始自原始社会末期农业和畜牧业的诞生，延续至近代资本主义世界体系形成之前。大约1万年前开始的原始农业和畜牧业，宣告了人类从动物界的彻底分离。自此以后，创造性的生产活动取代了单纯的攫取，人类不再是自然面前被动的纯粹消费者，而成了真正意义上的自觉的、能动的改变力量。随着主要的生产和生活工具由石器转变为青铜工具和铁制工具，剩余产品、文字、城市和国家陆续出现，人类对自然的干预能力日益增强，一段人类有目的地塑造人工自然、人工生态、人工环境的历史拉开了帷幕，人与环境之间的对象性关系日益深化、日趋复杂。在整个农业/畜牧业时代，人与自然的对象性关系主要表现为以下两个方面：一是自然的规定性对人类历史发展的持续制约，二是人类对自然进行的有意识、有目的的不断改造。

关于第一个方面。首先，农业和畜牧业的起源本身就是自然环境变化和人与环境关系紧张的结果。在1.5万～1万年前第四纪冰期消退的整体环境背景中，人类处于原先供人类捕食的大型动物大量消失和自身种群数量增加的双重压力之下，被迫在欧亚大陆的东西两端、中南美洲和赤道非洲的广大区域里，逐渐用种植和畜牧取代采集和狩猎，来获得主要的衣食来源。其次，人类选择种植业还是畜牧业代替狩猎和采集充当自身生活

① 参见乔晓春、李建民、陈卫等编著：《人口学教程》，人民教育出版社2000年版，第108～112页。

② 参见 Alroy John, "A multi-species overkill simulation of the end-Pleistocene megafaunal mass extinction," *Science*, 292(2001), pp. 1893-1896. 周本雄：《披毛犀和猛犸象的地理分布、古生态与有关的古气候问题》，载《古脊椎动物与古人类》1978年第1期；张虎才：《我国东北地区晚更新世中晚期环境变化与猛犸象——披毛犀动物群绝灭研究综述》，载《地球科学进展》2009年第1期；[美]艾尔弗雷德·克罗斯比：《生态扩张主义：欧洲900～1900年的生态扩张》，许友民、许学征译，辽宁教育出版社2001年版，第13～15页。

③ 参见[德]恩格斯：《家庭私有制和国家的起源》，载《马克思恩格斯选集》第2卷，人民出版社1995年版，第19页。贾雷德·戴蒙德：《枪炮、病菌与钢铁：人类社会的命运》，谢延光译，上海译文出版社2000年版，第144、302页。

④ 参见黄慰文、侯亚梅：《关于东亚早期人类生态环境的重建》，载《第四纪研究》1999年第2期；[美]贾雷德·戴蒙德：《崩溃：社会如何选择成败兴亡》，江滢、叶臻译，上海译文出版社2008年版，第49～266页；[美]詹姆斯·E. 麦克莱伦第三、[美]哈罗德·多恩：《世界科学技术通史》，王鸣阳译，上海科技教育出版社2007年版，第39～41页；[英]克莱夫·庞廷：《绿色世界史：环境与伟大文明的衰落》，王毅、张学广译，上海译文出版社2002年版。

资料的主要来源，以及具体选择何种农作物和牲畜进行驯化，发展起怎样的文明结构，是在可供其选择的自然物种与相应的气候条件的基础上进行的。新月沃地、黄河和长江流域、中美洲、安第斯山麓和亚马孙平原、赤道非洲、地中海沿岸等地的选择农业的居民和蒙古高原与阿拉伯半岛等地的游牧民族在不同的环境条件下走上了不同的文明道路。① 再次，农牧业基础上的文明社会的扩张亦受到环境条件的制约。无论是稻作农业的扩张、古代斯堪的纳维亚人向冰岛和格陵兰岛的拓殖、欧洲人于 14 世纪向加那利群岛、马德拉群岛和亚速尔群岛的殖民，无不受到了气候、地形和海陆分布等自然条件的制约。② 关于第二个方面。一是，统治者为了进行政治上的统治、经济上的剥削和意识形态上的控制，往往滥用国家权力对自然界有组织地施暴，对人的压迫与对自然的压迫同时展开，相互交织；二是，人类自觉地、主动地、甚至是以国家之力有组织地应对环境问题的行动得以实施。③ 典型的如秦始皇南巡衡山，舟行至湘山（今湖南省岳阳县西南）遇大风，使三千刑徒伐光山林，向湘神示威④（实际也是向被统治的人民展示不容任何藐视与挑衅的绝对皇权）。由于人类的过度开垦、无序放牧、森林滥伐、矿藏滥采、城市公共卫生服务缺失等原因，古代的罗马、长安、楼兰、伦敦等文明中心及其所属的各大文明核心地带，均遭受了诸如水源污染⑤、河流干涸⑥、烟雾弥漫⑦、土壤肥力退化⑧、森林和草场消退⑨、动植物资源消失⑩等环境退化事件，某些地区甚至产生了严重的生态危机，严重者甚至导致了文明的覆亡。自先秦时期开始，长期的过渡移民、过度放牧、滥伐滥垦、战争破坏导致了黄河中下游

---

① 参见邬沧萍、侯东民：《人口、资源、环境关系史》，中国人民大学出版社 2005 年版，第 51～62 页；[美]J. E. 麦克莱伦第三、哈罗德·多恩：《世界科学技术通史》，王鸣阳译，上海科技教育出版社 2007 年版，第 23～33 页、42～58 页；[美]贾雷德·戴蒙德：《枪炮、病菌与钢铁：人类社会的命运》，谢延光译，上海译文出版社 2000 年版，第 75～100 页。

② 参见[美]艾尔弗雷德·克罗斯比：《生态扩张主义：欧洲 900～1900 年的生态扩张》，许友民、许学征译，辽宁教育出版社 2001 年版，第 38～114 页；[美]罗兹·墨菲：《亚洲史》，黄磷译，世界图书出版公司北京公司 2011 年版，第 1～10 页；[美]马立博：《虎、米、丝、泥：帝制晚期华南的环境与经济》，王玉茹、关永强译，江苏人民出版社 2011 年版，第 1～16 页。

③ 参见李亚光：《周代荒政研究》，吉林大学古籍研究所博士学位论文，2004 年。

④ （西汉）司马迁：《史记·秦始皇本纪》，中华书局 1959 年版，第 248 页。

⑤ 参见史念海：《汉唐长安城与生态环境》，载《中国历史地理论丛》1998 年第 1 期。

⑥ 参见袁国映、赵子允：《楼兰古城的兴衰及其与环境变化的关系》，载《干旱区地理》1997 年第 3 期；张莉：《楼兰古绿洲的河道变迁及其原因探讨》，载《中国历史地理论丛》1998 年第 1 期；谢丽：《绿洲农业开发与楼兰古国生态环境的变迁》，载《中国农史》2001 年第 1 期。

⑦ 参见 Foster John Bellamy, "Introduction to John Eveyln's Fumifugium," *Organization & Environment*, 1999 (Jun. 1): 184-186. Mark Jenner, "The Politics of London Air: John Evelyn's Fumifugium And the Restoration," *The Historical Journal*, 1995 (38. 3): 535-551.

⑧ 参见[美]贾雷德·戴蒙德：《玛雅文明的崩溃》，载《崩溃：社会如何选择成败兴亡》，江滢、叶臻译，上海译文出版社 2008 年版，第 117～134 页。

⑨ 参见[美]贾雷德·戴蒙德：《格陵兰维京社会的终曲》，载《崩溃：社会如何选择成败兴亡》，江滢、叶臻译，上海译文出版社 2008 年版，第 195～220 页。

⑩ J. Donald Hughes: *The Mediterranean: An Environmental History*. Santa Barbara, CA: ABC-CLIO, 2005. J. Donald Hughes. *Pan's Travail: Environmental Problems of Ancient Greeks and Romans*. Baltimore, MD: Johns Hopkins University Press, 1994. [德]恩格斯：《劳动在从猿到人的转变中的作用》，载《自然辩证法》，于光远等译编，人民出版社 1984 年版，第 304～305 页。

地区森林消失、草场退化、荒漠蔓延、水土流失、地表残破支离、气象灾害频仍[①]，至少在周定王五年(公元前602年)，黄河下游频繁决堤改道的历史就已经开始[②]，中华民族的治黄史也从此开始。而水稻土的培育与传统稻作农业的发展，普通六倍体小麦的选育成功和普遍种植，以及古代世界广泛、可控而有益的作物交流，则可以说是人类顺应和利用自然规律，使人和自然之间的对象性关系发生有利于人类的变化的典范。总而言之，在自然的规定性对人类历史发展的制约和人类对自然有目的改造的交互作用下，一边是辉煌灿烂的古代文明得以创建和延续，一边是人类对自然的破坏和人类社会内部的紧张相互交织并日益凸显，而人地关系冲突逐渐由人类主导演变成一种历史的趋势。

第三，人与自然对象性关系的转型和危机阶段。这一阶段伴随近代资本主义生产方式的兴起而开始，一直延续至今。自人类逐步踏入资本主义时代以来，人与自然的对象性关系遭遇了根本转型。16世纪以来的资本主义全球化进程，创造出了一个人与自然日益二分的世界，在这个世界中，人类将自己作为类的想象置于世界中心的立法者、控制者的地位，但是，在旧的上帝被逐出世界的同时，每个人却日益遭受到资本这个新上帝的普遍压迫。人类在拥有对自然的强大干预能力的同时，也将人与自然之间的对象性关系逐渐带入了一种普遍的双重战争状态，即人与人之间和人与自然之间的战争同时爆发、相互交叠，并随着资本主义世界体系的扩展而不断扩展：

在现代资本主义机器大工业崛起的过程中，随着一个以“世界范围的劳动分工为基础而建立的”[③]现代世界体系的陆续到来，全球范围内人和人的关系与人和自然的关系同时得到全面重塑。[④] 在这个符合资产阶级利益的技术合理化的现代世界中，对人和自然的双重剥削被近代科学和工艺合理化地推向全球，社会对人的压迫日甚一日[⑤]，人对自然的压迫也随之渐趋严重[⑥]，致使我们“不得不和平地生产毁灭的工具、不得不极度地浪费、不得不接受防卫训练”[⑦]，理性地生产一个总体上非理性的社会，理性地制造出人与人之间和人与环境之间规模和程度空前的、全方位的、相互交织的非理性的战争状态。

在这场战争中，不断扩张的资本打破了城乡之间的壁垒和小私有者庸碌而舒适的生活，将他们驱赶到城市或工业化的农田之上充当产业大军。[⑧] 在一个日益分裂为两大对立阶级的社会中，一小撮握有一切的资本家通过“一切人反对一切人的战争”使工人仅仅

---

① 参见史念海：《历史时期黄河流域的侵蚀与堆积(上篇)：黄河中游的侵蚀与原的变迁》《历史时期黄河流域的侵蚀与堆积(下篇)：黄河下游的堆积》《论泾清渭浊的变迁》《历史时期黄河中游的森林》《论两周时期黄河流域的地理特征》，载史念海主编《河山集》(二集)，三联书店1981年版，第1～84页、189～213页、232～355页；史念海：《司马迁规划的农牧地区分界线在黄土高原上的推移及其影响》，载《中国历史地理论丛》1999年第2期。

② 参见(东汉)班固：《汉书·沟洫志》，中华书局2012年版，第1493～1514页。

③ [美]伊曼纽尔·沃勒斯坦：《现代世界体系》(第一卷)，尤来寅等译，高等教育出版社1998年版，第194页。

④ 参见[德]马克思、恩格斯：《资产者和无产者》，载《共产党宣言》，人民出版社1997年版，第27～40页。

⑤ 参见[德]马克思：《机器、自然力和科学的应用(蒸汽、电、机械的和化学的因素)》，载《1861～63年经济学手稿·笔记本V政治经济学批判》，载《马克思恩格斯全集》第32卷，人民出版社1998年第2版，第363～407页。

⑥ 梅雪芹：《工业革命以来西方主要国家环境污染与治理的历史考察》，载《世界历史》2000年第6期。

⑦ [美]赫伯特·马尔库塞：《单向度的人：发达工业社会意识形态研究》，刘继译，上海译文出版社2008年版，“导言”第1页。

⑧ 参见[德]恩格斯：《英国工人阶级状况》，载《马克思恩格斯全集》第2卷，人民出版社1957年版(下引此书，版本同此)，第281～302页。

作为劳动的动物和机器的附庸为资本增值的需要而活着。[①] 处于自由雇佣的剥削制度下的工人，在从事物质生产的同时也巩固着剥削关系和自身的不利地位，不断生产着反对自己的力量。工人最终不得不在经济上坠入深渊的同时，在精神上也坠入深渊，在城市最肮脏的环境中最卑贱地生存着。面对工人无可避免的身体衰败和道德堕落，资本家施舍给工人的所谓救济和教育仅仅限于维持"自由奴隶"持续供给的需要。[②] 垃圾成堆、污水横流、疾病肆虐的工人居住区的存在既是一种对人的虐待，也是一种赤裸裸的环境暴力，在这里，当我们揭开高歌猛进的产业革命那华丽的外表，发现的是一个人对人的压迫和人对自然的虐待相互交织的世界。工业革命以来，工人在遭受过度压榨的同时，"过度攫取国家财富——土地、矿物燃料(如煤、石油)和其他矿藏的行为，以及如何整顿这种野蛮的开发行为也许是构成环境史的最重要的内容"[③]。这种"野蛮的开发行为"不仅仅发生在大不列颠，也不仅仅发生在工业领域，凡是卷进资本主义生产体系的产业和地区都难以幸免[④]。20 世纪以来，虽然在产业革命的发源地英国和其他率先走上资本主义发展道路的西方国家，劳动人民已经不再像先前那样衣不遮体、食不果腹了，但是人对人的剥削和人对自然的压榨依旧相互交织并长期持续，具有世界影响的重大公害事件从 20 世纪初一直延续到了世纪之交。[⑤]

资本主义的全球化进程将世界不断划分为中心区、半边缘区和边缘区，依靠等级化的劳动分工建立起现代世界体系[⑥]，在这个体系中，"一些国家专门赢利，而另外一些国家专门遭受损失"[⑦]。处于资本主义现代世界体系中边缘和半边缘地位的国家和地区，在遭受杀戮、奴役和经济掠夺的同时，生存环境也遭受着空前的蹂躏。波托西，曾经在 17～18 世纪因提供了全世界一半产量的白银而成为富裕与辉煌的象征，以至于塞万提斯笔下的堂·吉诃德那一句"其价值等于一个波托西"的夸张比喻会成为流传至今的西班牙谚语，如今却只能在白银资源被欧洲殖民者掠夺干净之后，作为一个满目疮痍的贫瘠小镇落寞

① 参见[德]马克思:《1844 年经济学哲学手稿》，载《马克思恩格斯全集》第 3 卷，第 232～233 页；[德]恩格斯:《英国工人阶级状况》，载《马克思恩格斯全集》第 2 卷，第 303～379 页。

② 参见[德]马克思:《1844 年经济学哲学手稿》，载《马克思恩格斯全集》第 3 卷，第 266～293 页。[德]恩格斯:《英国工人阶级状况》，载《马克思恩格斯全集》第 2 卷，人民出版社 1957 年版，第 303～587 页；梅雪芹:《从环境史角度重读〈英国工人阶级的状况〉》，载《史学理论研究》2003 年第 1 期。

③ [英]布雷恩·威廉·克拉普:《工业革命以来的英国环境史》，王黎译，中国环境科学出版社 2011 年版，"前言"第 iii 页。

④ "资本主义农业的任何进步，都不仅是掠夺劳动者的技巧的进步，而且是掠夺土地的技巧的进步，在一定时期内提高土地肥力的任何进步，同时也是破坏土地肥力持久源泉的进步。一个国家，例如北美合众国，越是以大工业作为自己发展的基础，这个破坏过程就越迅速。"(详见[德]马克思:《资本论》第 1 卷，人民出版社 2004 年版，第 579～580 页)

⑤ 1930 年 12 月比利时发生马斯河谷事件，1934 年 5 月美国西部数州发生严重黑风暴，20 世纪 40 年代初美国洛杉矶发生光化学烟雾，1952 年 12 月伦敦发生酸性烟雾事件，20 世纪五六十年代日本先后发生水俣病事件、痛痛病事件、砷奶事件、四日市哮喘事件、米糠油事件，1978 年美国发生拉夫运河事件，1979 年 3 月美国发生三里岛核电站事故，1996 年英国发生疯牛病，1999 年比利时、荷兰、法国、德国相继发生二恶英污染事件，2010 年 5 月 5 日曝出墨西哥湾漏油事件，2011 年 3 月 14 日日本开始核危机……在可以预见的将来，这份极不完全的清单还将继续延长，资本主义的发展看来并没能把自己从灾难的漩涡中救赎出来。

⑥ 参见[美]伊曼纽尔·沃勒斯坦:《现代世界体系》(第一卷)，尤来寅等译，高等教育出版社 1998 年版，第 99、194 页。

⑦ [乌拉圭]爱德华多·加莱亚诺:《序言:暴风雪中的一亿二千万儿童》，载《拉丁美洲被切开的血管》，王玫、张小强、韩晓雁等译，人民文学出版社 2001 年版，第 1 页。

地留在玻利维亚贫困的土地上，留给当地关于过去辉煌灿烂景象的模糊记忆和八百万具印第安人尸体。现在，附近的人民，只能从被含汞和锡的毒烟熏了几个世纪的，早已寸草不生的废弃银矿中寻找一点西班牙人当年不屑于开采的金属残屑，在毫无劳动保护可言的条件下在类似“鬼门关”和“忆苦洞”这样的环境中依靠手工劳作讨生活。① 长期以来，亚马孙地区一直以物产丰富、热带雨林茂盛而著称，森林覆盖率达 70%，植被覆盖面积为 518 万平方千米，树种多达 4000 余种。据估计，巴西境内拥有 261 万～350 万平方千米的热带森林。可是，早在 15～16 世纪，大量的甘蔗种植园已经开始大规模毁坏巴西东北部的森林，对该地的生态和人民的生计造成了灾难性的影响。② 自 1964 年巴西军政府执政，提出了“全国一体化计划”并着重在亚马孙地区进行经济开发后，由于法规不完善加上投资者急功近利的本性，亚马孙地区的森林、环境、自然资源和生物链遭到毁灭性打击。据卫星资料显示，1978～1998 年的 20 年间，亚马孙地区将近 40 万平方千米的热带雨林被毁，另据巴西官方统计数字，截至目前，亚马孙热带雨林已有 57 万平方千米遭到砍伐，面积相当于一个法国。据 1994 年统计，巴西境内已经有 587 种哺乳动物、1712 种鸟类、56215 种植物、651 种爬行动物、695 种两栖动物、471 种鱼类灭绝。这一切迫使巴西政府不得不于 1999 年 2 月颁布法令，无限期地不再受理开发亚马孙森林的申请。③ 至于，1984 年 11 月 19 日墨西哥市近郊发生致使 1000 多人死亡、4000 多人受伤、3 万多人无家可归、50 万居民奉命撤离的“液化气爆炸事件”，1984 年 12 月 3 日印度中央邦博帕尔市发生的致使 2500 多人直接死亡、2 万人在事发三四周后去世、4000 多头牲畜死亡的美国联合碳化合物公司毒气泄漏事件，近年来围绕我国华南和西南地区大面积种植桉树是否应该为生物多样性破坏、水土流失、水源污染、气候干旱等环境灾难负责的争论④，以及“作物燃料”这种打着“清洁能源”旗号的西方资本戕害地球与人类的最新招式⑤等，这些刚刚

---

① 参见[乌拉圭]爱德华多·加莱亚诺：《黄金和白银热》，载《拉丁美洲被切开的血管》，王玫、张小强、韩晓雁等译，第 22～29 页；叶研：《被割开的血管——波托西》，中国中央电视台网站：http://www.cctv.com/geography/jidi/qf-bd/sanji/022001.html[2013～12-3]。

② 参见[乌拉圭]爱德华多·加莱亚诺：《蔗糖国王和其他的农业君主》，载《拉丁美洲被切开的血管》，王玫、张小强、韩晓雁等译，人民文学出版社 2001 年版，第 60～64 页。

③ 参见程晶：《巴西亚马孙地区环境保护与可持续发展的限制性因》，载《拉丁美洲研究》2005 年第 1 期。杨志敏：《从拉美发展中出现的生态问题看建设生态文明社会的重要意义》，载《拉丁美洲研究》2009 年第 5 期。

④ 参见中国科学院地理科学与资源研究所吴绍洪、戴尔阜、郑度、杨勤业：《区域可持续发展中的环境伦理案例分析：不同社会群体责》，载《地理研究》2007 年第 6 期；西南林学院资源学院胡慧蓉、双柏县林业局杨超本、云南森林自然中心郭勇：《桉树黑荆树种植对土壤物理性质的影响》，载《西南林学院学报》2000 年第 2 期；张荣贵：《为桉树申辩——谈谈桉树的生态功能》，载《云南林业》2003 年第 4 期；广西国有高峰林场潘秀湖：《大面积种植桉树对生态的影响研究》，载《吉林农业》2012 年第 8 期；黄昭平：《广西桉树人工林种植情况及其对生态环境的影响》，载《河北林业科技》2011 年第 2 期；曾天勋、刘有美、傅冠旭等：《雷州短轮伐期桉树生态系统研究》，中国林业出版社 1995 年版，第 10 页；陈晨：《桉树是“抽水机”“抽肥机”有毒有害的外来树种吗？——来自全市桉树种植基地的调查》，载 2010 年 12 月 19 日《郴州日报》。将这些文章的作者单位和所持态度进行对比，就会发现，对同一环境事件的不同价值评判，除了受制于作者本身的知识构成和实践经验之外，还取决于其不同的发展观，而这种发展观离不开当事人在现实的社会生活中的地位和在相关利益链条上所处的位置。

⑤ 关于西方发达国家推出的所谓“作物能源”对世界环境和人类命运的意义，特别是带给第三世界的人道主义灾难，详见[比]弗朗索瓦·浩达：《作物能源与资本主义危机》，黄珏书、黄君艳、安蔚译，社会科学文献出版社 2011 年版。

发生和正在发生的环境事件连同各相关群体的不同态度和围绕事件的各种处理方式，无不彰显着以资本为纽带的生产关系仍主导着人类的环境行为，无不说明着处于国际资本利益链条上不同位置的人们的不同环境诉求，无不显示着广大发展中国家在包括环境秩序在内的国际秩序中的极端弱势以及在那场人与人和人与环境的双重战争中尤为不利的地位。

通过对迄今为止"人与自然的对象性关系"所历三个阶段的分析，不难看出，人与人关系和人与自然的关系是相互制约，不可分割的。但是，前工业社会对自然的滥用多半源自对自然的无知，源自人类自然化的程度和使自然人化的能力较低，而在今日科学技术昌盛的资本主义世界体系中，对自然界无休止的空前戕害，则主要是源自于人与人之间关系的扭曲。由于人类和自然之间不可分割的对象性关系，人"对人的统治要借助于对自然的统治"[①]，人对自然的统治在人对人的统治关系中完成，人对人的统治和人对自然的统治仅仅交织在一起。在现存社会中，一部分人通过对人的统治实现对自然的剥削，为了某一或某些社会阶级的存续和利益而破坏作为"人同自然界地完成了的本质的统一"[②]的人类社会的延续，甚至于使"越来越有效地被控制的自然已经成了扩大对人的控制的一个因素：成了社会及其政权的一个伸长了的胳臂。商业化的、受污染的、军事化的自然不仅从生态的意义上，而且也从生存的意义上缩小了人的生活世界"[③]。在现存的资本主义世界体系中，人的解放连同人与自然的和解，最终都只能无可奈何地堕落为空洞的口号的徒有其表的形式。[④]

第四，资本主义世界体系的内部矛盾孕育出了否定自身的力量，也催生了人与自然对

---

① ［美］H. 马尔库塞：《反革命和造反》，H. 马尔库塞主编：《工业社会和新左派》，任立编译，商务印书馆 1982 年版，第 127 页。

② ［德］马克思：《1844 年经济学哲学手稿》，载《马克思恩格斯全集》第 3 卷，第 301 页。

③ ［美］H. 马尔库塞：《反革命和造反》，H. 马尔库塞主编：《工业社会和新左派》，任立编译，商务印书馆 1982 年版，第 128 页。

④ 参见［德］马克思：《1844 年经济学哲学手稿》，载《马克思恩格斯全集》第 3 卷，第 217～365 页；［德］恩格斯：《英国工人阶级状况》，载《马克思恩格斯全集》第 2 卷，人民出版社 1957 年版，第 269～587 页；［德］马克思：《关于费尔巴哈的提纲》，载《马克思恩格斯全集》第 3 卷，人民出版社 1960 年版，第 301 页；［德］马克思、恩格斯：《共产党宣言》，人民出版社 1997 年第 3 版；［德］马克思：《资本论》第 1 卷，人民出版社 2004 年；［德］恩格斯：《路德维希·费尔巴哈和德国古典哲学的终结》，人民出版社 1993 年版；［美］H. 马尔库塞：《反革命和造反》，［美］H. 马尔库塞主编：《工业社会和新左派》，任立编译，第 79～189 页；［美］H. 马尔库塞：《单向度的人：发达工业社会意识形态研究》，上海译文出版社 2008 年版；［法］阿尔都塞、巴里巴尔：《读〈资本论〉》，李其庆、冯文光译，中央编译出版社 2008 年版。马克思的《1844 年经济学哲学手稿》和恩格斯的《英国工人阶级状况》分别从哲学和社会学的角度出发，对人在资本主义状态下的形式自由和实质异化与不自由作了最初的科学解释，但是，当时的解释中还残留有费尔巴哈关于抽象的人和人的类本质的遗存。在《关于费尔巴哈的提纲》中马克思提出了人的本质"是一切社会关系的总和"的观点，彻底抛弃了费尔巴哈抽象的人的残余。在《共产党宣言中》第一部分《资产者和无产者》中，马克思创造性地揭示了资本主义现代奴役制度对工人的压迫和非人道特性。在《资本论》第 1 卷中，马克思对这种现代的普遍奴役制及其对自然的压榨进行了深刻而系统的科学剖析。在《路德维希·费尔巴哈和德国古典哲学的终结》一文的第三部分，恩格斯严格区分了马克思主义关于人的历史唯物主义观点和各种先验的人性论之间的界限，指出资产阶级和小资产阶级关于人的各种先验假设无助于具体的、历史的、现实的人的解放。阿尔都塞和马尔库塞针对 20 世纪西方发达资本主义国家的历史实际，对当代人的被束缚、被压迫状态进行了深刻剖析。马尔库塞在《反革命和造反》一文中对"自然的解放乃是人的解放的手段"，以及人对人的压迫通过人对自然的压迫实现的原理进行了富有时代感的阐释，对人的解放和自然的解放之间的关系和现实道路进行了有益探索。前南斯拉夫的马尔科维奇、前苏联的基鲁索夫、美国的詹姆斯·奥康纳和约翰·贝拉米·福斯特、印度的萨拉·萨卡、日本的岩佐茂等人分别从不同角度对非对象性的、抽象的人与自然进行了批判，对历史中的人和历史中的自然同时获得解放这一问题都做出了卓越的理论贡献。

象性关系的第四个阶段，即人与自然对象性关系更生和人与自然和解的阶段。这一阶段要在打破资本主义世界体系的基础上对人与人和人与自然的关系进行全面重塑，最终从人与自然的双重战争状态走向双重解放。这一阶段刚开始不久，充满曲折且发展极不平衡，但却在异常的艰难困苦中逐步前进着。1917 年的十月革命和其后的一系列社会主义试验，在否定资本主义商品生产关系的基础上为人与人之间的平等联合扫清了障碍，消灭了自然滥用的社会基础，为实现人与自然的双重解放指明了现实斗争的方向。然而，传统的社会主义工业化模式，虽然在广大人民的自愿牺牲和无私支持下，为苏联和一系列挣脱了帝国主义链条的国家提供了打败国内外敌人的人力、物力基础，开辟了一条迅速建立国家工业化基础并使劳动群众的物质福利得到大幅提升的现实道路。但是，由于历史的客观环境和革命领导力量自身的准备不足，对资产阶级社会及其价值观念的简单的否定代替了社会主义对资本主义的理性批判①，劳动者的主体地位没能得到落实，人与环境的双重战争状态的社会机制依然存在。

面对资本主义发展道路必然带来的生态危机，人们不得不在思想上和行动上起而应对。蕾切尔·卡森(Rachel Carson)在半个多世纪前发出的关于"寂静的春天"的警告②划开了当代工业社会的坚硬土壤，向人类充当万物的中心和主宰者的陈腐观念发起了挑战，在千百万民众的内心深处播撒下了"新行动主义的种子"③。五十多年来，群众性的环境保护运动已经开展得如火如荼，绿色思想在政治、经济、宗教、哲学和社会伦理等方面的影响日炽④，从 1972 年的斯德哥尔摩、1982 年的内罗毕、1992 年的里约热内卢，到 2002 年的约翰内斯堡，再到 2012 年的里约热内卢⑤，"可持续发展"俨然已经成为各国政要和显贵口中的时髦话题，一波波高端会议中的慷慨陈词激动人心，各种宣言、决议和议定书在

---

① 参见[克罗地亚]勃朗科·霍尔瓦特:《社会主义政治经济学——一种马克思主义的社会理论》，吴宇晖、马春文、陈长源译，吉林人民出版社 2001 年版，第 26～51 页。

② 参见 Rachel Carson, *Silent Spring*. Boston: Houghton Mifflin, 1962.

③ [美]阿尔·戈尔:卡森:《寂静的春天》，吕瑞兰、李长生译，上海译文出版社 2011 年版，"引言"第 V-XVI 页。

④ 反映这一绿色化进程的学术著作汗牛充栋，现仅举数例供读者参考。Lynn White, "The Historical Roots of Our Ecologic Crisis", *Science*, 1967(155): pp. 1203-1207. Donella H. Meadows, Dennis L. Meadows, Jorgen Randers & William W. Behrens III, *The Limits to Growth*, New York: Universe Books, 1972. Arne Naess, "The Shallow and The Deep, Long-Range Ecology Movement. A Summary", *Inquiry*, 1973(16): pp. 95-100. [美]纳什:《大自然的权利》，杨通进译，梁治平校，青岛出版社 1999 年版；[美]卡洛林·麦茜特:《自然之死》，吴国盛、吴小英、曹南燕等译，吉林人民出版社 1999 年版；[美]唐纳德·沃斯特:《自然的经济体系》，侯文蕙译，商务印书馆 1999 年版；[美]詹姆斯·奥康纳:《自然的理由——生态学马克思主义研究》，唐正东、臧佩洪译，南京大学出版社 2003 年版；[英]安德鲁·多布森:《绿色政治思想》，郇庆治译，山东大学出版社 2005 年版；[美]约翰·贝拉米·福斯特:《马克思的生态学——唯物主义与自然》，刘仁胜、肖峰译，刘庸安校，高等教育出版社 2006 年版；[英]戴维·佩珀:《生态社会主义:从深生态学到社会正义》，刘颖译，山东大学出版社 2005 年版；[英]克里斯托弗·卢茨:《西方环境运动:地方、国家和全球向度》，徐凯译，山东大学出版社 2005 年版；[美]约翰·贝拉米·福斯特:《生态危机与资本主义》，耿建新、宋兴无译，上海译文出版社 2006 年版；[印]萨拉·萨卡:《生态社会主义还是生态资本主义》，张淑兰译，山东大学出版社 2008 年版；[比]弗朗索瓦·浩达:《作物能源与资本主义危机》，黄珏书、黄君艳、安蔚译，; Robert B. Fowler, *The Greening of Protestant*. the University of North Carolina Press, 1995. [德]莫尔特曼:《创造中的上帝:生态的创造论》，隗仁莲、苏贤贵、宋炳延译，三联书店 2002 年版。

⑤ 分别指:1972 年斯德哥尔摩"联合国人类环境会议"、1982 年内罗毕"人类环境特别会议"、1992 年里约热内卢"联合国环境与发展大会"、2002 年约翰内斯堡"可持续发展世界首脑会议"和 2012 年里约热内卢联合国可持续发展大会首脑会议("里约+20"峰会)。

争争吵吵中不断出炉。然而,一打又一打纲领并未能减小人类那已然过分庞大的"生态足迹"(ecological Footprint)①,生态"过冲"(overshoot)依然像一个不知道何时就会现身做法的幽灵一样时刻威胁着人类的生存。② 伴随着冷战结束,与全人类团结起来,共同面对全球环境危机的美好愿望相反,不负责任的搭便车心态、以邻为壑的生态殖民主义行径、盲目乐观的单纯技术观点、服务于资本增值的消费主义幻象,使得应对人类生存危机的全球行动几乎没有取得实质性进展。围绕全球环境问题的国际恶斗却愈演愈烈,人们从"相互确保摧毁战略"③的水平上并没有提高多少,经济与生态的双重危机,正在伴随着国际垄断资本花样翻新的"全球治理"变本加厉地横行肆虐于地球的几乎每一个角落。

显而易见,我们仍然处于人与人和人与自然的双重战争状态之中,距离人类历史生态化的和平之景仍然相当遥远。但是,我们至少已经找到了当代环境问题的实质——否定人与自然在对象性关系基础上结成的具体的、历史的统一,以及现实生态危机的总根源——现代资本主义世界体系。实践在发展,历史在延续,人类追求自身与自然双重解放的努力一刻也没有停止,政治上、经济上、文化上和科学技术上的种种探索仍在继续。笔者认为,要推进人与自然对象性关系更生和人与自然和解,就必须在充分尊重人与自然结成的具体的、历史的对象性关系的基础上,寻求对人与人之间关系问题和人与自然之间关系问题的统筹解决。离开了人的解放运动去追求自然的解放,实际上是将自然作为一个"被抽象的理解的,自为的,被确定为与人分隔开来的自然界"④,是对人与自然对象性关系的否定,从而取消了解决问题的前提,而离开了自然的解放去追求人的解放,则因为丢掉了实现人与人关系变革的现实条件而只能在头脑的幻想中去完成。只有在实践中同时推动人与人关系和人与自然关系的根本变革,实现反对资本主义现代世界体系的斗争与生态保护运动的大联合,才能逐渐消灭"双重战争状态"的社会根源,逐步促进"人和自然界之间、人和人之间的矛盾的真正解决",使人和人之间,以及人与自然之间在新的文明基础上同时复归统一。

三、"人与自然的对象性关系"中的环境史研究

要在自然一社会一体化的认知图式中理解历史,完成"人类回归自然,自然进入历史"⑤的双重过程,如实地认识人与人和人与自然之间双重战争状态的由来与出路,实现环境史学科的历史生态化追求和对现实运动的理论关照,就应当承认人和自然都只是对象性关系中的存在,并将人和自然真正放在对象性关系中去认识和把握,终止对自然史和

---

① Mathis Wackernagel, Schulz NB, Deumling D, et al., "Tracking the Ecological Overshoot of the Human Economy", *Proceedings of the National Academy of Sciences*, 2002(9. July), pp. 9266-9271.

② 参见[美]德内拉·梅多斯、乔根·兰德斯、丹尼斯·梅多斯:《增长的极限》,李涛、王智勇译,机械工业出版社2006年版,第1～14页。

③ 美国国防部长R.S.麦克纳马拉于1964年提出的核战略思想,要求核武器保持在如下一个数量,即对立的两方中如果有一方全面使用核武器则另一方具有足够的反击能力,以保证两方都会被毁灭,被称为"恐怖平衡"。

④ [德]马克思:《1844年经济学哲学手稿》,载《马克思恩格斯全集》第3卷,第335页。

⑤ 李根蟠:《环境史视野与经济史研究——以农史为中心的思考》,载《南开学报》(哲学社会科学版)2006年第2期。

人类史史料毫无联系的机械堆砌，终止一切没有对象的抽象讨论，抛弃那种对“纯粹的——没有经验因素或历史因素也过得去的”[①]米塞斯式的理论追求。笔者认为，以下的三个方面是我们当前的环境史学界应当做或可以做到的：

首先，用“对象性关系”概念更新环境史的认知图式。我们应该充分注意到人类处理与自然关系的实践和处理人类彼此之间关系的实践是无法分割的，人与自然之间的历史性关系和人与人之间的历史性关系相互交织，进而将人与环境之间对象性关系的产生、变化、破坏和修复的历史作为环境史的研究对象，利用“对象性关系”的概念推动新的认知图式的建构。人与自然关系的形成和发展无不是在特定的社会历史条件下完成的，这一特定的历史条件包括时代主题、历史任务、生产力发展水平、社会制度、历史形成的自然条件基础等历史的客观方面，以及特定的实践人群这一历史的主观方面。不消说面对不同的环境境遇人们当然会采取不同的行动，在相似的自然存在面前，我们也会因不同的时代境遇和历史任务而有不同的价值诉求并采取不同的行动，比如，同样是陕北的黄土高原，我们当年搞大生产，在南泥湾“兄妹开荒”，如今搞退耕还林，在吴旗县父子栽树。即使是面对同一时空中相同的环境事件，不同的人也会有各自的诉求，以及支持这种诉求的理由。例如，同样是面对干旱，唐李约“桑条无叶土生烟，箫管迎龙水庙前。朱门几处看歌舞，犹恐春阴咽管弦”四句诗就描述出了两种不同的诉求。又如，同样是面对濒临灭绝的黑猩猩，印尼苏哈托政府支持的农业综合企业和超级稻计划不顾黑猩猩栖息地的消失而加速砍伐热带雨林，国际社会却建议将婆罗洲中部70%的黑猩猩栖息地划为环境保留地，当地靠自然经济勉强为生的农民面对因栖息地丧失而进入他们的田园觅食的黑猩猩又不得不把它们杀掉或赶走，黑猩猩的命运背后纠结的是人与人之间的冲突。[②] 任何时代、任何地区的环境问题都是在当时当地特定的人与人之间的关系中展开的，而近代以来的环境事件，无不是在资本主义这个根本的制度前提下产生的。正是资本主义生产方式带来了劳动者和劳动资料的强制性分离，以及这种强制分离制造出的一无所有的自由劳动力和“劳者不获、获者不劳”的异化劳动关系。在资本主义异化劳动关系的基础上，“一切人反对一切人”的社会战争[③]，繁华竞奢的都市中与珠玑列市、罗绮盈户的贵族区同时并存的污秽盈野、疾病肆虐的贫民窟[④]，以及在不顾一切地追求资本利润的过程中制造的空前环境灾难也就成了顺理成章的事情了。深入剖析历史进程中人与人和人与自然关系的疏离与对立，进而在对来路的把握中寻找走出现实危机的出路，将环境史学善于用扎根现实的历史回溯与当下现实展开对话的传统发扬光大，当是环境史学界的义不容辞的任务。

其次，充分注意当事人和当下人的利益所系和立场所在，避免抽调了具体的人和当下任务的抽象空洞的道德评判。实际上，任何个人和社会群体都是在具体的社会关系中去

① [英]弗里德里希·奥古斯特·哈耶克：《通往奴役之路》，王明毅、冯兴元等译，中国社会科学出版社1997年版，“导言”第1页。

② 参见[美]L. H. 牛顿、C. K. 迪林汉姆：《分水岭：环境伦理学的10个案例》，吴晓东、翁端译，清华大学出版社2005年版，第60～61页。

③ 参见[德]恩格斯：《英国工人阶级状况》，载《马克思恩格斯全集》第2卷，第304页。

④ 参见[德]恩格斯：《英国工人阶级状况》，载《马克思恩格斯全集》第2卷，第303～587页；梅雪芹：《从环境史角度重读〈英国工人阶级的状况〉》，载《史学理论研究》2003年第1期。

和自然发生关系，进而形成自己特定的环境意识、环境态度、环境诉求和环境行为的。决策者、企业家、媒体、科学家、社会公众、当地民众等构成社会结构中不同节点的不同人群，自然会持有各自不同的利益出发点和价值观念，进而在发展区域经济和保护生态环境、传承地方性知识和推进普遍性科学、尊重传统生活方式和参与外部社会经济循环等等相互龃龉的价值之间寻找各自可以接受的平衡点。这些平衡点之间有时会比较相近，但往往会相隔甚远，以至难以协调。当我们谈论环境问题的时候，如果有意无意地掩盖事件所处的具体时空环境和事件相关人的身份和立场，进行一些抽掉了具体的人和与人相关的事的抽象的空洞评判，把那些在自己不可避免的立场预设基础上作出的价值判断，硬要说成是客观的、永恒的、普世的，不承认和尊重价值的多样性，那么，无论是出于某种真诚善良的信仰，还是出于狭隘自私的实用目的，从认识论层面讲，都是犯了否认事物之间的对象性关系，否认具体地、历史地看问题，否认主观能动的反映论的错误。从实践层面讲，则不过是想方设法将内嵌在某种制度安排中的某些群体的特殊利益诉求说成是不容置疑的，是一种地地道道的霸权主义。

第三，应当具备自然、技术、社会一体化的视角，在研究中尊重、反映和维护人类文明和价值的多样性。尽管经历了资本主义生产方式和近代实证科学长达几百年的祛魅历史，环境史研究中所面对的世界仍然残存着价值多样性，这是一笔值得珍视和庆幸的历史遗产，也是我们采用自然、技术、社会一体化的视角进行环境史研究并对现实的资本主义世界体系展开批判的思想和情感源泉。现代技术哲学已经抛弃了机械论世界观的所谓“技术中立论”，而把技术视为“人的存在方式”[①]和“构造人和世界的环节”[②]。在现代世界中，一方面，资本主义生产方式的确立为技术的不断革新提供了根本条件；另一方面，内嵌到资本主义工业文明体系当中的现代科学技术，则已经构成资本主义生产方式的组成部分和最活跃的因素，对生产领域、政治领域、社会生活领域、观念领域等方方面面进行着一刻不停的塑造。在资本主义生产方式裹挟着现代科学技术实现对自然和人类的双重压迫的同时，商品拜物教、效率崇拜和逻辑至上主义、去意义化的形式主义、对抽象而物化的普世价值和权力意志的追求，作为资本主义意识形态的核心要素和资本主义化的现代科学技术隐含的病态价值诉求，正在销蚀着人类文明和价值的多样性。人与人关系和人与自然关系的变革从来都是自然、技术、社会三者之间互相影响、共同作用的结果，运用自然、技术、生态一体化的视角重新审视人与自然关系发生、发展和演变的历史，既是我们在一套自然－社会一体化的新认知图式中如实认识世界历史运动的迫切需要，也是我们维护人类文明和价值多样性的内在要求。对于每一个试图运用自然、技术、社会一体化的视角把握人与自然对象性关系的历史进程，力求在“人类生态系统中”如实地看待人类社会历史发展的人来说，[③]笔者认为，需要在环境史研究中努力做到以下几个方面：既注意时空的纵横联系和对问题的整体性把握，又注意当时当地的特殊性[④]；既认真考察相关专家的

---

① 吴国盛：《技术哲学讲演录》，中国人民大学出版社 2009 年版（下引此书，版本同此），第 2 页。

② 参见吴国盛：《技术哲学讲演录》，第 11～23 页。

③ 参见王利华：《生态环境史的学术界域与学科定位》，载《学术研究》2006 年第 9 期。

④ 参见[美]詹姆斯・奥康纳：《自然的理由——生态学马克思主义研究》，唐正东、臧佩洪译，第南京大学出版社 2003 年版，93 页。

专业性意见，又注意利用“外行”知识和地方性知识，充分考虑不同社会群体的问题假设和价值观[①]，深入挖掘这些问题假设和价值观产生的社会机制，并对这些价值的多样性予以反映；既坚持环境观点和可持续发展的原则，又充分认识到人类文明的进步和可持续发展是一个历史过程，逃不出社会发展的现实阶段性；既坚持生产方式的决定性作用，又要反对唯生产力论的单纯技术观点；既充分注意人的主观能动作用，又防止堕入各种形式的唯意志论。只有这样，这样我们才能够避免抽象空洞地抒情议论或漫无目的地描述，才可以把“如实”的史学文章真正做实，才谈得上从环境史研究中得出带有科学规律性和现实指导性的结论，进而推动人类生产生活方式与人与自然关系的合理变革，在对历史的回溯中探索现实问题的出路。

四、结　语

自人类诞生起，人与成为了环境的自然之间就呈现出一种相互塑造的客观历史过程，环境之于人的任何形式的影响，以及人类对环境的各种态度、一切作为和所有形式的思考，无不在“人与自然的对象性关系”之中发生和演变。“研究作为自然一部分的人类如何随着时间的变迁，在与自然其余部分互动的过程中生活、劳作与思考”的环境历史学[②]，从诞生起就是一门努力将自然史与人类史统一起来的学科。运用“人与自然的对象性关系”这一概念认识和把握环境史是为了在自然—社会一体化的认知图式中如实看待人与自然之间的历史互动，进而为当代人的历史实践提供一幅自然与历史相统一、社会与生态一体化的世界图景，形成环境史学对现实运动的理论关照，完成对资本主义双重异化的历史批判，在对来路的把握中寻找作为历史延伸的现实的出路，为人与自然的双重解放做出来自环境史学界的理论贡献。

（房小捷，北京师范大学历史学院世界史专业2011级博士研究生）

① 参见[丹]波尔·哈勒莫斯：《疏于防范的教训——百年环境问题警世通则》，北京师范大学环境史研究中心译，中国环境科学出版社2012年版，第347页。

② 参见[美]J. 唐纳德·休斯：《什么是环境史》，梅雪芹译，北京大学出版社2008年版，第1页。

从老庄思想看台湾的生态旅游发展

吴家炬

从20世纪80年代以来，随着工业化及科学技术的迅猛发展，人们的经济与物质生活得到大幅改善。为了缓解工作压力，获得精神自由的完全解放，人们开始走向户外，接触大自然环境。观光旅游产业异军突起，造成一股势不可当的热潮。然而大自然生态系统终究不敌人类无情的摧毁，大众旅游对旅游地区的社会、经济、文化、环境与社区居民所造成的负面冲击不胜枚举。这股热潮消退之后，人们开始反思并审视人类与自然之间的关系，发现并关注人为力量对自然环境产生的威胁与破坏。一种回归自然、欣赏美丽风景、学习与重视环境保护、低污染、高度责任感、注重社区居民利益、具环境教育意义的新型旅游可持续发展模式——"生态旅游"出现了。正当人类对生态旅游的概念、定义、内涵与特质进行研究、探讨之际，却猛然发现，早在两千多年前的道家学说中，特别是老庄学说，所蕴含的丰富的关于人与自然和谐统一、道法自然、万物不伤、返璞归真、回归自然的生态智慧和美学思想，正好与生态旅游所强调的保护生态环境资源、人与自然和谐相处的价值取向有许多契合之处。这些古朴智慧的现代转换，对于解决今天生态旅游发展的许多问题，具有重要的启迪作用。① 因此，本研究拟借由老庄学说的生态智慧与美学思想，攫取有关于生态与环境保护之议题，俾对台湾的生态旅游永续发展提供借鉴与良方。

一、老庄学说的美学思想与生态智慧

生态美学所关注的是人与自然万物间和谐相处的关系，人类与自然生态之间取得平衡与和谐发展，是实现道家思想的最高指导原则，也是现代人类追求的最高目标。生态美学的研究，可以帮助人们培养正确的生态审美观，进而促使人们形成正确的生态价值观。生态审美观是人们对于生态现象的审美价值和生态美感的认识、感受与理解，它决定着人们对于生态现象、生态环境的审美评价、审美态度。在中西方优秀的文化传统和美学传统中，都把人与自然的和谐统一作为一种审美理想。在20世纪的90年代，"生态美学"的概念开始应用于中国。所谓生态美学就是指生态学与美学的合体，而生态美学的产生就是

---

① 参见詹向红：《论老庄生态智慧与生态旅游价值取向》，载《安徽教育学院学报》2003年第5期。

为了要调和天地万物之间人与人、人与社会、人与自然之间的和谐相处关系。这种美学概念恰与两千多年前，老子所主张的“道法自然”“天人合一”的天人和谐观点不谋而合，将人与天地万物置于相同的地位来进行哲学思考，同时关注人与人、人与社会、人与自然之间的和谐共存。[①] 道家思想主张道法自然，“人法地、地法天、天法道、道法自然”(《老子第二十五章》)，这里所指的自然是自然而然、本来如此的意思，而自然的本身就是一种美。庄子的美学思想是庄子生态智慧中最令人激赏的。其美学观的核心就是“自然无为”。庄子认为：人为者，“伪”也；“无为”者，“自然”也。而庄子所指的自然不是指大自然或自然界，庄子的“自然”和“无为”是相通的，与“人为”是相对立的。它强调的是自然之美，保持事物的自然属性和自然而然、本来如此的本真状态，反对人为加工和人工穿凿，这样才能达到真正的美。老庄以其美学的角度审视宇宙万物，开启以道为核心，从“天人合一”“道法自然”出发，以和谐为中心的生态美学思想，关注自然、社会和人类自身的和谐发展。针对老庄的生态美学思想进行研究、探讨与学习，对于建立人与自然和谐相处的社会，具有重要的现实意义。[②]

老子的生态伦理思想非常丰富，这可以从《道德经》中一窥究竟。朱红莉[③]将老子的生态伦理思想分为：(一)“天人合一”的生态世界观，(二)“见素抱朴、少思寡欲”的生态价值观，(三)“自然无为”的生态方法论，(四)“小国寡民”的生态社会理想。道家学说是处理人与自然关系的哲学，老子的哲学思想是主张人应与自然和谐相处、公平对待，是互相合作而不是互相对立的关系。天与地就是指人类生活的地球，而“道”乃先生于宇宙万物，是宇宙的本源，是处事行为的准绳。在 20 世纪 60 的年代以后，西方国家开始重视人与自然的环境伦理关系，美国环境伦理学之父奥尔多·李奥波在 40 年代就呼吁世人要建立一种与自然保持平等与和谐的道德观，但是并没有获得支持，他的《沙郡年鉴》一书虽然在 1949 年就已经出版了，但这本书却在图书馆和读者们的书架上静悄悄地躺了 20 年。[④] 几乎与此同时，另外一本足以影响后世生态与环境保护的惊世巨著《寂静的春天》[⑤]问世了。该书的出版促使联合国于 1972 年 6 月 12 日在斯德哥尔摩召开了“人类环境大会”，并由各国签署了《人类环境宣言》，开始了接下来的环境保护事业。因此，人类的一切思想行为，都应以自然为依归，依循“道”的规范与大自然和谐相处。道家思想主张“道法自然”，人类是自然界的组成部分之一，天地万物亦同。生态中心主义的内涵就是：人类与自然界中的万物(包括：动、植物与生态景观)处在同等的地位，不应视其为奴隶，天地万物有其存在的价值，应设法加以保护，使其得以永续发展。就老子所说的“生之蓄之，生而不有，为而不恃，长而不宰”(《老子》第十章)。

---

① 参见杨玉春：《老子思想的生态美学解读及现代价值转换的研究》，中南民族大学硕士学位论文，2012 年。

② 参见赵国干：《论先秦道家和谐生态美学思想及其现代价值》，载《信阳师范学院学报》(哲学社会科学版)2010 年第 6 期。

③ 参见朱红莉：《“天人合一”与“自然无为”——论老子的生态伦理思想》，载《鸡西大学学报》2010 年第 5 期。

④ 参见李培超：《我国环境伦理学的进展与反思》，载《湖南师范大学社会科学学报》2004 年第 6 期。

⑤ 《寂静的春天》一书，作者是美国海洋生物学家瑞秋·卡逊(Rachel Carson)，于 1962 年出版。内容主要在阐述人类不当的行为，将对生态环境造成无可弥补的伤害，尤其是杀虫剂(DDT)对野生动物造成的危害，将使人类世界面临动植物全面灭绝的严重后果，借此唤醒人类的环境意识。

"资源是有限的,欲望是无穷的。""涤除玄览,能无疵乎。"老子劝诫世人发挥道德良知,洗尽铅华,净化心灵,让自己的内心像一面明镜般一尘不染。在复杂纷扰的社会上,保有一颗赤子之心,维持内心的空灵与寂静。生活过得朴素,欲望自然就少了,心无杂念,达到"致虚极,守敬笃"道德修养的最高境界,许多的事实证明,缺乏道德修养之人,其内心之贪婪与私欲,将导致其对于自然资源无限制的掠夺,使生态危机加剧。社会越进步,越容易使人陷入物质欲望与诱惑的泥沼中而不可自拔,唯有发挥崇高的道德修养,体悟"人与天一"的"天人合一"境界,才能实践人与自然的和谐与统一。[①] 老子说:"祸莫大于不知足,咎莫大于欲得。故知足之足,常足矣。"(《老子第四十六章》)世界上的生态资源不是取之不尽,用之不竭的,老子认为人应该知足常乐,不可贪得无厌,否则纵然有再多的生态景观、自然资源,也会有被掏空的一天。在物欲横流的今日,返璞归真,见朴抱素、少私寡欲的生态价值观,对于现代文明社会确实具有指标性的借鉴意义。自然界的万物,不管是有生命的(动植物资源),还是无生命的(自然景观资源),皆有其本身的存在价值与意义。人类之所以异于禽兽,就是因为人类具有善良的本性、生态智慧、价值观与道德观。人类应节制私欲,不可为所欲为,返璞归真,回归自然,与自然界动植物平等对待、和睦相处。

二、生态旅游与环境保护

生态旅游资源的开发和环境资源的保护,基本上是处于矛盾的状态。在从事旅游资源的开发行为时,不免会对当地环境造成伤害,尤其是对生态旅游而言。因此,生态旅游作为一种高级的旅游形式与旅游产品,是实现旅游可持续发展概念[②]的重要方式与行动,应该多方面考量旅游对资源、环境与生物多样性的影响。[③] 生态旅游是一场环保之旅,也是一场美的飨宴,旅游者以其肢体上的看、听、味、嗅、触觉去体验并且欣赏大自然的生态之美,达到身、心、灵的彻底解放,获得精神上的完全自由,而且与周遭的环境完全融合的人与自然和谐发展的"天人合一"的审美境界。生态旅游是相对于一般传统旅游应运而生的,其核心主张为回归自然、环境保护、责任旅游、社区利益与环境教育。生态旅游的开发与生态环境的保护,基本上是互相冲突而共同存在的,因此在进行开发与规划时,一方面要维持生态系统内部的平衡,另一方面要防止系统外部所产生的强大阻力。生态系统本身有一套严密的循环机制,具有减缓系统外的冲击力与压力的作用,并且能保持系统的连续性与稳定性。但是生态系统本身是极为脆弱的,一旦遭遇人类强大的征服力,突破了它的缓冲阈值,将会导致系统本身造成极为严重的毁坏,甚至是毁灭性的打击。[④] 这就是所谓生态系统的脆弱性,是指生态系统内部遭受外来的自然或人为的压力或冲击时,可能导致系统出现损伤或者退化特征程度的衡量方式。[⑤] 生态旅游的本质特征除了生态系统

---

① 参见陈虹霞:《论道家生态伦理思想对建构当代生态伦理学的启迪》,中国石油大学硕士学位论文,2006 年。

② 1987 年,世界环境与发展委员会发表《我们共同的未来》报告,将可持续发展定义为:"既能满足当代人的需要,又不对后代人满足其需要的能力构成危害的发展。"并系统阐述了可持续发展的思想。

③ 参见田喜洲:《试论生态旅游资源的脆弱性及其保护》,载《生态经济》2001 年第 12 期。

④ 参见丁晓蕾:《生态旅游可持续发展思想探析》,载《南京农业大学学报》2001 年第 2 期。

⑤ 参见於琍、曹明奎、李克让:《全球气候变化背景下生态系统的脆弱性评价》,载《地理科学进展》2005 年第 1 期

本身之外，应该包括生态系统周边的环境，如经济环境与社会环境（社区居民的参与），生态旅游者必须对该旅游地区的环境负责，保障当地社区居民的经济生活，负起保护自然生态环境的责任。

三、台湾生态旅游的发展历程、现况与困境

20 世纪的五六十年代，由于工业化的快速发展，带动社会与经济的进步，人们的经济生活大幅改善，大众旅游的人数也开始急遽攀升，同时民众也开始关注以大自然风景为取向的生态旅游。自此，生态旅游俨然已经成为可持续发展的代名词。然而，生态旅游的发展历程各国皆异，在国外的部分，国际生态旅游发展历程可分为：生态旅游的兴起阶段（20 世纪六七十年代～20 世纪 80 年代），生态旅游的蓬勃发展阶段（20 世纪 80 年代～20 世纪 90 年代中叶），生态旅游的稳定发展阶段（20 世纪 90 年代中叶迄今）[①]。在中国大陆部分，生态旅游发展速度比西方国家慢，结合褚士永等[②]学者对于生态旅游发展历程之研究，认为中国大陆的生态旅游发展阶段可分为：萌芽阶段（1982～1992 年），倡导阶段（1993～1998 年），泛化阶段（1999～2007 年），调整阶段（2008 年至今）等四个阶段。钟林生等[③]将生态旅游发展分为：初步发展阶段（1980～1990 年），迅速发展阶段（1990～2000 年），全面发展阶段（2000 年迄今）。国内学者方伟达[④]将国际生态旅游发展历程分为：发轫期（1960～1970 年），酝酿期（1970～1980 年），形成期（1980～1990 年），成熟期（1990～2000 年），蓬勃期（2001 年至今）。至于台湾生态旅游的发展阶段，黄跃雯[⑤]认为可分成：台湾生态旅游萌芽期发展历程（1980～1999 年），"交通部观光局"对生态旅游政策的制定与推动（2000～2003 年），"内政部国家公园"当局对生态旅游政策的制定与推动（2004～2009 年）等三个阶段。"交通部观光局"在《生态旅游白皮书》中述及：台湾的生态旅游发展可追溯至 1980 年代开始，1990 年代逐渐推广，到了 2000 年开始被纳入"国家"发展重点计划。[⑥] 综合前述多位国内外学者对生态旅游发展历程之论述，台湾的生态旅游发展起步较慢，且实务操作未臻成熟。本研究认为"交通部观光局"在《生态旅游白皮书》中对台湾的生态旅游发展之论述较为客观。

到了 21 世纪的今日，人类所面临的最大问题就是"文明的冲突"，也就是人、天、地、与自然之间的冲突，甚至于更严重。[⑦] 道家思想蕴含了极为丰富生态与环境保护的观念，主张人类应与自然和谐共处，而"生态旅游"则是人类与自然相处方式的最佳体现与实践。台湾的面积虽然只有 3.6 万平方公里，但是"麻雀虽小，五脏俱全"，境内有高山、深谷、溪流、原住民部落，以及岛屿周边的海洋。因此，孕育了非常丰富的多样性生物，以及自然生

---

① 参见梁慧：《国际生态旅游发展趋势展望》，载《当代经济》2007 年第 1 期。

② 参见褚士永、孙根年：《我国生态旅游发展的阶段性特征研究》，载《价值工程》2011 年第 24 期。

③ 参见钟林生、郑群明、刘敏编著：《世界生态旅游地理》，中国林业出版社 2006 年版，第 13～15 页。

④ 参见方伟达：《生态旅游》，（台湾）五南图书出版股份有限公司 2010 年版（下引此书，版本同此），第 14 页。

⑤ 参见黄跃雯：《台湾生态旅游的发展与推动：从国家角色暨行动予以检视》，载《国家公园学报》2011 年第 1 期。

⑥ 参见"交通部观光局"：《生态旅游白皮书》，（台北）"交通部观光局"2002 年版，第 16 页。

⑦ 林安梧：《老子道学与 21 世纪人类文明》，载《河北学刊》2010 年第 3 期。

态与文史景观资源。台湾的生态旅游发展起步较晚,“行政院”将 2002 年定为“生态旅游年”,在政府积极努力的推动之下开启了台湾生态旅游的新篇章。

早在 20 世纪 70 年代,生态旅游的思维就已经开始在西方国家萌芽,随着科技文明与工业化的发展,再加上全球暖化、气候变迁、空气污染、臭氧层空洞、生物多样性锐减、自然资源的日渐消失等生态危机迭至,生态环境遭受严重破坏的冲击,人们开始反思,一种取代传统大众旅游的另类旅游方式——生态旅游开始进入人们的视野。“生态旅游”一词在国内外有各种不同的定义,众说纷纭。“生态旅游”(ecological tourism)一词最早出现可追溯至 1965 年,美国学者赫兹特(Helzter)建议,以生态性的旅游来舒缓大众旅游对生态环境造成的破坏,并且对文化、教育及旅游进行再省思,倡导所谓的生态的旅游。至今,生态旅游已成国际保育和永续发展之基础概念。国际生态旅游协会把“生态旅游”定义为:

> 开发并利用自然环境中所保留的魅力生态资源,同时以此促进人与生态的和谐发展。[①]

国际自然暨自然资源保育联盟(International Union for Conservation of Nature and natural Resource, IUCN)于 1996 年引用了 Ceballos-Lascurain 对生态旅游定义为:

> 生态旅游是富有环境责任的旅游,拜访相对不被干扰的自然环境,主要是去享有和欣赏自然(和任何带有文化特色的一包括过去和现在),促进保育工作,形成低度的游客负面冲击,并提供包含当地居民获益的社会经济。[②]

Kurt Kutay 对生态旅游的定义是:

> 一种旅游发展模式,在选定的自然区域中规划出游憩基地及可供游憩的生物资源并标示出它与邻近社会经济区域的联结。另一方面,相对于一般观光旅游的规划,生态旅游必须有事先的计划并且谨慎处理盈利和环境冲击的课题。[③]

Butler(1989)认为生态旅游可以这种方式描述:

> 对交流、意识和环境增进具有固有的敏感性,生态旅游的这些特点使它不那么可能产生一般同传统旅游有关的社会和环境问题,它试图给旅游者更多的环境系统意识及确实为目的地的经济社会和生态环境做出贡献。[④]

“行政院”于 2003 年提出《生态旅游白皮书》,进一步将生态旅游定义为:

> 一种在自然地区所进行的旅游形式,强调生态保育的观念,并以永续发展为终极

---

① Ceballos-Lascurain, H., (1996) Tourism, Ecotourism and Protected Areas: The State of Nature-Based Tourism around the World and Guidelines for its Development. IUCN, Gland, Switzerland.

② Ceballos-Lascurain H, "The Future of Ecotourism". *Mexcio Journal*, 1987(02):13-14.

③ Kutay K Ecotourism and Adventure Travel, In Tourism And Ecology: The Impact of Travel on a Fragile Earth North American Coordinating Center For Responsible Travel, 1989: pp. 3-7.

④ Butler, R. W. 2000 Tourism and national parks in the twenty first century, In Butler, R. W. and Boyd, S. M. (eds.) Tourism and national parks : Issues and implications, Chichester, John and Sons, pp. 323-335.

目标。[①]

另外,中国大陆地大物博,生态旅游的发展非常快速且规模庞大。对于生态旅游的研究,在世界上占有举足轻重的地位。其中王家骏根据44位国外学者对生态旅游所作的定义与概念,对生态旅游提出如下定义:

> 生态旅游是一种非大众化的旅游。通常发生在生态系统保持相对完好的自然地区及与之相伴的文化遗产地和传统社区。生态旅游者选择环境可接受性强的活动,使用资源消耗性低的设施,在欣赏、享受、学习、探究自然与文化生态的同时,承担环境保护责任,直接或间接地维护社区利益。生态旅游开发者和管理者密切联系社区居民,将自然生态和社会文化生态的保护放在首位,小规模、低密度、分散开发生态旅游资源,实施控制性管理,加强环境监测与评估。在确保生态旅游者获得非凡体验的同时,使环境变化维持在可接受范围内,使社区经济、社会可持续发展。[②]

在国内较具代表性的学者有:王鑫把"生态旅游"定义为:

> 生态旅游主要建基在一地自然人文上。生态旅游者以欣赏、参与和培养敏感度来跟旅游地区产生互动。旅游者扮演一个非消费者的角色,将自己融合在当地的自然环境之间,并透过劳动或付费(花钱)的方式,对当地保育与居民做出贡献。[③]

以及吴忠宏将"生态旅游"定义为:

> 强调在地社区进行生态保育,透过解说引导游客深入了解当地的自然与人文环境,期能产生负责任的环境行动,将经济利益回馈造访地,使保育工作得以持续,进而提升居民的生活福祉。[④]

综合以上国内外产、官、学界对生态旅游的定义之后,发现其内容皆大同小异,经过详细比对之后,可以发现有以下之共同点:(1)以自然为取向;(2)具有环境教育的意义;(3)重视生态保育观念;(4)社区居民的参与。除此之外,增加当地居民的收益并改善其社会经济状况,认识并尊重当地的文化,对环境与当地居民产生最小的负面冲击,以及永续发展等定义也被纳入考量,可见生态旅游定义的内容,正逐渐地被拓展与充实,作为后续研究的重要参考依据。

通过前述生态旅游的定义可知,相较于一般传统旅游,生态旅游在操作的技术上,就像Honey(1999)所说的:"在经过严谨与深入地调查与研究后,才发现原来生态旅游是一件很复杂的事。"[⑤]台湾的生态旅游发展尚属起步阶段,虽然台湾是世界上生态旅游发展潜力最雄厚的地区之一,拥有得天独厚的自然地形景观资源,生物多样性的动、植物资源,

---

① "交通部观光局":《生态旅游白皮书》,(台北)"交通部观光局"2002年版,第4页。

② 王家骏:《生态旅游概念探微》,载《江南大学学报》2002年第1期。

③ 王鑫:《生态旅游与永续旅游》,载《推动永续观光生态研讨会论文集》,(台北)"交通部观光局"2000年版,第25～41页。

④ 吴忠宏:《解说在自然保育上的应用》,载《自然保育季刊》第36期。

⑤ Honey M, *Ecotourism and sustainable development*: *Who owns paradise*? Island Press, 1999, Washington DC.

丰富的海洋生物资源，原住民族部落文化资源以及历史古迹与文化遗产，但是台湾从1949年后，致力于经济发展，工商业发达、经济突飞猛进、人民生活富裕，造就了不凡的台湾经验，同时也造成了严重的生态破坏，投机者为逞私欲，猎杀濒临绝种的保育类动物，转售图利，车辆与工厂排放废气，制造噪音与空气污染，观光地区的游客，制造垃圾与脏乱。取而代之的是，生物多样性锐减、上空的臭氧层产生破洞、全球暖化、气候变迁、海平面上升等现象终将变成事实。至此，人类开始反思传统旅游对社会、生态环境的冲击与生态旅游永续发展的效益。

在1980年代，台湾的第一座“国家公园”（垦丁“国家公园”）成立，人们的环保意识萌芽，民间的环保团体相继成立。到了1990年代后期，已经有旅行业开始为游客规划生态旅游之游程。到了2002年，联合国宣布该年为“国际生态旅游年”。而台湾的“行政院”亦宣示2002年为“生态旅游年”，从此开始积极推动生态旅游。

台湾生态旅游的发展与推广概可分为政府组织与民间团体（NGO）两大部分。基于生态旅游资源分布的属性，目前台湾地区公部门生态旅游之推展，以“内政部”营建署所属的8座“国家公园”“行政院农业委员会林务局”所属的18个“国家森林游乐区”“行政院退除役官兵辅道委员会”所经营的高山农场、“交通部观光局”所属的13个“国家风景区”为主。在民间团体的部分，包括中华鲸豚协会与黑潮文教基金会、野鸟学会、中华蝴蝶保育协会、自然步道协会、湿地保护联盟、荒野保护协会等。

然而，公部门在推动生态旅游的过程当中，往往因为生态旅游地普遍未能符合《生态旅游白皮书》各面向及定义，或其管理者及经营者所推动之生态旅游与原有之内涵及精神有所落差，似以发展生态旅游之名，图一般旅游活动带动地方经济发展之实（挂羊头卖狗肉），在观念不清之情况下，误导旅游地之经营管理者、当地居民及游客，对于生态旅游产生错误的认知。

前已述及，“交通部观光局”为生态旅游所下的定义：“一种在自然地区所进行的旅游形式，强调生态保育的观念，并以永续发展为终极目标。”由此可知，相对于一般传统的大众旅游，生态旅游是一种以欣赏大自然为前提取向的旅游概念，且特别强调生态与环境保育概念，尊重当地居民，增加当地居民的收益，并改善其社会经济状况，以生态永续发展为终极目标。

台湾生态旅游政策的推动，在2009年2月暂时画下休止符。将来是否还会继续推动，仍然是一个未知数。[①] 台湾实际推动生态旅游的时间只有短短几年，在此期间，不管是公部门或是民间团体，无不积极投入及参与，累积了许多宝贵的经验。同时也面临着许多发展上的难题，基此，本研究搜集了国内许多篇相关的研究，兹列举具代表性之论文数篇，并加以分析。陈锦煌认为，生态旅游发展的困难点在于在于：(1)缺乏专业的认证与评鉴制度。(2)以生态旅游之名，行破坏环境之实。(3)多头“马车”各司其职事权无法整合。(4)缺乏强而有力的行销网络。[②] 另外三篇是分析关于台湾离岛生态旅游发展的困境的研究。黄敏治针对澎湖县绿蠵龟生态旅游发展的研究，得知其生态旅游发展之困境，说明

① 黄跃雯：《徘徊在十字路口的生态旅游：困境与出路》，载《国家公园学报》2010年第2期。

② 摘录自陈锦煌政务委员于2001年3月31日，在永续生态旅游协会成立大会之专题演讲内容。

如下:(1)团体旅游行程匆促,无法进行深度之旅。(2)未尊重当地住民之生活权利。(3)岛上生态相关设施不足,导致游客来访意愿偏低。(4)旅游获利大多未能由当地住民所获得。(5)绿蠵龟产卵活动受到干扰。(6)当地居民参与公共事务之比例偏低。(7)绿蠵龟生态保育中心软体设施功能不足。(8)相关配套措施不足。[①] 江慧卿在其《绿岛发展生态旅游之游憩资源价值效益评估》一文中指出指出绿岛发展生态旅游所面临之困境为:(1)人为破坏,生态资源日益减少。(2)人为开发,压力日益增加。(3)基础公共设施不足。(4)游憩品质屡遭诟病。[②] 郑先祐在《沿海岛屿可持续性发展与生态保育并行之可行性研究——以绿岛为例》的成果报告书中指出岛屿发展旅游之困境与课题有:(1)岛屿在竞争环境中既存劣势,包括交通的不便利性必须有超值的旅游商品来加值,才足以吸引游客到访。(2)岛屿易破坏的生态系统,应该对游客的行为加以规范以确保生态系统的完整性。(3)小岛屿的经济规模较小,因此没能力在生态旅游市场上作大量的投资,或产品上作更广泛的创造,再次考验当地吸引游客的能力。[③] 另外,"交通部观光局"(2002)在《生态旅游白皮书》中指出,生态旅游发展所面临的五大课题分别为:(1)生态旅游资源管理之困境。(2)生态旅游经营之困境。(3)生态旅游游客之困境。(4)生态旅游地社区居民之困境。(5)生态旅游游客与生态旅游民间组之困境。[④]

综合以上学者专家对台湾生态旅游发展所面临的困境的研究,本研究认为,生态旅游为一永续发展之旅游形态,与一般走马看花式的观光旅游不同,它是一种以欣赏大自然为取向,以生态环境保育为前提,以环境伦理教育为诉求,以生态旅游地居民的利益为考量,以当地社区的参与为目标的一种永续性旅游方式。因此,建议未来在推动生态旅游相关产品时,应特别注意上述诉求,并且以国外生态旅游实施成功之案例为借鉴,俾便走出困境,迈向成功。

四、老庄的生态思想与台湾的生态旅游发展

道家思想的精髓就是"道法自然"与"天人合一",也是处理人与人之间以及人与自然之间关系的哲学。而生态旅游的内涵就是调和人与自然间和谐相处与发展的关系。因此,这两者之间的关系非常紧密,而且相辅相成。生态旅游在本质上具有"自然无为"与"道法自然"的道家风范。生态旅游强调,游客应尽量降低对生态系统的人为干扰,生态旅游经营者的旅游产品必须是低碳、低耗能的绿色产品,并提倡循环经济模式,生态旅游地管理者要加强生态环境监测与评估,确保生态安全与生态平衡,说服当地居民积极参与生态旅游,在保护生态环境的前提下,取得一定的经济利益,以提高其居民的生活品质。这

---

① 黄敏治:《澎湖县望安乡发展绿蠵龟生态旅游之经济效益评估》,(台北)台北大学资源管理研究所硕士学位论文,2004年。

② 江慧卿:《绿岛发展生态旅游之游憩资源价值评估》,(台北)东华大学公共行政研究所硕士学位论文,2005年。

③ 郑先祐:《沿海岛屿可持续性发展与生态保育并行之可行性研究——以绿岛为例》,(台北)"内政部营建署"委托台南大学办理计划成果报告书,2007年。

④ 参见(台北)"交通部观光局":《生态旅游白皮书》,(台北)"交通部观光局"2002年版,第37～43页。

些生态旅游的理论和实践诉求都集中体现了尊重自然、顺应自然规律而发展的核心理念，与传统道家生态哲学的价值观不谋而合。[①]

解读《道德经》后发现，中国在古代就已经具备的生态环境保护思想与意识。它是一本能洞察古今、鉴往知来的经典巨作，也凸显出老子的生态智慧。对于现代的生态旅游可持续发展（永续发展）具有积极的意义与启示作用。特别是处在大自然生态景观日渐消失、水泥建筑物充斥在自然生态保护区、生物多样性日渐减少、森林面积变少、海平面上升以及气候变迁与全球暖化的今日，尤其具有借鉴作用，值得深思。

老子在处理人与自然关系的问题上，秉持的是“天人和谐”的思想。老子认为“道生万物”，道是宇宙的根源与归宿，人类的一切行为都应依循道而行，不可倒行逆施。唯有尊重自然，才能达天人和谐之境。而人类又该如何与自然和谐相处呢？老子认为：要知足常乐。“知足不辱，知止不殆，可以长久！”（《老子》第四十六章）“天下有道，却走马以粪；天下无道，戎马生于郊；祸莫大于不知足，咎莫大于欲得；故知足之足，常足矣！”（《老子》第四十六章）适可而止，“圣人去甚，去奢，去泰”（《老子》第二十九章）。地球上的自然资源是有限的，不可以毫无节制地向大自然巧取豪夺，要少私寡欲，返璞归真。

以老庄生态伦理思想为基础的道家思想，其思想核心“道法自然”“天人合一”，人与自然的关系是和谐的关系，而不是对立的关系；是生态中心主义，而不是人类中心主义。人类中心主义认为，人类是万物的主宰，而万物为人类的奴隶，也没有任何内在价值可言，人类可以因个人的喜好而破坏生态系统，毁灭自然万物。只有人与自然和平共处，共存、共荣，如此，生态环境才能获得良好的保护，人类的健康获得保障，生物多样性获得繁衍，自然资源得以永续维持，生态旅游得以永续发展。台湾的生态旅游发展，正处于萌发阶段，道家的生态环境保护思想正好可以作为其指导思想。

“生态道家”，以此来形容道家老庄思想对生态与环境保护，以及生态旅游永续发展所成就的丰功伟业一点也不为过。老子与庄子早已预知，世界上将会爆发“生态浩劫”，果不其然，在 20 世纪的 80 年代左右，生态危机已次第浮现。诸如：人类宰杀保育类动物牟利，导致生物多样性锐减。大肆砍伐森林植被，破坏野生动植物的栖息地。大规模的山坡地开发，破坏大自然生态景观，水土保持失衡，造成土石流灾害。臭氧层的破洞，造成全球暖化、气候异常。海平面上升，将导致许多低地国面临消失。生态旅游地区游憩承载量超过负荷，衍生出游憩品质下降、拥挤与脏乱，终至万劫不复。“生态旅游”一词，虽然至今都没有一个统一的定义，但是其基本的方针与目标却是一致的。“生态旅游”就是：以自然为取向，通过教育和解说，引导体验生态之美，并诱发环境保护觉知的旅游方式；其精神系秉承永续发展的观点，除兼顾环境、经济与社会的考量，并强调当地住民的参与和福利。[②] 整篇《道德经》都在阐述“天人合一”与“道法自然”，在告诫世人不可逆天道而行，必须顺应万

---

① 参见孙吉信、郭飒飒、王丽娜：《从“天人合一”看当代生态旅游发展路向》，载《林业经济问题》2010 年第 3 期。

② Wood, M. E, “Ecotourism: principles, practices and policies forsustainability”, *United Nations nvironment Programme/Division of Technology, Industry and Economics (UNEP DTIE), and The International Ecotourism Society (TIES)*, 2002.

物生长的节奏及大自然的规律，与大自然和谐相处、共同发展。而庄子的学说，更加透彻地以寓言的方式隐喻，将中国古代的生态环境伦理思想描述得淋漓尽致。由此可见，道家老庄的生态伦理思想，对于台湾生态旅游永续发展的战略上具有积极正面的意义。

（吴家炬，香港珠海学院中国历史研究所博士）

清代以来台湾旅游名胜动向之探讨

周育贤

一、清代台湾的名胜

康熙二十二年(1683)施琅攻下台湾之后,清朝派遣到台湾任官的官员,选出数个著名的旅游景点并作诗。康熙三十五年(1696)高拱干所编的《台湾府志》中首度出现台湾旅游景点"八景"一词并作有八景诗。在《台湾府志》中,将"八景"的概念用在台湾旅游景点的叙述上,范咸版本的《重修台湾府志》也出现《台湾郡治八景图》,是以版画方式呈现八景图风景,再以高氏所写的八景诗中的情境加以绘制的,台湾旅游景点"八景"的发展是先有诗后才有画,也使得当时台湾的景色描述透过文字及版画方式得以保留下来。

八景分别为"安平晚渡""沙鲲渔火""鹿耳春潮""鸡笼积雪""东溟晓日""西屿落霞""澄台观海""斐亭听涛"。

"安平晚渡""沙鲲渔火""鹿耳春潮",此三景皆位于当时台南府城与台江内海内。

《台湾府志》言:"安平港 潮汐从鹿耳门北至洲仔尾,受新港溪流;南至濑口,受凤山之冈山溪流。港内宽衍,可泊千艘。"①

《台湾府志》卷二一规制志:"城池安平镇城,在凤山县辖安平镇一鲲身之上。系红彝归一王所筑。用大砖、桐油、灰共捣而成。城基入地丈余,城墙各垛俱用铁钉钉之。周围广二百二十七丈六尺,高三丈余;城内屈曲如楼台。辛丑年,郑成功率舟师下之,即其城而居焉。今尚存。"②

"安平晚渡"是以安平港为中心,强调城堡的坚实。晚渡就是夕阳照着安平海面上,衬着少许淡帆,海岸开阔,天色渐暗,渔船渔火争着行路,展现出安平港在日落月升之时,微微风浪中,渔船渡海的景象。

"沙鲲渔火"中,沙鲲即是沙洲,当时的安平位于面积最大的一沙洲上。根据《重修台湾府志》记载:

> 在县治西南十里。一鲲身与安平镇接壤,自七鲲身至此,山势相连如贯珠,不疏、

---

① 高拱干:"台湾八景"中分别叙述各旅游景点的开头诗文,刊载于其中。

② 高拱干:《台湾府志》,(台北)台湾银行1960年版,第27~28页。

> 不密。虽在海中,泉甘胜于他处,多居民……自打鼓山下起,七峰宛如堆草,风涛鼓荡,不崩不蚀。多生荊棘,望之郁然苍翠。外为大海,内为大港,补采之人多居之。①

《沙鲲渔火》显现出沙鲲上渔民的活力,并展现出沙鲲一带的渔船,夜晚捕鱼时,盏盏灯火的景象。

鹿耳门则位于安平的北方,是当时重要的港口。鹿耳门有"海中天"之称,在农历二月春天涨潮时,"鹿耳春潮"的涨潮有如千万支箭射出时的气势。根据朱景英的《海东札记》:

> 鹿耳门,全郡之门户也,四周皆海。海底铁板沙线,排列如铸。南曰北线尾,北曰加老湾,又西南曰隙子港;两岸沙脚环抱,中通一迳,状如鹿耳,故如鹿耳门。②

另《重修台湾府志》记载:

> 港名鹿耳门……此台湾之内门户也。……惟鹿耳门为用武比争之地者,以入港即可以夺安平而抗府治也。……故一入鹿耳门,而台湾之全势举矣。③

"鸡笼积雪""东溟晓日"则位于台湾北部。鸡笼所指为鸡笼山,就是现在的基隆山。关于"鸡笼积雪",基隆在历史上有积雪的记录,如今积雪则是较为夸大之形容。范咸《重修台湾府志》中关于鸡笼的描述:

> 大鸡笼屿,在厅治东北二百五十里。……伪郑与日本交易处,上建石城,即郡城八景之"鸡笼积雪"也。台地无霜雪,独此屿极北寒甚,冬有积雪。今设汛防其地。④

另外,陈培桂所修的《淡水厅志》也言:"大鸡笼山,距城北百五十里,极寒有雪,矗立巍然。"⑤

关于"东溟晓日",高拱干《台湾府志》中言:

> 大约台湾之山,背东溟、面西海,而郡邑居其中。⑥

东溟约指台湾的东方海面。东溟晓日展现的是朝日于海上缓缓升起时,被汹涌的海涛所围绕时的景色。

"西屿落霞"则是指澎湖的黄昏。西屿属澎湖西方之屿,根据《台湾府志》记载:

> 台郡往来船只,比以澎湖为关津,从西屿头入……⑦

在历史上,澎湖为台湾之门户,自明到清代,一直为兵家必争之地。西屿曾为各方相争兵戎之地。据文献记载,西屿装有炮台三座,隶属澎湖水师所管辖。西屿落霞展现的是海上无战事,太平之日时的落日景象。

---

① 范咸:《重修台湾府志》,(台北)台湾银行 1961 年版,第 9 页。
② 朱景英:《海东札记》卷二,收于《海东札记、台阳笔记》,(南投)台湾省文献会 1996 年版,第 12 页。
③ 范咸:《重修台湾府志》,(台北)成文出版社 1983 年版,第 49 页。
④ 范咸:《重修台湾府志》,(台北)成文出版社 1983 年版,第 30 页。
⑤ 陈培桂:《淡水厅志》第 3 册,(台北)台湾银行 1963 年版,第 31 页。
⑥ 高拱干:《台湾府志》,中华书局 1985 年版,第 8 页。
⑦ 高拱干:《台湾府志》,中华书局 1985 年版,第 8 页。

关于“澄台观海”和“斐亭听涛”，澄台、斐亭皆为高拱干任内所建，于《台湾府志》收有其作《澄台记》：“起居安息之所，耳目常虑壅蔽、心志每多郁陶，四顾隐然，无以宣泄其怀抱；并所谓四省藩屏、诸岛往来之要会，海色峰光，亦无由见。于是捐俸鸠工，略庀小亭于署后，以为对客之地；环绕以竹，遂以‘斐亭’名之。更筑台于亭之左隅，觉沧渤岛屿之胜，尽在登临襟带之间；复名之曰‘澄’。”①

斐亭位于澄台附近，供道署中官吏在公务闲暇之余休憩的庭院。连横的《台湾通史》中曾提及光绪十五、十六年，唐景崧邀朋友于斐亭饮酒畅言的情况，唐景崧曾提斐亭的楹联：“听百丈涛声，最难忘的马金戈，万里游踪真腊棹；挥满堂豪翰，果然是锦袍红烛，千秋高会斐亭钟。”②“澄台观海”和“斐亭听涛”属于官吏才能享有的权利，只有道署中办公的官吏或是受邀之人才能享有，突显出清代的旅游景点。

除了全岛的旅游景点台湾府八景之外，清代的地方志书中，也留有各区域不同形态的县级八景(有些初为六景)、厅级八景、聚落型八景，以及私人、园林八景等旅游景点。台湾府的八景之外，归台湾府管辖的台湾县(今台南附近)、诸罗县、凤山县，分别也有台湾县六景、诸罗县六景、凤山县六景等。

康熙五十六年(1717)，周锺瑄与陈梦林所撰的《诸罗县志》③中记载诸罗县六景有“玉山云净”“檨圃风清”“北香秋荷”“水沙浮屿”“鸡笼积雪”“龙目甘泉”。“玉山云净”：位于诸罗县北部。“檨圃风清”：檨园(芒果园)在诸罗县署后。“北香秋荷”：北香胡在诸罗县北二里外。“水沙浮屿”：屿在水纱连潭中浮出，屿可能指日月潭中的岛屿。“鸡笼积雪”：鸡笼即今日之基隆。“龙目甘泉”：龙目井在鸡笼山之麓。

康熙五十八年(1719)，陈文达所撰的《凤山县志》中记载，凤山县六景是“凤岫春雨”“泮水荷香”“冈山树色”“琅峤潮声”“安平晚渡”“鲲身晓霞”。“凤岫春雨”为凤山县城南门外的山群；“冈山树色”的冈山是指大冈山；“泮水荷香”则是凤山县城旁的莲花潭；“琅峤潮声”中的琅峤位于凤山南方。④ 当时台湾一府三县下的旅游景点，最北端为鸡笼山，最南则为琅峤，东至玉山，西至澎湖西屿。

康熙五十九年(1720)，王礼与陈文达所撰的《台湾县志》中记载，台湾县(今台南附近)六景有“木冈挺秀”“莲湖飘香”“赤崁观海”“鹿耳听潮”“龙潭夜月”“金鸡晓霞”。⑤ “木冈挺秀”指木冈山，位于诸罗县和台湾县交界处。“莲湖飘香”即莲花潭。“赤崁观海”与“鹿耳听潮”位于今台南市内，赤崁为赤崁楼，鹿耳指的是鹿耳门。“龙潭夜月”即鲫仔潭。“金鸡晓霞”是澎湖金鸡澳。

雍正元年(1723)，清朝于虎尾溪以北、大甲溪以南设立彰化县，大甲溪以北至鸡笼设立淡水厅，雍正五年(1727)又增设澎湖厅，台湾成为一府四县二厅。

乾隆七年(1742)，刘良璧撰《重修福建台湾府志》中，所选的台湾府八景，其中“鹿耳春潮”“鸡笼积雪”“东溟晓日”“西屿落霞”“澄台观海”“斐亭听涛”六景并没有改变，“安平晚

---

① 高拱干：《台湾府志》，中华书局 1985 年版，第 270 页。

② 廖一瑾：《台湾诗史》，(台北)文史哲出版社 1999 年版，第 274 页。

③ 周锺瑄、陈梦林：《诸罗县志》卷一《封域志·形胜》，(台北)成文出版社 1983 年版，第 106 页。

④ 陈文达：《凤山县志》卷一《封域志·形胜》，(台北)成文出版社 1983 年版，第 5 页。

⑤ 王礼、陈文达：《台湾县志》卷一《舆地志·形胜》，(台北)成文出版社 1983 年版，第 3 页。

渡”和“沙鲲渔火”则换为“五层秀塔”及“四合仙梁”。“五层秀塔”位于台湾府大南门旁；“四合仙梁”为署内四合亭旁的老树。[①]

乾隆十二年(1747)，六十七、范咸撰的《重修台湾府志》，把“鹿耳听潮”“安平晚渡”“沙鲲渔火”换为“北线迴澜”“井亭夜市”“郡圃榕梁”，并将“赤崁观海”改为“赤崁远眺”。“北线迴澜”[②]位于鹿耳门南方。“井亭夜市”为安平来台的登岸处。“郡圃榕梁”与台湾府八景的“四合仙梁”都为道署内的老树。[③]

乾隆十七年(1752)，鲁鼎海、王必昌撰的《重修台湾县志》对于台湾县八景则有大幅度的修改，除“金鸡晓霞”没有变外，其他皆有改变，“鲲身集网”“赤崁夕照”“鹿耳连帆”三者承袭旧有地点，但改变了景观特点，“雁门烟雨”“鲫潭霁月”“香洋春耨”“旗尾秋蒐”则为全新的景观名称。其中，“雁门烟雨”位于今高雄县内门乡内东村西南隅；“鲫潭霁月”的鲫潭即为“龙潭夜月”的龙潭，两者地点相同。“香洋春耨”的香洋位于今日台南县关庙乡香洋村；“旗尾秋蒐”位于旗尾山香洋山东南方。[④]

自乾隆十七年(1752)鲁鼎梅、王必昌撰《重修台湾县志》修改了台湾县八景后，台湾县八景再无变动。至于诸罗县八景，刘良璧所撰的《重修福建台湾府志》中，将“鸡笼积雪”移除，增加“梅坑月霁”“月岭晓翠”“牛溪晚岚”，使原来的六景增为八景。“梅坑月霁”为今日嘉义梅山，“月岭晓翠”位于诸罗县城南门外，“牛溪晚岚”的牛溪为牛稠溪位于今日嘉义县桥头工业区附近。[⑤]

乾隆三十九年(1774)，余文仪所撰的《续修台湾府志》记录了乾隆二十七年(1762)诸罗知县卫克堉将诸罗八景的“龙目甘泉”与“水沙浮屿”改为“兰井泉甘”和“南浦春草”。[⑥]“兰井泉甘”指兰井，位于诸罗县城内；“南浦春草”则为南浦寺，位于诸罗县城南门外。诸罗县所选的旅游景点，由起先的六景至八景，景色并没有太大的改变，而后诸罗八景也没有再作变动。

刘良璧所撰的《重修福建台湾府志》的凤山县八景，将原来的“安平晚渡”与“鲲身晓霞”删去，增加了“翠屏夕照”“丹渡晴帆”“淡溪秋月”及“球屿晓霞”四景。[⑦]“翠屏夕照”为观音山；“丹渡晴帆”指的是丹凤澳；“球屿晓霞”的球屿为小琉球屿，是今日的小琉球。[⑧]

彰化县八景，为“烽烟朝霞”“鹿港夕照”“镇亭晴云”“线社烟雨”“虎溪春涛”“海丰渔火”“眉潭秋月”与“肚山樵歌”八景。[⑨]“烽烟朝霞”亦称“火焰山”；“鹿港夕照”为鹿仔港；“镇亭晴云”为八卦山的镇番亭；“线社烟雨”位于彰化县城东南边；“虎溪春涛”为虎尾溪，位于彰化县和诸罗县的交界处；“海丰渔火”为海丰港；“眉潭秋月”位于县城北方十里处；

---

① 范咸：《重修台湾府志》，(台北)成文出版社1983年版，台湾县图。
② 范咸：《重修台湾府志》，(台北)成文出版社1983年版，台湾县图。
③ 刘丽卿：《清代台湾八景与八景诗》，(台北)文津出版社2002年版，第68～78页。
④ 刘丽卿：《清代台湾八景与八景诗》，(台北)文津出版社2002年版，第68～78页。
⑤ 刘丽卿：《清代台湾八景与八景诗》，(台北)文津出版社2002年版，第82～86页。
⑥ 范咸：《重修台湾府志》，(台北)文津出版社2002年版，诸罗县图。
⑦ 刘良璧：《重修福建台湾府志》，(台北)成文出版社1983年版，凤山县图。
⑧ 刘丽卿：《清代台湾八景与八景诗》，(台北)文津出版社2002年版，第78～82页。
⑨ 刘丽卿：《清代台湾八景与八景诗》，(台北)文津出版社2002年版，第32页。

“肚山樵歌”为大肚山。[①]

乾隆二十九年(1764),淡水厅陶绍景选定了淡水厅四景,记录于乾隆三十九年(1774)余文仪与黄佾所撰的《续修台湾府志》中,此四景分别为“坌岭吐雾”“戍台夕阳”“淡江吼涛”“关渡分潮”。[②] “坌岭吐雾”为今日的观音山;“戍台夕阳”为今日的红毛城;“淡江吼涛”与“关渡分潮”两景分别为淡水河口与关渡。

乾隆年间,凤山县出现了最早的聚落八景,分别为:

鼓山八景:“秀峰插汉”“石佛凌波”“鸡屿夜帆”“斜湾樵唱”“元兴寺钟”“石塔垂纶”“旗滨渔火”“龙井甘泉”。[③]

龟山八景:“山岚署色”“层岩晚照”“雨中春树”“疏林月霁”“晴峦观海”“古寺熏风”“登峰野望”“寒夜猿啼”。[④]

乾隆五十七年(1792),也出现了私人园林八景。如聚芳园八景:“东山晓翠”“蜂衙春暖”“榕夏午风”“琅玕烟雨”“迴廊静月”“秋圃赏菊”“西园晚射”“北苑书声”。[⑤]

乾隆五十一年(1786),台湾发生林爽文事件。平定林爽文事件后,清朝为嘉许诸罗县义民,将诸罗一名改为“嘉义”。嘉庆十五年(1810),清廷将蛤仔难更名为“噶玛兰”,嘉庆十七年(1812)设立噶玛兰厅,隶属台湾府,台湾的行政单位成为一府四县三厅。[⑥] 随着噶玛兰厅的设立,兰阳八景也列入了史书记载。

在嘉庆五年(1800),萧竹友就已经选定了阳基八景[⑦],为“兰城拱翠”“石峡观潮”“龟屿秋高”“曲岭汤泉”“龙潭印月”“平湖渔笛”“沙堤雪浪”“浊水涵清”。[⑧] 到了道光五年(西元 1825 年),噶玛兰通判乌竹芳重新选了兰阳八景,为“西风爽气”“石港春帆”“龟山朝日”“汤围温泉”“嶐岭夕烟”“沙喃秋水”“苏澳蜃市”“北关海潮”。[⑨] “西风爽气”为四围的大陂山;“石港春帆”为乌石港;“龟山朝日”为今日的龟山岛;“汤围温泉”为汤围隘;“嶐岭夕烟”为嶐嶐岭;“沙喃秋水”为大叭哩沙喃山;“苏澳蜃市”为苏澳;“北关海潮”为北关,位于噶玛兰厅北部。道光十五年(1835),新任噶玛兰通判柯培元亦选出一组兰阳八景,为“玉峰积雪”“石港观潮”“龟山朝日”“凤岫归云”“清溪印月”“石洞嘘风”“苏澳连樯”“温泉谷雨”。[⑩] 在这 35 年之中,噶玛兰旅游景点共换了三次八景。

道光十二年(1832),澎湖厅旅游景点八景为“龙门鼓浪”“虎井澄渊”“香炉起雾”“奎壁联辉”“太武樵歌”“案山渔火”“西屿落霞”“南天夕照”。[⑪] “龙门鼓浪”位于今日澎湖龙门

---

① 李延璧、周玺:《彰化县志》,(台北)成文出版社 1983 年版,第 17～18 页。

② 刘丽卿:《清代台湾八景与八景诗》,(台北)文津出版社 2002 年版,第 30～37 页。

③ 余文仪、王瑛曾:《重修凤山县志》,(台北)成文出版社 1983 年版,第 440～444 页。

④ 余文仪、王瑛曾:《重修凤山县志》,(台北)成文出版社 1983 年版,第 440～444 页。

⑤ 林文龙:《南投县志稿 · 学艺志》,(台北)成文出版社 1984 年版,第 3854 页。

⑥ 薛化元:《台湾开发史》,(台北)三民书局 1999 年版,第 57～66 页。

⑦ “阳基”可见于连横《台湾诗乘》:“竹有《甲子兰记》,谓‘嘉庆三年秋,余与黄友渡台。越三载庚申,游极北之甲子兰。其地沃野三百余里,可辟良田万顷,容十万户。余细问阅胜概,千山竞秀,万水朝宗,内纳一大阳基,通众再造四围。’”[连横:《台湾诗乘》,(南投)台湾省文献会 1992 年版,第 132 页]

⑧ 陈淑均、李祺升:《噶玛兰厅志》卷八《杂识》(下),(台北)成文出版社 1983 年版,第 410 页。

⑨ 陈淑均、李祺升:《噶玛兰厅志》卷一《封域 · 疆域》,(台北)成文出版社 1983 年版,第 7 页。

⑩ 柯培元:《噶玛兰志略》卷一四《杂识志》,(台北)成文出版社 1983 年版,第 199 页。

⑪ 蒋镛、蔡廷兰:《澎湖续编》卷(下)《艺文纪》,(台北)成文出版社 1983 年版,第 112～113 页。

港;“虎井澄渊”为马公市的离岛;“香炉起雾”为今日澎湖湖西乡的一岛;“奎璧联辉”位于今日澎湖湖西乡北寮村后之奎壁山;“太武樵歌”为澎湖湖西乡的太武山;“案山渔火”案山为今日的马公市社区;“西屿落霞”为西屿岛的西屿澳;“南天夕照”此景也称为“天台远眺”。①

乾隆七年(1742),刘良璧所撰的《重修福建台湾府志》中出现彰化县旅游景点八景,道光十六年(1836),李延壁与周玺所撰的《彰化县志》有了新的彰化县旅游景点八景,此八景分别是“碧山曙色”“鹿港飞帆”“定寨望洋”“龙井关泉”“虎岩听竹”“清水春光”“珠潭浮屿”与“丰亭坐月”。② 旧的彰化三景为“碧山曙色”“鹿港飞帆”“定寨望洋”。碧山为碧山岩;“鹿港飞帆”所指地点为鹿仔港;“定寨望洋”位于八卦山上的砖造寨,即为定寨。③ 其他五景为:“龙井关泉”为龙目井山;“虎岩听竹”为虎山岩寺;“清水春光”为清水岩寺;“珠潭浮屿”为日月潭;“丰亭坐月”为丰乐亭,于彰化县署后。④

同治九年(1870),杨浚修撰《淡水厅志》,收录了淡水北部旅游景点内八景与外八景,和杨浚自己所选出的全淡水旅游景点八景。淡水北部内八景:“坌岭吐雾”“戍台夕阳”“淡江吼涛”“关渡分潮”“屯山积雪”“芦洲泛月”“剑潭夜光”“峰峙滩音”。“屯山积雪”为大屯山;“芦洲泛月”为今芦洲;“剑潭夜光”为剑潭;“峰峙滩音”为今日的汐止。⑤

淡水北部外八景有“罗汉朝佛”“半月沉江”“龙目甘泉”“玛鋉番房”“峰溪石壁”“海岸石门”“石屏锦鳞”“烛台双峙”。“半月沉江”为狮球屿;“龙目甘泉”位于鸡笼山麓间。“玛鋉番房”应为今日万里乡的原住民部落;“海岸石门”应为今日石门洞附近;“烛台双峙”则为烛台屿⑥;其他三个景点尚无法考证其正确位置。⑦

全淡水旅游景点八景为:“指峰凌霄”“香山观海”“鸡屿晴雪”“凤崎晚霞”“沪口飞轮”“隙溪吐墨”“剑潭幻影”“关渡划流”。⑧ “指峰凌霄”为五指山,位于今日新竹县;“香山观海”为香山,位于今日新竹市;“鸡屿晴雪”为鸡笼屿,位于今日基隆市基隆屿;“凤崎晚霞”为凤山崎,位于今日新竹县;“沪口飞轮”为沪尾,位于今日淡水区;“隙溪吐墨”位于今新竹县;“剑潭幻影”为剑潭,位于今台北市中山区;“关渡划流”为关渡,位于今台北市北投区。⑨

此外,还有聚落型旅游景点八景与私人林园八景,聚落型以堑南八景和鸡笼八景为代表,私人林园则有北郭园八景。⑩ 堑南八景:“凤崎远眺”“香山夕照”“隙溪墨水”“五指连云”“金门晚渡”“北线听涛”“船港渔灯”“衢岭晓烟”。“金门晚渡”为竹堑溪金门厝;“北线

① 刘丽卿:《清代台湾八景与八景诗》,(台北)文津出版社 2002 年版,第 126～127 页。
② 李延壁、周玺:《彰化县志》卷一《封域志・八景》,(台北)成文出版社 1983 年版,第 19 页。
③ 刘丽卿:《清代台湾八景与八景诗》,(台北)文津出版社 2002 年版,第 87～97 页。
④ 刘丽卿:《清代台湾八景与八景诗》,(台北)文津出版社 2002 年版,第 87～97 页。
⑤ 杨云萍:《关于“峰峙滩音”》,载《台湾的文化与文献》,(台北)台湾风物杂志社 1990 年版,第 35 页。
⑥ 陈培桂、杨浚:《淡水厅志》,(台北)成文出版社 1983 年版,淡水厅全图。
⑦ 刘丽卿:《清代台湾八景与八景诗》,(台北)文津出版社 2002 年版,第 131～135 页。
⑧ 陈培桂、杨浚:《淡水厅志》卷二《封域志・形胜》,(台北)成文出版社 1983 年版,第 39～40 页。
⑨ 陈培桂、杨浚:《淡水厅志》,(台北)成文出版社 1983 年版,淡水厅全图。
⑩ 刘丽卿:《清代台湾八景与八景诗》,(台北)文津出版社 2002 年版,第 43～47 页。

听涛”与“衢岭晓烟”位于今日苗栗县，“船港渔灯”位置则待考据。[①] 鸡笼八景：“鲎屿凝烟”“社寮晓日”“海门澄清”“杙崎耸翠”“奎山聚雨”“毬岭布云”“峰顶观瀑”“仙洞听潮”。“鲎屿凝烟”位于基隆港内；“社寮晓日”为和平岛；“海门澄清”为和平岛与正滨里之间；“杙崎耸翠”为今日基隆岛；“奎山聚雨”为鸡笼山；“毬岭布云”为狮球岭；“峰顶观瀑”与“仙洞听潮”志中并未指出其位置。[②]

私人林园旅游景点的北郭园八景是：“小楼听雨”“晓亭春望”“莲池泛舟”“石桥垂钓”“小山丛竹”“曲槛看花”“深院读书”“陌田观稼”，现址今日已不可考据。

光绪元年(1875)，清朝设台北府，本来只有淡水厅与噶玛兰厅之后增设淡水县、宜兰县与新竹县。台湾府并增设恒春县、卑南厅、埔里社厅，之后台湾的行政组织成为两府八县四厅。新设的恒春县，于光绪四年(1878)梁燕所题的《恒春县八景诗》曾提及两组旅游景点八景，分别为“恒春”“鼻子头”“大坂埒”“潭子湾”“垦丁”“船帆石”“砂岛”“鹅鸾鼻”[③]与“貓鼻头”“马鞍山”“龙銮潭”“赤牛岭”“虎头山”“关山”“猴洞山”“三台山”。“大坂埒”位于县南方处；“鹅鸾鼻”位于县南方三十里处；“马鞍山”位于县南方七里处；“龙銮潭”位于县南城门外；“虎头山”位于县北方处；“猴洞山”位于县西城门内；“三台山”位于县东北处。[④]

光绪十一年(1885)，台湾建省后兴建铁路，完成基隆到新竹路段，间接影响了往后旅游名胜的发展。随着交通建设的开启，旅游已不再是少数官员的权利。[⑤]

光绪十八年(1892)，沈茂阴所撰的《苗栗县志》记载了苗栗县旅游景点八景，为“三台叠翠”“双峰凌霄”“银锭绮霞”“玉山霁雪”“马陵小海”“蛤市晚岚”“磺窟响泉”与“吞霄鱼艇”。[⑥] “三台叠翠”为加里山、东三湖山、墨砚山；“双峰凌霄”为双峰山，位于铜锣；“银锭绮霞”为铁砧山，位台中大甲镇；“玉山霁雪”玉山是位于苗栗泰安乡与台中和平乡交界的雪山，并非今日的玉山；“马陵小海”为马陵潭，位于造桥乡；“蛤市晚岚”蛤市为公馆的旧称；“磺窟响泉”位于公馆开磺村；“吞霄鱼艇”为登上通霄虎头山所望见的风景，吞霄为今日通宵。[⑦]

光绪二十年(1894)，陈朝龙与郑鹏云所撰的《新竹县采访册》有新竹县名胜八景的记载，此八景为“指峰凌霄”“香山观海”“凤崎晚霞”“隙溪吐墨”“合水信潮”“灵泉试茗”“北郭烟雨”与“潜园探海”。“合水信潮”为合水溪，位县治南方；“灵泉试茗”为冷水坑；“北郭烟雨”与“潜园探海”分别为北郭园与潜园。[⑧]

光绪二十年(1894)，倪赞元所撰的《云林县采访册》记载了云林县旅游景点八景，为“凤麓飞烟”“玉嶂流霞”“鹿社秋光”“狮岩春曙”“珠潭映日”“虎溪跃渡”“龙门湧月”与“象

① 黄旺成、郭辉：《新竹县志》卷三《土地志》，(台北)成文出版社1983年版，第784页。
② 朱仲西、陈正祥：《基隆市志·文物篇》，(台北)成文出版社1983年版，第4015～4017页。
③ 古福祥：《屏东县志》卷一《地理志·胜迹》，(台北)成文出版社1983年版，第727页。
④ 廖训志：《恒春八景古今观之探讨》，载《史联杂志》1985年第7期。
⑤ 薛化元：《台湾开发史》，(台北)三民书局1999年版，第88～90页。
⑥ 沈茂阴：《苗栗县志》卷二《封域志·形胜》，(台北)成文出版社1984年版，第57页。
⑦ 黄心亚、锺建英：《苗栗县志》卷一《地理志·胜迹篇》，(台北)成文出版社1983年版，第789～790页。
⑧ 陈朝龙、郑鹏云：《新竹县采访册》，(台北)成文出版社1984年版，第56页。

渚垂虹”。“凤麓飞烟”为凤凰山，今日的鹿谷乡；“玉嶂流霞”为八通关山；“鹿社秋光”为鹿株大山；“狮岩春曙”为狮头山；“珠潭映日”为日月潭；“虎溪跃渡”为今日浊水溪；“龙门湧月”位于今日竹山镇；“象渚垂虹”中象鼻山位于今日竹山镇和集集镇的交界。[①]

光绪二十年(1894)，陈文纬、屠继善所撰的《恒春县志》中，恒春旅游景点八景为“猴洞仙居”“三台云嶂”“马鞍春光”“龙潭秋影”“鹅銮灯火”“龟山印累”“罗佛仙庄”与“海口文峰”。[②] “龙潭秋影”位于县城南门附近；“鹅銮灯火”为鹅鸾鼻灯塔；“龟山印累”为龟山；“罗佛仙庄”为罗佛山；“海口文峰”位于县西方四十里处。[③]

光绪二十年(1894)，卢德嘉所撰的《凤山采访册》亦记载了凤山县旅游景点八景，将之前康熙五十八年(1719)陈文达所撰的《凤山县志》中的“琅峤潮声”换成“龙岩冽泉”，“龙岩冽泉”位于今日万寿山。[④]

光绪二十年(1894)，林豪所撰的《澎湖厅志》，将澎湖旅游景点八景增为十二景，增加的四景为“晴湖泛月”“灯塔流辉”“风柜飞涛”“大城观日”。“晴湖泛月”晴湖为马公港；“灯塔流辉”为外垵灯塔；“风柜飞涛”为风柜屿；“大城观日”为太武山。[⑤]

自康熙三十五年高拱干修撰《台湾府志》，选出了第一组台湾旅游景点八景之后，只要有新的行政区产生，地方官员便会选出该区的代表性旅游景点及加入该区外名胜，各地方也就产生了数个旅游景点。随着行政区域的演变，官员修撰县志、厅志时，会将辖区内的名胜旅游景点列入，所以旅游景点的产生和新的行政区域有着直接的关系。

清代最早的旅游景点，大都集中在台南安平一处，多数为海景，因为当时台湾府靠海，同时旅游景点的分布，多集中于西海岸，旅游文化由海路的移入，说明了清代开发的路线先由南而北，由西至东。地名多起名为港、澳、屿，和水路交通有关的特别多，可见台湾清代时期的旅游观光是依水路而进行。自然景观以及旅游的发展，仅仅属于文人及官员阶级，旅游并未普及到一般大众。

二、日本殖民统治时期台湾的名胜

1895 年，中日签订《马关条约》，将台湾与澎湖群岛割让给日本，台湾成为日本的殖民地，日本同时将西方国家经历文艺复兴和工业革命后的制度移入台湾，而观光旅游也在其中。

日占初期台湾的旅游环境，除了外地来的日本旅客和其他外国人，以及本地士绅等高所得民众外，一般人是不兴盛旅游活动。日占时期台湾的产业结构，主要仍以农业为主，农人过着日出而作、日落而息的生活，总督府引进西方的星期制作息，假日仅对官员有所助益，假日期间一般的劳工并无薪资，所以农夫和劳工的休假日并无增长，台湾仍与清代时期的务农社会无异。因此，当时节庆祭典仍是人民最主要的休闲活动。

---

① 倪赞元：《云林县采访册》之《沙连堡》，(台北)成文出版社 1983 年版，第 138～145 页。

② 陈文纬、屠继善：《恒春县志》卷一四《艺文志》，(台北)成文出版社 1983 年版，第 244～246 页。

③ 刘丽卿：《清代台湾八景与八景诗》，(台北)成文出版社 1983 年版，第 97～101 页。

④ 江英次：《阿莲乡志》，(高雄)阿莲乡公所 1985 年版，第 39～40 页。

⑤ 陈知青主编：《澎湖》，(澎湖)澎湖乡政府 1981 年版，第 14～28 页。

旅游活动随着交通建设的推进而同步发展，而观光旅游的基础为便捷的交通，因此台湾交通设施的兴建和普及与观光旅游发展息息相关。日占初期台湾的海运为对外的主要交通方式，对内以铁路运输为主。

1896 年，台湾总督府下令大阪商船和近海邮轮两家航运公司开办台湾航线，开始台湾和日本之间海运的发展。[①] 日本统治初期，为求贸易流通等，交通建设成为首要政务。1899 年开始纵贯铁路工程，1908 年完成基隆至高雄铁路运输路段；1905 年全台湾完成的公路已有9 500公里[②]；1936 年，台湾松山机场正式通航，松山机场与日本九州福冈机场航空运输开始营运。

1927 年 6 月 10 日到 7 月 10 日，《台湾日日新报》举办公开募集票选《台湾新八景》的活动。当时台湾各地铁路、公路等建设大致完成，寄希望于通过旅游景点八景的募集活动，进一步发展观光产业。

票选的方法是将认为足以代表台湾的旅游景点名胜地书写于明信片上，只可记入一景，并写明地址与姓名。一张明信片书写二景以上无效，但一人可以投票数张。由规则可知活动是先经由民众透过明信片投票，依票数决定前二十名的旅游景点预定地，再经由审查委员会决定最后的旅游景点。这是由民选的方式产生代表台湾的旅游名胜，作为将来观光规划的参考。

经过为期一个月(6 月 10 日～7 月 10 日)的募集，总票数高达 3.6 亿票，7 月 29 日公布台湾八景的旅游名胜预定地，依得票数高低依次为：

鹅銮鼻灯塔(高雄)、寿山(高雄)、八仙山(台中)、阿里山(台南)、基隆港(台北)、太平山(台北)、五指山(新竹)、台湾神社(台北)、淡水港(台北)、太鲁阁峡(花莲)、日月潭(台中)、观音山(台北)、大溪(新竹)、狮头山(新竹)、出磺坑(新竹)、虎头埤(台南)、新店碧潭(台北)、旗山(高雄)、鸡笼山(台北)、雾社(台中)。[③]

《台湾日日新报》于同年 8 月 27 日公告新的台湾八景和十二胜：

> 别格(特选)：神域—台湾神社、灵峰—新高山(玉山)
>
> 台湾八景：八仙山(台中)、鹅銮鼻(高雄)、太鲁阁峡(花莲)、淡水(台北)、寿山(高雄)、阿里山(台南)、日月潭(台中)、基隆旭冈(台北)
>
> 十二胜：八卦山(台中)、草山北投(台北)、角板山(新竹)、太平山(台北)、大里简(台北)、大溪(新竹)、雾社(台中)、虎头埤(台南)、狮头山(新竹)、新店碧潭(台北)、五指山(新竹)、旗山(高雄)[④]

票选中并未有别格的产生，别格的产生是由审查委员会所决定的。新的旅游名胜八景选出之后，《台湾日日新报》也公开招募台湾八景宣传歌以及俚语歌谣作为推广之用。[⑤]《台湾日日新报》自 9 月 1 日以全版面介绍新高山、台湾神社、基隆旭冈、淡水。9 月 8 日介绍

---

① 叶龙彦：《1908 年在台湾观光史上的意义》，载《台湾文献》直字 2005 年第 151 期。

② 黄秀政、张胜彦、吴文星：《台湾史》，(台北)五南图书出版股份有限公司 2002 年版，第 194～195 页。

③ 1927 年 7 月 29 日《台湾日日新报》。

④ 1927 年 8 月 27 日《台湾日日新报》。

⑤ 1927 年 9 月 2 日《台湾日日新报》。

日月潭、八仙山。9 月 13 日介绍寿山、阿里山。9 月 22 日介绍鹅銮鼻、太鲁阁，而后亦有旅游景点十二胜的介绍。

从《台湾日日新报》公开的募集及请来专家和官员当审查委员与民众票选的模式来看，旅游景点名胜内涵在日占时期开始转变，由旅游景点名胜以往附属于诗词情境的传统中跳脱而出，成为独立描绘的实景。较为特别的现象为别格的产生，是由审查委员会所决定。此活动透过民众票选，借此产生台湾旅游景点的认知，形成了官方、专家、民众三者共创的旅游景点名胜。其意义不只是局限于所选出的别格、八景和十二胜，重要的是票选过程中，让社会形成旅游的风气。尽管在日占时期能够参与旅游的民众，大部分是日本人或士绅资产阶级，绝大多数的民众无法参与观光活动，但相较于清代统治时期仅官员享有的宦游，已是很大的进步。

台湾旅游景点八景的票选，成功宣传了各地的旅游景点名胜，在当时社会上形成观光休闲的风气，总督府推广观光活动亦不遗余力。1920～1930 年代观光机构密集的产生[①]，1935 年成立"台湾国立公园协会"，订定公园标准和方针，以保护原生动植物及推广登山休闲活动，如"大屯国立公园"(今大屯山、七星山、观音山)、"次高山国立公园"(今雪山、太鲁阁)、"新高阿里山国立公园"(今玉山、阿里山)。此三个公园皆为台湾旅游景点八景票选活动中选出的名胜，可见台湾旅游景点八景票选，不只是选出代表台湾的旅游景点，亦有带动观光旅游的风气。[②]

三、战后台湾旅游名胜

1953 年，由当时台湾省政府及文献会、旅游局共同指定台湾观光景点八景为：澎湖渔火、安平夕照、双潭秋月、大屯春色、清水断崖、阿里山云海、太鲁阁幽峡、玉山积雪。

1996 年，台湾旅游局举办"票选台湾十二风景名胜"，先由专家裁定 72 个观光景点预定地，再由民众票选选出，最后结果为：鲁谷幽峡、阿里晓日、溪头朝雾、阳明春晓、玉山层峰、合欢积雪、明潭清波、鹅銮观海、故宫瑰宝、野柳听涛、大霸九仞、秀姑漱玉。

2005 年，台湾观光局进行票选活动，选出新"台湾八景"：台北故宫、日月潭、垦丁、高雄爱河、阿里山、太鲁阁、台北 101、玉山。此外，"行政院新闻局"在 2005 年 12 月 16 日至 2006 年 1 月 15 日举办"台湾意象"票选活动，因活动较热烈，票选时间延长至 2 月 15 日。方法是通过手机、传真或网上投票。票选的项目总共有 24 项，24 项当中如果投票者有更好的想法也可以推荐上去，作为参考。票选结果中有六项与旅游景点名胜有关，分别为"玉山""台北 101""阿里山""太鲁阁""高雄爱河""日月潭"。票选活动在新闻、报章、媒体及民众的关注下引起不小的反响。结果选出前五大分别是：布袋戏、玉山、台北 101、台湾美食及樱花钩吻鲑。另由民众自行推荐的 KTV、小绿人及慈济等脱颖而出。

2005 年，"观光局"票选活动选出的排名是：1. 布袋戏；2. 玉山；3. 台北 101 大楼；4. 台湾美食；5. 樱花钩吻鲑；6. 台湾岛屿图；7. 阿里山；8. 花莲太鲁阁；9. 原住民图腾；10.

---

① 苏硕斌：《观光/被观光：日治台湾旅游活动的社会学考察》，载《台湾社会学刊》2006 年第 36 期。

② 林玫君、余智生：《日占时期"台湾八景"与休闲登山》，载《岭东体育暨休闲学刊》2007 年第 5 期。

云门舞集;11. 总统府;12. 日月潭;13. 客家桐花;14. 歌仔戏;15. 庙会;16. 野百合;17. 蝴蝶兰;18. 高雄爱河;19. 晶圆;20. 圆山饭店;21. 凤尾蝴蝶;22. 台湾猕猴;23. 二十四小时的生活;24. 元宵花灯。民众自行推荐的排名是:1. KTV;2. 小绿人;3. 慈济;4. 台湾人的精神;5. 淡水。

由 2005 年“观光局”的票选活动中得知,台湾旅游景点人气排名第一是“玉山”,其次是“台北 101”“阿里山”“花莲太鲁阁”“日月潭”“高雄爱河”,民众自行推荐的是“淡水”。此次票选出的景点除了能代表台湾的旅游景点及名胜,不同领域的风景、动物、植物、建筑、艺文活动、图案、产业等都出现。除了跳脱旅游名胜风景的限制之外,也出现原住民及客家人文化,展现了台湾族群和谐共存的包容性,认识不同的文化和各族群的特色,传统艺术及科技产业兼容、古迹及现代化的建筑并存的多元社会。

2012 年,台湾“观光局”发布来台旅客消费及动向调查报告,日本旅客来台湾旅游景点人气排名是:1. 九份;2.“故宫博物院”;3. 夜市;4. 淡水;5. 艋舺龙山寺;6. 西门町;7. 台北 101 大楼;8. 日月潭;9. 中正纪念堂;10. 忠烈祠。中国大陆旅客来台湾旅游景点人气排名是:1. 日月潭;2. 花莲太鲁阁;3. 阿里山;4. 野柳;5.“故宫博物院”;6. 垦丁;7. 台北 101 大楼;8. 鹅銮鼻;9. 溪头;10. 士林官邸。

2013 年台湾“观光局”发布“大陆客自由行与大陆团体客十大游台景点排名”。自由行客:1. 夜市;2. 台北 101;3.“故宫博物院”;4.“垦丁国家公园”;5. 中正纪念堂;6. 九份;7. 西门町;8. 国父纪念馆;9. 淡水;10. 太鲁阁、天祥。团体客:1. 夜市;2.“台北故宫博物院”;3. 台北 101;4. 日月潭;5. 阿里山;6. 国父纪念馆;7. 西子湾;8.“垦丁国家公园”;9. 野柳;10. 中台禅寺。一向为陆客来台必游的日月潭、阿里山,在自由行客加入票选后,退出 2012 年大陆客游台十大景点,取而代之的是中正纪念堂、九份、西门町、淡水及太鲁阁、天祥。值得注意的是,中台禅寺首次进入团体客十大排名。

2013 年 8 月,美国有线电视新闻网(CNN)评选出全球十二处绝美日落景点,台湾垦丁“关山夕照”名列其中,与美国大峡谷、智利复活节岛、杜拜等景点齐名。这是 CNN 继介绍四十道不可错过的台湾料理、台北旅游祕境、台湾十大观光小城之后,再次报道台湾观光景点。关山位于恒春半岛西南方,为隆起珊瑚礁台地、海拔高度约 152 米,“关山夕照”自清朝就被列为恒春八景之一,山顶沿线朝西没有屏蔽干扰,能欣赏落日缓缓没入台湾海峡之中。同年 8 月“台湾十大地景”全民票选活动也开始进行。台大地理系教授林俊全与六名专家学者耗时四年,调查全台 341 处地景,再精选出 90 地景,供全民票选,桃园藻礁、阿塱壹古道都入列。90 处景点包括龙腾断桥、草岭山崩、月世界泥岩恶地、石梯坪、达娜伊谷折皱断层、佳阳扇状河阶、暖暖壶穴、连江一线天、利吉恶地、金门青岐村海岸等。9 月 16 日选出“台湾十大地景排行”:1. 新北市野柳;2. 南投玉山主峰;3. 南投日月潭;4. 新北市金瓜石;5. 宜兰龟山岛;6. 高雄月世界泥岩恶地;7. 雪山圈谷;8. 清水断崖;9. 苗栗三义火炎山自然保留区;10. 新竹大、小霸尖山。

2013 年 10 月,在中台禅寺的观光宗教风潮影响下,台湾“内政部民政司”推出“宗教百景票选”活动,选出台南大智山玄空法寺、台北松山慈祐宫、台北松山慈惠堂、台南的南鲲鯓代天府、正统鹿耳门庙等。“台湾宗教百景”是从 22 县市提报的 417 个宗教景点中票选,具未来观光价值,可能带动新一波地方的观光发展。

四、结　论

在清朝统治时，随着土地开垦面积的扩大，新的行政区域产生，各地的观光景点随即出现，主要以安平一带为主，因为当时的台南为台湾政治的重心。清代仕官文人透过诗文描述台湾风光，而联结了台湾与大陆修志文化的关系，但并未广泛地传播于民众，清代时期画作中的台湾风景案例较少，即为明证。

随着日占时期传播媒体与交通事业的发达，台湾的观光景点发展已不再局限于部分地区。然而对大多数日本人而言，台湾仍然是个陌生而“不具意义的地方”。借由观光景点的募集产生具备代表台湾的旅游名胜，进而能向日本宣传，吸引日本人来台旅游，增进日本民众对于台湾的认识与认同。当时日本对于台湾仍普遍持负面的印象，台湾观光景点的募集活动除了扭转了日本对于台湾的观感，也带动台湾各地旅游、地方发展等。为了发展台湾旅游业，在观光景点募集活动结束后，台湾总督府交通局铁道部更增加了各旅游景点的乘车费用折扣优惠，日本旅游局台北支部也以铁路作为主要的交通工具，官方的旅游手册《台湾铁道旅行案内》不但向岛内、岛外的观光团体、官方机构、学校等进行呼吁，更利用杂志、报纸的广告作宣传。其内容可谓结合了自然、人文及产业，不仅对台湾美丽的山、海、温泉、庙宇、神社等名胜古迹作了详细的介绍，更介绍了台湾的风土民情、特殊产业、原住民的生活习惯等，借以增进日本与中国台湾间的了解。[①]

日占时期新的观光景点名胜募集活动，极大地方便了我们了解台湾旅游景点的风景特色与文化内涵。比起清代时期台湾观光景点名胜仅仅在诗画中的描述，日占时期更着重于观光景点的集体开发价值，旅游名胜成为明信片票选的目标，观光景点获得民众的认可，而非经由文人的诗词而存在。社会中各阶级都拥有参与票选的权利，将观光景点名胜的认同，通过社会集体的认可而产生出来。

第二次世界大战结束后，百废待举，台湾于日占时期所建立起的旅游基础遭遇一段黑暗期。但随着经济的发展与建设，台湾逐渐步上正轨，旅游活动也重新启动。除了1953年台湾文献委员会所指定的台湾观光景点外，1996年、2005年之后，旅游景点的征选成为大众化的活动，全民皆可参与，观光活动蓬勃发展。

旅游景点的选立已跳脱传统景色以自然风貌为主的框架，加上了美食及人文建筑与历史文化，台湾的美不只是“景色景物”，还有“庶民文化及精神”的层次，现代旅游资源也更丰富多元化。

台湾旅游名胜的演变，早期大多数因为自然景观环境变迁的因素，导致清代台湾旅游景点在日占时期已非旧貌，环境变迁如沧海桑田，演变至今，人文景色逐渐占有相当比重。研究台湾自清以来三百多年的历史中旅游名胜景点的发展和动向过程，对于探索未来如何多元化地推广台湾旅游活动，满足观光客的不同需求并永续经营，具有重要的意义。

（周育贤，香港珠海学院中国历史研究所博士生）

---

① 参见日本旅行协会台湾支部发行：《台湾铁道旅行案内》，台湾日日新报社1935年版。

附一：

“第十四届两岸四地历史学研究生论文发表会”与会学者及论文目录

姓名	性别	所在单位	论文题目
胡春惠	男	香港珠海学院文学院院长、亚洲研究中心主任	
郑桢庆	男	香港珠海学院新闻传播学系助理教授、亚洲研究中心执行秘书	
刘祥光	男	台湾政治大学历史系教授，系主任	
刘季伦	男	台湾政治大学历史系教授	
张真荣	男	台湾政治大学历史系助教	
刘世珣	女	台湾政治大学历史系博士生，会务（台湾）执行秘书	
久保亨	男	日本信州大学教授	
夏明方	男	中国人民大学教授，清史研究所所长	
吴宏亮	男	郑州大学教授，校党委副书记	
谢晓鹏	男	郑州大学历史文化学院教授，副院长	
巴　杰	男	郑州大学历史文化学院讲师，博士	
潘　清	女	《江海学刊》编辑，研究员	
张清俐	女	《中国社会科学报》驻山东记者站记者	
陈　炎	男	山东大学副校长，研究生院院长	

续表

姓 名	性 别	所在单位	论文题目
方 辉	男	山东大学人事部部长，历史文化学院院长	
赵爱国	男	山东大学历史文化学院教授，院党委书记	
胡新生	男	山东大学历史文化学院教授	
张友臣	男	山东大学历史文化学院教授，副院长	
徐 畅	男	山东大学历史文化学院教授	
刘 平	男	山东大学历史文化学院教授	
刘玉峰	男	山东大学历史文化学院教授	
范学辉	男	山东大学历史文化学院教授	
赵兴胜	男	山东大学历史文化学院教授，副院长	
董雪梅	女	山东大学历史文化学院党委副书记	
朱 伟	男	山东大学历史文化学院党委副书记	
葛焕礼	男	山东大学历史文化学院副教授	
贾国静	女	山东大学历史文化学院讲师，博士	
韩朝建	男	山东大学历史文化学院讲师，博士	
崔华杰	男	山东大学历史文化学院讲师，博士	
刘继尧	男	香港浸会大学历史学系博士生	转型时代下武术家的关怀——以孙禄堂的武术理论为中心
章霈琳	女	香港中文大学历史系博士生	从《朱峙三日记》看清末“排满”思想在湖北青年学生中的传播
任 熹	女	香港中文大学历史系博士生	亚述梦书与敦煌梦书比较略论
陈冠华	男	香港理工大学中国文化学系博士生	正风俗以治天下——15 世纪明朝知识分子教育改革的行动与思考
萧汉宇	男	香港城市大学公共及社会管理学系博士生	如何理解中国百年预算公开史？
谢志良	男	香港珠海学院中国历史研究所博士生	上海巡捕房之组织发展及其作用

续表

姓 名	性 别	所在单位	论文题目
周育贤	男	香港珠海学院中国历史研究所博士生	清代以来台湾旅游名胜动向之探讨
吴家炬	男	香港珠海学院中国历史研究所博士生	从老庄思想看台湾生态旅游发展
江怡萱	女	香港珠海学院中国历史研究所博士生	香港百年(1841～1941)人口变迁之探究
李家聪	男	香港珠海学院中国历史研究所博士生	新闻推至传理,传播学的开拓——余也鲁与新闻传播教育
罗　慧	女	香港珠海学院中国历史研究所博士生	试论康德黎与近现代香港的关系
张智玮	男	台湾政治大学历史所博士生	国民政府农村复兴委员会与农村政经秩序的重整(1933～1936)
林佳桦	女	台湾政治大学历史所博士生	1950年代政工文艺工作——以《军中文艺》为中心(1953.1～1956.3)
侯嘉星	男	台湾政治大学历史所博士生	中国农业机械公司与农业机械化发展(1943～1949)
余庆俊	男	台湾政治大学台史所博士生	1949年台币改革过程中陈诚与李宗仁、蒋中正的竞合关系
林亨芬	女	台湾政治大学历史所博士生	从《朱峙三日记》看清末“排满”思想在湖北青年学生中的传播
王士铭	男	台湾清华大学历史所博士生	俄商在张家口设立行栈始末
杨雨亭	男	台湾师范大学历史所博士生	梁启超《新民说》中之国民概念与法治观念
陈文瀚	男	台湾政治大学历史所硕士生	袁世凯的国家观念
杨可伦	男	台湾大学历史所硕士生	学习“劳动”:以“大跃进”期间(1958～1961)上海市的教学与生产劳动相结合运动为例
刘得佑	男	台湾师范大学历史所硕士生	抗战前国民经济建设运动委员会的成立及其组织结构分析
丘文豪	男	台湾师范大学历史所硕士生	梁启超的“学者”“晚年”形象
廖伯豪	男	台南艺术大学艺术史学系硕士生	顶上添华试析元明清帽饰形制与装饰特色
陈　怡	女	台南艺术大学艺术史学系硕士生	从《吴昌硕八十大寿像》看清末民初上海艺坛的文化风潮与民族主义
曾金莲	女	澳门大学历史系博士生	近代澳葡城市政府制度变革(1836～1863)
松本和久	男	早稻田大学大学院政治学研究科博士生	围绕广田三原则交涉之日中苏关系——所谓国民政府“推翻”的再检讨

续表

姓 名	性 别	所在单位	论文题目
铃木航	男	日本一桥大学大学院社会学研究科博士生	1940年代浙江省记者群体的重组：从抗战团体到行政区团体的变化
菊地俊介	男	日本立命馆大学大学院文学研究科博士生	二战后中国国民党与中国共产党的汉奸处理政策
苑莉莉	女	法国社会科学高等研究院（EHESS）博士生	中法女人生命史观比较探微
冬烘刚	男	北京大学历史系博士生	甲午时期荣禄—翁同龢政争考
张德明	男	北京大学历史学系博士生	挑战与回应：1929年世界经济危机与华北基督教
刘 晨	男	北京大学历史学系博士生	太平天国时期江南社会慈善事业述评
房小捷	男	北京师范大学历史学院博士生	在人与自然的对象性关系中认识和把握环境史——浅议环境史研究中的几个理论问题
周增光	男	北京师范大学历史学院博士生	剪辫与否：清末民初社会习俗与身体政治
霍 斌	男	中国人民大学历史学院博士生	层累建构・恐惧・话语权——汉唐间“蛊毒”研究的新视角
项 旋	男	中国人民大学清史所博士生	“大跃进”时期民众群体心态探析——以1959年《红旗歌谣》为中心
赵刘洋	男	中国人民大学历史系硕士生	身体隐喻　革命动员　集体记忆——“东亚病夫”与近代中国
李 凯	男	首都师范大学历史学院硕士生	一个南宋士人眼中的“蛮”——以周去非《岭外代答》为中心的考察
陈思伟	男	首都师范大学历史学院博士生	那路奎：早期亚述商业股份运营模式
鲍俊林	男	复旦大学历史地理研究中心博士生	苏北沿海环境变迁与盐作生态考略（1494～1911）
郭岩伟	男	复旦大学历史系博士生	论近代中国本土企业与外商在华企业的优先股
杨 茜	女	复旦大学历史系博士生	明遗民治生实态：以张履祥塾师经历为中心
周永生	男	复旦大学历史系硕士生	一个剧作的生命史：夏衍版《赛金花》及其文化政治
王兴振	男	华东师范大学历史学系硕士生	北魏太和改姓研究
董 鑫	男	上海大学文学院硕士生	世界史视野下的中国基督教大学——以中国与土耳其基督教大学对比为中心

续表

姓 名	性 别	所在单位	论文题目
高思峰	男	南开大学历史学院博士生	试论华北乡村家族文化的变迁:以近代以来山东台头村为例
汤 锐	男	南开大学历史学院博士生	西式娱乐与近代天津城市生活——以赛马 为中心
洪国强	男	中山大学历史系博士生	道统叙事文本在孔庙举祀过程中的运用——以杨廉及其《伊洛渊源录新增》为例
童 萌	男	暨南大学中外关系所硕士生	传教士与广东麻风病救治的近代化转型
何志明	男	南京大学历史系博士生	身体的政治化:土改中的自杀现象初探
陶小军	男	南京师范大学历史系博士生	民国书画市场中的代笔与作伪问题
钟 健	男	浙江大学历史学系博士生	祸兮·福兮——“九一八”事变之于蒋介石
王丛丛	女	浙江大学历史学系博士生	传统与现代:蒋介石与国民党党员队伍建设初探
严忠良	男	武汉大学历史学院博士生	一个“江西填湖广”移民后裔的医事实践——以明代名医万全为例
白津玮	男	华中师范大学中国近代史所硕士生	自杀何必水?——梁济自沉探骊
姬凌辉	男	华中师范大学中国近代史所硕士生	民初疫病防治视阈下的城市垃圾处理:以 1919 年上海霍乱为例
彭晓飞	男	华中师范大学历史文化学院硕士生	从地方矛盾到国会党争:民国元年罗朗山案风潮述论
武 刚	男	陕西师范大学历史系硕士生	试论西周生态环境的演变与中晚期西北边疆危机的产生
万来志	男	厦门大学历史系博士生	战时广西物价变化原因及其管制政策探析
陈光辉	男	兰州大学历史系硕士生	历史中的“失踪者”:晚清傅秉鉴事迹考述
芮赵凯	男	东北师范大学历史系硕士生	侯继高及其《全浙兵制考》
王 振	男	河北师范大学历史系博士生	清中期“蛮防”政策浅析
张启龙	男	云南大学历史系硕士生	略论两宋消费观——“瓦瘾”:荼毒宋城的糖衣
林东杰	男	贵州大学历史系硕士生	从乡土文献看清水江流域的民间生态环境保护——以清至民国年间天柱地区林木培护为中心的考察

续表

姓 名	性 别	所在单位	论文题目
杜高飞	男	湖南师范大学历史系硕士生	从《申报》(1872～1875)看晚清时期的慈善演变
陈辰立	男	福建师范大学历史系硕士生	沿浦乡的秩序:明清之际闽籍徙温移民地域村落的宗族整合
钟　莉	女	西华师范大学历史系硕士生	传统中国“割股疗亲”语境中的观念与信仰心
袁　博	女	山东师范大学历史文化与社会发展学院硕士生	西方水学传播与中国水学近代化
范雪梅	女	山东师范大学历史文化与社会发展学院硕士生	近代计时工具与生活节奏变迁
杜恩义	男	山东师范大学历史文化与社会发展学院硕士生	20世纪初历任山东巡抚与济南城市社会生态变迁
王　雪	女	山东师范大学历史文化与社会发展学院硕士生	小清河与济南城市现代化
刘志鹏	男	山东大学历史文化学院博士生	抗战时期国民党山东省党部委员群体研究
隋爱国	男	山东大学历史文化学院博士生	明清民间宗教之观音信仰研究
孙　齐	男	山东大学历史文化学院博士生	释“南冈士大夫”
尹　承	男	山东大学历史文化学院博士生	莲胎中的帝王:宋太祖诞生神话与宋初的政权合法性问题
冯渝杰	男	山东大学历史文化学院博士生	黄巾拜郑玄事表微
张　超	男	山东大学历史文化学院硕士生	清末演说补议

附二：

“第十四届两岸四地历史学研究生论文发表会”大会综述

崔华杰

2013年10月11～15日，以史学界年轻学子为参与主体的“第十四届两岸四地历史学研究生论文发表会”在泉城济南如期举行。此次会议得到教育部“香港与内地高等学校师生交流计划项目”及山东大学“海右博士生学术论坛”的支持，由山东大学历史文化学院、香港珠海学院院亚洲研究中心和台湾政治大学历史系联合主办。与会的硕博研究生近80人，来自中国内地研究生48人，港澳台地区研究生25人，日本旁听博士研究生3人，共提交论文76篇。中国港台学者胡春惠、郑桢庆、刘祥光、刘季伦，中国大陆学者夏明方、吴宏亮、谢晓鹏、方辉、胡新生、赵兴胜、徐畅、刘玉峰、范学辉，日本学者久保亨等与会致辞、主题演讲或担任分会场点评嘉宾。

此次会议以“转型时代的生态·生活·生命”为主题，未对选题进行方向及内容的限制，即是希望研究生能够结合自己的学业所长，展现新近的研究成果，互相切磋，扩充视野，达到以文会友的目的。就提交的论文来看，其内容涉及政治外交、思想文化、环境生态、人物个案、社会经济诸领域。

一

近现代的中国，对外面临着列强压迫而追求民族独立，对内则面临着封建压迫而追求国家富强，该两项任务是时代赋予中国人民的主题。从与会论文来看，对中国近现代的政治、外交、军事的研究仍占据较大的比例。

对近现代政治史的研究，多以人物为切入点。北京大学冬烘刚的《甲午时期荣禄一翁同龢政争考》回顾荣禄与翁同龢的关系变动，透视晚清政坛的格局。作者认为，荣禄和翁同龢同治年间即已结识，甲午之前一直维持着密切往来、私交甚笃。甲午战争中，荣、翁同值督办军务处，由于在汉纳根练兵问题上意见不一，矛盾渐生。之后翁同龢以书房独对特权压制荣禄，使得两人的矛盾加剧。自此，荣、翁走在了政治的对立面。

有贺长雄1882年从东京大学文学部毕业，1884年成为元老书记官，日清战争中和日俄战争中担任法律顾问，1913年成为袁世凯的顾问。有关有贺长雄及其与中国关系的探讨，论者多将焦点置于有贺氏与民国宪法的关系，认为有贺长雄是袁世凯的御用顾问，并为洪宪帝制提供法理上的依据，因此将其视为日本帝国主义在华的御用学者，从法理上为日本提供侵略中国之利器。不过，台湾政治大学林亨芬认为，应搜检有贺氏的个人行迹与著述，这样才能完整解析此人对中国政治外交的观察与分析。在其《初探有圆长雄对清末民初政治外交》一文，林亨芬结合有贺长雄在甲午战争、日俄战争中的活动，探讨了其作为国际法与宪法学者的角色地位。

本次会议的政治史论文，多集中在民国时期。浙江大学王丛丛的《传统与现代：蒋介石与国民党党员队伍建设初探》，搜检蒋介石的演讲及施政纲领，探讨蒋介石关于国民党党员队伍建设的意见与措施。作者指出，蒋介石实践中开办党政训练班，贯彻其党员队伍建设观，但是他所崇尚的建设措施大都来源于中国的传统文化，以及自身修身养性的经验，并不能适应现代政党的发展；而且建设措施大都针对党员本身的问题，并未从根本上解决国民党的体制及组织方面的问题，建设措施治标不治本；加之长年的战乱环境，使得蒋介石党员队伍建设的目标并未达到。

学界认为，"九一八"事变后，蒋介石的对日政策受到普遍责难，这也造成此后蒋介石被迫第二次下野，同时也是他开始调整国内外政策的起点。浙江大学钟健的《祸兮·福兮——"九一八"事变之于蒋介石》，认为"九一八"事变爆发时，正是宁粤对峙时期，军政最高领袖蒋介石责无旁贷地肩负起调节内外危机的重责，却也陷入了内外交迫的窘境：对外无力抵御日军的入侵，饱受强敌的凌辱和吃尽国联疲软的苦头；对内欲借外侮求团结而不得，反将政府陷于混乱不堪的境地，心灰意冷被迫第二次下野。这段经历，使蒋介石开展自我反省和总结，痛下决心改革，为其规划以后的军政生涯作了充分的思想准备。

台湾政治大学余庆俊的《1949 年台币改革过程中陈诚与李宗仁、蒋中正的竞合关系》，以 1949 年台湾币制改革为个案，分析蒋介石、陈诚、李宗仁在此次改革上的纷争。作者认为，从台币改革中明显看到陈诚（省）、李宗仁（中央）、蒋中正（党）三方的互相角力，折射出民国以来中央、地方的争权，以及蒋中正、李宗仁间的权力冲突。

山东大学刘志鹏的《抗战时期国民党山东省党部委员群体研究》，考察国民党山东省党部委员群体的构成及其演变，结合其具体的党务工作，希冀认清抗战时期国民党地方基层党务干部在敌后的行为特征及其工作表现。作者指出，国民党山东省党部在国民党中央的派任与管理下，蛰伏于山东敌后发展党务，领导抗战建国工作，为敌后抗日御侮作出了一定的贡献。但是由于环境恶劣、派系纷争，在自身队伍建设及党务发展上国却相当缓慢和无力，不仅无法抵御敌伪的进攻了连自身的生存都难以保障。

边疆民族问题向来为学界关注，其研究重心偏重北疆的"塞防"，而对西南将于的"蛮防"关注不够。事实上，有清以来即开始酝酿"改土归流"，雍正初年于西南大面积推行。然学界对"改土归流"的背景、过程、影响等多有研究，对"改土归流"背景下清朝统治阶层针对西南边防体系的讨论、规划与实施情况关注不足。河北师范大学王振的《清中期"蛮防"政策浅析》，关注清中期的西南边防，从"蛮防"的角度探讨"蛮"的起源、"蛮防"的本质以及清中期的西南边防政策等，阐释"改土归流"与清王朝"以藩固边"传统国防理论之间关系。

中外关系方面，台湾清华大学王士铭利用《总理各国事务衙门清档》《清末通商贸易档案汇编》等藏档，分析清廷在俄商设立张家口行栈上与俄国的外交纷争。北京师范大学周增光的《剪辫与否:清末民初社会习俗与身体政治》,比较清政府与民初政府的剪辫主张之异同,考察民间社会对剪辫活动的反响,指出清政府、革命派、北洋军阀在主张剪辫时存在观念差别,而且政府的剪辫主张与民众认同也存在着观念差异。

行政体制改革方面,香港珠海学院谢志良的《上海租界巡捕房组织发展及其作用》,论述了小刀会及太平天国之乱后,巡捕房在上海市政方面的积极作用。作者认为,上海租界设置工部局后,针对上海租界发生的各项问题而建置了巡捕房组织,透过巡捕房组织的运作及法律条例的执行,使得上海租界的社会、经济、政治等得到有效的治理,并对全国警察制度的建立起着典范作用。澳门大学曾金莲的《近代澳葡城市政府制度变革》(1836~1863),分析了澳门的政府构建及其职能的转变。作者指出,近代澳葡城市政府制度的变革最初完成于总督与议事会的权势转移,总督获取了议事会的行政权力,议事会则逐步退缩为负责市政事务;议事会的市政职能又进一步被新成立的政府部门分化。在这种背景下,澳门拉开了近代市政制度重组的序幕,其政府职能开始重视如何规划建设和管理城市。

对现当代政治史的关注,也是本次会议的亮点。南京大学何志明的《身体的政治化:土改中的自杀现象初探》,关注新中国成立后农村社会土改过程中的自杀现象,试图从身体政治的角度解读国家权力在乡村社会中的注入与扩张。作者认为,中国共产党领导下的土地改革运动,不仅意味着新政权对土地资源的再分配,而且还是乡村社会权力结构、政治生态乃至人际关系的全面变动。土改结束后开展的合作化及集体化运动,每一位乡村成员都被编入公社,公社作为国家的权力机构来管理成员的个体行为,使得国家的权力延伸到乡村社会的每位成员。此文认为,这一过程可被定描述为“身体的政治化”,即身体被附加了深刻的政治意涵。

台湾政治大学林佳桦的《1950 年代政工文艺工作——以〈军中文艺〉为中心》,对《军中文艺》的文章条目的检索,发现不少作者来自于军中作家,而且其内容明显呈现出军中独特的“领袖崇拜”精神,由之推断出该月刊实际上是在蒋介石的指示下编撰发行的,其目的是把文化当成一种工具,配合各项改革、教育政策的宣传,由内到外的全体总动员的推展,以逐步形塑台湾民族精神的整体氛围。台湾大学杨可伦的《学习“劳动”:以“大跃进”期间(1958~1961)上海市的教学与生产劳动相结合运动为例》,考察“大跃进”运动在地方的贯彻执行情形。此文以教育与生产劳动相结合的上海市为例,在大跃进时期,教育与生产劳动相结合的教育方式是上海市教育政策的组成部分,而学生在不同区域从事不同职业,也为上海市的区载变迁留下独特的观察视角。

二

在本次会议上,传统意义上的思想文化史的文章不多,而对于学术文化、教育、艺术的论文却增量不少,特别是这些文章大多注意到思想文化与社会的互动关系。

古代史领域,山东大学冯渝杰的《黄巾拜郑玄事表微》,考证《后汉书》载黄巾拜郑玄之事,认为该段历史并非向壁虚构。还考察郑玄的思想来源,认为其与黄巾太平道有着思想交叠和契合之处,均存在终极理想秩序的追求层面。黄巾对郑玄的敬拜,事实上不仅表明两者对于道术通达者的自觉思想认同,也呈现了时人对隐沦民间的贤人隐者的尊崇。中国人民大学霍斌的《层累建构·恐惧·话语权——汉唐间“蛊毒”研究的新视角》，利用官方律文、时人记录、医学典籍考察汉唐间社会对于蛊毒的恐惧现象及其恐惧来源，认为“蛊”与“畜蛊”都有一个认识不断增加的概念认知建构过程，其大致认知过程是：从选择性的个人记忆发展到集体记忆，最终成为公共认知。香港理工大学陈冠华的《正风俗以治天下——15世纪明朝知识分子教育改革的行动与思考》，以浙江、福建、江西三地的地方学校为区域研究物件，以三地知识分子杨守陈、陈真晟、张元祯的教育改革为典型分析，探讨15世纪知识分子群体对儒学教育的改革方案。作者指出，这些改革方案虽没有产生直接的效用，但其改革目标是拔高个人德性，提倡持敬的诚意之教，因此客观上为明朝中后期的心学风潮成型与思想转变奠定了基础。

近现代史方面，注意到文化与政治的关系。复旦大学周永生的《一个剧作的生命史：夏衍版〈赛金花〉及其文化政治》，描述了该剧本的历史命运：1935年，在时局与“赛金花热”的影响下，夏衍创作了剧本《赛金花》。剧本搬上舞台后，商业宣传与商业运作使剧作演出大受欢迎，同时也一定程度上改造了剧本，使舞台表演与剧作文本之间出现疏离。由于剧作的讽喻性质，《赛金花》终遭国民党当局禁演。1949年后，在新的政治语境下，夏衍版《赛金花》一开始被辩证地评价，至“文革”时期则被批判为“黑标本”。作者指出，时局、商业与政治评判在夏衍《赛金花》的历程中产生了重要影响，使剧作展示出不同于文本的丰富意象，同时也表露出丰富的文化政治意涵。中国人民大学项旋的《“大跃进”时期民众群体心态探析——以1959年〈红旗歌谣〉为中心》，选择“大跃进”民歌运动中最具代表性的群众歌谣集《红旗歌谣》，反应该运动中的民众心态。作者指出，《红旗歌谣》是“大跃进”民歌运动中最具代表性的群众歌谣集，虽然经过了编者周扬、郭沫若等人有意识的删削，却在一定程度上保留了民众在这场全民参与、轰轰烈烈的“大跃进”运动中的原始思想，民众心态在《红旗歌谣》中有较直接、较集中的反映。《红旗歌谣》的主旋律与“大跃进”的节奏是一致的，其所要塑造的是全国各族人民、各行各业在毛主席的英明带领下在“大跃进”的隆隆号角中，昂首阔步创造新生活，建设伟大社会主义中国的一幅波澜壮阔的场面。歌谣运动中反映出的“大跃进”时期民众非理性心态以及经验、教训都十分深刻，值得我们深思。

也有文章从人物个案，来映衬知识分子群体的时代命运。中山大学洪国强的《道统叙事文本在孔庙举祀过程中的运用——以杨廉及其〈伊洛渊源录新增〉为例》，建构杨廉编纂《伊洛渊源录新增》和杨时从祀议案进展之间的关系，指出杨廉“剪裁”“删改”原始文本，在《伊洛渊源录新增》中塑造杨时乃二程道学唯一真传的形象，其长远目的则是为了推动薛瑄从祀议案的进行。此文在研究上除了利用已往研究惯以使用的文集、年谱之外，利用道统叙事文本的变动作为研究的途径，为理解明清时期利用道统叙事书籍来论证儒者在道统系谱中的地位提供了新的研究角度。华中师范大学白津玮的《自杀何必水？——梁济自沉探骊》，探析梁漱溟之父梁济何以选择以投水自杀的原因。作者指出，其中的原因既有梁济平时喜爱的诗句中水意象的反复出现等个人原因，传统文化因素中对水、自沉的偏爱与神秘主义观念数千年的交错作用也起到了心理上的作用。

文化艺术领域，南京师范大学陶小军的《民国书画市场中的代笔与作伪问题》，主要分析民国书画作伪的原因：书画市场发展迅速，书画作品的物质属性被无限强调，一方面大量订单的积压使得书画家的工作压力剧增,另一方面市场内供不应求的情况也为作伪者提供了可乘之机。作者在结论中认为,民国书画市场中的代笔现象,对书画从业者探索新领域有着阻碍作用,其原因是代笔盛行的结果就是书画家形成依赖习惯,不愿对自己的“弱项”进行新的改进。台南艺术大学廖伯豪的《顶上添华——试析元明清帽饰形制与装饰特色》,以清代官帽顶为研究物件,分析其形制与结构,追溯历史,认为其脉络可上溯至分析元、明两季。作者还从帽饰装饰模式与观看方式的角度进行讨论,针对过去学界对于炉顶与帽顶辨识的结论,提出其辨识与认定上的不确定性,并在其发展过程中讨论背后所体现出的文化意涵。

三

环境与中国社会变迁有着非常紧密的关联。对环境史的研究,一定程度上可以加深或拓宽我们当下的不少历史研究课题。本次会议上,有部分论文在此领域体现出如下特点:其一是对古代环境原始性的认识,其二是对明清以来环境变化复杂性的认识,其三是对环境与区域社会变迁的认识。

学界一般认为,西周衰亡与其西北边疆危机不无关系,但少有研究从生态环境角度进行阐释。陕西师范大学武刚的《试论西周生态环境的演变与中晚期西北边疆危机的产生》,结合生态、气候、环境史的诸多资料,认为西周经历了中国历史上的首个寒冷期,当时气候寒冷,干旱严重,引起了重大的生态变化,从而影响了西周中晚期西北地方边疆危机的产生,一定程度上促进西周的衰落与灭亡。

山东大学孙齐的《释“南冈士大夫”》一文,分析了南冈士大夫这一群体由来的自然条件。此文从一个地理问题出发:南朝士人何以在秦淮河北岸置办园宅?认为其因大致是:首先该地地势较高,比较干爽,在当时有“京师甲里,爽垲通博”之说;再次是在东晋成帝改建建康城,使得秦淮河北岸一带的出行更加方便;最后是居住于此的南人著姓从事商业活动,为了营造自己的身份差别,从而出现了社会学意义上的“社区阶层化”。

复旦大学鲍俊林的《苏北沿海环境变迁与盐作生态考略》(1494～1911),研究时间跨度颇大,以明清两季的淮南煎盐为考察中心,分析环境变迁与盐作生产的关系。作者指出,海势东迁塑造了江苏沿海广袤的滨海平原,虽然滩地不断外涨,但由于盐作生产要素的演替作用,只有草、卤、土等生产要素的空间位移,其组合关系没有发生实质改变。认为在“变化”的环境要素面前,人们的需求是“不变”的,因此人们只有采取不同的生产方式以便结合自然环境的“馈赠”,提高产出效率。

贵州大学林东杰的《从乡土文献看清水江流域的民间生态环境保护 ——以清至民国年间天柱地区林木培护为中心的考察》主要利用乡土文献,发掘贵州天柱地区的志乘、民间碑刻,结合新近发现的天柱文书,对天柱地区林木培护的历史考察,揭示清至民国年间清水江流域的民间生态环境保护。山东师范大学袁博的《西方水学传播与中国水学近代化》梳理近代报刊、杂志、书籍关于水的知识的介绍,分类整理水的分布、特性、物理化学反应、分类等基本自然科学常识的介绍,认为这些知识的宣传和普及,既改变了民众对水的传统认知,增长了科学知识,也改变了民众的生活方式,促进了中国水学的近代化。

北京师范大学房小捷的《在人与自然的物件性关系中认识和把握环境史——浅议环

境史研究中的几个理论问题》，分析环境史的几个理论问题，对存在的基础、人与环境的历史关系、人与环境矛盾的历史进行个案分析，并指出：作为一种学科的环境史是以人和环境关系为研究对象的"人类史"，人与环境之间从来就存在矛盾，但传统工业化道路使矛盾酿成普遍化的危机，并造成了人与人和人与环境的双重战争状态。因此，在从事环境史研究和面对具体环境问题时，应该在对象性关系中把握人与环境关系的历史进程，树立经济政治自然技术综合的观点，在扬弃资本主义工业文明的基础上寻求人与自然的和解。

四

本次会议，还有不少研究生的文章关注人物或其群体，或是填补了已往的学术空白，给学界增添新的学术知识，或是发掘并利用新材料，对一些传统观点提出新的认识。

对精英人物及其群体的研究，仍是人物研究的主旋律。台湾政治大学陈文翰的《袁世凯的国家观念》，分析了袁世凯对"国家"这一现代概念的认知历程。作者认为，袁世凯虽然称帝，但也是旧时代执政者必经之路，在此之前朝代更替莫不如此。因此从当下价值观出发，袁世凯并无国家概念，然而在当时已有始步认知，并以一己之力，为"国家"而献身。山东师范大学杜恩义的《20世纪初历任山东巡抚与济南城市社会生态变迁》，认为袁世凯在山东实施新政，结果就是给山东社会生态的变化，省会济南表现尤为显著，城市社会政治生态、经济生态、文化生态和民众心理发生了明显变化。东北师范大学芮赵凯的《侯继高及其〈全浙兵制考〉》，分析侯继高所著《全浙兵制考》一书的内容概况、成书背景及错讹之处。侯继高生于明朝嘉靖年间，16岁袭祖职为官，历任指挥同知、参将、副总兵、都督佥书、总兵官等职，身经嘉靖、隆庆、万历三朝，见证了嘉靖倭患的历史过程。因此，此人所撰写的《全浙兵制考》《日本风土记》《游补陀洛迦山记》等书成为分析明朝军事状况的重要参考资料。作者指出，侯继高作为浙江总兵，在其任内写出了这本原汁原味的浙江地区兵制史，让人从中可以对万历年间浙江地区的海防情形一目了然。台湾师范大学杨雨亭的《梁启超〈新民说〉中之国民概念与法治观念》，分析《新民说》描绘的"国民"的特质以及"法治"的观念。台湾师范大学邱文豪的《梁启超的"学者""晚年"形象》分析了北洋政府之后的梁启超形象。台南艺术大学陈怡的《从〈吴昌硕八十大寿像〉看清末民初上海艺坛的文化风潮与民族主义》，以《吴昌硕八十大寿像》为例，探讨鸦片战争之后江南一带中西绘画的交流。以《伦敦蒙难记》一书闻名中国的康得黎，在本次会议上也有专门研究。香港珠海书院罗慧的《试论康得黎与近现代香港的关系》，论述康得黎旅居香港期间，在西医书院的创立、急救事业、公共卫生、疾病防疫乃至其他公共服务等方面的贡献，以简述其对香港近现代历史进程的影响。香港珠海学院李家聪的《香港传理学的开拓——余也鲁与新闻传播教育》，考察香港当代学者余也鲁在中文新闻传播教育中的重要角色，剖析余也鲁对新闻教育的贡献及其成功之处。

本次会议的人物研究，还体现出研究下沉化的特点，即是对平时我们较少注意的人物的关注。曾任《中西报》主笔的湖北鄂城人朱峙三曾参与辛亥武昌起义，入湖北军政府内务部任书记官，为《中华民国公报》撰文。后将亲身经历编称《辛亥武昌起义前后记》《革命诗词选》等，被学界视为研究辛亥革命史的宝贵资料。香港中文大学章霈琳以其日记撰写《从〈朱峙三日记〉看清末"排满"思想在湖北青年学生中的传播》，检讨此人对排满思想的态度。作者指出,朱峙三在接触"排满"思想的过程中,有不同于当时青年学生的独特心态,呈现出相对理性和客观的特征,其具体表现是"对旁人偏激言行所持的谨慎态度、对加入革命团体一事的保留态度、对'排满'宣传文字的客观审视态度以及对周围革命环境的'旁观'态度"。复旦大学杨茜的《明遗民治生实态:以张履祥塾师经历为中心》,以明末清初著名理学家、清初朱子学的倡导者张履祥为个案,与其他明遗民的生计境遇作比较,透视明朝儒生在清初的转型。此文围绕张履祥的收入水平和消费开支,生活拮据与救助等问题,具体展示明遗民在入清之后的生活情态。香港浸会大学刘继尧的《转型时代下武术家的关怀——以孙禄堂的武术理论为例》,将孙氏的武学理论,放于民国转型的脉络中,并以其他武术家作为参照,加以比较考察,分析了孙禄堂武学理论的特别之处,即:将练武成为成德的管道,通过练武而体悟自己内心的德性,并将融合儒学元素,作为成德的关键。武汉大学严忠良的《一个"江西填湖广"移民后裔的医事实践——以明代名医万全为例》以万氏家族个案,分析了移民群体实现家族本地化的过程。明初,万氏家族先辈万筐从江西迁居湖北,开办一家诊所。发展到第二代万全时,已境遇不佳。万全一方面精进医术,培养门徒,另一方面推行仁心仁术,救济贫贱,并加强同官家和儒士等社会精英往来,构建家族之外的社会关系网络,改变了家族的经济局面,最终融入了当地社会,实现了个人及其家族的本地化。

五

近代中国的经济与社会,发生了急剧变化,两者之间的互动关系也是本次会议的研究热点。

在经济近代化过程中,股份制企业作为一种重要的企业组织形式在近代中国社会发挥了重要作用。其中,企业的股权结构对资本筹集及其运作,权力分配和治理结构均有着影响,而优先股的发行在本土企业和外商企业的创建中起着至为关键的作用。复旦大学郭岩伟的《论近代中国本土企业与外商在华企业的优先股》对本土企业和外商在华企业中优先股的差异做出系统分析,并探讨它们之间的相互关系,考察企业组织制度在当时的重要意义,从而透视近代中外企业制度的变迁。1927 年南京国民政府成立后,即致力于推动各种国家建设,其中经济发展然是国家建设中不容忽视的一环。为促进国内的经济发展,国民政府陆续成立经济相关的专责机构,诸如 1928 年的农矿部与工商部,1929 年的建设委员会,1931 年的全国经济委员会,1935 年的资源委员会等组织。

对国家经济建设和管理机构的研究,有台湾师范大学刘得佑撰写《抗战前国民经济建设运动委员会的成立及其组织结构分析》,着重考察国民经济建设运动委员会的创办背景、筹备过程、组织结构与人事组成,借以探讨蒋介石为解决中国经济困境,动员政府与民间力量,从中央到地方推动经济建设的努力。台湾政治大学张智玮的《国民政府农村复兴委员会与农村政经秩序的重整》(1933～1936),通过 1930 年代国民政府农村复兴委员会在农村复兴等一连串的举措,分析其与建构农村社会与国家之间的新关系。此文重点探讨了四个方面内容:第一,为农村复兴委员会之成立的社会与政治背景等分析。第二,关于农村复兴委员会之政策制定、实施目的及其主要内容。第三,各项工作之实际效果及其作用;第四,农村复兴委员会的结束与影响。台湾政治大学侯嘉星的《中国农业机械公司与农业机械化发展》(1943～1949)，以成立于抗战期间的中国农业机械公司为线索，探讨战时的中国农业现代化问题，以及战后承接联合国善后救济总署全国农机扩建事业的梗概。

慈善事业与社会救济方面，本次会议既注意到政府层面的行为，也注意到个人及团体的努力。北京大学刘晨的《太平天国时期江南社会慈善事业述评》，考察了太平军占领南京后在江南地区所开展的慈善事业。作者指出太平天国政府打破过去"官督民办"的模式，试图独揽社会"慈善"事业，相继建立起各类独具特色的救济组织，并在生态环境、卫生医疗等领域发挥主导作用。然而其慈善事业的发展却相对滞缓，除战乱之外，江南社会主客观环境的限制、民间慈善组织与太平天国社会组织制度的冲突也是其中比较重要的原因。暨南大学童萌的《传教士与广东麻风病救治的近代化转型》，考察近代基督教在华的医疗事工。基督教差会及其教士进入华南地区传教之后，发现当地麻风病情最为严重，于是通过医疗传教，引入西方先进的诊疗手段，建立西式麻风病院，试验新式药物。作者指出，在传教士的推动下，广东地方政府逐步将救治麻风病人纳入工作范畴，民众的观念也发生了变化，使得中国的卫生健康与思想和政治等其他各领域一同走上近代化转型的道路。

对旅游业的关注，也是香港珠海学院吴家炬的《从老庄思想看台湾的生态旅游发展》，挖掘老庄思想中的自然观，认为老庄呼吁人们顺天道而行，天地万物之运行有其一定规律，切不可反其道而行，破坏大自然环境。因此在发展台湾旅游时注意生态平衡，调和人与人、人与天地万物以及人与大自然环境的关系，和谐统一，而不是相互对立，共同维持与保护自然生态的和谐之美。香港珠海学院周育贤的《清代以来台湾旅游名胜动向之探讨》探讨台湾旅游名胜景点的历史演变，了解湾名胜及旅游的文化内涵。

人口与社会变迁之间的关系，本次会议也有关注。香港珠海学院江怡萱的《香港百年(1841～1941)人口变迁之探究》，从历史上探讨香港的人口流动情况及社会结构，呈现1841～1941年各阶层在香港的经济生活图景。文章指出，香港被割让给英国之初，人口仅7000余人。但是到20世纪40年代初，人口已近164万人。影响19世纪香港人口流动的因素大致有三：一是中国内地内忧外患；二是英国治港策略；三是世界劳动力供需。而影响20世纪前半叶人口流动的因素包括：一是中国内地政局未稳；二是香港基础建设完备及华资崛起；三是世界经济萧条及排华政策。

近代社会的转型方面，南开大学汤锐的《西式娱乐与近代天津城市生活——以赛马为中心》，分析了天津的赛马活动历经娱乐、民族主义、赌博、慈善等历史过程，探讨这一舶来品在天津本地化的进程及其背后所蕴藏的文化意义。作者认为，赛马虽然由英人倡议建立，但最终能在天津生根发芽，并且其发展过程中不断地被融入民族主义、赌博、慈善等新的时代因素，成为天津的城市文化标志，这背后体现了中西文化之间的深度接触与融合。南开大学高思峰的《试论华北乡村家族文化的变迁：以近代以来山东台头村为例》，以山东省台头村为例，对近代以来台头村家族文化的演化历程和阶段特征进行了梳理和分析，认为在"变"与"不变"的历程中，台头村的家族文化在与外界互动的过程中不断自我调适、重组和蜕变。作者指出，对家族文化变迁历程的多维分析对于正确解读近代社会结构变迁特质，探寻家族文化的现代化转型机制，对推动农村社区城市化方面意义明显。

六

经过山东大学历史文化学院、香港珠海学院院亚洲研究中心和台湾政治大学历史系的三方协力,"第十四届两岸四地历史学研究生论文发表会"经过五天的会期,圆满落幕,成果匪浅。与往届类似的是,本届会议呈现出学术成果和学术交谊的双向成功。与往届不同的是,本届会议还有一些新的特点:

第一,参与的广泛度越来越强。山东大学在2013年3月时向大陆高校发出论文征稿函,同时香港、台湾也分别发出征稿通知。截至该年9月,收到大陆地区82篇意向论文,经专家遴选有46篇论文获得通过;香港通过11篇,台湾通过13篇,澳门通过1篇。这样,活动最终遴选76篇论文,其中博士研究生48名,硕士研究生29名。从与会者地域分布来看,大陆地区有北京大学、中国人民大学、北京师范大学、复旦大学、南开大学、南京大学、中山大学、首都师范大学、河北师范大学、西华师范大学等,香港除香港珠海学院,还有香港中文大学、香港理工大学、香港浸会大学、香港城市大学,台湾除政治大学,还有台湾大学、台湾师范大学、台湾"清华大学",日本的与会学者来自早稻田大学、一桥大学和立命馆大学。

第二,项目选题丰富,学科分布上遍及中国古代史、中国近现代史、中国当代史和世界史。其中古代史18篇,近代史26篇,现代史20篇,现代史4篇,世界史及其他类别8篇。这些研究,体现出旨趣扩大化和现实关照性增强的特点。本次大会所提交的论文还是多关于政治、外交、思想文化,而于经济、教育、艺术等领域则有待进一步加强。

第三,邀请名师讲座,现场点拨,加强大陆与港澳台在研究生培养方面的交流。2013年10月12日,中国人民大学清史研究所所长夏明方教授应邀在邵逸夫科学馆报告厅举办了题为"与灾难同行——中国灾荒史研究"的专题学术报告,还向与会的研究生介绍学位论文的撰写经验,其内容包括选题的创新、资料的搜集整理、研究视野的拓展、表述方式的规范与个性。10月13日和14日,台湾政治大学历史系主任刘祥光教授和山东大学历史文化学院刘平教授应邀分别做了题为"宋代卜算文化与当代台湾社会"和"中国民间宗教研究诸问题"的讲座。会议期间,日本信州大学久保亨、香港珠海学院胡春惠先生和郑桢庆副教授、台湾政治大学历史系刘季伦教授、郑州大学党委副书记吴宏亮教授,参与山东大学组织的各项活动,开展研究生培养交流。

总的来说,"第十四届两岸四地历史学研究生论文发表会"取得了预期效果,成功地为青年学子的交流构建了桥梁,闭幕式上各位与会者热情洋溢的发言正是对主办方的最好的评价。(原文刊载在香港《亚洲研究》第68期)

(崔华杰,山东大学历史文化学院讲师)

后 记

2013 年 10 月 11～15 日，由山东大学和香港珠海书院、台湾政治大学联合举办的“第十四届两岸四地历史学研究生论文发表会”在山东大学举行。三年过后，该次会议的论文集要正式出版了，作为会议的主要组织者之一，本人深觉有必要对此加以追述和说明。

“两岸三地历史学研究生论文发表会”由台湾著名史学家胡春惠先生组织发起，目的在促进两岸史学工作者特别是青年学者的交流与成长，自 1999 在广州中山大学举办第一届开始，又先后在台北政治大学、复旦大学、华中师范大学、南京大学、北京大学、厦门大学、浙江大学、四川大学、上海大学、北京师范大学等国内知名高校召开，到 2011 年已是连续 12 届，参与范围也从两岸三地扩大到两岸四地，并吸引了韩国、日本、新加坡等国家的青年学者参与，培养了许多青年才俊，在两岸乃至整个东亚地区史学界都产生了重要影响。其间，山东大学的不少师生曾参加过该会议，从中受益很多，也有意深度参与该会。2012 年 8 月，胡先生透过学界朋友表达了与山东大学合作举办第十四届发表会的意向。其时，他正在筹备即将在河北师范大学举行的第十三届发表会。

事实上，山东大学作为国内重要的史学专业研究生培养基地之一，一直以来也十分重视为青年学子创造交流与成长的路径与平台，早在 2005 年 9 月中旬也举办过一次具有“两岸三地”性质的博士生论坛，即由国务院学位办主办、由山大历史文化学院承办的“全国历史学博士生论坛”。当时，有中国社会科学院、北京大学、北京师范大学、南开大学、复旦大学、南京大学、厦门大学、华东师范大学、兰州大学、浙江大学、中央民族大学、吉林大学、清华大学、中山大学、山东大学等高校和科研院所的 120 余位同学报名参加，后经会议专家组遴选，最终有 54 位同学参会。会议还特别邀请了时任中国社科院近代史所步平所长、世界史所赵文洪副所长以及复旦大学韩升先生、中国政法大学郭世佑先生，山东大学陈尚胜、栾丰实、王学典、张金龙、胡新生、张金岭等教授担任论坛点评嘉宾，会议开得很是热烈成功。但由于经验不足，针对港台地区兄弟院系专业的宣传工作启动较晚，最终参加者只有香港中文大学、台湾女子技术学院等少数院校的个别同学，也使得其“两岸三地”的成色颇显不足，这是该次论坛的遗憾之一。

因此，对于胡先生的提议，时任院长王育济教授当即表示同意，并责成笔者与崔华杰博士具体负责会议筹备工作。据此，除了透过电邮沟通外，我们还在 2012 年 10 月 28 日～11 月 3 日间，以流动特聘岗教授的名义邀请胡先生来校，面商会议筹备的各项工作，确定了会议主题、召开时间与地点、参会人员遴选、任务分工、经费筹集与使用、论文出版等工作计划。特别是在会议主题的设计上，考虑到两岸四地同学的学术背景、兴趣与方向，差别比较大，必须创造一个大家都能说上话、能真正实现跨学科交流的话题，且能契合当下学术潮流、关照社会现实。为此，我们在反复讨论基础上最终商定以“转型时代的生态・生活・生命”为主题，并据此拟定了若干参考选题，例如，“中国历史上的生态问题”“生态变迁与近代以来的中国社会经济史”“社会变迁下的政治史、思想史与身体史互动研究”“中西方生态史、生活史、生命史的比较研究”，等等。

在山东大学期间，胡先生还为历史文化学院师生举办了《从民国制宪史上看孙中山的“五权宪法”》《民初的国会与政党》《帝制前袁世凯与地方分权之争》《韩国临时政府在中国》等系列学术讲座；应学院研究生会“青春有约”名师访谈节目组之邀，作了题为“我的人生选择”的访谈，回顾了于战乱中求学的少年时期，青年后的专心治学，并因此而出任国民党中央党史会总干事长、台湾正中书局总编辑、台湾政治大学教授暨历史研究所所长、香港珠海学院文学院院长暨亚洲研究中心主任等工作岗位，参与和组织两岸学术交流的历程，给同学们的学习与未来职业选择提出了很多很好的建议。此外，在徐畅教授和笔者的陪同下，胡先生还游览了济南著名的红叶谷和锦绣川。深秋时节，湛蓝的天空，碧绿的溪水，金黄、火红的山野，迄今印象深刻。

筹备工作也得到了学校相关部门的大力支持。在时任校党委研究生工作部王君松部长和路云生老师的支持下，我们获得了山东大学海右博士论坛、研究生学术论坛的支持和资助；校国际事务部将本次会议列入学校“985 工程学科建设重大学术会议专项经费”支持计划，并在其指导下成功申报了教育部“万人计划”，该计划以促进两岸三地青年学者文化交流、增进中华文化认同为目的。

会议征稿函发出后，得到了全国各地众多研究生同学的积极回应，其中，仅大陆地区就有 170 余位同学报名参加。在经过专家遴选后，最终确定 77 名同学入选。其中，48 人来自中国大陆的 27 所高校，11 人来自香港的珠海书院、中大、城大、理工、浸会等高校，13 人来自台湾的政大、清华、师大、台南艺术等高校，1 人来自澳门大学。此外，还有部分入选者来自国外高校及科研机构，如日本早稻田大学、一桥大学、命立馆大学及法国社会科学高等研究院等。

为了保证会议的圆满顺利，学院还成立了由 11 位师生组成的会议服务组，其中包括分管副院长张友臣教授、办公室主任薛辰兵以及崔华杰、扈玉萍、周源等老师，还有江林泽、陈敏、刘亚楠、张哲、战海霞、王金娜等部分硕士研究生同学。

2013 年 10 月 12 日上午 8 点半，在经过一年多筹备后，“第十四届两岸四地历史学研究生论文发表会”在山东大学中心校区知新楼正式开幕，来自两岸四地以及海外的青年学生及部分专家学者近 100 人出席会议。胡春惠先生及时任山东大学副校长、研究生院院长陈炎教授，历史文化学院院长方辉教授出席会议并致辞。接下来的两天内，与会同学分为18个小组，分头报告、研讨，话题涉及国家观念与文化差异、自然生态、社会风俗与民生实态、宗教传播与民间信仰、城市变迁等多个方面，涵盖了中国古代史（19篇）、中国近代史（26篇）、当代中国史（24篇）和世界史等学科，许多研究视角独特、论证严密、观点新颖，充分展示了两岸四地特别是大陆近年来史学专业研究生培养的显著进步。有关这方面的详细情况，请看崔华杰博士的《第十四届两岸四地历史学研究生论文发表会——大会综述》。

为了凸显促进学生学术交流的基本宗旨，我们在程序编制、会场安排等许多环节进行了细致的设计，以保证同学参与的主体性与积极性。同时，还特别邀请了中国台湾政治大学历史系刘祥光主任、刘季伦教授，日本信州大学久保亨教授，中国香港珠海学院新闻传播学系郑桢庆教授，中国人民大学清史研究所所长夏明方教授，郑州大学党委副书记、中国现代史学会会副会长吴宏亮教授，郑州大学历史文化学院副院长谢晓鹏教授和巴杰博士，以及山东大学胡新生、刘玉峰、徐畅、范学辉、葛焕礼、贾国静、韩朝建等老师出任点评嘉宾，以强化对参会同学的学术指导，保证会议的学术性层次。会议还特别邀请刘祥光、夏明方、刘平三位教授为与会研究生举办了专题学术讲座。会议结束后，又专门组织大家参观了著名的佛教古刹泰山灵岩寺。

学术会议成果的表现形式有很多，但会议论文集无疑是其中最为具体而集中的呈现方式之一了。因此，早在筹备阶段即与胡先生商定，会议结束后尽快整理出版论文集，其中，他们负责在港台地区出版繁体版，我们负责在大陆地区出版简体版。基于上，会议结束后我们用了半年多的时间，按照"学术性""资料性""代表性"的标准以及自愿原则，并附以开幕式合影、会议程序、参会人员名录等资料，完成了简体版文稿的整理，送交山东大学出版社，并由该社王桂琴教授负责编审。但由于所收论文学科跨度甚大，所引资料极为庞杂，因而审校任务极为繁重，花费了许多时间。特别是文集提交出版社后，不少有与会同学来信来电，希望延期出版，以便其论文能首先在相关刊物上发表，解决毕业所需。考虑到现实情况尤其是同学们撰写论文的不易，出版计划遂放慢步伐，直到多数同学的要求基本满足后，我们才重新启动该工作，亦即目前大家所见之文集。当然，由于各方面的原因，我们的编选工作肯定有许多疏漏之处，期盼各位参会的学者、作者以及读者能多谅解，多批评指正。

以上略显繁琐的叙述，除了想让读者了解此次会议召开及论文集编选的相关情况外，笔者更想借此细节的梳理表达和凸显以下三层意思：

（一）一种感谢。看上去并不复杂的会议，事实上背后凝结着许多人的心血与劳动，因而必须对前述各单位、部门特别是各位师长、同学的关心、支持和帮助，表示衷心的感谢。当然，也要感谢来来自两岸四地以及海外同学的积极参与，使得本次会议热烈、丰满而富有成效。

（二）一种怀念。本书编选出版工作尚未完成，会议的发起人胡春惠先生已于2016年3月19日在台北家中病逝；稍后，曾代表学校出席本次会议并致辞的陈炎副校长，也于5月2日病逝于北京。本次会议上的两位最资深的学者先后去世，每每想起,倍感痛惜。特别是胡先生,虽年逾古稀,仍如行脚僧般奔走在两岸四地,为青年学者的成长、为两岸学术与文化的交流融合,铺路搭桥,燃烧自己,照亮后人,其精神尤其值得记录与歌颂。在会议文集出版之际,谨代表所有的与会学者、同学向两位远行的先生,呈献深深的怀念。

(三)一种期待。中国文化源远流长,举世无双,其中之原因固然众多,但在笔者看来,至关重要者有两点,即崇文重学和尊老爱幼。因此,它才有了坚强的凝聚力与生命力,有了深厚的历史积淀,有了德性与未来。两岸四地历史学研究生论文发表会的倡设与召开,所体现的正是这两个精神,也期盼后来者尤其是我们这些与会者能够进一步发扬光大之。

是为记,并请读者批评指正。

赵兴胜

2017 年 11 月 20 日于知新楼